Greene/Sasportas

Die inneren Planeten

Liz Greene/Howard Sasportas

Die inneren Planeten

Venus, Mars und Merkur in der Mythologie und im Horoskop

Aus dem Englischen und Amerikanischen
von Ingrid Holzhausen

KAILASH

KAILASH

Eine Buchreihe herausgegeben von Hajo Banzhaf

Die Originalausgabe erschien unter dem Titel
The Inner Planets. Building Blocks of Personal Reality
bei Samuel Weiser Inc., York Beach, Maine, USA.

Die Deutsche Bibliothek – CIP-Einheitsaufnahme
Die inneren Planeten : Venus, Mars und Merkur in der
Mythologie und im Horoskop / Liz Greene/Howard Sasportas.
Aus dem Engl. und Amerikan. von Ingrid Holzhausen. –
München: Hugendubel, 1995
(Kailash)
Einheitssacht.: The inner planets <dt.>
ISBN 3-88034-799-9
NE: Greene, Liz; Sasportas, Howard; Holzhausen, Ingrid [Übers.]; EST

Umschlaggestaltung: Zembsch' Werkstatt, München
Produktion: Tillmann Roeder, München
Satz: Uhl + Massopust, Aalen
Druck und Bindung: Spiegel Buch, Ulm-Jungingen
Printed in Germany

ISBN 3-88034-799-9

Inhalt

Vorwort

An der Schranke der Geschichte erweisen sich zeitgenössische Urteile selten als verläßlich. Doch wenn man sich überhaupt einer Sache sicher sein kann, dann der, daß Howard Sasportas an vorderster Stelle in jeder Liste der Schlüsselfiguren erscheinen wird, die in das Wiederauftauchen der Astrologie als wichtiger formgebender Kraft in der westlichen Kultur verwickelt waren. Der Bedeutung dieses Mannes und seiner Arbeit ist zum Zeitpunkt seines Todes in London, England, um 17.11 Uhr am 12. Mai 1992, von seiten des Kosmos keine geringe Anerkennung gezollt worden, als Pluto zum Todeszeitpunkt seinen MC und die Sonne seinen IC überquerte.* Howard Sasportas war der allererste Astrologe in der Geschichte der englischen Presse, der durch einen Nachruf in voller Länge geehrt wurde. Am Tag seiner Beerdigung erschien er auf dem Amtsblatt des »Independent«** mit lächelndem Gesicht abgebildet. Sein Nachruf wurde, neben den Hofnachrichten, zusammen mit den Lobreden auf zwei herausragende Seelen veröffentlicht: Marschall Nie Rongzhen, der letzte der Generäle Mao Tse-Tungs, und Sylvia Syms, die von Frank Sinatra als »die größte Barsängerin der Welt« bezeichnet wurde – eine Nebeneinanderstellung verschiedener menschlicher Größen, die Howards Humor mit einer Venus in Zwillinge und sein Streben mit einem Mars in Saturn und Pluto in Löwe höchst geschätzt haben würde.

Howards Anspruch auf Ruhm und Ehre liegt – jenseits der relativ engen Kreise der professionellen Astrologie – in der Tatsache, daß er sich nicht damit zufrieden gab, daß die Astrologie von der Welt unbeachtet, ungenutzt und unberücksichtigt ein schamhaft verborgenes Dasein führen sollte. Er war entschlossen, die Astrologie in das menschliche Bewußtsein zu bringen – im Dienste der Menschlichkeit und zur Selbstverwirklichung des einzelnen. Er gab sich dieser Aufgabe mit Genuß, Vitalität, Mut, Witz, Liebe, Mitgefühl

* MC = Medium Coeli, IC = Immum Coeli (Anm. d. Übers.).
** The Independent, 18. Mai 1992, S. 15.

und Weisheit hin, die keiner, der ihm begegnet ist, jemals vergessen wird. Daß heute eine wachsende Anzahl von Psychologen, Therapeuten, Beratern und anderen aus helfenden Berufen die Astrologie als diagnostisches und therapeutisches Werkzeug ernstnehmen, ist in nicht geringem Maße den Arbeiten, der Begeisterung und den Anliegen von Howard Sasportas zu verdanken.

In dieser Arbeit lag der Dreh- und Angelpunkt von Howards Errungenschaft in der visionären Gründung des Zentrums für psychologische Astrologie, die er zusammen mit Liz Greene im Jahre 1983 – zu einem Zeitpunkt, als Saturn/Pluto und Jupiter/Uranus in Konjunktion standen – bewerkstelligte. Ihr Zentrum konzipierte ein strenges, professionelles Ausbildungsprogramm, das die Gebiete der Astrologie, der humanistischen Tiefenpsychologie und transpersonalen Psychologie wechselseitig füreinander fruchtbar machen sollte, mit Studenten, von denen erwartet wurde, daß sie sich als integralem Bestandteil ihrer Ausbildung einer eigenen persönlichen Therapie unterzogen (Einzelheiten siehe »Über das Zentrum für psychologische Astrologie«, S. 397 ff.). Von Beginn an beinhaltete der Lehrplan eine tiefgehende Auseinandersetzung mit Mythologie und das Studium der Prinzipien von Kabbala und Tarot. Mit dieser überzeugenden Kombination schufen Howard und Liz eine entscheidene Verbindung zwischen den beiden Strömen der Tiefen- und höheren Psychologie und dem bereits anschwellenden Strom der wieder aufblühenden Astrologie. Die Reichtümer, die von diesem und durch dieses Zusammenströmen geflossen sind, sind für alle offensichtlich. Unter Howards und Liz' inspirierter Führung entfaltete sich das Zentrum für psychologische Astrologie immer stärker und stärker und zog einige der feinsinnigsten, kundigsten und phantasievollsten Geister aus beiden Gebieten an. Im Laufe dieses Prozesses hat es direkt und indirekt einen unvergleichlichen Schatz an astro-psychologischer Literatur hervorgebracht. Einen dieser Bände halten Sie nun in Händen.

Diese Niederschrift gibt, wie die drei vorangegangenen Bände der Seminar-Reihe, einen Geschmack von der Breite und Tiefe des Verständnisses, das Howard als Lehrer in die Arbeit einbrachte, und von der feurigen Vitalität und Begeisterung seiner Darlegungen und Gespräche mit den Studierenden des Zentrums. Wir sehen hier seinen forschenden, lebhaften, intuitiven Geist, der stets begierig war, das innere Leben der planetarischen Götter zum Vorschein zu bringen, und den Gemeinplätzen der Astrologie neue und tiefe Einsichten hinzuzufügen, und gleichzeitig das eigene innere Verständnis der Studenten anzuregen und herauszuarbeiten.

Woher stammte Howard? Er wurde um 1.46 Uhr in Hartford/Connecticut, USA, geboren. Studenten werden endlose Anweisungen finden zur Betrachtung seines Geburtshoroskops mit der blanken Kraft und Vitalität all seines Feuers und seiner Erde, die er als Pionier, Festiger und Nährer lebte und in vollem Maße genoß. Wie immer können wir viel lernen, wenn wir den Mann und sein Horoskop in seinem Familienkontext betrachten. Howards Eltern, Max und Edith Sasportas, stammten aus einer langen Ahnenreihe frommer, orthodoxer sephardischer Juden ab; und obwohl er sich später allen Dimensionen des spirituellen Lebens öffnete, waren diese frühesten Wurzeln für ihn zweifellos von großer Bedeutung. Die Sepharden, die Juden Spaniens, wurden immer wegen ihrer kulturellen und intellektuellen Errungenschaften geschätzt, und einige, wie Maimonides (1135–1204), spielten eine zentrale Rolle in bezug auf das Wiederaufblühen der alten Weisheitstraditionen in Europa. Es waren arabische und sephardische jüdische Astronomen bzw. Astrologen, die um 1250 bei Alfonso X. von Spanien angestellt waren, um die Alfonsinischen Tabellen der planetarischen Bewegungen, die für die Entwicklung der Astrologie in Europa so entscheidend waren, aufzustellen. Als die Juden 1492 aus Spanien vertrieben wurden, wurden sie über ganz Europa und Nordafrika versprengt. Einer dieser Sepharden, Jacob Sasportas (geboren 1610 in Oran, Marokko, gestorben 1698), ein direkter Vorfahre Howards, wurde im Jahre 1664 der erste Rabbi Londons. Später übersiedelten die Sasportas' nach Amsterdam und dann in die USA.

Diese große kreative sephardische Tradition stellte – bewußt oder unbewußt – eine wichtige Basis in Howards Leben dar. 1973 zog Howard nach London; vielleicht wurde er unterschwellig durch diese alten und ruhmreichen Wurzeln dorthin gezogen. Hier trat er bald in die aufblühende astrologische Bewegung ein, die sich um die unabhängige Fakultät für astrologische Studien (FAS) zentrierte. Die FAS war 1948 von Größen wie Charles Carter, Edmund

Casselli, Margaret Hone und Lorenz von Sommaruga gegründet worden, um das Verständnis der astrologischen Tradition voranzutreiben und integre praktizierende Astrologen hervorzubringen. 1979 erhielt Sasportas die Goldmedaille mit höchster Auszeichnung für seine Diplomprüfung an der Fakultät für astrologische Studien, und im gleichen Jahr wurde er Lehrer an der Fakultät und begann, sich als ungeheuer beliebter Lehrer und Vortragsredner dort und innerhalb der astrologischen Vereinigung zu etablieren.

Da er jemand war, der Bildung für einen Lebensstil hielt, setzte Howard in den folgenden Jahren seine Erforschung der Psychologie und seine spirituellen und astrologischen Studien fort. Er war ein Absolvent des Ausbildungszentrums für Psychosynthese in London, das auf den sehr breit angelegten psychologischen Theorien und Methoden sowohl des italienischen Psychologen Roberto Assagioli als auch des höchst einflußreichen Zentrums für transpersonale Psychologie basierte, das von Ian Gordon-Brown und Barbara Somers gegründet wurde. Howards stets größer und sicherer werdende innere spirituelle Vision wurde zweifellos auch durch seine lebenslange Praxis der transzendentalen Meditation gefördert, die er begonnen hatte, als er noch auf dem College war.

Sasportas war nicht nur ein vorzüglicher Lehrer und Berater, sondern auch, wenn er neben seiner unaufhörlich aktiven Lehrtätigkeit und seiner therapeutischen Praxis noch Zeit fand, ein exzellenter Autor. Zusätzlich zu den Protokollen seiner Seminare am Zentrum sind seine Bücher, wie »Götter des Wandels« oder »The Twelve Houses«, Vorbilder an Klarheit, und sie besitzen die Frische und den Humor seiner brillanten und engagierten Kurse. »Götter des Wandels« ist, wie die meisten seiner Schriften, ein Klassiker dieses Fachgebiets. Es erhellt die grundlegende transformative Bedeutung der Zyklen von Uranus, Neptun und Pluto in der Entfaltung des menschlichen Lebens. Sein eigener Reichtum an persönlichen Erfahrungen, sein Studium und seine Arbeiten mit Klienten scheinen hier durch, wenn er uns zeigt, wie wir lernen können, mit dem unvermeidbaren Wandel zusammenzuarbeiten und den tieferen Sinn und die Bedeutung hinter den Phasen von Schmerz und Krisen in unserem Leben zu entdecken.*

Ebenso wie er die Studenten permanent ermutigte, in ihr eigenes, einzigartiges Potential hineinzuwachsen und es auszuschöpfen, so ergriff er als Herausgeber der Reihe »Viking-Penguin's Arkana Contemporary Astrology Series« die Gelegenheit, einer weitaus größeren Zuhörerschaft wirkliche Astrologie näherzubringen, und er zeichnete dafür verantwortlich, daß er seine Astrologie-Kollegen, die auch schrieben, aufforderte, ihr Bestes für die Astrologie zu geben. Ich selbst war ein privilegierter Nutznießer dieses Engagements. In dieser Reihe stellte er eine vorzügliche Sammlung von Büchern von einigen der führenden Astrologen der Welt zusammen, wie Liz Greene, Judy Hall, Michael Harding, Melanie Reinhart und Jane Ridder-Patrick. Diese in vielen Teilen der Welt erhältliche Reihe hat vielleicht mehr als irgend etwas anderes dazu beigetragen, die Wahrnehmung der Astrologie durch die Öffentlichkeit zu verändern und zu zeigen, daß sie ein Gegenstand ist, der es wert ist, ernsthaft von all jenen studiert zu werden, die sich mit einem besseren Verständnis der menschlichen Psyche und den grundlegenden Geheimnissen unsere persönlichen Beziehung zum Kosmos befassen.

Howard war voll vibrierender Lustigkeit, eine warme, eloquente, liebevolle Seele, die Licht ausstrahlte, die beides war, vital und dynamisch und zu manchen Zeiten sogar wild und zügellos – doch immer demütig, menschlich und stets bereit, jedem zur Verfügung zu stehen, der seine Hilfe und seinen Rat suchte. Wie viele der besten Lehrer war Howard ein Mann, der gleichermaßen mit seiner Weiblichkeit und seiner Männlichkeit in Fühlung war; er war fähig,

* Für die Leser, die mehr über die Schlüsselformen in der Astrologie des 20. Jahrhunderts lesen möchten: Howards Hauptwerk beinhaltet sieben Bücher, einschließlich »The Twelve Houses« (1985); die Reihe der Seminare für psychologische Astrologie mit Liz Greene enthält »Entfaltung der Persönlichkeit durch psychologische Astrologie«, München 1991, »Dimensionen des Unbewußten in der psychologischen Astrologie«, München 1993, »Sonne und Mond«, 1994, und »Die inneren Planeten«; »Götter des Wandels« 1991; und »The Sun Sign Career Guide« mit Robert Walker, London 1989. Howard verfaßte ein paar Essays, drei von ihnen wurden in »The Astrological Journal« der Astrologischen Vereinigung Englands veröffentlicht. Kopien von Tonbandaufnahmen seiner UAC-Kurse sind über AFAN, ISAR oder NCGR erhältlich. Schließlich, zum weiteren Verständnis des Mannes und seiner Arbeit, wie ihn Kollegen und Studenten gewürdigt haben, siehe »The Astrological Journal«, Bd. XXXIV, Nr. 5, September/Oktober 1992.

beide Qualitäten in seine Arbeit einzubringen und dabei sensibel die innere Weisheit seiner Studenten zu fördern, diese persönliche Weisheit, von der er wußte, daß sie die wesentliche Voraussetzung für jeden wirklichen Psychologen und Astrologen ist.

In vieler Hinsicht war Howard der archetypische Seelenheld, den Joseph Campbell geschildert hat. Er war der Sucher, der immer auf Reisen war, der alle Hindernisse auf seiner Suche nach Selbstentdeckung und Selbstverwirklichung überwand. Howards Triumphe sind für alle sichtbar. Was jenen verborgen bleiben wird, die nicht das Privileg genossen, ihm in späteren Jahren zu begegnen, war sein andauernder Kampf mit seiner chronisch schlechten Gesundheit. Während seiner letzten Jahre ließ er tapfer zwei große Rückenoperationen über sich ergehen, in dem Versuch, eine angeborene Wirbelsäulen-Dysfunktion zu korrigieren. Diese Operationen haben ihn praktisch zum Krüppel gemacht. Gleichzeitig wurde er mit dem unbarmherzigen Fortschreiten seiner AIDS-Krankheit konfrontiert, der er schließlich erlag. Doch keine dieser Prüfungen hielt ihn davon ab, sein Leben bis zum Äußersten weiterzuführen, nicht nur mit seinem Zentrum und seiner therapeutischen Arbeit – er schenkte auch freiwillig viel seiner Zeit dem Oasis Centre für AIDS-Kranke im Norden Londons. Obwohl er in seinem letzten Jahr an den Rollstuhl gefesselt war, fuhr er fort, zu reisen und weltweit zu lehren, um seine Berufung zu zeigen, daß die alten planetarischen und weltlichen Götter immer noch am Leben und wohlauf sind und in jedem von uns arbeiten. Seine letzten triumphalen Kurse zu Ostern 1992 auf der UAC-Konferenz in Washington, D.C., die er vom Rollstuhl aus zwischen Bluttransfusionen und Nächten im Krankenhaus abhielt, markierten einen angemessenen Höhepunkt in seinem edlen und wahrhaft heroischen Leben. Seine begeisterte Verpflichtung gegenüber dem Leben und der Selbstverwirklichung, trotz aller Handicaps, wirkte auf seine vielen Freunde und Studenten unendlich erhebend. Howards Arbeit lebt in seinen Büchern und Kassetten weiter und wird fortfahren, Generationen von Astrologen zu inspirieren und zu begeistern, die jetzt noch gar nicht geboren sind. Lesen und studieren Sie sein Leben und seine Arbeit, und Sie werden ein Vorbild, einen Freund, einen Kameraden und einen weisen Berater fürs Leben haben.

11. August 1992 *Charles Harvey*

Einführung

Die Hauptaufgabe des Menschen in seinem Leben besteht darin, sich selbst zur Geburt zu verhelfen, das zu werden, was er potentiell ist.

Erich Fromm

Wenn ich »Ich« sage, meine ich etwas absolut Einzigartiges, das nicht mit irgend etwas anderem verwechselt werden kann.

Ugo Betti

Die inneren oder persönlichen Planeten – Merkur, Venus und Mars – werden von vielen Studierenden und Praktizierenden der Astrologie als von Natur aus irgendwie oberflächlich oder »leichtgewichtig« betrachtet. Sie mögen vielleicht weniger mächtig als ihre größeren Gefährten erscheinen; oft werden sie mit wenigen einfachen Sätzen, wie »der aggressive Drang« oder »der Drang nach Beziehungen« abgetan, und sie sind anscheinend für die innere Entwicklung nicht so bedeutend wie zum Beispiel Saturn oder Pluto. Letztlich sind sie so *persönlich* und nicht mit so ernsten Themen wie unbewußten Komplexen, Individuation und spiritueller Entwicklung befaßt. Es mag sogar scheinen, daß sie in einer tiefenpsychologischen Geburtshoroskop-Analyse nicht wirklich wichtig sind, außer im Hinblick einer Befriedigung des Selbst – was, wie uns ständig von unseren weiterentwickelten Kollegen gesagt wird, ein überaus selbstsüchtiges Motiv ist.

Dies ist eine sehr sonderbare Ansicht in bezug auf das, was wichtig ist, doch Menschen in helfenden Berufen, zum Beispiel in der psychologischen Astrologie, sind manchmal geneigt, diese Ansicht gedankenlos zu übernehmen. Wenn ein menschliches Bedürfnis zu persönlich ist, sich zu sehr um subjektive Freuden und Glück kümmert, dann kann es in diesem heraufdämmernden Wassermannzeitalter kosmisch nicht von Bedeutung sein. Persönliche Erfüllung, besonders wenn sie bedeutet, daß man anderen nicht immer den »Vortritt« lassen will, mag mit dem, was viele von uns für den höheren oder tieferen Zweck unseres Lebens halten, nicht im Einklang sein. Äußerungen wie die von Erich Fromm am Anfang dieser Einführung werden hauptsächlich so verstanden, daß man sie auf den Kern der Identität und des Lebenszwecks bezieht, nicht auf persönlichen Geschmack und Bedürfnisse. Doch darin besteht ein großes Mißverständnis in bezug auf den Wert des ganzen Individuums.

Die drei inneren Planeten und die durch und durch menschlichen Motivationen, die sie symbolisieren, sind nicht weniger wichtig als die anderen, gewichtigeren Bewohner des Sonnensystems. Letztlich ist es die individuelle Persönlichkeit in ihrer Gesamtheit – nicht einfach nur die signifikanten Einzelteile –, die für die tieferen, universellen Kräfte, die im Leben und in uns selbst zum Tragen kommen, als Mittler tätig sein muß. Die schöpferischen und zerstörerischen Potentiale der größeren kollektiven Energien müssen durch den Brennpunkt des gewöhnlichen alten Du und Ich hindurchtreten, wenn man mit ihnen einigermaßen intelligent auswählend umgehen will. Die allgemeine bunte Mischung des kleinen Selbst bildet das Gefäß, das die archaischen oder dämonischen Elemente enthält – oder das von jenen Elementen überwältigt wird. Und die Stärke und Authentizität dieses kleinen Selbst, dessen wesentliche Eigenschaften im Geburtshoroskop am bündigsten von Sonne, Mond und Aszendenten beschrieben werden, kann nur in der soliden Basis wurzeln, zu wissen, was uns guttut, uns glücklich macht und uns an einem beliebigen Samstagnachmittag in Frieden mit uns selbst kommen läßt.

Das Gefühl des Unglücklichseins oder des »Verkehrtseins«, mit dem so viele Klienten in die astrologische Beratung kommen, ist nicht immer ein Spiegelbild von tiefgreifenden Störungen im psychischen Familienerbe, noch Ausdruck globaler Planetenkonstellationen, wie etwa eine Uranus/Neptun-Konjunktion, die momentan unsere kollektiven politischen und wirtschaftlichen Strukturen verwüstet. Was uns unglücklich macht, mag manchmal oder sogar hauptsächlich ungenügende Wertschätzung und mangelnde Zeit widerspiegeln, die jenen scheinbar unwichtigen aufbauenden Bereichen persönlicher Wirklichkeit, die die drei inneren Planeten symbolisieren, gewidmet wird. Wir wurden nicht immer dazu erzogen, unsere gewöhnlichen Gefühle, Wünsche und Wahrnehmungen zu respektieren. Wir bekommen dann oft »Eigenliebe« vorgeworfen, wenn wir versuchen, solche persönlichen Grenzen im Angesicht der Bedürfnisse anderer zu errichten. Dies spiegelt zum Teil ein größeres Dilemma wider, da wir gerade dabei sind, 2000 Jahre hinter uns zu lassen, die im Zeichen der Fische gestanden haben, ein Zeichen, das Richard Idemon »universell« genannt hat, und wir treten nun in ein 2000 Jahre währendes, ebenso universelles Zeitalter ein – ins Zeichen des Wassermanns.

Diese zwei Zeichen, die letzten des Zodiaks, sind innerlich mehr mit der Gruppe befaßt als mit dem Glücklichsein und der persönlichen Entfaltung des einzelnen Individuums. Tatsächlich kann das Wertesystem, das diese beiden Zeichen auf ihre verschiedene Art und Weise verkörpern, manchmal jeglicher Bemühung um individuellen Ausdruck geradezu entgegengerichtet sein. Innerhalb der helfenden Berufe mag dieses Dilemma besonders eindringlich zum Ausdruck kommen. Während sich diese Berufe naturgemäß mit dem Wachstum, der Heilung und Linderung von Leiden des einzelnen befassen, werden viele der eher gewöhlichen Aspekte des Lebens – besonders jene, die von den inneren Planeten widergespiegelt werden – im Angesicht der scheinbar bedeutenderen Probleme notgedrungen ignoriert. Man zahlt die Rechnungen des Analytikers nicht in erster Linie, um die feineren Abstimmungen der eigenen Garderobe und der passenden Frisur zu diskutieren.

Wir werden auch dazu erzogen, zuerst an die Gesellschaft zu denken. Im Prinzip spiegelt das einen positiven, zivilisierenden Instinkt wider, der das menschliche Leben weitaus sicherer, glücklicher und produktiver gestaltet. In der Praxis kippt dieses Diktum im Gefolge von zuviel Starrheit manchmal in die falsche Richtung um. Wir müssen uns der größeren Welt, in der wir leben, angleichen und anpassen; wir müssen uns gegenüber der Familieneinheit als Eckpunkt gesellschaftlichen Zusammenhalts loyal erweisen; wir müssen uns um unsere Kinder kümmern, um unsere alternden Eltern, um unsere Partner, um das hungernde Äthiopien und um die Unterdrückten in Südafrika. Wir müssen bei unseren Bestrebungen bescheiden sein, in bezug auf unsere materiellen Wünsche zurückhaltend, im Ausdruck unserer Liebe aufopfernd, und zu allen Zeiten müssen wir uns »politisch anständig« verhalten. Denn wenn wir das nicht tun, sind wir selbstsüchtig, unsozial, gierig, egozentrisch oder sogar faschistisch.

Diese Behauptung ist so machtvoll und überzeugend, daß eine große Anzahl von Menschen aufwächst, ohne die leiseste Idee, welche Farben sie gern tragen würden oder welche Musik ihnen gefällt oder bei welchen Freunden sie sich wirklich wohl fühlen oder welche Bücher sie gern lesen – hauptsächlich weil es niemand als wichtig genug erachtet hat, ihnen zu helfen, das herauszufinden, geschweige denn sie in ihren Entscheidungen zu bestätigen. Unsere Fähigkeit, das auszudrücken, was die drei inneren Planeten in uns symbolisieren, bestimmt in hohem Maße, ob wir im Leben Opfer sind oder kreative Individuen mit der Macht der Wahlmöglichkeit. Die inneren Planeten dienen dem, was die Psychologie das Ego nennt, dem Gefühl eines persönlichen Selbst; nach astrologischen Begriffen dienen sie der Sonne und dem Mond. Merkur, Venus und Mars liefern die Mittel, durch die Sonne und Mond ihre fundamentale Natur entdecken und ausdrücken.

An dieser Stelle sei ein Beispiel angeführt. Eine Frau mit ihrer Geburts-Venus in Krebs im Quadrat zu Neptun könnte ein oder zwei enttäuschte Liebesgeschichten in ihrem frühen Erwachsenendasein erlebt haben, danach eine Phase der Psychotherapie, die scheinbar ihre früheren Probleme gelöst hat, und dann eine über viele Jahre relativ zufriedenstellende Ehe und Familienleben. Nun kommt der transitierende Uranus und bewegt sich in Opposition zu ihrer Geburts-Venus und ins Quadrat zu ihrem Geburts-Neptun. Und siehe da, ihr Mann betrügt sie mit seiner Sekretärin, ihre Tochter bekennt, daß sie Kokain genommen hat, ihre Mutter stirbt, und sie befindet sich plötzlich inmitten einer hautengen uranischen Auseinandersetzung der übelsten Art. Wenn die Dame psychologische Neigungen hat, könnte sie eine ganze Zeitlang damit zubringen, der Spur des Komplexes zu folgen, die die vorausgegangenen psychotherapeutischen Anstrengungen nicht aufgedeckt haben. Es ist in der Tat wahrscheinlich, daß sie unbewußte Konflikte finden wird, die dazu beigetragen haben, die Herausforderung, mit der sie sich nun konfrontiert sieht, zu schaffen. Dieser Vorgang der tieferen Innenschau mag in Zeiten der Krise essentiell sein, wenn jemand vermeiden will, alle und jeden bitter zu beschuldigen und dabei seinen eigenen emotionalen Beitrag zum Chaos zu ignorieren. Aber es gibt einen ebenso wichtigen Faktor, der es einem erlaubt, mit dem, was man in gewisser Weise nicht ändern kann, umzugehen und sich selbst dabei treu zu bleiben.

Wie auch immer der familiäre Hintergrund, das psychologische Erbe oder die soziale und ökonomische Situation dieser Frau sein mögen, die Geburts-Venus in Krebs gibt Auskunft über ihren eigenen persönlichen Geschmack – was sie schön findet, was sie glücklich und zufrieden macht, was sie am meisten in den Beziehungen zu anderen schätzt und was sie lernen muß, am meisten bei sich selbst zu schätzen. Venus in Krebs ist ein unwandelbares Absolutes und sagt grundlegend etwas darüber aus, was diese Frau braucht, um glücklich zu sein – eine fortgesetzte Forderung nach emotionaler Nähe, Romantik und Phantasie ist ein Aspekt dieser Aussage. Je weniger sie das anerkennt und je weniger sie es wertschätzt, desto wahrscheinlicher ist es, daß sie sich selbst martert, um es ihrem Mann und ihrer Tochter recht zu machen – ein sicheres Rezept für eine anwachsende Verstimmung, die Partner und Kinder durch unbewußte Destruktivität entfremdet. Wenn sie darüber hinaus fortfährt, diese persönlichen Bedürfnisse und Werte zu hintergehen, wird sie keinesfalls mit der gegenwärtigen Desillusionierung fertig werden – denn so ein Selbstbetrug wird sie dazu bringen, weiter mit einer Lüge zu leben, um zu verhindern, daß ihr so eine Katastrophe noch einmal zustößt. Tatsächlich mag der Betrug an ihrer Venus einen großen Anteil haben, warum sie selbst betrogen wurde, und der Uranus-Transit ist der Auslöser – wie Uranus ganz allgemein –, der eine Situation, die dringend einer Veränderung bedarf, der aber niemand ins Gesicht sehen will, aufdeckt.

Dennoch – um glücklich zu sein, müssen wir leben, was wir sind, denn wir können die anderen mit der dubiosen Waffe des »Opfers« nicht kontrollieren oder an uns binden. Aber was sind wir wirklich? Die inneren Planeten erzählen uns mehr von diesem gewöhnlichen täglichen Selbst als irgend etwas anderes im Geburtshoroskop. Wenn jemand Venus in Krebs hat und darüber hinweggeht, indem er versucht vorzugeben, sie stünde in Wassermann, weil er Partner und Freunde hat, die zuviel Intimität in ihren Beziehungen ablehnen, dann hat er sich vielleicht die falschen Leute ausgesucht. Oder vielleicht könnte mehr erreicht werden, wenn man, statt zu manipulieren, zum Ausdruck bringt, wer man ist und was man offen und ehrlich schätzt. Denn dann könnten andere mit gleicher Direktheit antworten, und eine gewisse echte Angleichung und gegenseitiger Respekt wären vielleicht möglich.

Wie immer unsere Komplexe auch geartet sein mögen und wie tief wir auch in sie eintauchen, es bleibt die Aufgabe, uns selbst zu leben. Unsere Komplexe haben uns vielleicht vorgeschrieben, warum wir unsere wesentlichen persönlichen Bedürfnisse und unsere Natur betrogen haben. Aber das Verstehen dieser Komplexe wird uns nicht von der Verantwortung entbinden zu leben, was wir sind, wenn wir wollen, daß sich unser Leben so anfühlt, als ob es unser eigenes wäre und nicht eine sich ständig wiederholende Aufführung des dritten Aktes der Oper »Tosca«.

Manchmal erfordert »innere Arbeit« mehr einen Akt der Treue, statt die Anstrengung, etwas zu verändern. Zu wissen, was uns glücklich macht (Venus), dies anderen gegenüber zum Ausdruck zu bringen (Merkur) und im Angesicht des Gegenteils standhaft zu bleiben (Mars), mag im Vergleich zu den schwerwiegenderen Sorgen der äußeren Welt sehr unbedeutend erscheinen. Doch auf ihre eigene Art, sind diese Dinge ebenso grundlegend, denn es sind diese kleinen Akte der Selbstbestätigung, die das Ego bestimmen und letzlich die Fähigkeit, die schwerwiegenden Planeten mit ihren destruktiven und transformierenden Potentialen zu vermitteln. Wenn wir Merkur nicht ausdrücken können, wie können wir eine andere Person hören? Wenn wir nicht unsere eigenen Gedanken und Einstellungen haben, wie können wir zuhören? Wenn wir Venus nicht zum Ausdruck bringen und uns selbst schätzen können, wie können wir bei einer anderen Person Schönheit und Wert entdecken? Wenn wir Mars nicht ausdrücken können, wie können wir das Recht anderer Leute, sie selbst zu sein, anerkennen und respektieren? Oder, anders gesagt, warum sollten wir annehmen, daß eine andere Person – oder Gott, in diesem Fall – unser edles Selbstopfer will, wenn wir selbst dieses Selbst, das wir anbieten, nicht wertschätzen?

Man sagt, daß das Leben die Kunst imitiert. Manchmal ahmt es auch das Fernsehen nach. Wir können das Leben durch verschiedene Kanäle betrachten, und entsprechend dem Kanal, auf den wir uns eingestimmt haben, könnten wir einige sehr verschiedene Bilder von dem sehen, was Wirklichkeit eigentlich ist. Wir mögen die

Nachrichten auf BBC 1 empfangen, während auf BBC 2 ein Fußballspiel läuft. Auf ITV könnten wir auf »Nachbarn« oder »Coronation Street« treffen oder auf irgendeine andere tägliche Fernsehserie, während wir auf Kanal 4 einen alten Film genießen könnten. Genauso wie sich der Geschmack der Leute unterscheidet, so unterscheiden sich auch ihre Auffassungen von der Wirklichkeit und den Dingen, die sie im Leben am meisten schätzen. Die Wahrnehmung des einzelnen kann sich ebenso verschieben, in Abhängigkeit von der Lebensphase, in der er oder sie gerade angekommen ist. Auf der einen oder anderen Ebene sind alle diese Programme gültig, selbst wenn eine Person »Nachbarn« entsetzlich findet und »Casablanca« nicht noch ein weiteres Mal sehen kann.

Wir können auch ein Horoskop aus der Perspektive verschiedener Kanäle betrachten. Einfach ausgedrückt, ist Kanal 1 der kosmische Kanal. Wenn wir die »Blaupause des Lebens« durch diese Linse betrachten, nehmen wir die tiefere Bedeutung, die Mythen, die das Verhalten untermauern, die Verbundenheit mit einer größeren Realität wahr. Dies ist der Kanal der äußeren Planeten, der Kanal von Jupiter und Saturn, die unser Vertrauen im Leben bedingen und unsere Sicht von Zukunft und Vergangenheit. Hier scheinen die inneren Planeten auf den ersten Blick neben dem großen Plan, der höheren Ordnung der Dinge, zur Bedeutungslosigkeit zu verblassen. Ein Gefühl der Gerichtetheit und des Schicksals dringt durch den Kanal 1, und Schmerz und Leiden sind von einem Gefühl der Bedeutung und dem Potential für Wachstum und Entwicklung begleitet. Die meisten von uns können sich auf Kanal 1 nicht für längere Zeit einstimmen – daher die Beliebtheit bewußtseinsverändernder Drogen, die scheinbar in uns das Gefühl der Einheit erzeugen, welche wiederum diese Wahrnehmung der Wirklichkeit in uns hervorruft. Jene Individuen in unserer menschlichen Geschichte, die scheinbar ununterbrochen auf diesen Kanal eingestimmt sind, werden durchweg entweder als Avatare oder Verrückte oder als beides angesehen.

Der andere Kanal ist derjenige, auf den wir meistens eingestimmt sind – der des gewöhnlichen Lebens. Dies ist der Kanal der augenblicklichen Wirklichkeit. Hier werden wir uns der Verschiedenheit voneinander bewußt, unseres Getrenntseins, unseres »Ich-Seins«. Während die Wahrnehmung des Kanals 1 uns aus unserem Körper herausheb, eröffnet Kanal 2 eine akute Wahrnehmung der materiellen Wirklichkeit, und dies bedeutet Anerkennung des körperlichen Gefäßes, in dem wir inkarniert sind. Dies ist der Kanal von Sonne und Mond und den drei inneren Planeten, die ihnen dienen. Unsere Körper sind verschieden, unsere emotionalen Bedürfnisse unterscheiden sich und unsere Fertigkeiten sind auch unterschiedlich. Auf Kanal 2 sind wir nicht eins, wir sind viele, und die inneren Planeten sind, um die Worte von Dane Rudhyar zu gebrauchen, unsere »himmlischen Anweisungen« für die wahrhaftigste und natürlichste Art und Weise, mit der wir eine klare und getrennte Individualität ausbilden können.

Freude ist nicht auf den einen oder anderen Kanal beschränkt, sie ist auf beiden verfügbar. Aber Freude ist unterschiedlich: Die Freude von Kanal 1 ist ekstatisch, universell und ego-auflösend. Die Freude von Kanal 2 ist die der persönlichen Erfüllung. Es gibt vielleicht mehr Schmerz und Leiden auf Kanal 2, und es mag sich auch nicht immer ein Gefühl des Sinns einstellen, wenn wir mit Frustration, Unglücklichsein und Einsamkeit konfrontiert werden. Auf Kanal 1 ist der Tod ein Durchgangsritus. Auf Kanal 2 ist der Tod einfach der Tod, angsteinflößend und potentiell schmerzhaft. Die Ungerechtigkeit im Leben ist auf Kanal 2 höchst sichtbar, und wir fühlen und erkennen diese Ungerechtigkeit am heftigsten bei unseren Anstrengungen, die inneren Planeten in unserem persönlichen Leben zum Ausdruck zu bringen.

Die inneren Planeten sind gegenüber dem Druck, den Familie und Gesellschaft ausüben, sehr verletzlich. Es mag für die Familie oder das Kollektiv nicht leicht sein, unsere Individualität, wie sie durch die Sonne widergespiegelt wird, zu unterdrücken; und es ist praktisch unmöglich, die hervorbrechenden Energien der schweren Planeten zu blockieren, wenn sie durch Transite oder Progressionen ausgelöst werden. Aber eine neidische Mutter kann bedenkenlos die Geburts-Venus ihrer kleinen Tochter zermalmen, oder ein diktatorischer Vater kann den sich entwickelnden Mars seines kleinen Sohnes psychisch kastrieren; und ein Bildungssystem, das Anstrengung und Vortrefflichkeit entwertet, damit es jedermann leicht hat, könnte selbst den lebendigsten Merkur zunichte machen, indem es ihn schwerfällig und gedämpft macht. Mehr als alles andere im Geburtshoroskop bedürfen die inneren Planeten – jene in hohem Maße persönlichen Aussagen darüber, wer wir sind – unserer Loyalität und unseres Willens, zu unserer Besonderheit zu stehen, selbst angesichts der kosmischen Botschaften von Kanal 1. Der Geist selbst mag zuviel fordern, und es liegt an uns, dies festzustellen, denn niemand wird uns verteidigen, wenn wir uns selbst nicht verteidigen können.

Es sind die inneren Planeten, die unser Fundament als einzigartige Persönlichkeiten beschreiben, und wir können sie nicht zum Ausdruck bringen, ohne getrennt genug zu sein, um unsere eigenen Werte zu definieren. Getrenntheit ist das grundlegendste und schmerzhafteste aller menschlichen Dilemmata, und sie ist unvermeidbar, auch in der Programmfolge von Kanal 2. Die Inkarnation, ob man es spirituell oder psychologisch interpretiert, scheint eine ziemlich harte Angelegenheit zu sein, verglichen mit dem Leben im Paradiesgarten, in dem wir eins waren mit Mutter/Gott. In dem Augenblick, in dem wir unsere inneren Planeten zum Ausdruck bringen, machen wir unsere Getrenntheit geltend. Es überrascht nicht, daß einige Astrologen sie als »unwichtig« betrachten, denn sie sind so wichtig, daß sie eine ständige Bedrohung für unsere Verschmelzungsphantasien darstellen. Es ist nicht möglich, bedingungslos von jedermann geliebt zu werden, wenn man man selbst ist – wie Abraham Lincoln einst sagte, können wir es nicht allen Leuten immer recht machen. Es ist möglich, beide Kanäle zur gleichen Zeit zu sehen und die Freuden der inneren Planeten zu genießen, während wir uns an das größere Leben, von dem wir ein Teil sind, erinnern. Dies scheint eine gesunde und ausgeglichene Haltung zu sein hinsichtlich der Arbeit mit dem Horoskop. Aber ein Gebäude kann nicht von oben nach unten gebaut werden – es muß mit seinen Fundamenten auf der Erde begonnen werden und nach oben bis zu seiner endgültigen Fertigstellung aufgebaut werden. Die inneren Planeten sind die Bausteine unserer persönlichen Wirklichkeit und die Basis, von der aus wir unsere Augen und Herzen erheben können, um ferne Horizonte und das unendliche Gewölbe des Himmels zu erblicken.

London, April 1992

Liz Greene
Howard Sasportas

Teil 1
Merkur

Uns machen nicht die Dinge Sorgen, sondern die Meinungen, die wir über die Dinge haben.
Epiktet

Die größte Entdeckung aller Generationen ist die, daß menschliche Wesen ihr Leben ändern können, indem sie ihre Geisteshaltungen verändern.
Albert Schweitzer

Trickster, Diebe und Magier

Die vielen Gesichter des Merkur in der Mythologie

Howard Sasportas

In den späten sechziger und frühen siebziger Jahren studierte ich in Boston bei Isabel Hickey Astrologie. Sie lehrte mich etwas, das mir immer in Erinnerung geblieben ist: Wenn dir eine Person oder eine Situation Probleme bereitet, versuche deine Haltung, die du dazu einnimmst, zu verändern. Wenn du dies tust, so erklärte sie, wird eine von zwei Konsequenzen eintreten. Entweder wird sich das Problem so verändern, daß es dir keine weiteren Sorgen bereitet oder du es nicht weiter als Problem empfindest, oder es wird sich ganz einfach verflüchtigen, vollkommen verschwinden. Wenn Ihnen also jemand auf die Nerven geht, müssen Sie vielleicht versuchen, Ihre Einstellung dieser Person gegenüber zu verändern – sie in einem besseren Licht zu sehen, aus einer neuen Perspektive zu betrachten. Isabel zufolge wird sich diese Person dann so verändern, daß sie oder er Sie nicht mehr derart ärgert; oder in manchen Fällen wird die Person von der Bildfläche verschwinden, so daß Sie sich nicht länger mit dem Missetäter zu befassen brauchen. Die Regel lautet: Ändern Sie Ihre Einstellung, und Sie ändern die gesamte Situation. Darin besteht die Macht des Geistes, die Macht der mentalen Ebene. Wie es die Rosenkreuzer auszudrücken pflegten: »Gedanken haben Flügel.«

Im Laufe der Jahre habe ich Isabels Rat bei zahlreichen Gelegenheiten befolgt, und ich war erstaunt festzustellen, wie häufig es funkioniert. Sie sollten es selbst einmal mit einer Angelegenheit in Ihrem Leben, die Ihnen Schwierigkeiten bereitet, probieren. Aber ich habe dem eine Bedingung, eine Klausel hinzuzufügen. Ich bin nicht sicher, ob es immer angemessen ist, zu rasch zu versuchen, sich der Dinge zu entledigen, die einem Sorgen bereiten oder einen aufregen. Es scheint manchmal, als ob man vor einer Situation davonläuft, die einem wertvolle Lektionen oder Einsichten erteilen könnte. Es könnte für Ihr psychisches Wachstum und Ihre Entwicklung nützlicher sein, wenn Sie sich zunächst die Zeit nähmen herauszufinden, warum eine Person oder Situation bei Ihnen »auf den richtigen Knopf drückt« oder Komplexe auslöst. Deshalb ist es besser – statt sofort zu versuchen, die Quelle der Irritation zu beseitigen –, in sich zu gehen und sich zu fragen: »Warum reagiere ich auf diese Weise? Stellt diese Person eine Facette meiner Wesensart dar, die ich ekelhaft oder beschämend finde, und bin ich deshalb sauer, wenn ich ihn oder sie sich auf diese Art verhalten sehe?« Diese Fragen helfen Ihnen, das zu untersuchen, was Jung Ihren *Schatten* nennen würde; indem Sie ehrlich Ihre Reaktion auf eine problematische Person oder Situation überprüfen, können Sie eine ganze Menge über unterdrückte oder verleugnete Aspekte Ihrer eigenen Natur lernen, die ans Licht des Bewußtseins gebracht und bearbeitet werden müssen. In diesem Sinne haben die Person oder die Umstände, die Sie bedrücken, Ihnen etwas beizubringen.

Die List, Ihre Einstellung zu schnell zu verändern, um das Problem loszuwerden, könnte eine Art psychologischer Vorwand sein, um einfach auszusteigen. Nichtsdestotrotz glaube ich immer noch, daß es Zeiten gibt, in denen es richtig und nützlich ist, Isabels Vorschlägen zu folgen, aber Sie sollten versuchen, zuerst die vorher erwähnten Bedingungen zu erfüllen. Wir werden später im Laufe des Tages eine Übung machen, die sich mit einem Ihrer Probleme befaßt, und wir werden sehen, ob es verändert oder durch eine Einstellungsveränderung verwandelt werden kann. In der Zwischenzeit können Sie darüber nachdenken, welches Ihrer Probleme Sie für diese Übung aufgreifen wollen. Falls Ihnen keinerlei Problem in den Sinn kommt, wäre ich glücklich, Ihnen eines von meinen auszuleihen, an dem Sie arbeiten können. Ich bin sogar so ein netter Kerl, daß Sie es mir nicht einmal zurückzugeben brauchen. Sie können es gern behalten.

Eines meiner Probleme besteht darin, daß ich nicht weiß, wo ich bei Merkur anfangen soll. Dieser Planet besitzt so viele Gesichter und Manifestationen, da ist es schwer zu wissen, wo man anfangen soll. Im ersten Teil heute morgen werden wir die Mythen, die mit dem griechischen Hermes verbunden sind, besprechen. Es handelt sich um jene Mythen, die das Prinzip, wie Merkur sich astrologisch und psychologisch manifestiert, illustrieren und ausführen. Nachdem ich mit den griechischen Mythen am besten vertraut bin, werde ich mich auf Hermes konzentrieren, obwohl entsprechende Archetypen in vielen anderen Kulturen auftauchen. Neben dem römischen Merkur haben wir Thot in Ägypten, der als Herr der heiligen Worte bekannt war. Eine Merkur bzw. Hermes ähnliche Gestalt findet sich auch in der nordischen Mythologie in der Gestalt des Loki. Kojote ist der nordamerikanische Trickster, der Hermes entspricht, die Eskimos nannten ihn Raven.

Hermes hat eine verwirrende Anzahl von Rollen in der griechischen Mythologie: Er ist der Dieb, der Magier, der Handwerker, der Götterbote, der Gott der Grenzen, des Handels, der Geschäftsleute, der Worte und der Sprache, um nur einige wenige zu nennen. Um diese Beinamen besser zu verstehen, möchte ich Ihnen ein paar Geschichten erzählen, wie Hermes in seinem Leben zu diesen Beinamen gekommen ist. Dazu werde ich die psychologischen Begriffe und astrologischen Prinzipien erläutern, die sie beschreiben. Wie Sie wissen, hatte Zeus zahlreiche außereheliche Affären, und eine davon war die mit der Waldnymphe Maia. Während Hera schlief, schlich er sich gewöhnlich davon und besuchte sie. Tatsächlich war Zeus' Liebschaft mit Maia die einzige, die von der eifersüchtigen Hera unbemerkt blieb – sonst hätte sie Schwierigkeiten gemacht und einen ihrer Tricks angewandt, um dem Ganzen ein Ende zu bereiten. Die Frucht dieser heimlichen Romanze war Hermes. Damit kann man sagen, daß er, was Zeus angeht, aufgrund von Betrug, Tricks und List zur Welt kam. Wir haben bereits etwas gelernt: Wo immer Merkur sich befindet – es ist der Bereich, in dem wir täuschen und zu Tricks und Listen neigen, wo wir die Wahrheit leicht verbiegen könnten, um sie uns passend zu machen (und dies ist eines der weniger erfreulichen Gesichter Merkurs).

Hermes' Geburtsort war eine Höhle im Gebirge Kyllene in der Gegend von Arkadien. Sobald er geboren war, fühlte er sich augenblicklich gelangweilt und ruhelos. Nach der Hymne Homers war Hermes begierig, etwas zu finden, was er tun könnte, außer dem müßigen Herumliegen in seiner Wiege, gewickelt in seine engen Windeln. Dies entspricht wiederum genau unserem astrologischen Verständnis von Merkur, besonders in seiner Verbindung mit dem Zeichen Zwillinge. Wo immer Merkur im Horoskop auftaucht, neigen wir zur Ruhelosigkeit, brauchen wir Vielfalt, Veränderung und Raum, um uns zu bewegen. Der Gott Hermes war nur einen

Tag alt, und schon machte er sich auf die Suche nach Abenteuern: Er wußte nicht genau, wo er hingehen wollte oder was passieren würde, er machte sich einfach auf den Weg und nahm die Dinge, wie sie kamen.

Merkur kann daher mit dem Unerwarteten in Verbindung gebracht werden, mit Zufall und Synchronizität, oder mit Ereignissen, die zufällig erscheinen. Später gewinnen sie dann an Bedeutung, oder es stellt sich heraus, daß sie einem höheren Zweck gedient haben. Das gilt ganz besonders dann, wenn Sie unter einem Uranus-Transit Ihres Merkurs stehen. Dies kann eine Phase kennzeichnen, in der Bücher vom Regal fallen, die genau die Information liefern, die Sie brauchen. Oder Sie schalten den Fernseher ein, und es gibt unerwartet eine Sendung, die von etwas handelt, mit dem Sie gerade beschäftigt sind, oder auf das Sie neugierig waren. Selbst der schnell laufende Transit von Merkur über Ihren Aszendenten oder Ihre Venus kann Ihnen diese Art von Tag bescheren, an dem Sie Lebensmittel einkaufen und dabei jemandem über den Weg laufen, auf den Sie nicht gefaßt waren, und Sie beide gehen für einen Plausch ins Café – diese Art von Zerstreuungen und unerwarteten Begegnungen sind Erkennungszeichen von Merkur.

Jedenfalls folgte Hermes seinem Impuls, aus seiner Wiege zu klettern. Er ging zur Vordertür seiner Wohnstätte und traf unerwarteterweise auf eine Schildkröte. Ihren schönen Panzer bewundernd sagte Hermes zu der Schildkröte: »Du bist sehr nett, wie du bist, aber ich kann mir bessere Sachen denken, die ich mit dir tun könnte, als dich nur anzuschauen.«* Schon jetzt zeigte er seinen Erfindungsgeist, sein Bedürfnis, seine Hände ins Spiel zu bringen. Die Hausposition von Merkur im Horoskop verweist auf den Lebensbereich, in dem wir erfinderisch sein sollen, spielerisch und willens, neue Dinge auszuprobieren, statt einfach mit dem Status quo dieses Bereichs zufrieden zu sein. Ich habe absichtlich die Formulierung »sein sollen« gewählt. Ich stimme der Theorie von Dane Rudhyar zu, daß die Hausplazierung von Planeten und Zeichen im Horoskop tatsächlich »himmlische Anweisungen« sind, mit denen Sie in diesem Bereich Ihrer Existenz auf natürlichste

* Alle Zitate aus den Hymnen Homers sind im Original zitiert aus Norman Brown, Hermes the Thief. New York 1969.

Weise Ihren Lebensplan entfalten können.* Anders ausgedrückt, die Plazierung der Planeten in Zeichen und Häusern bezeichnet die authentischste Art und Weise, Ihre inneren Potentiale auszuschöpfen, die natürlichste Weise, in das hineinzuwachsen, was Sie werden sollten. Um also Ihr *dharma* zu verwirklichen (es ist das *dharma* einer Fliege, zu summen; es ist das *dharma* eines Löwen, zu brüllen; es ist das *dharma* einer künstlerischen Person, etwas zu erschaffen), sollten Sie in dem Lebensgebiet, das mit dem Haus, in dem Merkur plaziert ist, verbunden ist, neugierig und erfinderisch sein. Dies bezieht sich auch auf die Häuser, die Merkur in Ihrem Horoskop regiert. Sie kennzeichnen einen Lebensbereich, in dem Sie einen offenen Geist bewahren, wo Sie flexibel und in Ihrem Herzen jung bleiben sollen. Dies könnte offensichtlich etwas variieren, wenn sich Merkur zum Beispiel in einem fixen Zeichen befindet oder auf irgendeine Weise von Saturn gehemmt wird – oder wenn Sie als Kind übermäßig dazu angehalten wurden, still zu sitzen, sich anständig und nett zu betragen.

Wir haben Hermes zurückgelassen, von Angesicht zu Angesicht mit einer Schildkröte. In einem Geistesblitz von Inspiration tötete er die arme Kreatur, meißelte ihren Panzer heraus, überzog ihn mit Ochsenhaut, spannte ein paar Saiten darauf und wartete so mit der ersten Leier auf. Er tat dies aus einem Impuls heraus, ohne zu wissen, daß sich das Musikinstrument als sehr nützlich erweisen würde, wenn er sich später mit Apollon auseinandersetzen müßte. Hier können wir Merkur auch als Handwerker erkennen, als jemanden, der erfinderisch ist, talentiert und geschickt mit seinen Händen. Diese Seite von Merkur entspricht Zwillinge, vielleicht sogar noch mehr Jungfrau. Merkurs Haus könnte einen Lebensbereich aufzeigen, in dem wir natürliche handwerkliche Geschicklichkeit besitzen, oder in dem wir ziemlich gerissen sein können. Hermes erweist sich in dieser Episode in gewisser Weise auch als skrupellos – er denkt nicht zweimal darüber nach, ob er die Schildkröte töten soll. Ich habe einige Leute getroffen, die sehr merkurisch sind, die sich ziemlich frech oder unfreundlich verhalten können, und doch tun sie es mit solchem Charme und solcher Finesse, daß man beinahe bereit ist, ihre Vergehen zu übersehen.

* Dane Rudhyar, Die astrologischen Häuser. München 1993.

Hermes spielte kurze Zeit mit der Leier, langweilte sich bald, warf sie in seine Wiege und machte sich auf die Suche nach etwas anderem, mit dem er sich beschäftigen konnte. Er war hungrig, als er auf eine Rinderherde traf, die Apollon, seinem älteren Bruder, gehörte. Wahrscheinlich kennen Sie die Geschichte. Hermes entschloß sich, die Rinder zu stehlen, indem er sie rückwärts von der Wiese wegführte, auf der sie grasten. Mit anderen Worten, ihre Hufspuren zeigten in die entgegengesetzte Richtung, wohin sie geführt wurden. Dann entwarf und fabrizierte er besondere Sandalen für sich, damit sie seine eigenen Fußabdrücke verdeckten und so keine Spur zurückließen. (Ähnlich manchen merkurbetonten Leuten, die ich traf – man weiß nicht, woher sie kommen oder wohin sie gehen. Und oft wissen sie selbst nicht genau, ob sie kommen oder gehen!) Nachdem er die Rinder gestohlen hatte, machte Hermes ein Feuer, indem er zwei Stöcke gegeneinander rieb – tatsächlich behaupten manche Quellen, daß dies das erste Mal war, daß Feuer auf diese Weise entfacht wurde. Dann wählte er zwei der Kühe, um sie zu kochen, teilte sie in zwölf Portionen und opferte damit jedem der Götter des Olymp ... natürlich einschließlich sich selbst.

Hier lohnt es sich, einen Augenblick innezuhalten und die Bedeutung dieser letzten Handlung zu überdenken. Indem er jedem der zwölf Götter ein gesondertes Opfer darbrachte, zeigte Hermes, daß er bereit war, jeden einzelnen von ihnen zu ehren und teilhaben zu lassen, egal wie verschieden der eine vom anderen Gott auch sein mochte. In ähnlicher Weise symbolisiert der astrologische Merkur einen Teil von uns, der fähig ist, sich nahezu blindlings mit den verschiedenen Prinzipien, die von den anderen Planeten repräsentiert werden, zu identifizieren. So könnte Merkur eines Tages an Saturn teilhaben, die Tugenden der Disziplin, Geduld und Sparsamkeit preisend, und dann als nächstes Jupiter ehren, indem er sich begeistert auf etwas Neues und Unversuchtes stürzt, oder indem er sich mit seiner Kreditkarte an einer Kauforgie berauscht. Wenn Sie überwiegend vom Planeten Saturn regiert werden, benehmen Sie sich montags, dienstags, mittwochs und so weiter hauptsächlich wie Saturn. Selbst wenn Sie übers Wochenende entschlüpfen, Ihr Haar offen tragen und sich am Samstagabend mehr wie Venus oder Neptun gebärden, wird Saturn schnell wieder die Führung übernehmen und Sie an seine Regeln und Vorschriften erinnern. Wenn

Sie von Natur aus ein jupiterhafter Typ sind, werden Sie diesen Archetyp auf der einen oder anderen Ebene die ganze Woche hindurch ausleben. Aber wenn Sie stark von Merkur beeinflußt sind, besteht Ihre Gabe (und es könnte auch Ihr Fluch sein) in Ihrer Anpassungsfähigkeit, im Talent, die archetypische Natur der anderen Planeten nachzuahmen. Merkur ist Merkur und nicht Venus, Jupiter oder Saturn, aber er kann sich die Eigenschaften dieser oder der anderen Planeten zu eigen machen, wenn es ihm paßt, und manchmal sogar auch dann, wenn es nicht so angebracht ist. Er ist *nicht* einer von ihnen, aber er kann zeitweise jeder dieser Planeten *sein*. Merkur ist ein Mime, er erinnert an einen Darsteller im Fernsehen, der den früheren Präsidenten Reagan in einem Sketch nachmachen kann und dann Michael Jackson und Sylvester Stallone im nächsten Sketch. Ich wäre nicht überrascht, wenn berühmte Darsteller in ihren Horoskopen eine Merkur- oder Zwillinge-Betonung aufwiesen.

Außer daß er allen zwölf Göttern des Olymp seine Loyalität gezeigt hat, gelang es Hermes schließlich, jedem der anderen Götter etwas zu stehlen: Bei den Rindern Apollons handelt es sich nicht um den einzigen Diebstahl. Er schlich sich eines Tages heimlich mit Zeus' Donnerkeilen davon, er beraubte Athene eine Zeitlang ihres Helms, und er borgte sich sogar Aphrodites Gürtel, ohne sie zu fragen. (Ich überlege, was er damit tat – vielleicht ein wenig Verkleidung. Es würde mich nicht überraschen, weil es die hermaphroditische Eigenschaft – die auch ein Teil dieser Mythologie ist, auf die ich später eingehen werde – bezeichnet.) Etwas von jedem der Götter zu entwenden ist eine andere Art auszudrücken, daß er bestimmte Eigenschaften von ihnen allen besitzt. Sie können aber auch erkennen, welch ein Fluch das sein kann, wie stark merkurische Menschen überall auftreten können, heute so und das nächste Mal dann ganz anders. Und Sie können sich auch vorstellen, wie wütend Merkur-Typen andere Leute machen können. Sie denken, daß Sie wissen, woran Sie mit ihnen sind oder woher sie kommen, aber warten Sie nur ab ...

Als er sein Rinderopfer beendet und seinen Hunger gestillt hatte, schlenderte Hermes nach Hause und schlüpfte, nach Homers Hymne, durchs Schlüsselloch ins Haus »wie ein Wolkenhauch«; er kletterte wieder in seine Wiege, klemmte sich die Schildkrötenleier unter seinen Arm, als ob sie ein Spielzeug wäre, und schlief wie ein unschuldiges Baby. Ein weiterer seiner Tricks bestand darin, sich in Rauch aufzulösen. Wie auch immer, seine Mutter kam nach Hause und fand ihn unschuldig schlafend, aber sie ließ sich nichts vormachen. Sie war klug und wußte, was sie von ihm zu halten hatte und ließ ihn das auch wissen: »Oje, als dein Vater dich zeugte, erzeugte er eine ganze Menge Sorgen für die sterblichen Menschen und die unsterblichen Götter...« Das also dachte seine eigene Mutter von ihm. Nebenbei, wenn Sie das Karma haben, ein Kind zur Welt zu bringen, das hauptsächlich vom Archetyp des Hermes beeinflußt ist, sollten Sie es akzeptieren, wie es ist, aber Sie müssen ihm auch Grenzen setzen. Hermes braucht starke, führende Eltern, die sagen können: »Du gehst diesmal zu weit, beruhige dich.« In gleicher Weise müssen wir in Merkurs Haus lernen, unsere Verstandestätigkeit zu disziplinieren oder einige unserer Gedanken und Handlungen einzudämmen, statt sie unterschiedslos auszuagieren. Letztendlich arbeitet Merkur am positivsten, wenn er eine Sammlung fester Richtlinien hat, an die er sich halten kann, oder wenn er über moralische oder ethische Maßstäbe verfügt, die er einzuhalten versucht. Nachdem sich seine Mutter beklagt hatte, daß er eine ziemliche Zumutung sei, hatte Hermes schnell eine Antwort parat:

»Warum versuchst du mir angst zu machen, als wäre ich nur ein dummes Kind? Ich werde die Laufbahn einschlagen, die mir die besten Möglichkeiten bietet, denn ich muß mich um meine eigenen und um deine Interessen kümmern. Wir können es nicht hinnehmen, daß wir als einzige der Unsterblichen in dieser schmutzigen Höhle leben sollen, ohne Opfergaben und Gebete entgegenzunehmen. Wäre es nicht besser, wenn wir unser Leben in Behaglichkeit und Überfluß verbrächten, wie die anderen Götter? Ich werde den gleichen Kultstatus erringen wie Apollon. Wenn ihn mir mein Vater nicht gibt, werde ich zum Fürsten der Diebe werden. Wenn mich Apollon jagt, werde ich seinen Schrein in Delphi plündern. Da gibt es eine Menge Gold – du wirst sehen!«

Hermes' Streben, Apollon zu gleichen, verdient eine tiefer gehende Betrachtung. Zunächst können wir das einfach als beißende Eifersucht deuten. Apollon ist Hermes' älterer Bruder und einer der Archetypen, mit denen Hermes in Verbindung gebracht wird, ist der des jüngeren Bruders. Apollon war Zeus' Lieblingssohn, der Junge mit den goldenen Haaren. Zeus schätzte Apollons Rationalität, seinen Intellekt und sein Organisationstalent. Wie wir bald sehen werden, mochte Zeus auch Hermes, besonders seine Cleverneß, seine Fähigkeit, sich zu drehen und zu wenden, und die geschickte Art, sich herauszuwinden, wenn er in die Enge getrieben wurde. Wo wir gerade bei dem Thema sind – Zeus kümmerte sich nicht im geringsten um seinen Sohn Ares. Nach Homer hat Zeus einst gesagt, daß von allen Göttern des Olymp Ares der am meisten Verabscheute sei. Tatsächlich beschuldigte er Ares, er habe die gleiche unerträgliche Veranlagung wie Hera; mit anderen Worten, Zeus schalt Ares, seiner Mutter zu ähnlich zu sein. Ares war einfach nach Zeus' Geschmack zu derb, zu blutrünstig, zu draufgängerisch und zu emotional. In bezug auf Dionysos, einem anderen seiner Söhne, war Zeus ambivalent. Obwohl er sich selbst mit einer zweiten Gebärmutter für Dionysos versorgt hatte und ihn auf diese Weise nährte, fand er Dionysos ein wenig zu feminin, um ganz und gar nach seinem Geschmack zu sein.

Hermes' Entschlossenheit, Apollon zu gleichen, kann auch aus einer politischen oder gesellschaftlichen Perspektive betrachtet werden. Im Athen des 5. Jahrhunderts v. Chr. repräsentierte Apollon die Aristokratie, während Hermes zum Schutzpatron der neu auftauchenden Händlerklasse wurde und der *Neureichen* im allgemeinen. Hermes symbolisierte deren Wunsch, ebensoviel Achtung wie der Landadel zu gewinnen. Der Konflikt zwischen den Händlerklassen und dem Oberschicht-Landadel wurde auf die Rivalität zwischen Apollon und Hermes projiziert.

Zurück zu unserer Geschichte. Apollon brauchte nicht lange, um festzustellen, daß seine Rinder fort waren, und er verdächtigte sofort Hermes als Dieb. Aber als Apollon seinen jüngeren Bruder auf die Sache ansprach, beteuerte Hermes (in seiner Wiege zusammengerollt) seine Unschuld:

»Was ist los, Apollon, was haben diese herben Worte zu bedeuten? Ich habe deine Rinder noch nicht einmal gesehen. Sehe ich aus wie ein Viehdieb? Ich bin erst zwei Tage alt, und alles, was mich interessiert, sind Schlaf und warme Bäder und die Milch meiner Mutter. Du solltest dich besser vergewissern, daß dich niemand hört, wie du mich auf diese Weise ausschimpfst. Niemand würde glauben, daß ein neugeborenes Kind Kühe stehlen würde. Ich bin erst gestern geboren worden. Meine Füße sind weich, und der Boden ist hart. Aber wenn du willst, werde ich dir auf den Kopf meines Vaters schwören, daß ich nicht schuldig bin und daß ich auch niemanden anderen deine Kühe stehlen sah – was für Kühe das auch gewesen sein mögen. Das ist das erste Mal, daß ich überhaupt von ihnen höre!«

Er ist unverschämt, nicht wahr? Nachdem er seinen Sack Lügen abgeliefert hatte, blinzelte Hermes aufrichtig, hob seine Augenbrauen und stieß einen langen Pfiff aus, in dem Versuch, die Falschheit seiner Worte zu überdecken. Hermes war der Gott des Humors, und die Hymne Homers, die sich auf seine Beute bezieht, liest sich wirklich lustig.

Apollon läßt sich von niemandem hinters Licht führen:

»Du schlauer Betrüger, du sprichst wie ein versierter Dieb. Viele Schäfer werden wegen deiner Taten in den Bergen leiden, da du dich, lüstern nach Fleisch, über ihre Herden hergemacht hast. Aber wenn du willst, daß dieser Schlummer nicht dein letzter sei, steig aus deiner Wiege, du Gefährte der schwarzen Nacht. Denn dies soll dein Ehrenname unter den unsterblichen Göttern sein: Du sollst auf alle Ewigkeit der Fürst der Diebe sein.«

Apollon schnappte sich Hermes aus seiner Wiege und brachte ihn zu Zeus, um die Angelegenheit ein für allemal zu klären. Hermes, nur um Apollon noch weiter zu irritieren, ließ einen lauten Furz ertönen, auf den sich eine Übersetzung poetisch »als einen bösen Boten des Bauchs« bezieht. Apollon behauptete, er könne die Rinder mit Hilfe ihrer Ausscheidungen finden. Er machte sich mit Hermes auf den Weg, der sich wie ein Balg benahm, Grimassen schnitt, sich seine Daumen in die Ohren steckte und hinter Apollons Rücken seine Fäuste ballte, während er gleichzeitig seine Unschuld beteuerte und alle Kühe der Welt verfluchte. Hermes erinnert mich an ein Kind, das alles tun würde, um Aufmerksamkeit zu erlangen, selbst wenn das schlechtes Benehmen erfordert. Als Zeus die beiden erblickte, lächelte er und fragte: »Was ist das für eine liebliche Beute, die du weggetragen hast?« Apollon verteidigte sich:

»Nicht ich bin der Dieb. Er [Hermes] ist der Dieb und außerdem ein besonders listiger«, und erklärte Zeus die Situation. Ein aufrichtiger Hermes flehte dann bei seinem Vater um Verständnis:

»Vater, du weißt, daß ich nicht lügen kann. Er [Apollon] kam zu unserem Haus auf der Suche nach ein paar Rindern und fing an, mich zu bedrohen – und er ist ein Erwachsener, wogegen ich erst gestern zur Welt kam. Ich schwöre bei den Himmelspforten, daß ich die Rinder nicht zu unserem Haus geführt und daß ich niemals unsere Schwelle überschritten habe. Ich werde mit dem Kerl, der mich so gewalttätig festgehalten hat, abrechnen. Lieber Vater, du mußt die Angelegenheit der Schwachen und Hilflosen verteidigen.«

Man kann nicht umhin, Hermes' dreiste Fähigkeit zu bewundern, solch kolossale, großartige Lügen zu erzählen. Wie ich schon sagte, die Hausposition des Merkur könnte ein Lebensbereich sein, in dem wir geneigt sind, die Wahrheit zu verdrehen, oder in dem wir große Überzeugungskraft besitzen und sogar soweit gehen können, auf unredliche Taktiken zurückzugreifen, um über andere zu siegen. Im Mythos wird uns erzählt, daß Zeus die ganze Geschichte höchst amüsant fand und befahl, daß die Brüder ihren Streit beilegen und Freundschaft schließen sollten. Hier willigte Hermes ein und bot an, Apollon zu zeigen, wo die Rinder versteckt waren. Trotzdem hatte er immer noch die Absicht, es Apollon nicht leicht zu machen, und er benutzte seine magischen Fähigkeiten, um die Kühe im Boden fest zu verwurzeln. Nun geriet Apollon völlig aus der Fassung. In der Zwischenzeit nahm Hermes seine Leier und begann, über den Ursprung der Götter und die Ämter zu singen, die jedem einzelnen anvertraut waren. Hier sehen wir Hermes' ernstere und gelehrtere Seite. Apollon war von der Leier und den wunderschönen, süßen Klängen, die sie hervorbrachte, fasziniert: »Was du da hast, ist fünfzig Rinder wert! Nenne mir das Geheimnis deines Instruments, und ich werde zusehen, daß du eine Position des Reichtums und der Ehre unter den Göttern erhältst.« Hermes antwortete darauf: »Ich bin nicht selbstsüchtig. Es wäre mir eine Freude, dich das Geheimnis meines Instruments zu lehren. Im Gegenzug mußt du mir gestatten, dein Patronatsrecht über Rinder mit mir zu teilen.« So wurde ein Handel abgeschlossen.

Auf die gleiche Weise wird die Hausplazierung von Merkur

zeigen, in welchem Bereich Sie geschickt Geschäfte machen können, und jeder, der in seinem Horoskop einen starken Merkur-Archetyp aufweist, ist ein geborener Geschäftemacher, ein geborener Händler. Auf diese Weise wurden Apollon und Hermes zu Freunden, obwohl der ältere Bruder noch immer ein wenig mißtrauisch gegenüber seinem jüngeren Bruder war. »Ich habe Angst, du könntest mir meine Leier wieder stehlen, denn Zeus hat dich beauftragt, die Kunst des Austauschs auf Erden zu begründen. Ich werde mich nicht sicher fühlen, bis du einen feierlichen Schwur abgelegt hast.« Hermes willigte ein und wurde zum Schutzherrn der Eide und feierlichen Versprechen in diesem Abkommen erkoren. Als Hermes schwor, er würde die Kühe oder das Instrument nicht wieder stehlen, machte Apollon ihm ein Geschenk – den Caduceus, einen magischen Hirtenstab, der von zwei Bändern oder Schlangen umwunden ist, und dieser Stab wurde zu einem der bekanntesten Hermes-Symbole.

Ich habe mich mit diesem Mythos nicht nur so eingehend befaßt, weil ich ihn amüsant finde, sondern weil er soviel Licht auf den Hermes-Archetyp wirft und auf die Art und Weise, wie Merkur im Horoskop vorgeht. Ich muß hinzufügen, daß Hermes ein Dieb, aber kein Räuber ist. Die Griechen unterschieden zwischen diesen beiden: Ein Räuber greift tätlich an, er ist offensiv und gewalttätig wie ein Angreifer, wohingegen ein Dieb subtiler und verstohlener vorgeht. Hermes ist kein Verbrecher oder Räuber, aber er ist der Patron diebischer Aktion. Zeus benutzte ihn oft, um andere aus einer Gefahr zu retten. In einer Geschichte war der junge Ares von zwei Riesen gefangen und in einem Krug festgehalten worden, und Hermes wurde die Aufgabe übertragen, Ares zu befreien, was sehr viel geschicktes Herumschleichen erforderte. Hermes fiel auch die Aufgabe zu, das Kind Dionysos aus den Fängen der Hera und der Titanen zu retten. Und es war Hermes, der die junge Persephone aus der Unterwelt zurück zur Oberwelt geleitete. Können Sie hier ein Muster erkennen? Hermes ist derjenige, der auserwählt wird, wenn es gilt, göttliche Kinder zu retten oder in Sicherheit zu bringen.

Es gibt eine Geschichte, die ich dazu gern erzählen möchte, weil sie ein gutes Beispiel dafür ist, wie Hermes Tricks anwandte, um die Hilfe des Kindes Herakles zu erlangen, und sie dient auch dazu, einige seiner anderen Funktionen darzustellen. Herakles war der Sohn von Zeus und Semele, einer sterblichen Frau; daher war er nicht gänzlich göttlich. Um göttlich zu werden, würde er die Milch aus den Brüsten einer Göttin saugen müssen. Hermes wollte ihm helfen, also ersann er einen ziemlich guten Plan: Er legte das Baby Herakles auf einen Pfad im Wald und fragte dann Hera, die Königin der Himmel, ob sie Lust hätte, einen Spaziergang zu machen. Während Hermes und Hera spazieren gingen, ließ sich Hermes nebenbei bewundernd über Heras große Brüste aus. Sie war sehr geschmeichelt. Dann, wie Hermes es geplant hatte, trafen sie auf ein schreiendes Kind, das auf dem Waldpfad ausgesetzt worden war. Das Baby war so eingewickelt, daß es seine Identität verbergen konnte – wenn Hera erkannt hätte, daß es sich um einen Sterblichen oder einen der illegitimen Söhne ihres Gatten handelte, hätte sie nichts für das Baby getan. Als sie über das Kind stolperten, wandte Hermes sich an Hera: »Das arme Kind sieht sehr hungrig aus. Du mit deinen schönen vollen Brüsten könntest diesem Baby so gute Milch geben.« Hera willigte ein und begann, Herakles zu stillen, bis ihr klar wurde, daß es kein göttliches Kind war. Da sie kein Interesse daran hatte, Sterbliche in den Rang von Göttern zu erheben, zog sie schnell ihre Brüste zurück. Herakles hatte jedoch genug Milch geschluckt, um gottähnlich zu werden und die Laufbahn eines Helden einzuschlagen. Sehen Sie, wie clever Hermes ist? Aufgrund seiner Betrügerei ist er fähig, einen Sterblichen in einen Gott zu verwandeln – ein wichtiger Punkt, den wir in Kürze genauer besprechen werden. Hier gibt es noch einen Zusatz: Als Hera ihre Brüste wegzog, spritzte eine ganze Menge Milch in die Luft, und es geht die Sage, daß dadurch die Milchstraße erschaffen wurde. So ist Hermes also indirekt für die Sterne, die die Reisenden leiten und den Menschen eine Richtung im Leben geben, verantwortlich.

Ebenso besteht eine der astrologischen Funktionen Merkurs darin, »das göttliche Kind« in uns lebendig zu halten. Wir alle haben ein göttliches Kind in uns – einen Teil von uns, der für immer jung und dem Leben gegenüber offen ist, egal wie alt wir sind. (Und wenn Sie sich an meine Lektion über den Mond erinnern, haben wir auch ein »verletztes und wütendes Kind« in uns, aber das betrifft uns im Augenblick nicht.) Wie gesagt, ich würde Merkurs Haus als einen Lebensbereich auffassen, in dem wir jung bleiben sollen, offen und kindlich im besten Sinne des Wortes. Wenn Sie also Merkur im dritten Haus wahrhaftig begegnen wollen, müssen Sie sich einen offenen Geist bewahren und »up to date« sein, zum Beispiel ein Studium in Angriff nehmen, um auf dem laufenden darüber zu bleiben, was in der Welt vorgeht, selbst wenn Ihre Zeitgenossen sich schon lange gegenüber allem Neuen verschlossen haben. Wenn Sie Merkur im fünften Haus haben, wird Sie die Aufnahme einer kreativen Betätigung, selbst wenn Sie siebzig Jahre alt sind, wiederbeleben und Ihnen helfen, jung und am Leben interessiert zu bleiben. Merkur rettet das göttliche Kind in uns; benutzen Sie diesen Planeten gut, und Sie werden im Herzen jung bleiben, egal wie viele Falten Sie haben oder wie gebeugt Ihr Körper auch sein mag. Haben Sie bemerkt, daß viele Leute mit Zwillinge oder Jungfrau als aufsteigendem Zeichen jünger aussehen, als sie tatsächlich sind? Wenn Ihr Gemüt offen ist, bleibt Ihr Geist jung und frisch. Um Ihnen die Wahrheit zu sagen, ich bewundere wirklich einige alte Merkur-Typen. In ihrer Jugend und während ihres frühen Erwachsenendaseins waren sie vielleicht überall zugange, ließen sich nirgends nieder, kamen und gingen, probierten etwas aus und ließen es wieder fallen und versuchten etwas anderes. Diese Art des Verhaltens kann einem auf die Nerven gehen. Aber wenn die Hermes-Typen älter, gelassener und gesetzter werden, bewahren sich viele von ihnen ihre Offenheit dem Leben gegenüber, ihre Neugier und ihr Interesse an Menschen und Dingen, ohne die oft nervende Ruhelosigkeit und Ungebärdigkeit ihrer früheren Jahre.

Ich habe noch ein paar andere Dinge Hermes, den Magier, betreffend zu sagen. Wir haben etwas von der Magie, die er ausübt, gehört. Er verwandelt sich in eine Rauchwolke, um durch ein Schlüsselloch zu gleiten; er läßt Apollons Rinder auf dem Boden festwurzeln; er zaubert Zerberus in den Schlaf, so daß er unbemerkt in die Unterwelt hinabschlüpfen und wieder aus ihr herausschlüpfen kann; er hat die Macht, Dinge unsichtbar zu machen. Er ist ein Meister magischer Worte und magischer Rezepte. Wir sollten die Macht der Worte nicht unterschätzen. Mantras, Gebete und Gesänge, egal ob leise zum Selbst gesprochen oder laut, können die eigene Körperlichkeit, das eigene Leben beeinflussen, vielleicht sogar das Bewußtsein des gesamten Planeten. Am Anfang war das

Wort. Worte haben Macht, desgleichen Gedanken. Maharishi Mahesh Yogi sagte immer »Der Gedanke ist die Grundlage der Handlung«. Vielleicht sind Sie mit Alice Baileys System der esoterischen Astrologie vertraut, das, im Vergleich zur traditionellen Astrologie, die sie exoterische Astrologie nennt, vielen der Zeichen andere Regentschaften zuordnet. Nach der esoterischen Astrologie ist Merkur, nicht Mars, der Herrscher von Widder.

Von einem gewissen kosmischen Standpunkt aus betrachtet ist Mars nicht der Herrscher des Zeichens der Handlung; statt dessen finden wir Merkur (der Planet, der mit dem Denken verbunden ist) dem Widder zugeordnet – das ist eine sehr bündige Art zu sagen, daß der Gedanke die Grundlage der Handlung darstellt oder daß am Anfang das Wort steht. Ich halte es für hilfreich, wenn man etwas erreichen oder meistern will, sich erst hinzusetzen und sich vorzustellen, man sei bereits dort, wo man hin will. Wenn Sie zum Beispiel besser Klavier spielen möchten, stellen Sie sich vor, daß Sie wie ein Virtuose auftreten, stellen Sie sich einfach mit Ihrem ganzen Geist, mit all Ihren Gefühlen vor, daß Sie der Meister oder die Meisterin dieses Instruments sind. Fühlen Sie Ihre Virtuosität in jeder Ihrer Körperzellen. Selbstverständlich müssen Sie immer noch üben und technische Geschicklichkeit entwickeln, aber wenn Sie sich die Zeit zur Visualisierung nehmen, wie ich es vorgeschlagen habe, werden Sie feststellen, daß Sie besser werden. Psychologen nennen das kinästhetisches Denken: sich vorzustellen, wie man gern sein würde, nicht nur vor dem geistigen Auge, sondern indem man es auch im Körper und mit allen seinen Sinnen fühlt. Die Psychosynthese hat darauf als »mentale Wiederholung« oder als konstruktive Nutzung der Imaginationsfähigkeit verwiesen. Viele von uns verschwenden viel Zeit und Energie, sich darüber Sorgen zu machen, wie sich etwas zeigen wird, aber wir können diese Energie viel konstruktiver umleiten, indem wir die kinästhetische Imagination so einsetzen, wie ich es Ihnen erläutert habe. Anstatt sich endlos über eine Aufführung oder eine Stunde, die Sie geben müssen, oder ein wichtiges Interview, eine Begegnung oder eine Prüfung, die auf Sie zukommt, aufzuregen, können Sie sich durch mentale Wiederholung vorbereiten. Sportler benutzen diese Methode, um ihr Spiel zu verbessern, Künstler verwenden sie, um ihr Werk voranzutreiben, ich versuche sie zu nutzen, um meine Nerven vor den Seminaren zu beruhigen und wann immer ich ein Buch zu schreiben habe, und Sie können es auch ausprobieren.

Ich wurde zum ersten Mal auf das kinästhetische Denken aufmerksam gemacht, als ich mit »The Twelve Houses«* anfing, meinem ersten Buch. Obwohl ich den kreativen Prozeß zu manchen Zeiten genieße, empfinde ich das Schreiben oft als Anstrengung, besonders die frühen Phasen eines Manuskripts. Ich wache am Morgen auf und denke nicht: »Großartig, heute muß ich schreiben.« Mich an meinen Computer zu setzen, finde ich ebenso verlockend, wie in Eiswasser einzutauchen. Ein-, zweimal war ich sehr nahe dran, den Verleger anzurufen und den Vertrag zurückzunehmen, aber mein Steinbock-Aszendent ist zu pflichtbewußt – er würde es einfach nicht zulassen. Ich fühlte mich, als ob ich im Geburtskanal steckengeblieben sei: Ich hatte das Buch zu schreiben, aber ich konnte es nicht voranbringen. Dann besuchte ich ein Wochenendseminar, in dem die amerikanische Psychologin Jean Houston einen Vortrag über ihre Arbeit in den Staaten hielt, bei der sie kinästhetisches Denken in verschiedenen Gruppen anwandte. Ich beschloß, mir einen Stoß zu geben. Morgens und zu verschiedenen Zeiten während des Tages setzte ich mich auf mein Sofa und stellte mir vor, wie ich an der Schreibmaschine saß (ich hatte damals keinen Computer) und das Schreiben und Kreativsein wirklich genoß. Oder ich stellte mir vor, wie ich das Manuskript fröhlich meinem Verleger aushändigte, oder ich stellte mir sogar das fertige Buch in den Regalen der Buchläden vor. Je mehr ich diese Technik übte, desto stärker wurden die Bilder. Meiner Meinung nach wurden diese Bilder so machtvoll, daß sie mich antrieben, das Buch fertigzustellen. Die okkulte Philosophie hat schon immer behauptet, daß die Energie den Gedanken folgt. Hermes/Merkur besitzt magische Kräfte, und dies gilt auch für Worte, Bilder und Gedanken. Das Beenden des Buches erforderte trotzdem immer noch enorme Beharrlichkeit und Widerstandsfähigkeit; wer immer gesagt hat, daß Kreativität ein Prozent Inspiration und 99 Prozent Schwitzen erfordert – was mich angeht, so hatte er damit recht.

Natürlich könnte es ein Problem bei der Anwendung des kinäs-

* Howard Sasportas, The Twelve Houses: An Introduction to the Houses in Astrological Interpretation. London 1985 und San Bernardino 1988.

thetischen Denkens geben. Ein Teil von uns könnte bewußt etwas wollen, aber wenn wir uns unbewußt fürchten, unser Ziel zu erreichen oder zu verwirklichen, oder wenn wir aus irgendwelchen anderen Gründen unbewußt glauben, daß wir das, was wir uns wünschen, nicht verdienen, werden wir Ärger bekommen. Wenn es einen Konflikt zwischen bewußten und unbewußten Zielen gibt, senden wir doppelte oder gemischte Botschaften in den Kosmos hinaus. Das ist nicht der beste Weg, Ziele zu verwirklichen. Desgleichen ist es bei jedem Widerstreit zwischen dem Bewußten und dem Unbewußten das Unbewußte, das normalerweise gewinnt. Unbewußte Bestrebungen und Dringlichkeitsgefühle sind machtvoller als die bewußten, weil sie heimlich vorgehen, daher sind wir unwissentlich ihrer Gnade ausgesetzt. Ich werde Ihnen ein persönliches Beispiel erzählen: Nach meiner Halsoperation im Januar heilten meine Operationwunden relativ schnell – nach acht oder neun Tagen spürte ich also keine Schmerzen mehr im Hals und hätte nach Hause gehen können. Ich litt jedoch an Komplikationen, die als Nebeneffekt all der Medikamente, die ich nach der Operation brauchte, auftraten. Das Ganze endete mit einer ziemlich schlimmen Entzündung der Leber und Gallenblase, die meine Verdauung und andere Magenfunktionen durcheinanderbrachte, und deshalb behielten mich die Ärzte länger im Krankenhaus. Bewußt wollte ich, daß es mir besser ginge und ich nach Hause gehen könnte, aber mein Zustand wurde einfach nicht besser. Ich versuchte, mir mich gesund und kräftig vorzustellen, ich versuchte, mir meine Leber und Gallenblase wieder in ihrer normalen Größe vorzustellen, aber ich fühlte mich immer noch unwohl. Dann, mitten in der Nacht, weckte mich Hermes ziemlich plötzlich mit einer Art Offenbarung: Der Grund, warum es mir nicht besser ging, war, daß ich das Bessergehen und Nachhausekommen damit gleichsetzte, wieder mit der Arbeit anzufangen. Und tief in meinem Innern hatte ich wirklich keine Lust, zur Arbeit zurückzukehren, mit all der Verantwortung und Spannung, die sie beinhaltete. Was ich wirklich wollte, war eine Möglichkeit, mich zu entspannen und einfach mehr Zeit für mich zu haben. Mir wurde klar, daß ich die Krankheit als eine Möglichkeit benutzte, diese Wünsche zu rechtfertigen. Deshalb änderte ich meine Art und Weise zu denken folgendermaßen: »Es kann mir besser gehen, und ich kann trotzdem noch freie Zeit ohne Arbeit haben« – das half, den Heilungsprozeß zu beschleunigen. Sie sehen, warum wir das Unbewußte untersuchen müssen, um Bedürfnisse und Bestrebungen aufzudekken, die in Konflikt stehen könnten mit dem, was wir bewußt wünschen.

Es gibt eine Beziehung zwischen Hermes, dem Magier, und Hermes, dem Handwerker. In früheren Zeiten ergänzte der Handwerker seine Fertigkeiten mit magischen Praktiken. Ich vermute, ich habe gerade eben etwas Ähnliches vorgeschlagen: Die Nutzung der Macht des Geistes und Techniken wie das kinästhetische Denken sind Formen von Magie. Das Haus von Merkur (und die Häuser, die er in Ihrem Horoskop regiert) könnte der Lebensbereich sein, in dem Sie den Wert der Imaginationsfähigkeit entdekken, um etwas zu erreichen oder ein Werk zu vollenden. Im alten Griechenland sagte man, daß ein Handwerker seine Tüchtigkeit Hermes schuldete, der den Werken der ganzen Menschheit Freude und Herrlichkeit verleiht. In der griechischen Sprache ist das Wort für Trick mit dem Wort für technische Handfertigkeit austauschbar. Dies erinnert mich an das englische Wort *stealthy*: Wenn wir sagen, ein Mann ginge mit seinem Bogen *stealthy* um, meinen wir, daß er im Bogenschießen geschickt ist. *Stealthy* hat auch die Bedeutung von geheim, trickreich, geschickt oder schlau.

Es ist nun Zeit, Hermes in der Rolle des Botschafters und Kundschafters der Götter und in seiner Rolle als Gott der Schranken, Gott der Schwelle, Gott der Grenzen und Kreuzwege herauszuarbeiten. Verglichen mit den anderen olympischen Gottheiten ist Hermes derjenige, der das größte Gebiet abdeckt. Er war Zeus' persönlicher Botschafter, aber auch all die anderen Götter setzten ihn in dieser Fähigkeit für ihre Zwecke ein. Als ein Informationsverteiler überbrachte er die Botschaften von einem Gott zum anderen, von einem Gott zu einem Sterblichen oder von einem Sterblichen zu einem anderen Sterblichen. Er diente als Zwischenträger, so wie Merkur im Horoskop Kommunikation, Reisen und Austausch von Informationen und Ideen anzeigt. In Erfüllung seiner Mission überschritt Hermes Grenzen – er reiste zu den Höhen des Olymp und wieder zurück auf die Erde; er hatte sogar Zugang zur Unterwelt im Gewand von Hermes Psychopompos, dem Seelenführer, was von großer psychologischer Bedeutung ist – ich werde darauf bald detaillierter eingehen. Eigentlich bedeutet Hermes »der vom Steinhaufen«.

Das erinnert mich an eine Wanderung, die ich im Sommer 1988 in der Gegend um Ladakh, einem buddhistischen Gebiet im Himalaya, mit einer kleinen Gruppe unternahm. Jetzt ist es kaum zu glauben, denn die Stufen zu diesem Vortragssaal zu steigen ist eine ziemliche Anstrengung für mich, aber damals ging ich sieben bis acht Meilen am Tag und trug dabei ganz sportlich einen ziemlich schweren Rucksack. Der transitierende Neptun (der Planet der Täuschung) stand in dieser Zeit im Quadrat zu meinem Merkur, und ich dachte, daß dieses andauernde Gehen für mich sehr gesund sei, wogegen es in Wirklichkeit, da bin ich mir nun sehr sicher, dazu beitrug, mir meine Nackenprobleme zu schaffen. Wie auch immer, als wir die Pässe hochstiegen, die oft fast 5000 Meter hoch waren, kamen wir gelegentlich an Steinhaufen vorbei, und es ist Brauch, diesen Haufen einen Stein hinzuzufügen. Man konnte nicht widerstehen, bei diesen Steinhaufen Halt zu machen, mit den anderen Leuten um sie herumzulaufen und zu warten, bis die Nachzügler aufgeholt hatten. Auf vielen der Steine war »Om Mane Padme Hum« eingeritzt. Die griechischen Steinhaufen waren anders; sie waren zu quadratischen Blöcken geformt und trugen entweder einen Phallus oder das Gesicht von Hermes auf ihrer Spitze. Sie wurden *Hermen* genannt und markierten Plätze, an denen Reisende Halt machten und sich unterhielten. Diese Hermen dienten als Treffpunkte der Kommunikation zwischen Fremden und wurden gelegentlich zu Plätzen, an denen Geschäfte getätigt wurden. Es ist einfach zu sehen, wie der Gott der Grenzsteine sich zum Gott des Handels entfaltete, ein anderer Beiname, der Hermes zugeschrieben wird. Das griechische Wort dafür, Geschäfte zu tätigen, leitet sich von einem Wort ab, das »auf die andere Seite gehen« bedeutet. An diesen Hermen wurden auch Magie praktiziert und Rituale durchgeführt.

Was mich wirklich interessiert, ist die psychologische Bedeutung von Hermes als Gott der Grenzen und als Grenzüberschreiter. Ich glaube, daß der Planet Merkur den Teil der Psyche symbolisiert, der fähig ist, von einer Stufe, Ebene oder Dimension der Existenz in eine andere überzugehen. Ich habe bereits erwähnt, daß Hermes zum Olymp reiste und wieder zurück zur Erde und sogar noch weiter abstieg, bis in die Unterwelt. Ich würde den Olymp und die Himmel mit dem höheren Bewußtsein, den spirituellen und überpersönlichen Reichen gleichsetzen; die Erdebene mit dem Bewußtsein, mit der alltäglichen, linearen Ebene des Lebens – die weltlichen Dinge, wie einkaufen gehen, die Gasrechnung zahlen, mit Freunden ratschen und so weiter; und ich denke mir die Unterwelt als das Unbewußte, in dem unintegrierte positive und negative psychische Inhalte begraben und unterdrückt sind. Später, wenn wir Merkur im Zeichen, im Haus und mit seinen Aspekten besprechen, werden Sie sehen, wie sich das anwenden läßt. Wenn Sie zum Beispiel Merkur in einem Aspekt zu Pluto haben, bedeutet dies, daß Pluto Ihren Merkur in die Unterwelt hinabwinkt – Sie werden in das Unbewußte eintauchen und es erforschen müssen, um Komplexe an der Wurzel herauszureißen und ungenutzte Potentiale freizulegen. Wenn Sie mit einem Merkur im Aspekt zu Jupiter oder Uranus geboren sind, wird Ihr Geist wahrscheinlich von den gestirnten Höhen des Himmels angezogen werden, und Sie werden nach philosophischer und spiritueller Wahrheit und Weisheit suchen. Ich werde all dies später genauer ausführen. Der Punkt, auf den es mir nun ankommt, ist der, daß Hermes, anders als die anderen Götter, freien Zugang zu allen drei dieser Ebenen oder Reiche hatte. In jedem Fall zogen es die meisten der anderen Götter vor, sich an der kostbaren Luft des Olymp zu sonnen, statt sich mit niederen Sterblichen zu vermischen – nicht so Hermes. Er genoß offensichtlich seine Rolle als Vermittler zwischen den Göttern und dem gewöhnlichen Volk. Hermes/Merkur wechselt geschickt von einem Kanal zum anderen. Lassen Sie uns das näher betrachten.

Die Tatsache, daß Hermes Zeus' persönliches Faxgerät oder sein Botenjunge war, ist sowohl in psychologischer als auch in spiritueller Hinsicht bedeutsam. Zeus mit den Adleraugen lebte auf einem Berg, er konnte also die Dinge in weiter Ferne sehen und hatte eine sehr breit angelegte Sicht des Lebens. Hermes war angestellt, um die Weisheit und das Verständnis von Zeus den Menschen auf der Erde zu vermitteln. Ähnlich stattet uns Merkur mit der Fähigkeit aus, irgendwelche »höheren« Einsichten oder spirituellen Visionen, die wir gewonnen haben, im alltäglichen Leben anzuwenden. Anders ausgedrückt, Merkur (der das Nervensystem regiert) vermittelt die überbewußten Visionen, die Weisheit und das höhere Verständnis des Jupiter und macht sie unserem bewußten Verstand zugänglich. Wenn wir kein Nervensystem hätten, könnten wir keinen Kanal für das Geistige bilden oder uns mit dem Geistigen verbinden. So, als ob wir keine Sprache oder Worte besäßen (Hermes stand im Ruf, das Alphabet erfunden zu haben), könnten wir den Idealen und Vorstellungen des Jupiter keinen konkreten Ausdruck verleihen. Betrachten Sie zum Beispiel die Verfassung der Vereinigten Staaten. Ich würde die Ideale und Vorstellungen, die in einer Verfassung enthalten sind, mit der Vision des Jupiter gleichsetzen; aber Visionen, Ideale und Vorstellungen sind ziemlich nutzlos, solange wir keine Worte haben, um sie auszudrücken, um ihnen Gestalt und Stimme zu verleihen. Ebenso wie Hermes Herakles half, einen gottähnlichen Zustand zu erreichen, befähigt uns das Prinzip, das durch Merkur repräsentiert wird, in Wort und Tat unsere spirituellen und philosophischen Glaubensvorstellungen, Inspirationen und Einsichten zu erkennen und auszudrücken. Die Japaner haben ein Sprichwort: »Zu wissen und nicht zu handeln heißt, überhaupt nicht zu wissen.« Es ist kein Zufall, daß der Kunst und Wissenschaft, Schriften zu interpretieren, der Name *Hermeneutik* gegeben wurde. All dies wird als heilig und göttlich betrachtet.

Hermes führte die Aufträge von Zeus und anderen Göttern aus, aber er überbrachte auch Botschaften zwischen Sterblichen. Neben seiner Funktion, eine Brücke zwischen dem Überbewußtsein und dem Ego zu bilden, ist Merkur auch das Verbindungsglied zwischen dem Ego und seiner Umgebung. Ohne Merkur könnte ich nicht so weiterschwafeln. Und gerade jetzt möchte ich mich über eine sehr wichtige und ernste Funktion, die Hermes auch innehat, auslassen: über seine Rolle als Hermes Psychopompos, Hermes als Führer der Seelen in die Unterwelt hinein und aus der Unterwelt heraus. Ich möchte Ihnen wärmstens das Kapitel über Merkur empfehlen, das Erin Sullivan in einem Buch mit dem Titel »Planets« geschrieben hat – es handelt sich um eine Zusammenstellung verschiedener Beiträge von Astrologen, die über jeden Planeten schreiben.* Sie hebt hervor, daß Hermes der einzige Gott war, der *willentlich* den Hades bereisen konnte. Er begleitete sowohl die

* Erin Sullivan, »Mercury«, in: Planets, hrsg. v. Joan McEvers. St. Paul 1989.

Toten als auch die Lebenden in die Unterwelt, einige von ihnen blieben dort, einige von ihnen kehrten wieder zur Oberwelt zurück. Sullivan setzt das mit der Fähigkeit Merkurs gleich, mit dem Geist in die Tiefen des Unbewußten hinabzusteigen, um unterdrücktes oder begrabenes Material wiederzubeleben, das dann im Licht des Bewußtseins geprüft werden kann. Haben Sie bemerkt, mit welcher Sicherheit Astrologiebücher Zwillinge als leichtfertig und ein bißchen oberflächlich besprechen und diesem Zeichen das Etikett verpassen, die »Schmetterlinge« des Zodiak zu sein, die auf Parties und beim Small talk aufblühen, aber nicht die Art von Menschen sind, die irgend etwas in großen Tiefen erforschen? Während auf einige Zwillinge diese Beschreibung passen dürfte, habe ich viele getroffen, auf die diese Beschreibung nicht zutrifft. Wenn sich Zwillinge (und noch offensichtlicher die Jungfrau-Geborenen, die Menschen des anderen Zeichens, das von Merkur regiert wird) entscheiden, das Unbewußte durch Psychotherapie oder andere Methoden zu erforschen, sind sie ebenso geschickt, wie es jeder Skorpion oder Plutoniker sein kann. Manchmal können sie in dieser Hinsicht tatsächlich gründlicher sein, denn wenn die aufs Detail bedachten Zwillinge oder Jungfrauen sich einer Reise nach innen verpflichten, führt das dazu, daß sie kleine Ritzen und Winkel der Psyche erforschen, die sogar der scharfsinnigste Skorpion übersehen oder verfehlen könnte. Daher steht Hermes Psychopompos mit dem Bereich der Psychotherapie in Verbindung, und einige der besten und erfolgreichsten Psychotherapeuten, die ich kenne, sind unter einem merkurregierten Zeichen geboren.

Merkur regiert das reflektierende Bewußtsein des Selbst, die besondere menschliche Fähigkeit, bewußt über das Selbst nachdenken zu können und darüber, was man tut. Wir Menschen sind mit einer hochgradig entwickelten Hirnrinde ausgestattet, die uns die Fähigkeit verleiht, uns selbst zu überprüfen, unsere Handlungen gegen unsere Ideale und Prinzipien, die wir in bezug auf die »richtige« Verhaltens- oder Handlungsweise haben, abzuwägen. So könnten wir unseren Ärger an jemandem auslassen wollen, aber wir denken darüber nach und entschließen uns dann, mit der Situation anders umzugehen. Tiere haben diese Fähigkeit nicht: Sie werden einzig vom stereotypen instinktiven Drang und vorprogrammierten Verhalten geleitet (obwohl einige Haustiere von ihren Besitzern etwas über Gut und Schlecht lernen könnten). Wir haben mehrere Alternativen, unter denen wir wählen können – dies ist nur teilweise ein Segen, wie jeder weiß, der sich angesichts einer wichtigen Entscheidung gequält hat oder die Konflikte und Spannungen erfahren hat, die entstehen, wenn wir hin- und hergerissen werden zwischen einem instinktiven Reagieren auf die Umstände oder einer »zivilisierteren« Verhaltensweise.

In der Alchemie gibt es eine Gestalt mit dem Namen Merkurius, auf die in zweifacher, gegensätzlicher Weise Bezug genommen wurde. Sie wurde der »weltenerschaffende Geist« genannt (der Geist, der die Welt erschaffen hat), aber auch »der Geist, der in der Materie gefangengehalten und verborgen ist«.* Irgendwie erschafft der Geist diese Welt und findet sich dann in eben jener Welt, die er selbst geschaffen hat, gefangen. Laßt uns eine Zeitlang an diesem Punkt verweilen, denn viele Psychologen und Philosophen glauben, daß wir auf diese Weise Merkurius ähneln: Wir formen unser Leben entsprechend unseren Glaubensvorstellungen, Vorschriften und unserer Wahrnehmung der »Wirklichkeit«, und dann bleiben wir in unserer eigenen Schöpfung stecken – wir werden von unseren eigenen Wahrnehmungen begrenzt. Darauf wollte ich hinaus, als ich sagte, daß, wenn Sie etwas verändern möchten, Sie zuerst Ihre Einstellung und Ihre Glaubensvorstellungen verändern müssen, Ihre Art, die Dinge zu betrachten. Sie haben wahrscheinlich von Heisenbergs Unschärfeprinzip gehört, das besagt, daß der Akt der Beobachtung selbst das, was beobachtet wird, beeinflußt. Unser Verstand (Merkur) spielt eine wesentliche Rolle dabei, wie sich die Welt für uns darstellt. Lassen Sie uns ein Beispiel annehmen: Sie sind sehr übergewichtig oder fettleibig, und Sie bemühen sich sehr abzunehmen. Das ist großartig – wenn Sie aber immer noch das innere Selbstbild haben, fettleibig zu sein, werden Sie möglicherweise schnell wieder an Gewicht zulegen.

Hier noch ein weiteres Konzept für Sie – das *mentale Raster*. Unser mentales Raster ist die Art und Weise, wie wir die Welt einschätzen. Wenn Sie ein mentales Raster haben, das besagt, daß die Erde einer großen Katastrophe und vielleicht sogar der totalen Zerstörung entgegengeht, werden Sie prädisponiert sein, alles zu

* Sallie Nichols, Jung and Tarot. York Beach 1980, S. 52.

bemerken, was Ihre Erwartungen bestätigt oder in Ihr mentales Raster paßt, und Sie werden wahrscheinlich jene Dinge, die sonst noch eintreten könnten, ignorieren, ihnen keinen Glauben schenken oder vielleicht nicht einmal davon wissen. Unser mentales Raster bestimmt, wie wir Sinnesreize interpretieren. Wenn ich beispielsweise das mentale Raster habe, eine unzureichende, nutzlose Person zu sein, werde ich die Ereignisse so interpretieren, daß sie zu dieser Glaubensvorstellung oder Lebensaussage passen. Selbst wenn mir die Leute sagen, wie großartig ich bin oder wie gut ich etwas kann, werde ich grübeln, wie ich etwas hätte besser machen können, oder ich werde mich selbst davon überzeugen, wie dumm sie sind, daß sie mich mögen oder daß sie einfach nett zu mir sind. (Was hat Groucho Marx einst gesagt? So etwas wie: »Ich würde keinem Club beitreten wollen, der mich als Mitglied aufnehmen würde.«) Wenn ich denke, daß ich nicht gut bin, verweile ich bei dem, was ich nicht gut kann oder wo ich einen Mangel habe, anstatt bei meinen positiven Punkten, ich glaube den Leuten, die mich kritisieren, und ich registriere nicht mehr wirklich, welches Lob und was für Komplimente ich bekomme. Unser Verstand ist wie Merkurius: Unsere Gedanken, unsere Glaubensvorstellungen, unsere mentalen Raster, unsere Behauptungen über das Leben sind das, was uns begrenzt oder uns Probleme schafft, und doch sind es der Verstand und unser Denken, durch die wir uns von vielen unserer Schwierigkeiten befreien können, indem wir neue Wege wahrnehmen, die Dinge zu betrachten.

Es gibt eine sehr einfache Übung, die Ihnen das nahebringen wird. Ich möchte, daß Sie Ihren Kopf drehen, so weit es geht, dabei Ihre Augen offenhalten und dann feststellen, wie weit sich der Kopf gedreht hat. Machen Sie im Geiste an der Stelle eine Kerbe an die Wand, oder wo immer der weiteste Punkt liegt, bis zu dem sich Ihr Kopf drehen ließ. Nun drehen Sie Ihren Kopf wieder in die normale Position und stellen sich eine Minute lang vor, daß Sie fähig sind, Ihren Kopf um 360 Grad zu drehen. Machen Sie sich vor Ihrem geistigen Auge einfach ein Bild davon, sehen Sie einfach, wie sich Ihr Kopf in einem vollen Kreis dreht. Gut, die Zeit ist vorbei, stop. Öffnen Sie nun Ihre Augen und wiederholen Sie, was Sie am Anfang gemacht haben. Versuchen Sie, Ihren Kopf so weit wie möglich zu drehen. Sie sehen, was geschieht – Ihr Kopf kann sich nun weiter drehen als zuvor. Es ist wahr, es funktioniert wirklich. Ich wiederhole: Merkur regiert unsere Gedanken und Wahrnehmungen, und diese können uns einschränken. Aber Merkur gibt uns auch die Fähigkeit, neue Gedanken oder Wahrnehmungen zu entwickeln, die uns befreien oder erweitern; und zugespitzt gesagt: Merkur ist der Teil von uns, der fähig ist, sich bewußt zu werden, daß wir unsere Wahrnehmungen auf diese Weise verändern können. Dies ist also die allgemeine Vorstellung. In der Alchemie repräsentierte Merkurius sowohl den Verwandler als auch das, was der Befreiung oder Transformation bedarf. Er symbolisierte beides, die *prima materia* (Blei oder Ausscheidungen, die in Gold verwandelt werden sollten) wie auch das Ziel des Werks. *Mercurius duplex, utriusque capax* ist der lateinische Ausdruck, um Merkurius zu beschreiben, und er wird übersetzt als »Merkurius, der Zweifache und zu beidem Fähige«. Der Verstand kann uns eine Falle stellen oder uns eine neue Welt gestalten. Jung hat Merkurius mit der *transzendierenden Funktion* gleichgesetzt – es ist ein schwer zu begreifendes Konzept, über das er folgendes zu sagen hatte:

»Das Geheimnis der Alchemie bestand tatsächlich in der transzendierenden Funktion, der Transformation der Persönlichkeit, durch die Mischung und Verschmelzung der edlen mit den Basiskomponenten, der differenzierten mit den unentwickelten Funktionen, des Bewußten mit dem Unbewußten.«*

Ich glaube, daß Merkur der Planet ist, der am engsten mit der transzendierenden Funktion verbunden ist. Wie wir gesehen haben, ist es Merkur, der sich zu den Höhen des Olymp aufschwingen kann, zu den transpersonalen und überbewußten Reichen. Es ist Hermes/Merkur, der fähig ist, in die Tiefen der Unterwelt hinabzusteigen und zu erforschen, was im Unbewußten vergraben liegt; und es ist Hermes/Merkur, der in unser alltägliches Bewußtsein oder in unsere bewußte Persönlichkeit das hineintragen kann, was er gesehen oder erkannt hat, als er in den Höhen oder in den Tiefen umherschweifte.

Mit Merkurs Einverständnis werden wir nun ein wenig Alchemie

* C. G. Jung, zitiert in: Jolande Jacobi, The Psychology of C. G. Jung. New Haven 1973 und London 1968, S. 142.

an uns selbst ausprobieren. Am Anfang des heutigen Gesprächs bat ich Sie, an ein Problem zu denken, an dem Sie arbeiten möchten. Haben Sie eines ausgewählt? Gut, nun stellen Sie sich folgende Fragen: »Was zwingt mich, das Problem zu lernen? Was würde ich entwickeln, lösen oder in mir meistern müssen, um in der Lage zu sein, besser mit dem Problem umgehen zu können?« Nehmen Sie sich ein paar Minuten Zeit, um darüber nachzudenken. Vielleicht möchten Sie sich ein paar Notizen über das machen, wovon Sie glauben, daß Sie es wegen des Problems entwickeln oder lernen müssen. Vielleicht möchten Sie jene Dinge notieren, die dazu beitragen würden, die Angelegenheiten, die Ihnen Sorgen bereiten, zu lösen oder zu erleichtern. Betrachten Sie nun Ihre Notizen und fragen Sie sich: »Sind dies gute Dinge, die zu lernen mich das Problem zwingt? Sind es gute Eigenschaften oder Fähigkeiten, nach denen das Problem verlangt, gute Qualitäten, die ich entwickeln und meistern soll?« In den meisten Fällen dürfte Ihre Antwort wahrscheinlich lauten: »Ja, das sind gute Dinge.« Und wenn dies gute Eigenschaften oder Fähigkeiten sind, wie können Sie Ihr Problem dann ein Problem nennen? Wer, wenn nicht Ihr bester Freund, will das von Ihnen? Deshalb ist Ihr Problem Ihr Freund. Wenn mein Problem zum Beispiel übertriebene, irrationale Eifersucht wäre, müßte ich größere Objektivität entwickeln, weniger an anderen klammern und mehr Distanz aufbringen, oder ich würde eine Psychotherapie brauchen, um mir über mich selbst klarzuwerden, und ich würde hoffentlich in diesem Prozeß eine Menge über mich lernen. Ist meine Eifersucht also ein Problem oder ist sie wirklich ein *Freund*, der mir auf meinem Weg hilft? Es ist ein bißchen gemein, ich weiß, aber ich liebe diese Übung. Sie ist alchemistisch in dem Sinne, daß sie etwas aufgreift, das Sie nicht mögen oder bei dem Sie nicht auf festem Bodem stehen (die *prima materia*, Blei oder Ausscheidungen), und es in Gold verwandelt, indem Sie es anders betrachten, indem Sie sehen, daß das Problem ein Meilenstein sein könnte oder ein Katalysator, um positive Eigenschaften zu entwickeln, die Sie vielleicht nicht entwickeln würden, wenn Sie das Problem nicht hätten.

Sie können auch erkennen, wie sich die Aufteilung zwischen Gut und Böse verwischen oder sogar transzendiert werden kann, denn wenn das Problem zu etwas Gutem führt, ist es nicht ganz und gar schlecht. Ich gratuliere Ihnen, Sie haben gerade einen Gegensatz transzendiert – das passiert nicht jeden Tag. Wenn Sie sich in dem Haus, das Merkur in Ihrem Horoskop besetzt oder regiert, »festgefahren«, unerfüllt oder unglücklich fühlen, dann machen Sie etwas falsch. Genau in diesem Bereich können Sie die Weisheit gewinnen, Ihre Glaubensvorstellungen, Wahrnehmungen und Erwartungen zu ändern, um Ihre Erfahrungen in diesem Bereich zu verändern. Ich muß Sie nochmals daran erinnern, daß Sie zuerst alle unbewußten Blockaden klären müssen (negative oder selbstzerstörerische Behauptungen in bezug auf das Leben, derer Sie sich nicht bewußt sind oder die Sie nicht wahrnehmen), die das verhindern, was Sie bewußt erreichen wollen. Ich erinnere mich an die Arbeit mit einer Frau, die Merkur im 2. Haus hatte, in einem schwierigen Aspekt zu Pluto im 11. Haus, aber mit einem Jupiter-Sextil im 4. Haus. Sie wollte in ihrer Arbeit erfolgreich sein und einen Haufen Geld verdienen, aber als ich sie bat, sich selbst als reich und erfolgreich in der Vorstellung zu sehen, konnte sie es nicht. Es stellte sich heraus, daß sie unbewußt Angst hatte, daß sie andere Menschen nicht mögen würden, wenn sie so wäre – sie fürchtete sich vor deren Neid und allem, was das beinhaltet. Um ihre Ziele zu verwirklichen, wird sie diese Angst loswerden müssen.

Hermes hat mir gerade eben noch etwas anderes ins Bewußtsein gebracht, was ich ansprechen möchte. Ich erwähnte, daß er der Gott der Schwelle oder der Gott der Kreuzwege ist. Sie begegnen Hermes, wenn Sie in Ihrem Leben an Kreuzwege gekommen sind oder wenn Sie sich an der Schwelle einer neuen Lebensphase befinden. Denken Sie darüber nach, was es bedeutet, an einer Schwelle zu stehen – Sie befinden sich weder vor noch hinter der Tür. In Wirklichkeit befinden Sie sich in einer Übergangssituation, und Hermes bezieht sich darauf als Gott der Übergänge. Ich finde, daß das ein interessanter Aspekt ist, denn wann immer Sie sich in einer Übergangssituation befinden, wann immer Sie von einer wichtigen Lebensphase in eine andere übergehen, wird der Archetyp von Hermes aktiviert. Die Reifezeit bei Jugendlichen ist so ein Alter, und Hermes (der in der Kunst immer als Jugendlicher dargestellt wird) ist der Gott, der mit der Reifezeit in Zusammenhang steht, in der man nicht länger ein Kind, aber auch noch kein Erwachsener ist. Auch die mittlere Lebensphase ist ein wichtiger Übergang, und

Hermes wird in dieser Zeit zugegen sein, um Ihnen zu helfen, für die zweite Lebenshälfte einen neuen Sinn und Zweck zu finden. Tatsächlich wird Hermes zu jeder Zeit, in der Sie zwischen zwei Identitäten schwanken oder Ihre bestehende Persönlichkeit wegen einer neuen abschütteln, in der Nähe sein.

Lassen Sie uns beispielsweise annehmen, Sie haben gerade eine zehnjährige Ehe beendet, und Sie haben noch keine neue Beziehung. Sie befinden sich an einem Kreuzweg, Sie haben Ihr altes Leben hinter sich gelassen, aber Sie wissen nicht, was als nächstes geschehen wird. Sie können sich nicht länger als die Ehefrau oder den Ehemann von jemandem identifizieren, und Sie könnten eine ziemlich lange Zeit gefangen sein, in der Sie um das alte Ich trauern, nicht länger auf festem Boden stehen, nicht mehr sicher sind, wer Sie sind. Der Ausdruck *Schwellenphase* wird verwendet, um eine Phase zu beschreiben, in der das Alte nicht mehr funktioniert, aber das Neue noch nicht da ist, um es zu ersetzen. In Jim Lewis' unveröffentlichtem Manuskript mit dem Titel »Peter Pan in Midlife« wird Murray Stein in bezug auf dieses Thema zitiert: »Die Schwellenphase wird durch die ... innere Erfahrung des Verlusts und des Begrabens einer früheren Form des Selbst betreten ... Es gibt einen Bruch in der psychologischen Kontinuität, und die Erfahrung des Selbst und der anderen fühlt sich anders an, als ob das, was bisher zuverlässig erschien, nun unwirklich sei.«* Lewis geht noch weiter und fügt hinzu, daß man während der Schwellenphase »über die Meere der Möglichkeit hinweggeblasen werden muß, wie Odysseus auf seinem Floß ... Zufälle, Träume, Begegnungen mit bemerkenswerten Fremden und Begegnungen an Kreuzwegen (buchstäblich oder bildlich) können zu vollkommen neuen, unerträumten Potentialen führen, die anerkannt und aufgenommen werden.«** Sie könnten eine Zeitlang warten müssen, aber früher oder später ruft die Schwellenphase Hermes herbei; durch einen seiner Tricks, durch ein unerwartetes Ereignis oder durch eine Begegnung, die er arrangiert, bekommen Sie die Gelegenheit, in die nächste Phase Ihres Lebens hineinzugleiten. Hermes gibt Ihnen die

* Murray Stein, zitiert in: Jim Lewis, Peter Pan in Midlife, unveröffentlichtes Manuskript.

** Jim Lewis, Peter Pan in Midlife.

Kraft, die Schwelle zu übertreten, aber Sie müssen für ihn offen und empfänglich und willens sein, Risiken auf sich zu nehmen. Erin Sullivan schreibt: »Wann immer Dinge festgelegt, rigide oder festgefahren scheinen, bringt Hermes sie in Fluß, in Bewegung und führt sie zu neuen Anfängen.«* Haben Sie bis hierher irgendwelche Fragen?

TEILNEHMER: Heiratete Hermes oder hatte er Kinder?

HOWARD: Wie von ihm zu erwarten, ließ sich Hermes nie in einer Beziehung häuslich nieder – er war ein Junggesellengott. Natürlich hielt ihn das nicht davon ab, Kinder zu haben. In der Mythologie kann der Nachwuchs eines Gottes als weiterer Ausdruck der Natur dieses Gottes aufgefaßt werden. Einer seiner Kinder wurde Autolykos genannt, der unglücklicherweise einen der schlimmsten Charakterzüge von Hermes erbte: Autolykos war als Erzdieb bekannt und als größter Lügner weit und breit. Ein anderer Sohn, der skrupellose Myrtilos, war ein Soziopath, der den Tod seines Wagenlenkermeisters plante. In einigen Versionen des Mythos steht Hermes im Ruf, Vater des Pan zu sein, der von der Taille abwärts ein Ziegenbock ist und mit Ziegenbockhörnern und einem Bart dargestellt wird. Er war der Gott der Wälder und der Weiden, sehr munter, reizbar und lüstern. Pan erbte etwas von Hermes' schadenfroher Natur: Er genoß es besonders, sich hinter einem Busch zu verstecken und Reisenden, die im Wald umherwanderten, Furcht einzujagen. Das Wort *Panik* ist von seinem Namen abgeleitet. (Es gab eine Seite an Hermes, die leicht schalkhaft war – ein echter Joker. Ich habe diesen reizenden Charakterzug bei einigen Merkur-Typen beobachtet, die es genießen, Dinge nur zum Spaß auszuprobieren wie etwa: Ich denke, ich sage meiner besten Freundin, daß sich ihr Ehemann mit einer anderen herumtreibt, und sehe, was passiert!)

Der Hermaphrodit, in der Tat eine kuriose Gestalt, war ein anderer Nachkomme von Hermes. Als Nebenprodukt eines Flirts zwischen Hermes und Aphrodite trug er nicht nur beide Namen seiner Eltern, sondern ihm waren auch die sexuellen Merkmale beider Elternteile übertragen worden. Von ihm stammt also das Wort *Hermaphrodit*. Auf einer Ebene stellt er die androgyne Mi-

* Erin Sullivan, »Mercury«, in: Planets, a. a. O., S. 85.

schung von männlich und weiblich, aus der wir alle bestehen, dar. Einige Menschen, bei denen Merkur oder merkurregierte Zeichen im Horoskop stark betont sind, sind psychologisch bisexuell. Sie mögen das körperlich ausagieren oder nicht, aber sie sind manchmal in bezug auf ihre sexuelle Identität verwirrt aufgrund ihrer Fähigkeit, Liebe und Anziehung sowohl für Männer als auch für Frauen zu empfinden. Schließlich war Hermes in jeder Hinsicht neugierig, und er spielte und experimentierte mit den verschiedensten Arten, im Leben zu stehen. Liz hat den Aszendenten als ein Mittel bezeichnet, die solaren und lunaren Prinzipien zu verschmelzen. Ich glaube, daß auch Merkur diese Funktion übernehmen kann. Wir haben bereits Jungs Konzept der transzendierenden Funktion angesprochen, die die Persönlichkeit durch die Vermischung von Gegensätzen transformiert. Wie gesagt, kann Merkur mit dem reflektierenden Bewußtsein des Selbst assoziiert werden; es ist der Verstand, der es uns gestattet, innezuhalten und das, was um uns herum geschieht, objektiv zu betrachten, und dies hilft uns zu entscheiden, unter welchen Umständen wie reagiert werden soll. Es könnte Zeiten geben, in denen Sie fühlen, daß es notwendig ist, wie *yang* zu reagieren, also hart und durchsetzungskräftig – Charakterzüge, die traditionell mit dem männlichen Prinzip verbunden werden, die aber in jedem existieren. Es gibt andere Zeiten, in denen Sie sich entschließen könnten, daß es das beste ist, *yin* zu sein, akzeptierend, geduldig, zulassend – Charakterzüge, die als mehr weiblich zu betrachten sind. Es ist Merkur in uns, der uns befähigt, die Situation zu prüfen und zu entscheiden, ob von einem *yang*- oder *yin*-Standpunkt aus agiert werden soll. Auf diese Weise kann unser Verstand sozusagen wählen, ob er auf »männliche« oder »weibliche« Weise handeln möchte, wie es die Situation erfordert. Es ist auch möglich, beide Haltungen einzunehmen.

Lassen Sie uns annehmen, Sie sind eine Frau, die mit einem Mann zusammenlebt, der gerade eine harte Zeit in seinem Beruf durchmacht und deshalb zu Hause schlecht gelaunt und reizbar ist. Nach einer Weile geht er Ihnen auf die Nerven. Es ist Ihnen möglich, ihm zu sagen, daß Sie wirklich verstehen, warum er gerade so ein Miesepeter ist, und daß Sie nachfühlen können, was er durchmacht, aber Sie können trotzdem weiterhin darauf beharren, daß Sie nicht bereit sind, sich noch viel länger damit abzufinden. In diesem Fall

sind Sie einerseits liebevoll und emphatisch (das »weibliche« Prinzip), setzen sich selbst aber gleichzeitig auf eine Animus-Art durch. Manchmal könnten Sie verwirrt darüber sein, wie Sie denn nun sein sollen. Wenn ich mich in Umständen befinde, in denen ich mich nicht entscheiden kann, ob ich hart oder verständnisvoll sein soll, versuche ich, Gott, den Kosmos, mein höheres Selbst oder meine innere Weisheit (was immer Sie als kreative oder höhere Intelligenz, die Ihr Leben leitet, bezeichnen wollen) zu bitten, mir einen Hinweis zu geben, wie ich handeln soll. Die Antwort mag nicht sofort kommen – es könnte einige Tage dauern, bis sie zu mir durchdringt, sie könnte in einem Traum auftauchen, oder mich später überkommen, wenn ich das Geschirr spüle. Es ist, als ob Sie Hermes/Merkur um Rat zu Zeus schickten, aber Sie könnten eine Zeitlang warten müssen, bis er wieder zu Ihnen zurückkommt. Isabel Hickey hat hierzu bemerkt, daß einige Leute das höhere Selbst anrufen und dann den Hörer auflegen, bevor sie die Antwort bekommen. Ich vermute, daß ich an meine Intuition appelliere oder meinen »höheren« Geist um Führung anrufe. Ich bitte mein höheres Selbst manchmal sogar, mich dorthin zu führen, wo ich meine Autoschlüssel verlegt habe. Ich bin überrascht, wie oft das funktioniert.
Teilnehmer: Existieren all diese Archetypen in unserem Innern, und werden sie dann zu verschiedenen Zeiten aktiviert?
Howard: Ja, das glaube ich. Es wird jedoch bestimmte Archetypen geben, die den Kern Ihres Selbst formen, die ein integraler Bestandteil Ihrer wahren, angeborenen Identität bilden, und andere, die sekundär sind oder weniger wichtig. Wir alle tragen einen Zeus in uns, wir alle haben eine Aphrodite in uns, aber ich könnte mehr Zeus sein als Sie, und Sie könnten mehr Aphrodite sein als ich. Die Probleme entstehen, wenn die Menschen ihre Gestalt verdrehen, entweder aus familiären oder soziokulturellen Gründen oder aufgrund von Ambivalenzen und auf dem Archetyp basierenden überpersönlichen Konflikten innerhalb der eigenen Natur. Angenommen, da ist ein kleiner Junge, dessen Kernidentität grundlegend dionysisch ist: Er ist einfühlsam und emotional, kreativ und vielleicht ein wenig zerstreut. Wenn er einen Vater hat, der diese »unmännlichen« Züge nicht billigt, könnte der Junge gezwungen sein, sich mehr wie Zeus zu verhalten. Er könnte sogar erfolgreich eine ziemlich gute Zeus-Imitation abgeben, aber er wird niemals

glücklich oder erfüllt sein, wenn er den Dionysos in sich ausgeschlossen oder geleugnet hat. Wenn er stark ist, wird er im mittleren Lebensalter rebellieren.

Um zum zweiten Teil Ihrer Frage zu kommen – da würde ich zustimmen, daß verschiedene Archetypen zu unterschiedlichen Zeiten aktiviert werden oder nötig sind, und dies wird wahrscheinlich bei Transiten und Progressionen in Ihrem Horoskop in Erscheinung treten. Trotzdem ist das Kernselbst immer noch von einem oder zwei bestimmten Archetypen gefärbt und wird es immer sein.

TEILNEHMER: Merkur regiert die Zwillinge, das Zeichen der Zwillingsgeschwister. Können Sie mehr über Merkur in Hinsicht auf die Dualität sagen?

HOWARD: Ich kann das veranschaulichen, indem ich einen Kreis an die Tafel zeichne. Welche Dualität habe ich gerade geschaffen?

TEILNEHMER: Ein Innen und ein Außen.

HOWARD: Ja, und diese beiden Dinge existierten nicht, bis ich den Kreis zeichnete. Bevor dieser Kreis auf der leeren Tafel erschien, gab es keine Dualität, es gab weder ein Innen noch ein Außen. Sie haben recht, wenn Sie denken, daß Merkur sich der Dualität verschreibt. Merkur (von Saturn unterstützt) ist der Teil in uns, der Grenzen zieht, die ein Ding von einem anderen unterscheiden, durch Maßnehmen, Vergleichen oder Zählen. Mit anderen Worten, unser Verstand schafft Grenzen, indem er zwischen Dingen unterscheidet. Aber vergessen Sie nicht, daß es Merkur ist, der es uns auch ermöglicht, die Dualität, die Gegensätze zu transzendieren und jenseits des Reichs der Grenzen zu gelangen. Ken Wilber, der amerikanische Psychologe des Transpersonalen, versteht sich sehr gut auf das Thema der Dualität, und ich empfehle Ihnen sein Buch »No Boundary«*. Wilber glaubt, daß sich jede Entscheidung, die wir treffen, alles, was wir tun, sich um den Aufbau von Grenzen dreht. Wann immer wir eine Entscheidung treffen, zeichnen wir eine Grenze zwischen dem, was wir wählen, und dem, was wir nicht wählen. Wir leben in einer Welt der Gegensätze, weil wir immer Grenzen ziehen. Nehmen Sie zum Beispiel Kaufen und Verkaufen. Wenn Sie einen Toaster kaufen, bedeutet es, daß Ihnen

* Ken Wilber, No Boundary. Boston 1981, Kapitel 2.

jemand diesen Toaster verkauft hat. Kaufen und Verkaufen können nicht unabhängig voneinander existieren, daher sind diese beiden scheinbar gegensätzlichen Handlungen die zwei Enden eines Ereignisses. Wilber schließt daraus, daß die meisten Probleme, denen wir im Leben begegnen, mit Grenzen zu tun haben. Je mehr ich an Freuden festhalte oder nach ihnen suche, desto mehr fürchte ich mich vor Schmerzen. Je mehr ich das Gute verfolge, desto mehr bin ich vom Bösen besessen. Je mehr ich mich nach Erfolg sehne, desto mehr schrecke ich vor Versagen zurück. Wir leben in einer hochentwickelten technologischen Welt, die vom Fortschritt besessen ist und von der Verbesserung der Lebensqualität – doch sehen Sie sich den Zustand des Planeten an: Wir sind nahe daran, ihn und uns zu zerstören, was das Gegenteil dessen ist, wonach wir streben.

Worte (Merkur) begünstigen Grenzziehungen. Wir geben ein Wort auf eine Seite der Grenze, und ein anderes Wort ist mit der gegenüberliegenden Seite verbunden. So haben wir Hell als Gegensatz von Dunkel, Oben verglichen mit Unten und Gut gegenüber Böse. Nehmen Sie zum Beispiel den Fall von Gut und Böse. Die meisten von uns glauben, daß das Gute erreicht wird, indem man sich vom Bösen befreit; wenn wir Erfolg hätten beim Ausrotten oder Ausradieren des Bösen in uns selbst und in der Welt, würde nur das Gute übrigbleiben. Wilber glaubt, daß unsere Vorstellung vom Himmel leicht schief ist – wir denken, der Himmel sei da, wo die ganzen guten Hälften der Gegensätze verweilen, während die Hölle die Heimat der schlechten Hälften sei. Aber ist das richtig? Ich stimme Wilber zu, der sagt, daß der Himmel der Ort ist, an dem die Gegensätze transzendiert sind, an dem das Dilemma, das durch die Gegensätze entsteht, ganz einfach nicht existiert – was an das Gold erinnert, das von den Alchemisten mit Hilfe der transzendierenden Funktion gesucht wird. Alle mythischen Traditionen betrachten die erleuchtete Person als jemanden, der jenseits der Illusion der Gegensätze geblickt hat. Anstatt die Gegensätze voneinander zu trennen und nach der guten Hälfte Ausschau zu halten, sollten wir diesen inneren psychologischen Raum suchen, der jegliche Dualität transzendiert und umfaßt.

Interpretation des Merkur

Merkur im Horoskop

Howard Sasportas

Nun werden wir uns Merkur im Horoskop genauer ansehen. Wir werden zunächst die Zeichenplazierung des Merkur betrachten, und Sie können sich an die Richtlinien halten, die ich Ihnen gegeben habe (siehe Tabelle 1 auf Seite 58 ff.). Punkt eins besagt, daß Merkurs Zeichenplazierung Auskunft gibt über die Art und Weise, wie unser Verstand arbeitet, wie wir denken, lernen, wahrnehmen und Erfahrungen verdauen. Wir werden mit Merkur in Widder beginnen. Falls diese Besetzung nicht zu gehemmt oder durch andere Teile des Horoskops gemäßigt wird, wie würde ein typischer Merkur in Widder lernen?

TEILNEHMER: Er würde wahrscheinlich schnell lernen, da Widder ein kardinales Feuerzeichen ist.

HOWARD: Ja, er lernt rasch und denkt schnell, natürlich nur, solange er nicht in Konjunktion oder einem schwierigen Winkel zu Saturn steht, oder in einem Quadrat zu Neptun oder etwas anderem, das seinen Ausdruck verändern könnte. Feuer wird mit Intuition in Verbindung gebracht, daher sind Menschen mit Merkur in Widder wahrscheinlich intuitive Denker – das heißt, sie greifen die Dinge als Ganzes auf, oft in einem »Rutsch«, und sie haben normalerweise keine Probleme, symbolisch zu denken.

Punkt zwei stellt fest, daß das Zeichen, in dem Merkur steht, beschreibt, wie wir kommunizieren und Ideen und Informationen austauschen. Wenden Sie dies auf Menschen mit Merkur in Widder an.

TEILNEHMER: Die Ideen könnten schneller auftauchen, als sie ausgedrückt werden können. Oder sie könnten mit Dingen herausplatzen, ohne allzuviel Selbstkontrolle über das, was sie sagen.

HOWARD: Ja, die Zeichen stellen verschiedene Seinsweisen dar. Jedes Zeichen hat seinen eigenen Stil, seine eigene Seinsart. Ein Planet funktioniert wie ein Verb und zeigt die Art von Aktivität, die unternommen wird. Der Mond will empfangen und reagieren,

Merkur denkt und kommuniziert, Venus verbindet, Mars handelt usw. Die Zeichen sind wie Adverbien, sie beschreiben die Art und Weise, wie etwas getan wird. Ein Planet möchte sich entsprechend der Art des Zeichens, in dem er steht, zum Ausdruck bringen. So wird der Mond in Widder auf eine widderhafte Weise reagieren, der Mond in Stier auf eine stierhafte Weise. Merkur in Widder wird in Übereinstimmung mit der Art des Widders denken und kommunizieren, Merkur in Stier wird dies in der üblichen Art und Manier des Stiers tun. Ich weiß, daß es sich hier um Basiswissen handelt, aber ich habe die Vorstellung, den Planeten als Verb aufzufassen und das Zeichen als Adverb, schon immer als ein nützliches Konzept empfunden, um Zeichenplazierungen zu interpretieren.

Merkur in den Zeichen

1. Merkurs Zeichenplazierung besagt etwas über die Art und Weise, in der unser Verstand arbeitet – wie wir denken, lernen, wahrnehmen und Erfahrungen verdauen. Sind Sie zum Beispiel ein intuitiver Denker (Merkur in Feuer), oder haben Sie einen eher kühlen Verstand, losgelöst und objektiv (Merkur in Luft)? Erfaßt Ihr Verstand die Dinge schnell (Merkur in kardinalen Zeichen), oder ist er zu starr und festgelegt (ein verletzter Merkur in einem fixen Zeichen)?
2. Merkurs Zeichen beschreibt auch, wie wir kommunizieren, Ideen und Informationen austauschen. Platzen Sie mit den Dingen heraus (Merkur in Widder beispielsweise) oder sind Sie vorsichtiger, hüten Sie Ihre Worte oder sind Sie verschlossen (wie Merkur in Skorpion)?
3. Merkurs Zeichen zeigt die Art der Sorgen an, die den Geist beschäftigen, und zeigt auch, was Sie in der Umgebung zu bemerken und aufzugreifen tendieren. Zum Beispiel könnte Merkur in Waage schnell Möglichkeiten, eine Beziehung einzugehen, bemerken, während Merkur in Steinbock dazu tendieren wird, jene Dinge zu bemerken, die den eigenen Zielen und Bestrebungen dienen.

Merkur in den Häusern

1. Merkurs Haus zeigt das Lebensgebiet an, in dem wir wahrscheinlich ruhelos, neugierig, erfinderisch, wißbegierig, anpassungsfähig, schwankend, schlau, möglicherweise hinterlistig und geschickt im Verhandeln und Geschäftemachen sind (abhängig von seinem Zeichen und seinen Aspekten). Idealerweise ist dies ein Bereich, in dem wir frisch und offen für Erfahrungen bleiben, statt uns durchzuboxen, indem wir zu eng und starr denken. Erinnern Sie sich – wir können oft etwas dadurch ändern, indem wir unsere Einstellung dazu und die Art und Weise, wie wir darüber denken, revidieren.
2. Merkurs Haus kann auf die Art von Dingen verweisen, die unseren Geist beschäftigen und ihm ein Anliegen sind. (Zum Beispiel könnte Merkur im 6. Haus viel über Gesundheit nachdenken; Merkur im 9. Haus über Philosophie, Reisen und den Sinn des Lebens.)
3. In Merkurs Haus könnten wir Angelegenheiten begegnen, die Verwandte, Nachbarn und Mitarbeiter betreffen. Ein verletzter Merkur im 8. Haus könnte beispielsweise Konflikte mit Geschwistern in Erbschaftsfragen bedeuten; Merkur im 10. Haus könnte bedeuten, daß wir mit Verwandten oder Geschwistern arbeiten. Merkur im 8. Haus kann machtvolle unterschwellige Strömungen in bezug auf Verwandte, Mitarbeiter oder Nachbarn ergeben.

Merkur-Aspekte

1. Merkur wird in hohem Maße durch die Natur jedes Planeten, der ihn aspektiert, beeinflußt und gefärbt (besonders durch den Planeten, der den engsten Aspekt aufweist). Mars in Aspekt zu Merkur gibt einen raschen Verstand und eine schnelle Rede, Neptun in Aspekt zu Merkur kann intuitives und kreatives Denken fördern, kann aber auch ein vages und verwirrtes Denken erzeugen. Unsere Lernerfahrungen und unser Bildungssystem werden auch durch die Art der Aspekte zu Merkur beeinflußt.

2. Planeten, die Merkur aspektieren, werden auch Einfluß darauf nehmen, wie wir kommunizieren und Informationen austauschen. Merkur/Venus wird oft versuchen, Dinge zu sagen, die angenehm sind oder Harmonie erzeugen; Merkur/Uranus wird wahrscheinlich eher genau das sagen, was er fühlt, unabhängig davon, wie es auf andere wirkt.
3. Was natürlicherweise unser Anliegen ist und uns interessiert, wird durch die Planeten aufgezeigt werden, die Merkur aspektieren. Merkur/Neptun könnte ein Interesse an neptunischen Dingen haben, wie Künsten, Heilen oder psychischen Phänomenen. Merkur/Pluto sollte die tieferen und verborgenen Vorgehensweisen des Geistes und Bewußtseins sondieren.
4. Aspekte zu Merkur beschreiben etwas über die Art der Beziehungen, die wir zu Verwandten, Geschwistern, Nachbarn und Mitarbeitern eingehen.
5. Aspekte zu Merkur können ein Anzeichen sein für die Arten von Erfahrung, denen wir begegnen, während wir reisen (normalerweise sind hier Kurzreisen oder Reisen innerhalb des eigenen Landes gemeint).

Tabelle 1: Richtlinien zur Interpretation von Merkur

Punkt drei geht davon aus, daß das Zeichen des Merkur die Art der Sorgen, die einem im Kopf herumgehen, bezeichnet. Es zeigt an, wozu man neigt, welche Dinge man in der Umgebung bemerkt und aufgreift. Das ist ziemlich allgemein, aber wie könnte Punkt drei auf Merkur in Widder angewendet werden?

TEILNEHMER: Widder ist ein Zeichen, das mit Initiation assoziiert wird, damit, bei etwas der erste zu sein. Vielleicht versuchen sie, in jeder Hinsicht immer der erste zu sein: als erster zu sprechen, als erster zu lernen, anderen etwas als erster zu erzählen.

HOWARD: Ja, es kann ein kämpfender Verstand, ein wetteifernder Geist sein. Sie könnten auch nach Sprech- oder Handlungsweisen Ausschau halten, als Mittel zur Inspiration, um andere Menschen zu begeistern oder zu führen. Joseph Campbell, der Autor von »Der Heros in tausend Gestalten«, ist ein gutes Beispiel für jemanden mit Merkur in Widder. Er liebte die intuitive Welt der Mythen und Symbole und inspirierte seine Studenten und Gefolgsleute mit seinem originellen Denken, seiner fruchtbaren Vorstellungskraft und mit der reinen, unverfälschten Begeisterung, die er seinem geliebten Studiengebiet entgegenbrachte. Ich glaube, Sie haben verstanden, um was es geht, vielleicht sollten wir jenen noch etwas Zeit geben, die Merkur in Stier haben. Entschuldigung, ich muß zum Stier netter sein. Wollen Sie alle Zeichenplazierungen des Merkur besprechen? Sie wollen. Sind Sie sicher, daß Sie diese Vorgehensweise nicht langweilen wird? In Ordnung, Sie haben gewonnen. Was besagt Merkur in Stier, wie arbeitet der Verstand?

TEILNEHMER: Der Verstand könnte stabilisiert und vertieft werden. Die Menschen mit Merkur in Stier mögen länger brauchen als die mit Merkur in Widder, um etwas vollkommen zu verstehen, aber wenn sie es verstanden haben, wissen sie es tiefgreifend und genau. Mag sein, daß sie nichts sagen möchten, bevor sie sich nicht ganz sicher sind; mit anderen Worten, sie reden nicht einfach schnell drauflos.

HOWARD: Was würde Merkur in Stier in seiner Umgebung bemerken, registrieren?

TEILNEHMER: Dinge, die Geborgenheit, Bequemlichkeit und Sicherheit bieten: Methoden, Geld zu verdienen, ein neues Heim zu kaufen, jeder Kauf, der ihnen gefiele oder ihr Leben auf irgendeine Weise verschönern würde.

HOWARD: Ja, das bedeutet auch, daß sie auf alles in der Umgebung, was ihre Sicherheit bedrohen könnte, empfindlich reagieren könnten. Ich bin froh, daß Sie ihr Interesse an Schönheit erwähnen. Stier ist ein Zeichen, das von Venus regiert ist und viele Künstler und Handwerker hervorgebracht hat. Merkur in Stier kann eine tiefe Wertschätzung für Kunst und Schönheit oder eine tiefe Liebe zur Natur verleihen. Obwohl ich einigen Leuten mit Merkur in Stier begegnet bin, auf die tatsächlich die Beschreibung eines Elefanten im Porzellanladen paßt, gibt es andere mit dieser Plazierung, die mit einem wunderbaren Tonfall und einer melodischen Stimme gesegnet sind und die sich auf anmutigste Weise bewegen. Ich denke an Dame Margot Fonteyn, die einen unglaublichen Stil hatte, sowohl als Person als auch als Tänzerin; sie machte mit Sicherheit von ihrem Merkur im Stier guten Gebrauch.

Ich muß Ihnen eine Geschichte erzählen, als ich einmal ein

anderes Seminar über Merkur hielt. Es fand in London statt, und es waren ungefähr fünfzig Teilnehmer. Ich gab ihnen eine Übung, und sie teilten sich in kleine Gruppen auf, entsprechend ihrem Merkur-Zeichen. Also hatte ich die Leute mit Merkur in Widder an einem Platz, die mit Merkur in Stier saßen anderswo zusammen usw. Ihre Aufgabe bestand darin, eine Liste der Eigenschaften zu erstellen, die Merkur in ihrem Zeichen kennzeichnet. Das Ergebnis war sehr interessant, weil es so bezeichnend für das Merkur-Zeichen jeder Gruppe war. Zum Beispiel war die Gruppe mit Merkur in Widder zuerst fertig; sie brauchten überhaupt keine Zeit, eine Liste zu erstellen, die besagte, was Merkur in diesem Zeichen ausdrückt. Ich komme in einer Minute zu Merkur in Stier. Die Gruppe mit Merkur in Zwillinge war die größte der zwölf Gruppen, und sie stellten eine Liste zusammen, die viermal so lang war wie jede andere Liste. Die Leute mit Merkur in Krebs machten ihre Liste fertig und massierten sich dann gegenseitig. Es gab nur einen Merkur in Löwe, deshalb steckte ich ihn in die Gruppe mit Merkur in Wassermann, nur um zu sehen, was passieren würde; sie kamen gut damit zurecht, obwohl ich das Gefühl hatte, daß es Machtkämpfe gab. In der haarspalterischen Gruppe von Merkur in Jungfrau kam es zu einem Streit, und eine Frau brach in Tränen aus, weil die anderen Mitglieder ihre Ansichten in der Luft zerrissen hatten. Die Leute mit Merkur in Waage benahmen sich wohlerzogen; sie nahmen die Aufgabe sehr ernst und diskutierten erst ihre Ideen, bevor sie eine gute Liste erstellten – sauber niedergeschrieben natürlich. Ich kann mich an die Brigade Merkur in Skorpion nicht mehr erinnern – ich muß verdrängt haben, was sie taten. Diejenigen mit Merkur in Schütze rasten durch die Übung und gingen dann zu irgendwelchen philosophischen Diskussionen über Astrologie im allgemeinen über. Die Gruppe mit Merkur in Steinbock zeigte sich auch sehr gesittet, obwohl sie mich zu sich riefen, um sicherzugehen, daß sie die Übung richtig machten. Diejenigen mit Merkur in Fische hatten einige Schwierigkeiten mit der Aufgabe: Sie schienen ziemlich gegensätzliche Vorstellungen in bezug auf die Eigenschaften von Merkur in ihrem Zeichen zu haben. Schließlich wurde uns klar, daß die unterschiedlichen Meinungen von der Tatsache herrührten, daß einer seine Sonne in Wassermann, zwei ihre Sonne in Fische und die anderen Mitglieder ihre Sonne in Widder hatten. Es machte wirklich einen Unterschied, ob sie ihre Sonne im gleichen Zeichen hatten oder nicht. Ich werde über die Beziehung der Sonne zu Merkur später sprechen, wenn wir die Aspekte behandeln. Was die Leute mit Merkur in Stier angeht – nun, lassen Sie mich das erzählen ... alle anderen Gruppen waren nach einer halben Stunde fertig, aber die Gruppe mit Merkur in Stier brauchte mehr Zeit. Es war wirklich so, ich lüge nicht. Also ging ich zu ihnen hinüber und stellte fest, daß sie noch keinen einzigen Punkt auf ihrer Liste hatten. Das ist nicht ganz richtig, sie hatten ein paar Ideen auf einem Blatt Papier, hatten diese aber wieder durchgestrichen. Ich fragte sie, was los war, und sie antworteten mir, daß sie nichts niederschreiben wollten, bevor sie nicht ganz sicher waren, daß das auch wirklich den Tatsachen entsprach. Wie konkret soll ich werden? Es ist, als ob diese Menschen die Wahrheit von etwas in jeder einzelnen Zelle ihres Körpers empfinden müßten, bevor sie sie aussprechen oder sich ihr verpflichten. Die Wahrheit ist beinahe etwas Organisches für sie – ein ziemlicher Gegensatz zu der Gruppe mit Merkur in Widder, die in zehn Minuten fertig war, weil sie das niederschrieben, was sie dachten, sobald sie es dachten.

Menschen mit Merkur in Zwillinge haben oft eine Menge Gedanken und Eindrücke, die gleichzeitig auftauchen. Wenn sie gemäß ihrer Natur leben, sind sie neugierig aufs Leben, experimentierfreudig und offen für neue Ideen und neue Experimente. Normalerweise haben sie eine schnelle Auffassungsgabe, und man würde von ihnen erwarten, daß sie lebhaft kommunizieren. Kinder, die um die neun Monate alt sind und allmählich vom Krabbeln zum Stehen und Laufen übergehen, sind im Zustand von Merkur. Zu dieser Zeit genießen sie es, ihre unmittelbare Umgebung zu erforschen und neue Wörter zu lernen. Zwillinge ist naturgemäß ein Zeichen, das an der Bewegung und der Entdeckung der Welt Freude hat, und es macht dem Zwillinge-Typus Spaß, eine Rede zu halten, die Dinge zu benennen und dadurch Macht über diese Dinge auszuüben. Wenn Sie einen gut aspektierten Merkur in Zwillinge haben, und unter der Voraussetzung, daß Ihre Mutter Ihnen ein relativ sicheres Lebensgefühl vermittelt hat, werden Sie wahrscheinlich eine positive Erfahrung in der Einübungsphase Ihrer Kindheit gemacht haben: »Oh, da drüben ist ein Fernseher, und dort drüben ist eine Katze, und schau – ein Ball zum Spielen, und da ist mein Bruder, der meine Schwester an den Haaren zieht. Er zieht nicht an meinen Haaren, ich frage mich warum?« Jemand mit Merkur in Zwillinge dürfte sich wohlfühlen, wenn er seine Umgebung entdeckt und erforscht und dabei Verbindungen herstellt, dieses mit jenem vergleicht und in Kontrast zueinander setzt. Wenn diese Phase gut verläuft, werden Sie wahrscheinlich Ihr Interesse und Ihre Neugier an der Welt für den Rest Ihres Lebens beibehalten.

Ich habe jedoch eine Anzahl von Leuten mit Merkur in Zwillinge getroffen, die nicht neugierig, abenteuerlustig oder kommunikativ sind. Sie haben rigide Glaubensvorstellungen, festgelegte Ideen und Interessen und Scheuklappen wie Pferde. Ihr Merkur in Zwillinge ist blockiert. Es ist wahrscheinlich, daß ihnen in der Einübungsphase (die manchmal als die »Affenphase« in unserer Entwicklung bezeichnet wird) nicht genügend Freiheit und Raum gelassen wurde. Sie wurden in Laufställe eingesperrt und erhielten nicht genug Gelegenheit, sich zu bewegen und die Dinge zu erforschen. Wenn also Erwachsene mit Merkur in Zwillinge nicht neugierig und mental offen sind, liegt es wahrscheinlich an der frühen Kindheitskonditionierung, die ihre innere Natur unterdrückt hat; dies könnte sich im Horoskop als ein schwieriger Aspekt von Saturn, Chiron, Neptun oder Pluto auf einen Zwillinge-Merkur zeigen. Ich kann Ihnen das Beispiel eines Mannes nennen, der Merkur in Zwillinge in Konjunktion mit Saturn im 3. Haus hat. Er konnte sich natürlich nicht daran erinnern, was passierte, als er neun Monate alt war, aber er erinnerte sich an ein späteres Kindheitserlebnis, das gut beschreibt, wie er sein Denken und seine Ansichten verdrängen mußte. Aus irgendeinem Grund haßte er seinen Lehrer, aber als er seiner Mutter von seinen Gefühlen erzählte, schalt sie ihn, daß er unanständig und frech sei und ließ ihn versprechen, daß er solche Dinge niemals mehr sagen werde. Dies führte dazu, daß er nicht nur sein Selbstwertgefühl einbüßte, sondern auch lernte, daß es besser sei, seine Gedanken und Gefühle zu verbergen oder sogar zu verleugnen, wenn sie auch nur im geringsten negativ waren. Mit anderen Worten, durch seine Mutter schlüpfte er in eine mentale Zwangsjacke. Wenn Gedanken und Gefühle unterdrückt und verboten werden, verursachen sie psychische Verdrängung und haben nie die Möglichkeit, sich in andere Gedanken oder Gefühle zu verwandeln. Im Gegenteil, lassen Sie uns annehmen, Sie berichten Ihrer Mutter, daß Sie Ihren Lehrer nicht mögen, und sie geht darauf ein, indem sie Sie fragt, warum das so ist, und Ihre Gefühle mit Ihnen untersucht. Sie gibt Ihnen kein schlechtes Gefühl, weil Sie so denken, wie Sie denken – im Gegenteil, sie ermutigt Sie, in sich selbst hineinzusehen und herauszufinden, warum Sie diese Reaktionen haben. Dies erlaubt eine mentale Bewegung, und Sie könnten zu einem Punkt jenseits Ihrer ursprünglichen Gedanken und Gefühle gelangen, auf eine ganz neue Ebene des Verstehens oder der Wertschätzung Ihres Lehrers oder der Situation im allgemeinen. Bewegung (mental oder körperlich) bedeutet Erfahrung und gibt dem Gehirn eine Chance, sich vollständiger zu entwickeln. Wenn aber Bewegung eingeschränkt wird, ist Ihre Entwicklung behindert, und Ihr Denken kann leicht rigide und überfrachtet werden. Wir sollten nun zu Merkur in Krebs übergehen. Wie könnte sich das Zeichen Krebs auf Merkurs Funktion auswirken?

TEILNEHMER: Das Denken wird durch Gefühle beeinflußt oder gefärbt.

HOWARD: Ja, Leute mit Merkur in Krebs können sehr subjektiv sein, sie glauben, daß sie etwas rational überdenken und einschätzen, aber in Wirklichkeit, wie Sie sagen, beeinflussen ihre Gefühle und Komplexe ihre Wahrnehmung. Zum Beispiel könnten Schwierigkeiten in der frühen Bindung an die Mutter dazu führen, daß sie glauben, die Welt sei ein unsicherer Ort und diene nicht dazu, ihre Bedürfnisse zu erfüllen. Dieses tiefsitzende emotionale Muster wird darauf Einfluß nehmen, wie sie ihr Leben betrachten. Sie werden prädisponiert sein zu registrieren, wenn jemand sich ihnen gegenüber kalt oder abweisend benimmt, und vielleicht nicht all die Gelegenheiten mitzählen oder bemerken, wenn ihnen Menschen Wärme und echte Fürsorge entgegenbringen. Sie greifen also entsprechend ihren Stimmungen und Komplexen bestimmte Dinge, die um sie herum vorgehen, heraus und verpassen oder ignorieren andere Tatsachen oder Umstände. Ihr Denken könnte in hohem Maße durch ihre Umgebung beeinflußt werden. Wenn sie eine friedliche und liebevolle Familie besuchen, werden sie wahrscheinlich positive und fröhliche Gedanken haben. Wenn sie an einem Ort sind, der dunkel und negativ ist, könnten auch ihre Gedanken dunkel und negativ werden. Krebs ist ein sehr empfindsames Zeichen, das sich leicht in andere Menschen einfühlen und deren Bedürfnisse und Schwachstellen »herausspüren« kann. Aus diesem Grund kann Merkur in Krebs einen Redner oder Geschäftsmann hervorbringen, der andere sehr gut überreden kann, der weiß, wie man jemanden mit dem rechten Ton oder auf der richtigen Linie erwischen kann. Sie wissen instinktiv, was sie sagen müssen, damit sich jemand besser fühlt – oder um jemanden zu verletzen, wenn sie das wollen. Jung hatte Merkur in Krebs und schlug großen Nutzen aus seinen Gefühlen und Intuitionen bei seiner analytischen Arbeit. Marcel Proust, der Autor von »Auf der Suche nach der verlorenen Zeit«, nutzte seinen Merkur in Krebs, um sich seine Kindheit und seine jungen Jahre ins Gedächtnis zu rufen. Er litt auch an sonderbaren Allergien entsprechend seiner übergroßen Empfindlichkeit in bezug auf seine Umgebung – eine sehr passende Widerspiegelung für Merkur in diesem Zeichen. Neben den Dingen der Vergangenheit und allem, was mit dem Heim und der Familie zu tun hat – was dürfte Menschen mit Merkur in Krebs noch beschäftigen oder ihnen Sorgen machen?

TEILNEHMER: Alles, was mit Überlebensbedürfnissen, wie zum Beispiel Nahrung, zu tun hat.

HOWARD: Gute Sache, wir haben gerade zu Mittag gegessen. Lassen Sie uns nun weitergehen, zu Merkur in Löwe. Löwe ist ein fixes Feuerzeichen – konzentrierter Geist –, also sollte es hilfreich dazu sein, den Geist zu sammeln. Tatsächlich habe ich festgestellt, daß viele Menschen mit Merkur in Löwe auf der mentalen Ebene kraftvoll sind. Wenn sie sehr intensiv über etwas nachdenken, besitzen sie beinahe die Macht, es geschehen zu lassen. Wenn sie einen in einem negativen Licht sehen (egal, ob man es weiß oder nicht), fühlt man sich in ihrer Umgebung unwohl – es ist schwierig, das Richtige zu tun, und endet wahrscheinlich damit, daß das Ganze auffliegt oder daß man sie kränkt. Das meine ich, wenn ich davon spreche, daß Merkur in Löwe Macht auf der mentalen Ebene besitzt. Er kann auch einen hellen Kopf verleihen, zusätzlich zum mentalen Selbstvertrauen und zur Redekunst, die einer besitzt – obwohl die Gefahr von zu großer Subjektivität besteht, die Menschen mit dieser Plazierung dazu verleiten kann zu glauben, ihre Sicht der Wahrheit sei die einzig richtige.

Merkur befindet sich entweder im gleichen Zeichen wie die

Sonne oder im Zeichen vor oder nach der Sonne. Wenn die Sonne in Krebs und Merkur in Löwe ist, könnte die Plazierung von Merkur das Vertrauen und den Mut der Krebs-Sonne stärken. Wenn Sonne und Merkur in Löwe stehen, könnte dies ein übermäßiges Verhaftetsein oder eine Überidentifizierung mit den eigenen Vorstellungen und der eigenen Sicht der Dinge mit sich bringen, so daß nicht viel Raum für die Meinung anderer Leute bleibt, falls diese von der eigenen abweichen sollte. Merkur in Löwe wird einer Jungfrau-Sonne größere Wärme und Temperament verleihen.

TEILNEHMER: Neigt Merkur in Löwe nicht dazu, etwas zu übertreiben?

HOWARD: Ich glaube nicht, daß sie etwas dagegen hätten, die Wahrheit ein bißchen auszuschmücken, um etwas zu einer guten Geschichte zu wenden – ja, bei dieser Plazierung kann es einen Sinn für Dramatik geben. Auch Merkur in Schütze wird so vorgehen, den Geschichten, die sie zu erzählen haben, immer ein wenig hinzuzufügen, oder das, was als unbedeutender Zwischenfall betrachtet werden könnte, zu einer Angelegenheit größter Bedeutung aufzubauschen.

Ich habe die Übung bereits erwähnt, bei der die Gruppe mit Merkur in Jungfrau eine Frau zum Weinen brachte aufgrund der kritischen Art und Weise, wie sie ihre Ansichten angriffen. Ich denke immer noch, daß dies eine gute Position für Merkur in bezug auf die Unterscheidungsfähigkeit, die Beachtung von Details und die sorgfältige Prüfung jeder Person oder Situation ist. Sie übersehen keine Tricks. Ich vertraue Ihnen ein kleines Geheimnis an, wenn Sie versprechen, daß Sie niemandem erzählen, daß ich es Ihnen verraten habe. Jemand, der diesen Kurs mit mir gemeinsam abhält, hat Merkur in Jungfrau. Dies sollte nicht überraschen angesichts der Tiefe ihres Verständnisses, der Präzision, mit der sie ihre Vorstellungen und Theorien erklärt, und der Detailgenauigkeit ihrer Interpretationen – einer Exocet-Rakete, die ihre Markierung trifft, nicht unähnlich.

TEILNEHMER: Welches Sonnenzeichen hat Liz?

HOWARD: Ich habe bereits genug enthüllt, aber was soll's. Sie hat eine Jungfrau-Sonne mit einem engen Quadrat mit Merkur in Jungfrau und Venus in Schütze. Und ich bin sicher, Sie haben erraten, daß sie einen rückläufigen Mond hat. Okay, Sie wollen es wirklich wissen, ich werde es Ihnen sagen – ihr Zeichen sagt: »bitte nicht stören«. Haben Sie verstanden?

Merkur in Jungfrau braucht Zeit, um Informationen zu verarbeiten und aufzunehmen. Wie bei Merkur in jedem Erdzeichen möchten Menschen mit dieser Plazierung sichergehen, daß das, was sie denken oder sagen, richtig ist. Die Verarbeitung von Erfahrungen und die Verarbeitung von Nahrung haben gewisse Parallelen. Wenn wir essen, sollten wir richtig kauen, und der gleiche Rat gilt für die Aufnahme von Dingen, die wir erfahren, oder Dingen, die wir lesen, oder die uns von anderen erzählt werden. Anstatt etwas in einem Stück herunterzuschlucken, ist es besser, Informationen, die wir erhalten, durchzukauen und über die Bedeutung von Ereignissen, denen wir im täglichen Leben begegnen, nachzudenken. Das Kauen stellt eine Hilfe für den Verdauungsprozeß dar, den Prozeß, die Nahrung zu zerteilen, damit wir das, was uns nährt, zurückbehalten und den Abfall vernichten. Menschen mit Merkur in Jungfrau besitzen die Fähigkeit, die guten wie auch die schlechten Punkte von allem, was sie erforschen oder analysieren, zu sehen. Wenn mit ihm gut umgegangen wird, wird ihr Merkur fähig sein, an dem festzuhalten, was an einer Erfahrung positiv und konstruktiv ist, und nicht lange bei den negativen Dingen, die sie bemerken, zu verweilen. Wenn sie zu sehr bei der Tatsache verweilen, daß eine Rose scharfe Dornen hat, könnte ihnen die volle Schönheit ihrer Blütenblätter oder die Süße ihres Duftes entgehen. Sie müssen die Dornen anerkennen, aber nicht von ihnen besessen sein. Merkur in Jungfrau ist auch ein pragmatischer Denker. Eine abstrakte Theorie oder Vorstellung ist nur wertvoll, wenn sie einen praktischen oder konkreten Nutzen beinhaltet. Welche Sorgen könnten denjenigen durch den Kopf gehen, die diese Plazierung aufweisen?

TEILNEHMER: Gesundheit und Arbeitsthemen.

HOWARD: Manche Menschen mit Merkur in diesem Zeichen, die ich kenne, sehen die winzigsten, mikroskopisch kleinen Flecken auf ihrem Arm, und schon springen sie zum Arzt. Sie sind auch diejenigen, die als erste einen Riß in der Decke erspähen, und sie könnten eine Menge Do-it-yourself-Bücher im Haus haben, wenn es um Heimdekoration, Gartenpflege oder ganz allgemein um die Reparatur von Dingen geht. Ich werde wieder albern, also lassen Sie uns weitergehen, zu Merkur in Waage.

Merkur in Waage verleiht oft ein Interesse an menschlichen Beziehungen und an der Arbeit mit dem Denken anderer Menschen. Jeder mit Merkur in diesem Zeichen sollte sich bemühen, einen ausgeglichenen Geist zu erreichen, und damit meine ich ein gutes Gleichgewicht zwischen Denken und Fühlen, zwischen praktischem Wirklichkeitssinn und abstraktem oder theoretischem Denken. Bei jeder Art von Plazierung in Waage geht es darum, daß etwas aus dem Gleichgewicht geraten ist, wenn es sich nicht im Gleichgewicht befindet. Jene mit Merkur in Waage können unglaublich akkurat sein und bei der Wahrnehmung anderer genau auf die richtigen Punkte zielen, oder in ihrer Art, Ereignisse zu interpretieren, aber wenn ihre Gefühle ihrem rationalen Denken in den Weg kommen, kann sich ihr Blickwinkel ziemlich verengen. Manchmal können sie unbeschränkt objektiv und fair sein, und zu anderen Zeiten kann ihre Beobachtungsgabe ziemlich durcheinandergeraten – normalerweise dann, wenn ein emotionaler Komplex ausgelöst wurde oder wenn jemand nicht gemäß ihren Idealen und Erwartungen lebt. Ich habe dies gesehen, wenn Krebs ein Quadrat auf Merkur in Waage wirft; zum Beispiel bei einem Krebs-Mond in Quadrat zu einem Waage-Merkur oder bei einem Radix-Jupiter oder transitierenden Jupiter in Krebs, der in Quadrat zu Merkur in Waage steht, oder bei einem Radix-Pluto oder transitierenden Pluto in Quadrat zu Merkur in Waage. In jedem Fall sind Menschen mit Merkur in Waage gut befähigt, einem die andere Seite eines Menschen oder einer Situation zu zeigen. Ich könnte mich also einer Person mit Merkur in Waage nähern und sagen: »Schau dir das an, ist es nicht schön?« Und sie könnte antworten: »Ja, es ist schön, aber hast du diesen Fehler oder dieses Problem dabei bemerkt?« Oder ich könnte sagen, wie schrecklich etwas ist, was sie dazu veranlaßt, die guten Aspekte daran herauszustellen. Diese Menschen mögen eine lebhafte Debatte oder einen Streit und werden all die verschiedenen Seiten der Situation analysieren, bevor sie zu einer Schlußfolgerung kommen – dies ist die Art und Weise, wie sie zu ihrem Ruf, Zaungast zu sein, gekommen sind. Letztendlich jedoch streben sie meistens danach, fair und gerecht zu sein und haben normalerweise keine Angst davor, für das, an was sie glauben, zu kämpfen, für ihre Vorstellungen von der Wahrheit, der Schönheit und Gerechtigkeit einzutreten. Brigitte Bardot, das Sexkätzchen der fünfziger Jahre, das zur Tierschützerin avancierte, wurde mit Merkur in Waage geboren, in exakter Konjunktion mit Jupiter im 10. Haus. Manche Menschen mit dieser Plazierung sind in der Lage, sich selbst in einem typisch kreativen Waage-Stil zum Ausdruck zu bringen: Agatha Christie, die Autorin von Kriminalromanen, die für ihre verwickelt gewebten Handlungen berühmt ist, wurde mit einem Merkur in Waage neben ihrer Jungfrau-Sonne geboren.

Da wir gerade von Verbrechen reden – das führt uns gleich zu Merkur in Skorpion. Wenn Sie diese Plazierung haben, ist das beinahe wie eine »himmlische Anweisung«, die zeigt, daß Sie unter die Oberfläche des Lebens tauchen müssen, um sich selbst, andere Menschen, Dinge und Vorstellungen auf der tiefstmöglichen Ebene zu erforschen. Manche Menschen nennen ihn den detektivischen Geist – immer prüfend, immer auf der Suche nach Motiven. Wenn Sie also jemandem mit Merkur in Skorpion ein Geschenk machen, könnte die Antwort lauten »Danke, wie lieb«, aber innerlich dürfte er sich fragen, warum Sie ihm dieses besondere Geschenk gemacht haben und ob es dabei irgendwelche Fallstricke gibt. Wie bei Merkur in jedem Wasserzeichen kann er einen verschwiegenen Geist andeuten und ein wenig Vorsicht in bezug auf das, was er einem über sich selbst offenbart, als ob seine angeborenen Instinkte ihm sagten, daß es sicherer sei, nicht zuviel wegzugeben. Sobald etwas einmal ausgesprochen ist, wie kann man sicher sein, was die Leute damit anstellen? Merkur in Skorpion ist ebenso wie Merkur in Löwe auf mentaler Ebene sehr machtvoll und wird seine Glaubensvorstellungen und Meinungen auf eine Weise vertreten, die selbst Jeanne d'Arc beeindrucken würde.

Teilnehmer: Sie wissen auch, wo sie einen schmerzhaften Schlag versetzen können.

Howard: Ja, das stimmt, sie beherrschen den Kunstgriff, einem an die Kehle zu gehen. Ein Beispiel für einen scharfsinnigen Merkur in Skorpion ist der vielzitierte Oscar Wilde, obwohl seine Opposition zu Uranus im 9. Haus ihn seinerzeit auf die falsche Seite des Gesetzes brachte. Merkur in Skorpion könnte einen guten Plänemacher oder Strategen abgeben, das Denken eines Schachspielers. Und er ruft den Hermes Psychopompos ins Gedächtnis, der die Unterwelt frei betreten konnte, ein Symbol für die unbewußten

Tiefen der Psyche. Welche Vorstellungen haben Sie bei Merkur in Schütze?
TEILNEHMER: Dies sollte ein Interesse an Philosophie, Religion, an den Gesetzen des Universums und an Reisen verleihen.
HOWARD: Ja, wie zu erwarten haben Leute mit diesem Merkur einen lebhaften Geist voller Visionen und Inspirationen. Wenn diese Plazierung nicht durch Erdzeichen ausgeglichen wird, Planeten oder Winkel in Skorpion oder einen starken Saturn oder Pluto im Horoskop, könnten sie ihre Vorstellungen nicht ganz durchdenken. Schütze sieht die Dinge ganz, er betrachtet ein größeres, breiteres Bild, statt sich auf Details oder Einzelteile zu konzentrieren, und er ist oft von entfernten Zielen und luftigen Idealen in Anspruch genommen. Sind Sie mit der Unterscheidung zwischen den Funktionen der beiden Gehirnhälften vertraut? Die linke Gehirnhälfte ist mit dem rationalen und linearen Denken betraut; sie sammelt Fakten, analysiert und gliedert alles in »Abteilungen«: Dies könnte mit Merkur in Zwillinge oder Jungfrau assoziiert werden. Im Vergleich dazu kann die rechte Gehirnhälfte eine Gestalt, die nur durch wenige Linien skizziert ist, identifizieren, und sie steht mit dem synthetischen und holistischen Denken in Verbindung, das Bilder und Muster sieht. Diese Art des Denkens trifft mehr auf Merkur in Schütze und in Fische zu. Marilyn Ferguson hat das in ihrem Buch »Die sanfte Verschwörung« kommentiert: »... die linke [Gehirnhälfte] macht Schnappschüsse, die rechte schaut sich Filme an.«* Merkur in Schütze weist oft eine natürliche Neigung auf, nach der Bedeutung von Ereignissen Ausschau zu halten. Dinge, die sich ereignen, sind nicht einfach Zufall, sondern Teil eines großen Entwurfs und können im Zusammenhang mit dem allgemeinen Lebensplan oder der allgemeinen Entfaltung betrachtet werden.
TEILNEHMER: Ich habe eine Anzahl von Menschen mit dieser Plazierung gekannt, und sie alle scheinen viel zu reden.
HOWARD: Allgemein gesprochen stimmt das wahrscheinlich, obwohl andere planetarische Aspekte die redefreudige Seite des Merkur in Schütze unterbinden könnten. Aber wenn sie aufgeregt sind, wird ihr Kopf natürlich von Ideen und Visionen hinsichtlich zu-

* Marilyn Ferguson, Die sanfte Verschwörung. München 1984.

künftiger Möglichkeiten überflutet sein. Normalerweise neigen sie dazu, ihren Enthusiasmus und ihre Glaubensvorstellungen offen mit anderen zu teilen, anders als Merkur in Skorpion, der dazu tendiert, die Dinge verborgen oder geheim zu halten. Das kardinale Feuer von Widder ist mit dem Initiationsfunken, der eine Flamme entzündet, verglichen worden; das veränderliche Feuer von Schütze ist der Teil, der in der Luft Funken schlägt und knistert – deshalb die Vorstellung von Merkur in Schütze als demjenigen, der Ideen versprüht oder andere für eine Vision begeistert, für einen Plan oder einen Glauben. Manchmal kann zuviel Reden ihre Art sein, im Kopf verankert zu bleiben und sich gegen Gefühle zu verteidigen. Sie können in einer Therapiesitzung sein und ewig darüber reden, was in ihrem Leben passiert, und niemals wirklich zu ihren wahren Empfindungen und Gefühlen in Kontakt treten, weil das Reden den ganzen Raum einnimmt.

Merkur in Steinbock bringt uns wieder zur Erde zurück. Das Denken neigt dem Praktischen zu, so daß Geschäftssinn und Talent zu Management und Organisation vorhanden sind. Steinbock wird von einem Ziegenbock symbolisiert, der vorsichtig einen Berg ersteigt und dabei sichergehen will, daß er auf seinem Weg jeden Fuß auf festen Boden setzt. Merkur kann hier methodisches Denken und Entschlossenheit verleihen, Durchhaltevermögen und Standfestigkeit und vielleicht ein bestimmtes Auge dafür, was einen in der Welt weiterbringen wird oder die eigenen Ziele und Ambitionen fördert. In den meisten Fällen sind Menschen mit dieser Plazierung mit vielen Sorgen beschäftigt, sie stellen sich oft den schlimmstmöglichen Ausgang einer Sache vor oder daß hinter jeder Ecke Ärger auf sie lauert. Dies wird sie vorsichtig und wachsam machen, nicht geneigt, sich blindlings in eine Sache zu stürzen, obwohl Steinbock ein kardinales Zeichen ist. Anstatt sich von den negativen Szenarien der Zukunft niederdrücken zu lassen, würde ich ihnen raten, ihre Ängste zu akzeptieren, aber nicht bei ihnen zu verweilen. Wenn sie ängstlich und besorgt werden, könnten sie eine kleine kinesiologische Visualisation versuchen und sich vorstellen, wie sie mit Erfolg ihre Ziele erreichen und trotz aller Hindernisse einen stabilen Kurs beibehalten.

Wenn Sie Menschen mit Merkur in Steinbock begegnen, die ewig verwirrt zu sein scheinen, unorganisiert und richtungslos, ist es wahrscheinlich, daß Sie einen Neptun-Aspekt finden, der sich in die natürliche Funktion des Merkur in diesem Zeichen einmischt. Und wenn Sie revolutionäre Typen oder radikale Denker mit Merkur in Steinbock finden, ist wahrscheinlich ein Uranus-Aspekt zu Merkur vorhanden. Mir kommen da zwei Beispiele in den Sinn: Simone de Beauvoir, die in höchstem Maße schöpferische französische Schriftstellerin des Existentialismus, die betonte, daß menschliche Wesen sich in einer Welt, in der es nichts Absolutes gibt, ihre eigenen moralischen Werte schaffen müßten, wurde mit einer engen Merkur/Uranus-Konjunktion in Steinbock geboren. Die Sängerin Joan Baez, die auch Bürgerrechtlerin ist und als überzeugte Pazifistin gegen Krieg protestierte, beeinflußte in den sechziger Jahren eine ganze Generation. Sie wurde mit der Sonne in Konjunktion zu Merkur in Steinbock im Trigon zu Uranus in Stier geboren. Wir sollten auch die kapriziöse und schrullige Seite von Steinbock nicht vergessen: Ich habe beobachtet, daß Merkur in Steinbock (und Merkur/Saturn-Aspekte können das auch bewirken) häufig Humor und Witz besitzt – gewöhnlich von einer trokkenen, ironischen Art, die sich selbst gern auf die Schippe nimmt. Die heitere, doch erdhafte Gracie Fields, eine der erfolgreichsten englischen Schauspielerinnen, hatte eine Anhäufung von Mars, Venus, Merkur und Sonne in Steinbock.

Einige Bücher beziehen sich auf Merkur in Wassermann als einen Denker im Elfenbeinturm, und in bestimmten Fällen trifft diese Interpretation zu. Wassermann als fixes Luftzeichen ist im expansiven und abstrakten Reich des Geistes und Intellekts zu Hause und unterliegt der Gefahr, sich vom Körper und den Gefühlen abzusondern. Um im Jargon zu bleiben – Merkur in Wassermann könnte hauptsächlich aus dem Kopf leben. Man könnte geneigt sein, die Objektivität und Loslösung, die einige Leute mit dieser Plazierung aufweisen, zu preisen, aber auch ärgerlich werden angesichts deren Leugnung von Gefühlen, die wirklich aus dem Bauch kommen. Diese Menschen könnten göttliche, utopische Pläne und Systeme intuitiv oder bewußt ersinnen, die in einem theoretischen Sinn absolut wunderbar sind, aber eher unpraktisch und unrealistisch in Anbetracht der grundlegenderen instinktiven und erwerbstätigen Seiten der menschlichen Natur. Obwohl es so klingen mag, als würde ich Merkur in Wassermann schlechtmachen, tue ich dies nicht – wir brauchen Menschen, die uns mit neuen Visionen inspirieren, mit neuen Möglichkeiten und der Hoffnung auf eine bessere Zukunft. Um einen Satz von Rodgers und Hammerstein zu verwenden – man braucht einen Traum, damit ein Traum Wirklichkeit werden kann. Merkur in Wassermann kann sich eine bessere Welt oder Gesellschaft vorstellen, auf die wir hinarbeiten, nach der wir streben können. Im schlimmsten Fall jedoch kann deren säuberlich arrangierter und perfekt funktionierender Staat Huxleys »Schöner neuer Welt« ähneln oder dem Alptraum Orwells, der in »1984« fröstelnd wiedererzählt wurde, in dem die Individualität und Menschlichkeit des einzelnen negiert und dem Wohl des großen Ganzen untergeordnet wird.

Ich möchte nicht, daß es so klingt, als sei jeder mit Merkur in Wassermann nur mit abstrakten Systemen und utopischen Luftschlössern beschäftigt. Viele sind aufrichtig mit gesellschaftlichen und humanitären Problemen beschäftigt, und sie arbeiten hart, um die Zustände in ihrer Umgebung zu verbessern. Und viele von ihnen ziehen die Wahrheit der gesellschaftlichen Akzeptanz vor. Zusätzlich kann diese Plazierung eine große Geistesklarheit verleihen, eine Fähigkeit, innezuhalten und Situationen mit ehrfurchteinflößender Objektivität zu betrachten. Wenn ich Horoskope für Menschen mit Merkur in Wassermann erstelle (und dies gilt auch für Merkur im Sextil oder Trigon zu Uranus), bin ich oft beeindruckt davon, wie offen diese Menschen in der Lage sind, über sich selbst zu sprechen, wie klar sie sich selbst sehen. Manchmal bekomme ich das Gefühl, daß sie, selbst wenn sie nur ganz wenig von Astrologie verstehen, ihre eigenen Horoskope besser deuten können als ich. Was kommt Ihnen in den Sinn, wenn Sie an Merkur in Fische denken?

TEILNEHMER: Eine lebhafte Imaginationsfähigkeit, aber auch chaotisches Denken.

HOWARD: Ja, Sie haben gerade meine Gedanken gelesen. Ich war gerade drauf und dran zu sagen, daß jemand mit Merkur in Fische seine oder ihre Hand heben und die Frage stellen könnte, die den meisten anderen in der Gruppe durch den Kopf geht. Dies gilt auch für Merkur/Neptun-Aspekte. Fische und Neptun repräsentieren beide die Verwischung oder Auflösung von Grenzen. Wenn Merkur mit diesem Planeten oder Zeichen verbunden ist, kann es schwer sein, die eigenen Gedanken von den Gedanken derjenigen, die in der Umgebung sind, zu unterscheiden. Man kann hier diejenigen finden, die wie Chamäleons sind, die ihre Meinungen und Ansichten, je nachdem, auf wen sie sich zur gegebenen Zeit beziehen, entsprechend ändern.

Es gibt bei dieser Plazierung eine Menge Widersprüche: Menschen mit einem Fische-Merkur besitzen oft kreative Vorstellungskraft und sind höchst intuitiv und telepathisch veranlagt, aber sie können auch ein großes Maß an mentaler Verwirrung und Instabilität erfahren. Ich habe einen Freund mit einem rückläufigen Merkur in Fische im 12. Haus (manchmal ziehe ich ihn auf und sage, daß das beinahe so ist, als hätte man überhaupt keinen Merkur). In vieler Hinsicht ist er einer der klarsten Denker, die ich kenne, in hohem Maße empfindsam, er erspürt Menschen und Situationen so genau, wie ein Barometer den Luftdruck wiedergibt. Und doch verlegt er andauernd seine Haus- und Autoschlüssel. Er besucht mich in meiner Wohnung und wirft seine Autoschlüssel jedesmal woanders hin. Wenn er dann gehen möchte, verbringt er eine aufregende Stunde mit dem Versuch, sie wiederzufinden. Man könnte sagen, daß manche Menschen mit Merkur in Fische Schwierigkeiten haben, ihre Umgebung in Ordnung zu halten. Ähnlich wie bei Merkur in Krebs neigen sie dazu, durch Osmose zu lernen, indem sie Informationen und Ideen absorbieren oder intuitiv erfassen, statt auf nachsinnende oder logische Weise zu lernen. Und wie bei Merkur in jedem der anderen Wasserzeichen dürfte es schwer sein, herauszubekommen, was sie wirklich denken; sie können verschlossen sein und geben oft clevere Strategen und gute Pokerspieler ab. Es ist nicht immer einfach für sie, die Fülle ihrer Gefühle in Worte zu fassen, vielleicht ausgenommen durch Poesie, Musik, Tanz oder irgendeine andere bildnerische Kunstform. Die Jazzsängerin Billie Holiday ist ein gutes Beispiel für Merkur in Fische mit ihrer unvergleichlichen Stimme und ihrem total ungeordneten Leben. Ich habe auch Horoskope von Menschen mit dieser Plazierung erstellt, die an extremer Paranoia und morbiden Vorstellungen leiden, welche von ihren tiefsitzenden Ängsten, Befürchtungen und Komplexen in bezug auf ihre Umgebung herrühren.

Bevor wir zu den Merkur-Aspekten übergehen – gibt es irgendwelche Fragen?

Teilnehmer: Können Sie noch etwas mehr über Merkurs doppelte Regentschaft über Zwillinge und Jungfrau sagen?

Howard: Ich kann ein paar allgemeine Unterscheidungen zwischen Merkur als Herrscher von Zwillinge und als Herrscher von Jungfrau sagen, aber Sie dürfen das, was ich zu sagen habe, nicht zu wörtlich nehmen; meine Interpretation gibt Ihnen einfach einen weitgefaßten, beinahe archetypischen Eindruck davon, wie die Funktion des Merkur in den beiden Zeichen variiert. Der Zwillinge-Merkur hat die Neigung, überallhin zu gehen: Zwillinge geht mal hierhin, mal dorthin und erforscht, wie eine Sache mit der anderen zusammenhängt, stellt Vergleiche an und versucht, die Dinge zurechtzurücken. Jungfrau dagegen hat mehr damit zu tun, eine Sache aufzugreifen und sich darin zu vertiefen. Zwillinge will ein wenig von vielen verschiedenen Dingen wissen; Jungfrau will sehr viel von einem oder zwei speziellen Themen wissen. Der Zwillinge-Merkur mag das Wissen um des Wissens willen, weil für ihn eine Sache interessanter wird, wenn er etwas über sie weiß, wenn er sie benennen kann. Der Jungfrau-Merkur mag das Wissen, das praktisch umgesetzt werden kann. Der Zwillinge-Merkur empfängt und vermittelt Informationen durch Denken; der Jungfrau-Merkur greift Informationen über körperliche Empfindungen auf, darüber, wie sie sich anfühlen. Der Zwillinge-Merkur ist entzückt, wenn er sieht, wie die Teile zusammenpassen, damit sie ein Ganzes ergeben; der Jungfrau-Merkur reißt die Dinge entzwei, zerteilt und zerlegt etwas, das ganz ist, in seine verschiedenen Komponenten oder Einzelteile.

Falls Merkur nicht ungünstig aspektiert ist, ist Jungfrau ein einigermaßen stabiles und verläßliches Zeichen. Das Zeichen Zwillinge dagegen ist weitaus wechselhafter und anfällig für Hochs und Tiefs. Stellen Sie sich die Zwillinge Kastor und Pollux vor, die oft mit dem Zeichen Zwillinge assoziiert werden. Es galt die Regel, daß, wenn sich einer der Zwillinge im Himmel aufhielt, der andere unten auf der Erde sein mußte. Es war ihnen nicht erlaubt, zur gleichen Zeit am gleichen Ort zu weilen, daher tauschten sie immer ihre Plätze. Zwillinge (und jeder Planet in diesem Zeichen) kann an einem Tag zu den höchsten Höhen aufsteigen und dann am nächsten Tag ganz schnell wieder auf der Erde landen. Marilyn Monroe und Judy Garland waren beide in Zwillinge geboren, und die ausgeprägten

Höhen und Tiefen in ihren Leben und Karrieren sind ein gutes Beispiel für die Jo-Jo-Umschwünge des Zwillings. Ein modernes Beispiel ist Boy George, der sich zu den Höhen eines Popstars aufschwang und dann durch Drogenmißbrauch auf hartem Steinboden aufschlug. Augenblicklich versucht er, seine Karriere wieder anzukurbeln. Das Zeichen Zwillinge beinhaltet weitaus mehr, als viele Sonnenzeichen-Astrologiebücher ihm zugestehen. Es gibt eine tiefe Seite bei Zwillinge (ebenso wie bei Jungfrau), die Hermes' Rolle als Seelenführer in die Unterwelt und wieder heraus in Erinnerung ruft.

Teilnehmer: Können Sie etwas über den rückläufigen Merkur sagen?

Howard: Ja, dazu wollte ich noch kommen. Wie viele Leute sind heute hier, die mit einem rückläufigen Merkur geboren wurden? Ziemlich wenige. Einige Schriften interpretieren einen rückläufigen Merkur als Schwierigkeit, das auszudrücken, was man denkt, aber ich konnte dies keineswegs bei allen Horoskopen, die ich erstellt habe, feststellen. Ich wäre neugierig zu hören, was die Leute, die einen rückläufigen Merkur haben, denken – falls Sie sich überhaupt in der Lage sehen, darüber zu sprechen.

Teilnehmer: Manchmal habe ich Schwierigkeiten mit der Kommunikation, manchmal nicht.

Howard: Ja, das gleiche gilt für mich, und ich habe keinen rückläufigen Merkur. Kann noch jemand etwas dazu sagen? Ich sehe, Sie schütteln Ihre Köpfe, also ist in bezug auf Ihre persönliche Erfahrung der rückläufige Merkur nicht notwendigerweise mit Kommunikationsschwierigkeiten verbunden. Ich glaube, daß ein rückläufiger Merkur die Neigung fördert, in sich selbst hineinzuschauen, vielleicht um zu prüfen, was man sagen wird, bevor man zu sprechen anfängt, und man tendiert auch dazu, jeden Gedanken und jede Idee oder jede Information, die man hat, durchzukauen, bevor man sie chiffriert und sich ihrer wirklich sicher ist. Seltsam genug – ich habe die Horoskope von zwei Nachrichtensprecherinnen erstellt, die die Nachrichten in Englands nationalen Fernsehsender sprachen, und beide hatten einen rückläufigen Merkur in Jungfrau. Zuerst fand ich das seltsam, denn vor Millionen von Menschen die Nachrichten zu lesen ist eine sehr öffentliche und nach außen gerichtete Verwendung von Merkur. Dann dachte ich darüber nach. Wenn sie die Nachrichten verlesen, geben sie nicht ihre eigenen Meinungen wieder, sondern sie berichten vermutlich einfach über die Fakten; und in ihrem öffentlichen Leben müssen sie oft ihre eigenen Ansichten über die Dinge verhehlen, aufgrund des anspruchsvollen, hohen Berufsprofils – Sie kennen die Art, wie manche Nachrichtensprecher zu kleinen Berühmtheiten werden. Eine von ihnen bestand besonders unnachgiebig darauf, daß ich absolutes Stillschweigen darüber bewahre, daß sie zur Horoskopbesprechung kam – nur für den Fall, daß die Zeitungen davon Wind bekommen und eine Geschichte veröffentlichen könnten, in der ihr Interesse an so etwas Sonderbarem wie Astrologie als Sensation vermarktet würde.

TEILNEHMER: Es ist interessant, daß es ein rückläufiger Merkur in Jungfrau war, was Genauigkeit und Sprach- und Kommunikationstalent anzeigt.

TEILNEHMER: Haben Sie irgend etwas bemerkt bei Leuten, die einen rückläufigen Geburts-Merkur haben, der dann bei einer Progression vorläufig weiterläuft?

HOWARD: Ja, ich habe mir das angesehen. Es scheint, daß sie in der Zeit, in der er gerade weiterläuft, stärker aus sich herauskommen, sich neuen Dingen öffnen und sich allgemein mehr nach außen wenden. Diejenigen unter Ihnen mit einem rückläufigen Merkur sollten ihre Progressionen in dieser Hinsicht untersuchen. Umgekehrt könnte es auch sein, daß Sie mit einem vorläufigen Merkur geboren wurden und er bei Progressionen rückläufig wird – Sie alle sollten dies beobachten und die Wirkungen auf Sie feststellen. Es ist wahrscheinlich besser, einen vorläufigen Merkur zu haben, wenn man jünger ist, weil man einen frei fließenden Merkur braucht, um soviel zu lernen, wie man nur kann, und in der Schule gut mitzukommen. Es dürfte nicht so schlecht sein, wenn er rückläufig wird, wenn man älter ist, denn das ist eine Zeit, in der sich der Geist zur Selbstreflexion nach innen wenden soll.

Wirklich interessant ist es jedoch, den transitierenden Merkur zu beobachten, wenn er rückläufig und vorläufig wird. Dies beeinflußt uns alle. Erin Sullivans Kapitel über Merkur in dem Buch »Planets« enthält eine der besten Besprechungen, die ich über den transitierenden rückläufigen Merkur gelesen habe, und ich habe manches von meinem Material dem entnommen, was sie darüber geschrieben hat.* Wenn Merkur rückläufig wird, scheint dies die angemessene Zeit zu sein, Dinge aufzulösen, zu überdenken, neu einzuschätzen, neu zu bewerten. Eine Phase, in der Merkur rückläufig wird, ist eine Zeit, Dinge nachzuholen, unbeendete Projekte zu vollenden, den Brief zu schreiben, den Sie schon lange schreiben wollten, oder die seit langem offene Rechnung zu zahlen und ganz allgemein die Angelegenheiten des Hauses oder Lebensbereichs, durch die der Merkur rückwärts läuft, neu einzuschätzen und Ihren nächsten Handlungsschritt in diesem Bereich zu planen. Es könnte nicht die richtige Zeit sein, schon mit plangemäßen Handlungsschritten in Aktion zu treten, aber es ist eine Zeit, sich zukünftige Handlungsschritte zu überlegen, für die Zeit, wenn Merkur wieder vorwärts läuft. Sie könnten auch Leuten aus der Vergangenheit über den Weg laufen, mit denen Sie noch etwas zu bereinigen haben, das noch vollendet werden muß. Wenn Merkur rückläufig wird, könnten Sie entdecken, daß sich Ihre Bewußtheit und Aufmerksamkeit ganz natürlich nach innen wendet, Ihnen einen größeren Zugang zu den Inhalten Ihres unbewußten Geistes ermöglicht und Ihnen erlaubt, die bis dahin vergrabenen oder verborgenen Gefühle zu erforschen und zu integrieren. Nebenbei bemerkt: Merkur wird alle vier Monate für etwa 22 Tage rückläufig, und er neigt dazu, dies in jedem Element in Zyklen zu tun – für ein paar Jahre wird er in einem Erdzeichen rückläufig werden, und dann gibt es ein paar Jahre, in denen er in einem Feuerzeichen rückläufig wird, und so weiter. Wenn Merkur in einem Feuerzeichen rückläufig wird, könnte es nötig werden, Ihre Lebensausrichtung neu zu überdenken oder Ihre Art, Ihre kreativen Talente einzusetzen, zu ändern – aber es ist wahrscheinlich keine gute Zeit, um Risiken einzugehen oder umfassende Veränderungen durchzuführen. Wenn Merkur in einem Erdzeichen rückläufig ist, könnte es sein, daß Sie Ihre Aufmerksamkeit auf ausstehende praktische Angelegenheiten richten müssen, wie zum Beispiel auf einen Zahnarzt- oder Arzttermin, den Sie schon lange vor sich herschieben, oder Sie müssen schließlich den Dichtungsring für den tropfenden Wasserhahn kaufen, oder Sie beschäftigen sich endlich mit dem Geheimzimmer oder Hintertürchen, das dringend in Ordnung gebracht

* Erin Sullivan, »Mercury«, in: Planets, a.a.O., S. 94–118.

werden muß. Wenn er in Luft rückläufig ist, ist dies eine Phase, Ihre Beziehungen und Ihre Kommunikationsweise in bezug auf Familie, Freunde oder die Gesellschaft im allgemeinen neu zu überdenken oder zu bewerten. Wenn Merkur in einem Wasserzeichen rückläufig wird, könnten sich Ihre Gedanken vergangenen Beziehungen zuwenden, und es ist wahrscheinlich angemessen, alte Verhaltensmuster und emotionale Reaktionsschemata neu zu überprüfen. Ich bin sicher, daß Sie alle bemerkt haben, daß der rückläufige Merkur mit Zeitphasen einhergeht, in denen die Post verloren geht oder verspätet ankommt und es schwieriger ist, am Telefon »durchzukommen«. Es handelt sich um eine Zeit, in der Sie mehr Probleme durch verbale Mißverständnisse und Kommunikation haben, und in der Sie sogar beim Reisen öfter Verspätungen in Kauf nehmen müssen als gewöhnlich (ich bin mir ziemlich sicher, daß die britische Eisenbahngesellschaft ins Leben gerufen wurde, als Merkur gerade rückläufig war). Ich stimme mit der allgemeinen Ansicht überein, daß es keine gute Idee ist, einen Vertrag zu unterzeichnen, wenn Merkur rückläufig ist – irgend etwas wird schiefgehen, und es wird sich herausstellen, daß sich etwas anders entwickelt, als Sie erwartet haben. Ich überlege gerade, ob ich Ihnen von einem sonderbaren Zwischenfall erzählen soll, der mir passierte, als Merkur Anfang dieses Jahres [1990] in Steinbock rückläufig war.

TEILNEHMER: Nun haben Sie uns neugierig gemacht.

HOWARD: In Ordnung, Sie haben mich darauf gebracht. Der Chirurg setzte meine Halsoperation für den 16. Januar an, und ich mußte mich am Tag zuvor im Krankenhaus einfinden. Als ich das Datum erfuhr, holte ich sofort meine Ephemeriden hervor und war gar nicht erfreut über das, was ich da sah. Merkur war rückläufig und stand immer noch in einer Konjunktion mit Neptun in Steinbock. Diese transitierende Konjunktion stand im Quadrat zu meinem Geburts-Neptun, und das Ganze fand in meinem 12. Haus statt, welches, wie Sie wissen, über Orte wie Krankenhäuser herrscht. Außerdem war der Mond in seiner Dunkelphase vor Neumond, natürlich genau zu der Zeit, da die Operation beginnen sollte, was – laut Stundenastrologie – bedeutet, daß das Ereignis sich nicht so abspielen wird wie geplant. All das machte mir angst: Ich war besorgt, daß es irgendeine Art von Verwechslung oder Verwirrung geben könnte, daß sie das falsche »Ding« rausnehmen könnten, daß die Hand des Chirurgen ausrutschen könnte oder daß ich mit jemand anderem verwechselt werden würde, der eine Beinamputation oder eine Gallenblasenoperation brauchte, oder etwas ähnliches. Aber ich entschied mich, die Operation nicht zu verschieben, da ich sie von der staatlichen Krankenversicherung bezahlt bekam und es zehn Jahre dauern konnte, bevor ich wieder einen Termin bekommen würde. Auf jeden Fall dachte ich nicht, daß der Chirurg allzusehr beeindruckt sein würde, wenn ich ihn bitten würde, den Termin zu verschieben aufgrund der Tatsache, daß meine Sterne um den 16. herum nicht günstig standen. Also ging ich pflichtbewußt am Morgen des 15. ins Krankenhaus und wurde augenblicklich mit Verzögerungen und Problemen konfrontiert. Ich mußte drei Stunden warten, bis das Bett für mich fertig war, und sie mußten mir das Blut für meine präoperativen Bluttests im Fernsehraum abnehmen. Schließlich bekam ich mein Bett und mußte dann auf den Chirurgen warten, der mit mir die Einzelheiten für die Operation am nächsten Tag besprechen sollte. Schließlich tauchte ein Chirurg auf, aber es war nicht der, den ich erwartet hatte. Es stellte sich heraus, daß mein Chirurg zu spät von einem Skiurlaub aus Aspen zurückkam, daher war entschieden worden, daß statt seiner der Assistenzarzt die Operation vornehmen solle. Es fiel mir schwer, den Erläuterungen des Assistenzarztes, wie die Operation verlaufen sollte, zu folgen – er beschrieb tatsächlich eine völlig andere Vorgehensweise als die, die mir vorher geschildert worden war. Wie Sie sich vorstellen können, war ich angesichts dieser Umstände schrecklich deprimiert, hatte aber immer noch nicht den Mut, die ganze Sache abzublasen. Statt dessen nahm ich die Haltung an, daß alles, was mir geschehen würde, mein Schicksal sei. Das Abendessen war fertig, und ich aß die miese Mahlzeit, die mir serviert wurde. Ich verbrachte meine Zeit, indem ich mit den Schwestern darüber sprach, wie ich mich fühlte – es war in Ordnung, ihnen von Merkur zu erzählen, der rückläufig war, und von den anderen Aspekten, unter denen ich stand. Als sie hörten, daß ich Astrologe war, wollten die meisten von ihnen, daß ich für sie eine Mini-Sonnenzeichen-Horoskopbesprechung abhielt, und sie fragten mich auch dauernd, ob ich nicht auch Karten oder aus ihren Händen lesen könne. Aber sie waren freundlich und fürsorglich und gaben mir Fußmassagen und eine Aromatherapiebehandlung, damit ich mich besser fühlte. Um ungefähr halb acht Uhr abends tauchte der Assistenzarzt mit einer entschuldigenden Haltung wieder neben meinem Bett auf: »Es tut mir leid, Herr Sasportas, wir haben jede Abteilung des Krankenhauses von Kopf bis Fuß durchsucht – aber es scheint, daß wir Ihre Röntgenaufnahmen und Ihre medizinischen Unterlagen verlegt haben, was bedeutet, daß wir die Operation morgen nicht machen können. Können Sie am nächsten Montag wiederkommen?« Ich war überglücklich und mit einem Satz aus dem Krankenhaus verschwunden. Am nächsten Montag würde Merkur wieder vorläufig sein, und der Mond war am neuerlich geplanten Operationstag besser plaziert. Der ganze Zwischenfall hinterließ in mir das Gefühl, daß sich irgend jemand irgendwo um mich kümmerte. Ich sprach sogar zu Hermes ein Dankgebet, daß er meine Akten versteckt hatte, die, nebenbei bemerkt, vom diensthabenden Arzt, der zwei Tage später wieder seinen Dienst angetreten hatte, sofort gefunden wurden. Das ist alles wahr.

Wir sollten nun weitergehen zu den Aspekten von Merkur. Merkur kann nie mehr als 28 Grad von der Sonne entfernt sein. Wenn Sonne und Merkur innerhalb eines 17-Minuten-Orbis in Konjunktion stehen, wird dies *cazimi* genannt. Wenn diese zwei Planeten weniger als acht Grad voneinander entfernt sind, werden sie als *combust* betrachtet. Man sagt, daß die Sonne den Merkur verbrennt, wenn sie zu nahe nebeneinanderstehen, was zu verdunkelter Objektivität und erhöhter Subjektivität führt. In diesem Sinne ist es ein wenig so wie bei Merkur in Löwe, wo ein zu großes Anhaften oder eine zu große Identifikation mit den eigenen Denk- oder Glaubensinhalten gegeben sein kann. So bleibt kein Raum für die Ansichten und Meinungen der anderen. Die Unparteilichkeit ist beeinträchtigt, und man kann an regelmäßig auftretender gedanklicher Überbelastung und geistigem »Ausgebranntsein« leiden. Manche Astrologen argumentieren jedoch, daß ein enger Sonne/Merkur-Kontakt günstig ist, weil das bedeutet, daß diese zwei Planeten als Verbündete zusammenarbeiten können, den Geist beleben und die Fähigkeit, zu kommunizieren und sich selbst zum Ausdruck zu bringen, verbessern. Je mehr sich der Abstand zwischen Sonne und Merkur vergrößert, um so mehr erhöht sich die Objektivität des Horoskop-Eigners. Merkur in dem Zeichen vor oder nach der Sonne begünstigt oft ein größeres mentales Gleichgewicht und eine weiter gefaßte Perspektive auf das Leben, ganz einfach aufgrund der Tatsache, daß zwei verschiedene Zeichen einbezogen sind. Diese Situation könnte jedoch auch einer Identitätskrise Vorschub leisten, denn die Art, wie man denkt und sich selbst zum Ausdruck bringt (Merkur), unterscheidet sich dann vom wesentlichen Kern des eigenen Seins (Sonne). Ich bin kein vehementer Verfechter einer der beiden Meinungen, außer daß ich sagen muß, daß ich mir der Fähigkeit einer Person, objektiv zu sein, sicherer bin, wenn Merkur der Sonne nicht zu nahe steht. Und es ist oft wahr, daß ein Widder mit Merkur in Widder abenteuerlustiger, nach außen gerichteter und offener ist als ein Widder mit Merkur in Fische oder Stier. Ein Stier mit Merkur in Stier ist wahrscheinlich wesentlich zurückhaltender und vorsichtiger als ein Stier mit Merkur in Widder oder Zwillinge. Nebenbei erwähnt, wenn die Sonne oder der Aszendent in Zwillinge oder Jungfrau ist (den von Merkur regierten Zeichen), müssen Sie der Aspektierung des Merkur besondere Aufmerksamkeit widmen. Jungfrau mit Merkur in Konjunktion zu Neptun wird sich beträchtlich von Jungfrau mit Merkur in Konjunktion zu Saturn unterscheiden. Bevor Sie also annehmen, daß alle Jungfrau-Geborenen effizient und gut organisiert arbeiten, sollten Sie besser die Aspekte des Merkur im Geburtshoroskop überprüfen. Das gleiche gilt für jemanden mit der Sonne oder dem Aszendenten in Zwillinge – die Aspekte des Merkur werden den Ausschlag geben, ob die Person ein logisch denkender oder ein zerstreuter Zwilling ist.

Es wurde auch behauptet, daß man erst denkt und dann handelt, wenn Merkur vor der Sonne aufsteigt; wenn die Sonne aber vor Merkur aufsteigt, handelt man erst und sucht hinterher nach einer Rechtfertigung für seine Handlungen. In ihrem Buch »Secondary Progressions« legt Nancy Hastings ihre Ansichten über die Sonne/Merkur-Beziehungen dar. Sie betont, daß Merkur vorläufig ist oder es zumindest bald wieder sein wird, wenn er im gleichen Zeichen wie die Sonne hinter der Sonne steht.* Ist dies der Fall, wird Merkur zu der Zeit, wenn man das Erwachsenenalter erreicht, ziemlich schnell vorwärts laufen. Ihrer Interpretation gemäß bedeutet dies,

* Nancy Hastings, Secondary Progressions: Time to Remember. New York Beach 1984, S. 11–12.

daß es sich in diesem Fall um eine Person handelt, die neue Ideen schnell aufnehmen und verarbeiten kann, und die willens ist, mit vielen unterschiedlichen Sichtweisen des Lebens zu experimentieren. Wenn Merkur dagegen in einem maximalen Orbis vor der Sonne steht, könnte er zur Zeit der Geburt rückläufig sein oder wird wahrscheinlich im Laufe von Progressionen rückläufig, was wahrscheinlich die Aufmerksamkeit und Bewußtheit des Horoskop-Eigners nach innen, auf ihn selbst richtet.

Wir haben Mond/Merkur-Aspekte während meines Seminars über den Mond besprochen*, aber ich möchte kurz wiederholen, wie sie wirken. Das Trigon, das Sextil oder eine harmonische Konjunktion zeigt eine gute Beziehung zwischen dem Planeten, der mit Gefühlen und Empfindungen zu tun hat (Mond), und dem Planeten der Kommunikation (Merkur) an. Es sollte daher ziemlich leicht sein, seine Gefühle zum Ausdruck zu bringen. Die fließenden Aspekte lassen ebenfalls eine gute Kopf-Herz-Verständigung vermuten, so daß es weniger Spannung gibt zwischen dem, was man denkt, und dem, was man auf emotionaler und instinktiver Ebene fühlt. Positive Mond/Merkur-Kontakte erhöhen auch die Empfindsamkeit und das Verständnis für die Umgebung, unabhängig davon, wo man sich befindet. Dies bedeutet, daß man wahrscheinlich klar sieht und richtig interpretiert, was um einen herum vor sich geht, und man bezieht sich auf andere Menschen in einer Art und Weise, die zeigt, daß man für ihre Gefühle empfindsam ist. Mit Quadraten und harten Winkeln wird man wahrscheinlich Konflikte zwischen Kopf und Herz erleben, das heißt, was Kopf und Intellekt einem zu tun gebieten, wird mit den eigenen Empfindungen nicht übereinstimmen. Der Kopf mag einem dann sagen: Beende die Beziehung, aber die Gefühle halten an der Beziehung fest. Demzufolge können sich harte Mond/Merkur-Kontakte in Selbstzweifeln äußern und in einem hohen Maße an Unsicherheit über den eigenen Standpunkt in unterschiedlichen Situationen. Mond und Merkur sind beide »Gedächtnisplaneten«, und wenn sie in Konflikt stehen, können tief eingewurzelte emotionale Komplexe die Art, wie man die Umgebung interpretiert, färben oder verdun-

* Siehe Teil 1: »Der Mond«, in: Liz Greene/Howard Sasportas, Sonne und Mond. München 1994.

keln. Wenn man die Ereignisse im eigenen Umfeld durch die verzerrende Linse eines Komplexes betrachtet, könnte man in einer überempfindlichen oder übersensitiven Weise auf die Umgebung reagieren. Um ein bißchen abzuschweifen: Mond/Merkur-Kontakte sind in bezug auf die Synastrie interessant. Sie könnten jemanden treffen, den Sie auf den ersten Blick sehr mögen, wenn es aber einen widerstrebenden Mond/Merkur-Aspekt gibt, könnten Sie es schwierig finden, verbal miteinander zu kommunizieren. Umgekehrt, wenn die Aspekte zwischen Mond und Merkur harmonisch sind, kommt es normalerweise zu einer sofortigen Verständigung zwischen Ihnen und dem anderen – Sie scheinen instinktiv dessen Gefühle zu kennen und zu verstehen, und die andere Person ist empfänglich für die Art und Weise, wie Sie denken und was Sie zu sagen haben.

Merkur und Venus können nie mehr als 76 Grad voneinander entfernt sein, deshalb sind die Konjunktion, das Halbsextil, das Halbquadrat, das Sextil und das Quintil die wichtigsten Aspekte, die sie miteinander bilden. (Seien Sie sehr skeptisch in bezug auf jeden, der Ihnen sagt, er sei mit einer Venus im Quadrat oder einer Venus in Opposition zu Merkur geboren.) Die möglichen Venus/Merkur-Kontakte sind alle einigermaßen freundlich. Ich möchte gern Ihre Vorstellungen darüber hören, wie sie zu interpretieren sind.

TEILNEHMER: Menschen, bei denen die Konjunktion, das Halbsextil oder das Quintil gut aspektiert sind, dürften in einer freundlichen, harmonischen Weise kommunizieren.

HOWARD: Ja, Merkur (der Planet der Kommunikation) verbündet sich gut mit Venus (dem Planet des Stils, des Geschmacks und der Schönheit). Diese Kombination kann freundlichen Tonfall verleihen, unterhaltsamen Sprachstil und künstlerischen Geist oder kreative Vorstellungskraft. Man will mit seinem Merkur die Art und Weise, wie man sich auf Menschen bezieht und mit ihnen interagiert, intensivieren. Deshalb ist es unwahrscheinlich, daß man sie auf eine bösartige Weise angreift oder herausfordert. Statt dessen wird man den anderen den Nutzen des Zweifels zukommen lassen. Natürliche Wertschätzung von Schönheit ist hier angezeigt, wie auch angeborenes Interesse und Neugier in bezug auf alles, was mit Venus zu tun hat – Kunst, Beziehungen, Geld und so weiter. Die

meisten Venus/Merkur-Aspekte verleihen Leutseligkeit, und oft bewegen sich die Betreffenden anmutig. In manchen Fällen mit der Konjunktion oder dem Halbquadrat kann man *zu* nett oder *zu* süßlich sein, wenn man mit anderen kommuniziert, und mit einem oberflächlichen, salbungsvollen Charme, quasi fleisch- und saftlos handeln (und vielleicht unaufrichtig). Ich darf bei Merkur nicht vergessen, auch über Geschwister zu sprechen, über Nachbarn und kurze Reisen. Mit guten Aspekten zwischen Merkur und Venus mag man wahrscheinlich seine Brüder, Schwestern und Nachbarn und kommt mit ihnen einigermaßen gut zurecht, obwohl dies andere Aspekte oder Plazierungen im Horoskop negieren oder problematisch machen könnten. Wenn man ihn vom restlichen Horoskop getrennt betrachtet, spricht ein harmonischer Venus/Merkur-Aspekt für angenehme kurze Reisen. Wenn ein transitierender Planet den Merkur/Venus-Kontakt heraushebt, kann man auf dem Weg zur Arbeit in eine Straßenbahn steigen und die Liebe seines Lebens treffen oder zumindest jemanden, mit dem man mächtig gut flirten kann. Ich vergesse, daß ich hier in der Schweiz bin – geschehen solche Dinge in den Straßenbahnen Zürichs? In New York bedeutet ein guter Venus/Merkur-Aspekt, daß es weniger wahrscheinlich ist, in der U-Bahn überfallen zu werden.
TEILNEHMER: Ich kenne jemanden mit einer Merkur/Venus-Konjunktion, der eine Nebenbeschäftigung hat: Er schreibt Liebesbriefe für andere Leute.
HOWARD: Was für eine perfekte Nutzung dieses Aspekts! Es ist ein wenig exzentrisch, aber authentisch – er bleibt seinem Horoskop treu.

Merkur/Mars-Aspekte führen den Gott des Denkens und der Kommunikation mit dem Gott des Krieges zusammen. Die unangenehme Auswirkung dieser Kombination kann am deutlichsten in der Konjunktion oder in harten Winkeln (und ich schließe die Konjunktion in diese Kategorie mit ein) zwischen diesen beiden Planeten gesehen werden. Menschen mit diesen Aspekten neigen dazu, sich impulsiv zu äußern und ihre Worte und Vorstellungen – die, ob sie es beabsichtigen oder nicht, andere verletzen können – herauszuposaunen. Merkur/Mars kämpft mit dem Kopf und verleiht rasche Reaktionsfähigkeit. Das Denken ist ein zweischneidiges Schwert, das uns von anderen Menschen durch eine kritische, feindselige und urteilende Haltung trennen kann, aber es kann uns auch mit anderen durch Einsicht und Verständnis vereinen. Wir können Worte benutzen, um einen anderen Menschen herunterzumachen und zu zerstören, oder wir können die Worte benutzen, um mit anderen näher in Kontakt zu treten, sie zu heilen und ihnen näherzukommen. Haben Sie jemals eine lange Phase gehabt, in der Sie nicht gesprochen haben? In den siebziger Jahren gehörte ich einer Meditationsgruppe an, die »stille Retreats« abhielt – man lebte ungefähr eine Woche mit anderen Meditierenden zusammen, aber ohne zu sprechen. Können Sie sich vorstellen, eine Woche lang nicht zu sprechen? Um ehrlich zu sein, es war nicht leicht, aber es half mir, mich innerlich lebendiger und schwungvoller zu fühlen, als ob ich durch das Schweigen eine ganze Menge an Energie gespeichert hätte.

Mit schwierigen Merkur/Mars-Kontakten sind Streitigkeiten und Machtkonflikte mit Verwandten, Nachbarn und Mitarbeitern zu erwarten. Wenn ein Transit einen schwierigen Merkur/Mars-Kontakt zum Vorschein bringt, ist man gut beraten, bei Interaktionen mit anderen besonders vorsichtig zu sein. Es ist ein Tag oder ein Zeitraum, während dessen Kämpfe und Streitigkeiten plötzlich oder unerwartet aufflammen, einem das Blut kocht und jemand nur etwas Falsches zu sagen oder zu tun braucht, und schon geht man in die Luft. Bei Merkur in Verbindung zu Mars begegnet man Mars auf Reisen, daher ist Vorsicht an jenen Tagen angebracht, an denen dieser Aspekt aktiv ist. Man könnte Unfälle anziehen, wenn man von A nach B geht, oder sich verbrennen oder mit dem Messer schneiden, besonders wenn man bereits aufgeregt ist oder auf negativen Gefühlen sitzt. Innere Mißstimmung sucht sich immer einen Weg nach draußen. Doch selbst mit den harten Winkeln hat Mars immer den Effekt, jeden Planeten, den er berührt, zu beleben. Daher verweisen diese Aspekte oft auf einen interessanten Unterhalter, oder auf jemanden mit einem lebhaften Geist, der mentale Boxkämpfe und Debatten genießt oder den Fehdehandschuh wirft, indem er herausfordernde, provokative Ideen und Behauptungen aufstellt. Was würden Sie zu dem Trigon oder dem Sextil zwischen Merkur und Mars sagen?

TEILNEHMER: Diese Winkel würden dem Denken Macht und den Worten Stärke und Überzeugungskraft verleihen. Menschen mit diesen Winkeln könnten Überredungskünstler sein.

Howard: Ja, ich stimme dem zu, obwohl ein harmonischer Aspekt zwischen diesen beiden Planeten nicht notwendigerweise Ehrlichkeit garantiert oder daß das, was der Betreffende Ihnen verkauft, zu Ihrem Besten ist. Sie sollten es sich zweimal überlegen, bevor Sie ein gebrauchtes Auto von einem überzeugenden Händler mit einem Merkur/Mars-Trigon kaufen.

Teilnehmer: Was würden Sie zu einer Konjunktion von Merkur und Mars in Fische sagen?

Howard: Wie bei jeder Konjunktion müssen wir ihre Plazierung im Gesamtzusammenhang des Horoskops betrachten, aber ich würde sagen, daß Menschen mit diesem Aspekt eine angeborene kraftvolle Phantasie besitzen, und sie sollten einen kreativen Weg suchen, durch den sie ihre Ideen, Visionen und Gefühle zum Ausdruck bringen können. Sie haben ein starkes Bedürfnis, zu kommunizieren, und das könnte durch Tanz, Musik, Photographie, Malerei oder Dichtung erreicht werden (obwohl für einen Merkur in Fische Worte zu begrenzt sein könnten).

Harmonische Merkur/Jupiter-Aspekte sind, allgemein gesagt, sehr angenehme Verbindungen. Da man die Einzelheiten und Einzelteile (Merkur) zusammen mit dem größeren Bild oder größeren Ganzen (Jupiter) sehen kann, ist der Geist letzten Endes in der Lage, sich gleichzeitig auf Kanal 1 und Kanal 2 einzustimmen. Ein guter Merkur/Jupiter-Aspekt ist mit einer Zusammenarbeit von Zeus und Hermes vergleichbar, und zwar in der allerbesten Weise: Der Geist ist offen für höhere Inspirationen nach Art des Jupiter, aber man besitzt auch Merkurs Fähigkeit, das eigene spirituelle Verständnis, die eigene Weisheit im täglichen Leben anzuwenden. Diese Kontakte verweisen auch auf die Fähigkeit, andere Menschen durch Worte und Ideen zu begeistern und zu inspirieren, obwohl selbst bei den fließenden Aspekten die Tendenz besteht, zuviel zu reden oder Phasen mentaler Überaktivität zu erleben. Weil man Jupiter durch Merkur begegnet, läßt eine gut aspektierte Konjunktion, ein Trigon oder Sextil zwischen diesen beiden Planeten normalerweise glückhafte oder wohltuende Beziehungen zu Verwandten vermuten; vielleicht bringt einen ein Bruder oder eine Schwester zur Meditation, oder sie sind da, um finanziell oder auf praktische Art zu helfen. Ähnliche Wohltaten könnten von seiten der Nachbarn zu erwarten sein. Bei einem Merkur mit gutem Aspekt zu Jupiter könnte Reisen den Geist stimulieren, und man hat auf Reisen wahrscheinlich Glück, zum Beispiel kommt man in einer Stadt genau zu der Zeit an, in der der Karneval beginnt, oder ähnliches.

Das Quadrat oder die Opposition (oder eine schwierig aspektierte Konjunktion) dieser beiden Planeten kann sich immer noch positiv auswirken, aber es gibt Probleme, auf die man achten muß. Die Konjunktion oder das Quadrat verleihen oft einen rastlosen, überaktiven Geist und vielleicht eine Tendenz, ununterbrochen zu reden. Man könnte aus Maulwurfshügeln Berge machen, indem man ein unbedeutendes Ereignis oder einen Zwischenfall über alle Maßen aufbläht. Manchmal leidet man unter schlechtem Urteilsvermögen. Wenn ein problematischer Merkur/Jupiter-Kontakt durch einen Transit oder eine Progression ausgelöst wird, könnte man Menschen und Situationen vielleicht nicht klar oder richtig einschätzen, man sollte also bei spekulativen Unternehmungen vorsichtig sein und ganz besonders aufpassen, bevor man sein Vertrauen oder seinen Glauben in jemanden setzt. Man kann den Leuten wahrscheinlich seinen »Trip« verkaufen, aber man muß vorsichtig sein, daß man andere Leute mit seinem Übereifer und der Art, einfach über sie hinwegzufegen, nicht vor den Kopf stößt. Merkur in Opposition zu Jupiter kann die gleichen Schwierigkeiten wie das Quadrat und die Konjunktion hervorrufen und dazu neigen, mit anderen Leuten über Politik, Religion oder Philosophie zu streiten.

Eine gut aspektierte Konjunktion, ein Sextil oder ein Trigon zwischen Merkur und Saturn wird das Denken stabilisieren und konzentrieren, die Konzentrationsfähigkeit steigern und einen befähigen, praktisch und logisch zu denken. Selbst bei den fließenden Aspekten könnte man in bezug auf die intellektuelle Fähigkeit und gedankliche Tapferkeit unsicher sein, und doch ist man bereit, hart zu arbeiten und entschlossen ein Thema anzugehen und zu lernen oder eine Fertigkeit zur Meisterschaft zu bringen. Wahrscheinlich ist man vorsichtig in bezug auf das, was man sagt und wem man es sagt, was eine gute Eigenschaft sein könnte. Saturn in einem harten Winkel zu Merkur verweist auf Selbstzweifel in bezug auf die eigene intellektuelle Fähigkeit oder könnte sich in Schwierigkeiten oder Langsamkeit beim Lernen, Schreiben oder Sprechen äußern.

Aber wir dürfen nicht vergessen, daß Saturn der himmlische Lehrer ist, der Dorn in unserer Seite, der uns antreibt, Größeres zu erreichen. Betrachten Sie das literarische Genie Goethe, der vielleicht Deutschlands berühmtester Dichter war, ein Jungfrau-Geborener, der mit Saturn in Skorpion und mit einem weiten Quadrat zwischen Merkur (dem Herrscher seines Sonnenzeichens) und Saturn geboren wurde. Er brauchte über sechzig Jahre, um den »Faust« zu vollenden – das ist wirklich Ausdauer; und von ihm stammt auch das sehr saturnische Zitat: »Es ist die Selbstbegrenzung, durch die sich der Meister in einem zeigt.«

TEILNEHMER: Brauchen Menschen mit Merkur/Saturn-Aspekten nicht irgendeine Art konventioneller Anerkennung, wie zum Beispiel einen Titel oder ein Zertifikat, bevor sie sich in bezug auf ihr Wissen oder ihren Status wohlfühlen?

HOWARD: Ja, das ist oft der Fall, weil Saturn Merkur an eine konventionelle Denkart binden könnte. Zum Beispiel könnte es sein, daß sich Menschen mit diesen Aspekten nicht wohl oder gut fühlen, wenn sie astrologische Studien betreiben oder andere vergleichbare Kurse belegen. Was für ein Unterschied zu Menschen mit Merkur/Uranus-Kontakten, die sich fröhlich in die Horoskopbesprechung hineinstürzen, nachdem sie sich das astrologische Handwerkszeug selbst angeeignet haben und sich nicht darum kümmern, ob sie ein Zeugnis haben, auf dem ihr »Wert« vermerkt ist. Jeder Merkur/Saturn-Kontakt kann ein depressives oder nachdenkliches Temperament geben, das einen geneigt macht, bei der negativen oder dunklen Seite einer Person oder Situation zu verweilen oder sich unaufhörlich Sorgen zu machen, was das Morgen wohl bringen wird. Dennoch, Merkur/Saturn-Aspekte dürften normalerweise dem Denken Gewicht und Tiefe verleihen und die Tendenz Merkurs, von einem zum anderen zu springen, eindämmen und stabilisieren. Hat irgend jemand hier mit Merkur/Saturn-Aspekten etwas dazu zu sagen?

TEILNEHMER: Ich habe das Quadrat und leide unter Selbstzweifeln in bezug auf mein Denken. Ich lerne sehr langsam, aber wenn ich etwas einmal gelernt habe, dann weiß ich es.

TEILNEHMER: Ich habe Merkur in Konjunktion zu Saturn, und ich stamme aus einer Familie mit sieben Brüdern und Schwestern. Natürlich war ich derjenige, der für alle verantwortlich war.

HOWARD: Ja, Geschwister können eine Last oder Verantwortung sein oder Ihnen eine schwere Zeit bescheren, wenn Saturn Merkur aspektiert. Tatsächlich habe ich viele Fälle dieser Aspekte bei Horoskopen von Einzelkindern gesehen. Dies könnte auf eine Art Einsamkeit in den Jahren des Heranwachsens verweisen, oder auf die besondere Last, die Einzelkinder tragen müssen, um die Erwartungen und ungelebten Fähigkeiten der Mutter odes des Vaters erfüllen zu müssen. Im Laufe des heutigen Nachmittags sprach ich bereits über die Möglichkeit, daß jemand mit einem schwierigen Merkur-Aspekt in Zwillinge als Kind in einer geistigen Zwangsjacke stecken könnte. Saturn in Aspekt zu Merkur könnte auf ähnliche Kindheitserfahrungen verweisen. Was gibt es über diese Aspekte in bezug auf Reisen oder kurze Ausflüge zu sagen?

TEILNEHMER: Sie neigen wahrscheinlich zu Verzögerungen, Hindernissen und Schwierigkeiten. Oder die betreffenden Menschen reisen, um zu arbeiten und zu studieren.

HOWARD: Dafür kann ich bürgen. Es besteht auch die Möglichkeit, aus allem, was Saturn berührt, eine Karriere zu machen. Mit einem Merkur/Saturn-Kontakt könnte man sogar Reiseberater werden, oder jemand, dessen Beruf damit zu tun hat, Menschen oder Güter von einem Bestimmungsort zu einem anderen zu transportieren. Ebenso könnte ein Schriftsteller, Journalist oder Lehrer mit einem Merkur/Saturn-Aspekt geboren sein. Ich denke, daß es gut ist, Saturn-Aspekte in dieser Weise zu gebrauchen, nämlich das, was der Planet berührt, zu einer Berufung zu machen, die Meisterschaft darin zu suchen.

Okay, Soldaten, vorwärts zu Merkur/Uranus. Der Himmelsgott Uranos herrscht über die weite, sternenübersäte Ausdehnung des Himmels, und jeder Merkur/Uranus-Aspekt lockt Merkur in die höheren mentalen Reiche, in denen es von Visionen, Einsichten und Intuitionen nur so wimmelt. Fairerweise kann man sagen, daß eine gut aspektierte Konjunktion, ein Sextil oder Trigon normalerweise verläßlichere, leichter verdauliche und gesellschaftlich eher akzeptierbare Vorstellungen verfolgt als die harten Winkel – so, als ob sich die Person auf den Puls des Kollektiven eingestimmt hätte –, und neue Vorstellungen und Trends, die die Gesellschaft oder die Welt als Ganzes ins Gleichgewicht bringen, intuitiv erfaßt und fördert. Bei Menschen mit Merkur/Uranus-Aspekten läßt sich mentale Zauberei, Originalität und Scharfsinn beobachten – in manchen Fällen sogar Genie. Sie können Gedankenakrobaten sein, die fähig sind, rasch Verbindungen zwischen zwei Themen oder Ideen herzustellen, die ein langsamer denkender Mensch nicht so schnell erfassen kann. Oft mit einer objektiven Geistesklarheit ausgestattet, sind sie in der Lage, Antworten und Lösungen auf Situationen zu finden, die andere Menschen verwirrt haben. Mit anderen Worten, der scharfe Höchstgeschwindigkeits-Laserstrahl des uranischen Denkens kann geradewegs durch Probleme hindurchdringen, oder, wenn Sie den Ausdruck entschuldigen, durch Unsinn hindurchschneiden.

Diejenigen, die mit einer schwierig aspektierten Konjunktion oder anderen harten Winkeln zwischen diesen zwei Planeten ausgestattet sind, könnten Dinge sagen oder denken, die andere zu bizarr, zu abgehoben oder unmöglich zu ergründen finden. Zum Beispiel könnte es sein, daß die Merkur/Uranus-Leute in dieser Gruppe einen Beitrag liefern, auf den ich nicht sofort antworte oder auf den ich nicht sofort Bezug nehme; aber wenn ich die Zeit habe, wegzugehen und eingehender darüber nachzudenken, was sie gesagt haben, entdecke ich oft, daß ihre Kommentare und Schlußfolgerungen durchaus sinnvoll waren. Ich muß jedoch zugeben, daß ich Horoskopbesprechungen für Menschen mit einem Quadrat oder einer Opposition gemacht habe, und sie sagen Dinge, die zu verstehen mir schwerfällt und die zu akzeptieren ich Probleme habe. Hier kommt mir ein Fall in den Sinn, als ein Mann mit einer Merkur-Uranus-Opposition mir berichtete, daß er täglich mit Wesen aus einem anderen Sonnensystem kommuniziere, die ihm Rat und Informationen zukommen ließen. Es könnte wahr sein, wer weiß? Und doch hat die Steinbock-Seite in mir gewisse Probleme, diese Art von Ansichten zu verdauen.

Wenn Sie mit einem Merkur/Uranus-Aspekt geboren sind, sagen Sie normalerweise, was Sie denken, selbst wenn es Ärger bedeutet und andere schockiert oder verletzt. Das ist ganz anders als bei Menschen mit einem Merkur/Venus- oder einem Merkur/Neptun-Aspekt, die dazu neigen, nur jene Dinge mitzuteilen, von denen sie sich vorstellen, daß sie die anderen gern hören oder sie die anderen nicht zu sehr verärgern. Für Merkur/Uranus ist die »Wahrheit« wichtiger als gesellschaftliche Höflichkeiten. Bei den harten Winkeln ist die Beziehung zu Geschwistern oder Verwandten oft angespannt und distanziert. Man könnte aus einer zusammengewürfelten Familie stammen und eine Halbschwester oder einen Stiefbruder haben. Der Aspekt kann sich auch in einem Bruder oder einer Schwester manifestieren, die von uranischem Typ ist. Haben Sie bemerkt, wie Aspekte von Merkur oder Plazierungen im 3. Haus durch Verwandte zum Ausdruck gebracht werden können? Wenn Sie also mit einer Merkur/Uranus-Konjunktion geboren sind, könnten Sie mit Geschwistern aufwachsen, die einen betonten Uranus in ihren Horoskopen haben; oder wenn Sie mit Merkur in Quadrat zu Neptun geboren sind, könnten Sie eine Schwester haben, die eine Fische-Geborene mit einem Neptun in Waage ist, oder einen Bruder, der Musiker oder drogenabhängig ist. Nur zur Erinnerung: Joan Baez und Jane Fonda, zwei talentierte Künstlerinnen, die auch für ihre Anti-Kriegs- und Bürgerrechts-Kampagnen bekannt sind, wurden mit Merkur im Trigon zu Uranus geboren. Im Gegensatz zu dem vom Schicksal geschlagenen Oscar Wilde, der Merkur und Uranus in Opposition hatte, waren Joan Baez und Jane Fonda in der Lage, mit ihren »radikalen« Ansichten durchzukommen.

Vieles von dem, was über Merkur in Fische gesagt wurde, trifft auch auf Merkur/Neptun-Kontakte zu. In bezug auf den Grenzen verwischenden Neptun finde ich es schwer, grundlegende Unterscheidungen zwischen harten und weichen Winkeln des Merkur zu treffen. Jeder Merkur/Neptun-Aspekt steigert die Empfindlichkeit und Empfänglichkeit des Denkens, so daß diese Winkel eine Person höchst sensitiv, ja sogar medial machen können – zu jemandem, der das Selbst in einer inspirierenden, poetischen Weise zum Ausdruck bringen kann. Es ist wahr, die harten Winkel tragen oft zu einer mentalen Verwirrung und Unsicherheit bei, aber ich kenne Menschen mit einem Merkur in Quadrat oder Opposition zu Neptun, die diese Aspekte wie jeder andere mit einem Trigon oder Sextil nutzen. Und es gibt Menschen mit dem Sextil oder Trigon, die wegen psychischer Störungen oder Alkohol- und Drogenproblemen in der Klemme sind. Wenn ich also über die Bedeutung von Neptun/Merkur-Aspekten spreche, fasse ich diese Aspekte, wenn ich sie nicht ausdrücklich unterscheide, alle zusammen.

Neptun zerstreut Merkur: Das Denken der Menschen mit diesen

Aspekten könnte vage oder unklar erscheinen, da sie es tatsächlich schwer finden, sich einer Wahrheit zu verpflichten oder nur einer Idee oder Theorie, weil sie die angeborene Neigung haben, Situationen und Menschen aus vielen verschiedenen Perspektiven heraus zu betrachten. Wegen ihrer mentalen Wirklichkeitsflucht und ihrer chamäleonartigen Eigenschaften könnten sie einer bestimmten Meinung über ein Thema oder einen Punkt zustimmen und sich dann umdrehen und anderen Leuten beipflichten, die zum gleichen Thema vollkommen andere Ansichten haben. Es ist schwierig, Merkur festzunageln, wenn er von Neptun aspektiert wird. Hier findet sich oft ein Interesse am Spirituellen oder Okkulten, ein Geist, der für Gott empfänglich ist oder für göttliche Inspiration und Einsicht, und eine ziemlich tiefe Wertschätzung der Kunst, Musik oder Schönheit im allgemeinen – all dessen, was einen aus sich selbst heraus- und über sich emporhebt.

Das Einfühlungsvermögen ist stark bis zu einem Punkt, an dem man die Gedanken der anderen liest oder sich mit ihnen identifiziert oder das übernimmt, was andere fühlen – ein wenig wie in dem wunderbaren Film »Zelig« von Woody Allen, in dem er ein menschliches Chamäleon spielte, das so sehr von den Menschen akzeptiert werden wollte, daß es buchstäblich sie wurde, wenn es in ihrer Nähe war. Merkur/Neptun-Menschen sind natürliche Medien, die die Gedanken und Gefühle, die in der Atmosphäre umherschwirren, aufgreifen. Neptun fordert, daß wir jeden Planeten, den er berührt, aufgeben, und diese Menschen sind manchmal mehr darum bemüht, sich im Namen der anderen einzusetzen, als einfach für sich selbst einzutreten. Eine Anfälligkeit für Drogen – seien sie verschrieben oder auch nicht – ist nicht ungewöhnlich, und es dürften geringere Mengen dieser Substanzen nötig sein, um die gewünschte Wirkung zu erzielen. Manche Menschen mit diesen Aspekten haben Probleme mit Drogenmißbrauch, während sich andere von Drogen und Alkohol fernhalten, als ob sie instinktiv die Gefahren, die das für sie beinhaltet, kennen würden. Selbst mit dem Quadrat oder der Opposition kann man ein guter Geschichtenerzähler werden, obwohl jeder Merkur/Neptun-Aspekt auf jemanden verweisen kann, dem es leichtfällt, zu lügen, zu täuschen oder die Wahrheit zu verzerren. Diese Leute erinnern mich an Hermes, als er Apollon ohne jede Scham erzählte, daß er absolut nichts über den Verbleib der Rinder wisse. Es ist auch möglich, daß sie ganz einfach die Tatsachen nicht richtig erfassen oder über etwas falsche Schlußfolgerungen ziehen. Wenn man einen Merkur/Neptun-Aspekt hat, muß man die Tatsachen zweimal prüfen, besonders wenn ein Transit diese Aspekte auslöst. Wenn beispielsweise der transitierende Jupiter den Geburts-Merkur passiert und bei diesem Vorgang gleichzeitig den Geburts-Neptun aspektiert, könnte man erleben, daß man sich hinweggespült fühlt oder sich über eine Person, ein Projekt oder eine Investition aufregt, nur um später zu entdecken, daß man getäuscht oder falsch informiert war. Es wäre gut, einen vertrauten Freund zu haben, der Merkur im Trigon oder Sextil zu Saturn hat, der während dieser Zeiten ein Auge auf einen hat, und es einen wissen ließe, wenn man über die Stränge schlägt oder eine Luftblase aufbaut, die zum Platzen verurteilt ist.

TEILNEHMER: Ich kenne Merkur/Neptun-Menschen, die Lernprobleme haben oder die in bezug auf praktische Angelegenheiten sehr verwirrt sind, die am falschen Datum zu Treffen erscheinen oder ständig falsche Adressen notieren.

HOWARD: Ja, ich habe diese Aspekte auch im Zusammenhang mit Lernschwierigkeiten, mit Sprech- und Hörproblemen, Buchstabenblindheit und damit verbundenen Zuständen gesehen. Sie sind wahrscheinlich Menschen, die mehr mit der rechten Gehirnhälfte denken, im Gegensatz zu den eher rationalen Typen, deren linke Gehirnhälfte eher zum Zuge kommt. Bei Merkur/Neptun-Kontakten könnte sich auch mentale Instabilität in Form von Paranoia oder anderen Täuschungszuständen zeigen. Und doch bezeichnet in vielen Fällen Merkur/Neptun einen phantasievollen Geist, der einen kreativen Ausdruck finden muß, um sich frei ausleben zu können. Wenn man mit einem Merkur-Aspekt zu Neptun geboren ist, könnte es sein, daß man »heilende Hände« besitzt oder eine Schwingung oder Präsenz ausstrahlt, die andere Menschen als beruhigend oder heilend empfinden. Was Verwandte oder Geschwister angeht, könnten Opfer gebracht werden müssen, zum Beispiel könnte es bedeuten, daß man seine Zeit opfern muß, um sich um einen jüngeren Bruder oder eine Schwester zu kümmern, oder eines der Geschwister könnte krank oder in irgendeiner Art behindert sein. Ich habe diese Aspekte auch in Horoskopen von Einzelkindern gesehen, die die Gesellschaft einer Schwester oder eines Bruders, die oder den sie nie hatten, vermissen. Manche von ihnen könnten diese Einsamkeit dadurch lindern, daß sie in ihrer Vorstellung Freunde und Spielkameraden erfinden.

Ich kann Ihnen ein paar Beispiele bekannter Leute mit Merkur/Neptun-Aspekten nennen. Van Gogh, der intensive, verwirrte, gequälte und brillante Künstler wurde mit einem Merkur in Fische im Quadrat zu Neptun (und Pluto) in Zwillinge geboren. Obwohl ihr exaktes Geburtsdatum ungewiß ist, hatte Maria Callas, die begabte dramatische Opernsängerin, ein enges Trigon zwischen Merkur in Schütze und Neptun in Löwe. Ich habe bereits Margot Fonteyns Merkur in Stier im Quadrat zu Neptun in Löwe erwähnt – das Beispiel eines harten Winkels, der sich nichtsdestotrotz in außergewöhnlicher Präsenz, Anmut und Schönheit der Bewegung manifestierte. Und da gibt es noch Jim Jones, den verstörten Manisch-Depressiven mit paranoischen Wahnvorstellungen, der das »Gehirn« des Massenselbstmords war, der 1977 in Jonestown in Guayana stattfand: Er war mit einem exakten Trigon zwischen Merkur in Stier und Neptun in Jungfrau geboren. Sie sehen also, was ich meine, wenn ich sage, daß sogar die Trigone leicht »wakkeln«.

Vieles von dem, was wir über Merkur in Skorpion gesagt haben, trifft auch auf Merkur/Pluto-Kontakte zu. Noch einmal: Die weichen Winkel und die Konjunktion können ebenso problematisch wie die harten Winkel sein, obwohl es etwas leichter ist, mit den Trigonen und Sextilen zu kooperieren, von ihnen zu lernen und sich durch die Traumata und Schwierigkeiten, die mit einem typischen Pluto-Aspekt verbunden sind, durchzuarbeiten. Ebenso wie bei Merkur/Neptun fasse ich alle Aspekte bei dieser Besprechung zusammen. In den meisten Fällen zeigen Merkur/Pluto-Aspekte ein zutiefst scharfes und durchdringendes Denken an, das fähig ist, das Wesen oder Herz einer Sache zu untersuchen. Wenn Merkur einen Planeten aspektiert, wird er dorthin gehen, wohin ihn dieser Planet führt. In diesem Fall winkt Pluto Merkur in die Unterwelt, um unter die Oberfläche des Lebens zu blicken und zu erforschen, was im Reich des Unbewußten verborgen ist. Merkur/Pluto ist ein Geist, der gut geeignet ist, um Untersuchungs- oder Forschungsarbeiten durchzuführen, und der Aspekt kennzeichnet oft jemanden, der verschlossen, heimtückisch oder trügerisch ist, der etwas sagt oder in einer bestimmten Weise erscheint, aber tatsächlich etwas ganz anderes denkt oder fühlt. Ich glaube, daß Merkur/Pluto-Menschen irgendeine Art kreativer Ausdrucksmöglichkeit brauchen, um ihren tiefsten Gedanken und Gefühlen Ausdruck und Gestalt zu verleihen. Ich möchte damit nicht sagen, daß sie notwendigerweise professionelle Künstler sein sollten, aber es würde ihnen helfen, Wege zu finden, die aufgestauten Gefühle zu vermitteln und loszulassen. Wenn es einem Überschuß an Negativität gestattet wird, zu lange gefesselt zu sein, könnte er sich schließlich in der Form von Gesundheitsproblemen, eines Nervenzusammenbruchs oder einer geistigen Störung manifestieren. Merkur/Pluto-Kontakte, besonders eine schwierig aspektierte Konjunktion oder die harten Winkel, korrelieren manchmal mit tiefsitzenden Phobien, Zwängen und Leidenschaften, und es wird notwendig sein, die Wurzeln dieser Störungen aufzuspüren, damit eine Heilung stattfinden kann. Harte Merkur/Pluto-Aspekte verleihen oft einen Geist, der auf Situationen mit großer Intensität reagiert, ein Geist, der mentalen Traumata und Qualen ausgesetzt ist, welche an Shakespeares Helden Hamlet, Macbeth oder König Lear erinnern. Etwas, das andere Leute nicht allzu sehr durcheinanderbringen würde, könnte für eine Merkur/Pluto-Person zu einer größeren Quelle des Kummers und Unbehagens werden.

Einen Merkur/Pluto-Aspekt zu haben bedeutet, daß man auf der geistigen Ebene machtvoll ist. Auf der Plusseite kann man mit großer Überzeugungskraft denken und sprechen; was man schreibt oder sagt, könnte eine transformierende Kraft auf andere ausüben, und es könnte auch eine tiefe Liebe oder Faszination in bezug auf Worte oder Sprache vorhanden sein. Wie bei Merkur in Skorpion sind Leute, die mit Merkur/Pluto-Aspekten geboren sind, besonders bei harten Winkeln, oft sehr vorsichtig in bezug auf das, was sie sagen oder wem sie es sagen. Sie wollen nicht zuviel von sich weggeben, einfach für den Fall, daß andere sich gegen sie wenden und dieses Wissen gegen sie verwenden könnten. Sie nehmen auch kein Blatt vor den Mund – wenn sie Sie verbal angreifen wollen, werden sie wissen, was sie sagen müssen, um Sie am schlimmsten zu verletzen. Wie wir jedoch vorher bereits besprochen haben, bringt ein machtvoller Geist eine gewisse Verantwortung mit sich. Wenn Sie jemanden in einem negativen Licht sehen, wird sich diese Person in Ihrer Umgebung nicht wohlfühlen und gezwungen sein, Ihre negative Projektion aufzufangen und auf eine Weise zu handeln, die Sie noch mehr aufregt und noch wütender macht.

Als ich 1973 zum ersten Mal nach London kam, arbeitete ich in einem kleinen Naturkostrestaurant, das einer Frau mit einem Merkur/Pluto-Quadrat gehörte und auch von ihr betrieben wurde. Glücklicherweise mochte sie mich, und ich konnte in ihren Augen kaum irgend etwas falsch machen. Machmal machte ich Fehler oder ich ließ Teller fallen, aber sie war nie zugegen, wenn das passierte. Im Unterschied dazu konnte sie einen meiner Mitarbeiter überhaupt nicht ausstehen. Jedesmal, wenn er einen Teller fallenließ, war sie ganz sicher in Sichtweite. Ein Merkur/Pluto-Geist kann magisch funktionieren, aber es gibt die Weiße und die Schwarze Magie. Anstatt mit Ihrer negativen Einstellung Menschen zu verfluchen und »kaltzustellen«, sollten Sie an das Gute denken, das Sie tun können, wenn Sie sich entschließen, andere in positivem Licht zu sehen. Denken Sie daran, wie heilend und verwandelnd Sie auf die anderen einwirken könnten. Ich sage nicht, daß es Merkur/Pluto-Typen leicht haben werden, ihre Einstellungen zu verändern – das geschieht normalerweise nicht über Nacht. Dazu bedarf es Zeit und einer ehrlichen Innenschau, um zu verstehen, warum jemand sich an Ihren Schatten geheftet und in Ihnen eine düstere Reaktion hervorgerufen hat – aber das ist es sicherlich wert, daß Sie versuchen, Ihre negativen Einstellungen und Perspektiven zu verändern, anstatt sich selbst und anderen ständig ein Gefängnis zu schaffen. Was hat es mit diesen Aspekten in bezug auf die Beziehungen zu Geschwistern oder Nachbarn auf sich?

TEILNEHMER: Ich könnte mir vorstellen, daß es da eine Menge Machtspiele gibt, Eifersüchteleien und Rivalitäten, oder sogar sexuelle Unterströmungen.

HOWARD: Ja, das stimmt. Es ist auch möglich, daß der Tod eines Geschwisterteils oder Verwandten eine tiefgreifende Wirkung auf einen ausübt. Falls die eigene Mutter ein Baby verloren hat, bevor man geboren wurde, könnte die Art, wie sie sich auf einen bezieht und wie sie einen erzieht, auf diesen Verlust zurückzuführen sein. Oder es stirbt eine Schwester oder ein Bruder, während man schon am Leben ist, und läßt einen mit einem unbewußten Gefühl der Schuld zurück, als ob etwas, das man selbst getan hat, dieses Unglück verursacht hätte. Diese Gefühle müssen verarbeitet werden, sonst werden sie einen das ganze Leben lang verfolgen und quälen.

Ich habe hier noch ein paar Kleinigkeiten zu erwähnen. Wußten Sie, daß Macchiavelli mit Merkur in Zwillinge im 5. Haus im Quadrat zu Pluto in Jungfrau im 8. Haus geboren wurde? Er war jemand, der Verrat und Intrigen in eine hohe Kunst verwandelte. Auch André Gide, der französische Schriftsteller, der es wagte, Themen zu erforschen, die zu seiner Zeit tabu waren, hatte Merkur in Opposition zu Pluto, die sich im 2. und 8. Haus gegenüberstanden. Der französische Forscher und Wissenschaftler Louis Pasteur, der unablässig und gegen großen Widerstand arbeitete, um die Erregertheorie der Krankheiten zu beweisen, wurde mit einem Merkur/Pluto-Quadrat geboren. Auch die amerikanische Schriftstellerin Sylvia Plath kommt einem hier in den Sinn. Sie dachte die meiste Zeit ihres Lebens über den Tod nach, was schließlich mit ihrem Selbstmord endete, einen Monat nachdem »Die Glasglocke« veröffentlicht worden war, eine vielgelesene autobiographische Aufzeichnung des Zusammenbruchs, den sie erlitt. Sylvia Plath wurde mit einem Merkur in Skorpion geboren, in engem Trigon zu Pluto in Krebs – ein Hinweis darauf, daß sogar das Trigon zwischen diesen beiden Planeten eine Besessenheit in bezug auf das Dunkle und den Tod verleihen kann.

Dies ist keine nette Bemerkung, zum Abschluß, aber es ist ein langer Tag gewesen, vollgestopft mit Informationen. Bleib hinter mir zurück, Merkur!

Teil 2

Venus

Liebe ohne Sorge und ohne Furcht ist Feuer ohne Flammen und ohne Wärme, ist ein Tag ohne Sonnenlicht, ein Bienenstock ohne Honig, ein Sommer ohne Blumen, ein Winter ohne Frost.
Chrétien de Troyes, »Cligès«

Wenn ich nicht für mich selbst da bin, wer wird es sein? Und wenn ich nur für mich selbst da bin, was bin ich dann?
Rabbi Hillel

Die große Kokotte

Mythologie und Psychologie der Venus

Liz Greene

Heute abend habe ich das Problem, einen Weg finden zu müssen, um zu verhindern, daß diese Sitzung in einen Softporno abgleitet. Vielleicht hätte ich illustrierende Dias mitbringen sollen? In mancher Hinsicht könnte ein wirklich aufgestylter Pornofilm die direkteste Art sein, das zu vermitteln, was in der Mythologie über den Planeten Venus wesentlich ist. Aber ich möchte nicht das schweizerische Äquivalent von »Miami Vice« heraufbeschwören.

Wir müssen zuerst das Wort »Kokotte« betrachten, das ich als Titel der Sitzung ausgewählt habe. Im Englischen können wir auf ein Freudenmädchen, eine Hure, Prostituierte, auf eine Nutte oder auf eine Kurtisane anspielen. Doch gibt es auch noch andere Worte, die weitere Aspekte beschreiben – Dirne, Schlampe und so weiter. Zwischen diesen Ausdrücken gibt es subtile Unterschiede. Eine Nutte bietet sich einfach zum Kauf an. Eine Kokotte könnte das auch, aber der Begriff geht von sexueller Zügellosigkeit und Hingabe aus. Der Ausdruck Prostituierte kennzeichnet eher eine Berufsbeschreibung, während Nutte der umgangssprachliche Ausdruck für den gleichen Beruf ist. Andererseits hat eine Kurtisane Kultur, Stil und Fertigkeiten in den erotischen Künsten, fast wie bei den japanischen Geishas. Man kann sie kaufen, aber zu einem extrem hohen Preis, und kaufen können sie nur diejenigen, die Geschmack und Geld haben.

Die Kokotte, kann wild und unbeherrscht sein, und es könnte sein, daß sie sich gar nicht verkauft; oder wenn sie es tut, so macht sie es nicht mit der kalten Berechnung der Prostituierten. Es ist interessant, hier die Etymologie zu betrachten. Das englische Wort wurde einst für beide Geschlechter benutzt, um einen Schelm zu beschreiben, und steht im Zusammenhang mit dem altfranzösischen Wort *harlot* oder *herlot*, das sich auf einen Vagabunden bezieht, und mit dem angelsächsischen Wort *loddere*, das Taugenichts bedeutet. Sie können diesen linguistischen Ursprüngen entnehmen, daß die gefühlsmäßige Tönung des Wortes Kokotte auf Unbeherrschtheit verweist statt auf den Handel mit dem eigenen Körper gegen Geld. Darum habe ich das Wort gewählt, um ein Bild von Venus heraufzubeschwören, denn ihre mystische Gestalt ist sehr weit von der der Hure entfernt.

Die Tempeldienerin war einst eine heilige Gestalt in Sumer, Babylon, Ägypten und Indien. Diese Frauen waren nie Prostituierte im heutigen Sinne. Einige, wie jene, die dem Schrein der Aphrodite in Paphos auf Zypern dienten, waren ausgebildet, um sterbliche »Gefäße« für die göttliche Freude und Ekstase der Göttin zu sein, und sie weihten Männer in die Geheimnisse von Aphrodites Herrschaftsbereich ein. Es gibt eine wunderbare Novelle von Mika Waltari mit dem Titel »The Etruscan«, in der einer der zentralen Charaktere eben so eine Frau ist. Das Buch wird schon lange nicht mehr gedruckt, ist es aber sehr wohl wert, in einer Bücherei ausgegraben zu werden. Die Schönheit und erotischen Fertigkeiten dieser Frauen waren überall in der alten Welt berühmt, und es wurde als große Aufgabe betrachtet, wenn eine das Aussehen und die Talente hatte, eine *harlot* zu werden. Andere Tempeldienerinnen, wie jene in Babylon, waren gewöhnliche Frauen, von denen erwartet wurde, daß sie sich als Jungfrauen dem ersten Fremden, der an den Tempelbezirken vorbeikam und dem Schrein eine Opfergabe darbrachte, hingaben. Eine Frau konnte nicht heiraten, bevor sie der Göttin nicht diesen Dienst erwiesen hatte, und wenn ihr kein Mann opferte, war sie gedemütigt und entehrt. Die Rolle der heiligen Tempeldienerin bestand deshalb darin, der Macht der Göttin als Gefäß zu dienen. Dies ist das archetypische Äquivalent des Königs, der als Gefäß für die Macht der solaren Gottheit auf Erden wirkt. Die Göttin, wie Sie sie in unserem Diagramm sehen werden (siehe Abbildung 1 auf Seite 104), wurde in Ägypten Bast oder Hathor genannt, Inanna in Sumer, Ishtar in Babylon und Aphrodite in Griechenland, bevor sie bei den Römern zu Venus wurde.

Die Tempeldienerin ist daher eine Frau, die das Wesen des Eros verkörpert und kanalisiert, welcher das Geschenk der Gottheit an die Menschen darstellt. Sie ist heilig, weil sie der Göttin dient und aufgrund der ehrenvollen Aufgabe, die sie erfüllt, und sie symbolisiert das sonderbare Paradox, das wir bei Venus finden, diese ge-

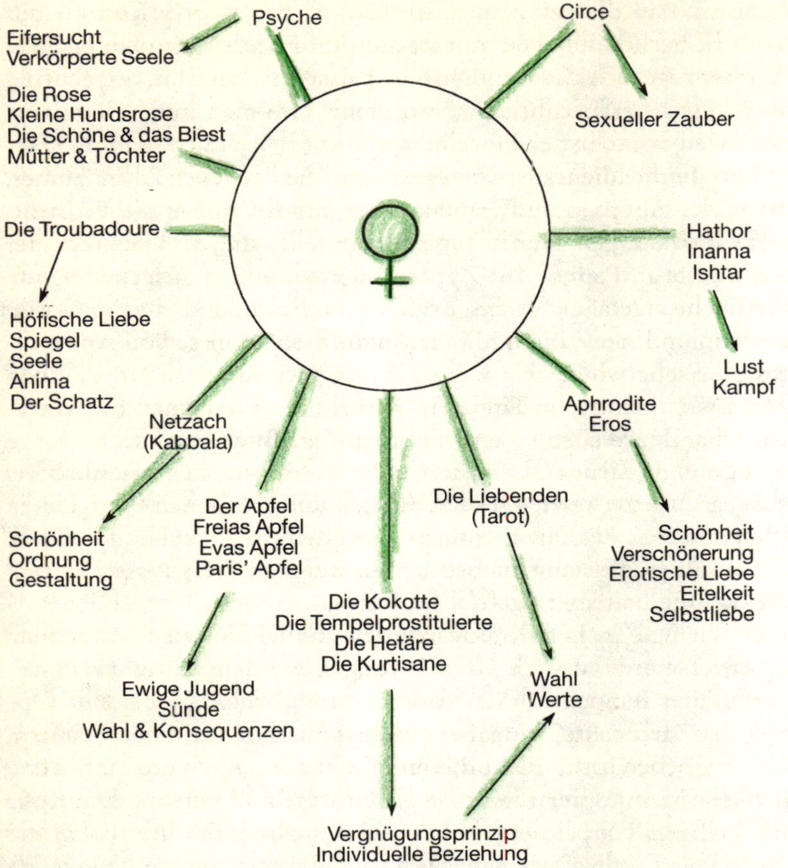

Abbildung 1: Der mythologische Ausdruck der Venus

heimnisvolle Mischung aus heiliger und profaner Sexualität, die sich den herkömmlichen moralischen Interpretationen widersetzt. Wir können auch das babylonische Ritual der Jungfrau betrachten, die dadurch, daß sie ihren Körper einem Fremden anbietet, um ihn einzuweihen, selbst eingeweiht wird, und wir ahnen, daß dies die archetypische und transpersonale Natur des sexuellen Akts symbolisiert. Es gibt keine Ehebande, keine Fesseln romantischer Liebe und keine Ansprüche, die hinterher gestellt werden. Dies sagt uns noch etwas anderes über Venus – sie kümmert sich weder um Verpflichtungen, die durch Zeit hindurch bindend sind (Saturn), noch spiegelt sie das Gefühl und die Idealisierung der »romantischen« Liebe wider, wie wir sie durch Neptun erfahren. All dies mag sonderbar erscheinen in Anbetracht der Herrschaft der Venus über das Zeichen Stier, aber die berühmte Loyalität des Stiers in bezug auf Beziehungen basiert nicht auf abstrakten moralischen Versprechungen oder sozialen Abmachungen (dies ist der Herrschaftsbereich der Hera), sondern vielmehr aufgrund des Bedürfnisses, dauerhaft eine Situation herzustellen, die Vergnügen, Befriedigung und Selbstwertgefühl erzeugt.

Die heilige Tempeldienerin wurde auch als diejenige betrachtet, die die Männer einweihte und sie zu ihrer Mannhaftigkeit inspirierte. Dies ist von der Macht der lunaren Muttergöttin sehr verschieden, deren Anspruch auf einen Mann darauf beruhte, daß sie ihm das Leben geschenkt und ihn in seiner Kindheit genährt hatte; statt dessen ist es hier die Rolle der Göttin, als Anima oder Seelenbild zu fungieren, die einen Mann aus dem Griff der Mutter befreit durch die Entdeckung seiner eigenen Potenz und Fähigkeit zu Liebe und Freude ohne emotionale Bindungen. Dadurch, daß sie die Verkörperung des göttlichen Wunschobjekts und der Quelle des Vergnügens wurde, diente die Tempeldienerin als eine Art Erzeugerin der kreativen Lebenskraft im Manne, und weit davon entfernt, durch ihre Rolle erniedrigt zu sein, errang sie Macht und Wichtigkeit durch den Wert, der dieser Funktion beigemessen wurde. In dem Augenblick, in dem sich eine Frau mit Venus identifiziert, wird sie zu einem individuellen Ausdruck von Inanna oder Ishtar oder Aphrodite und findet dementsprechend ihren weiblichen Selbstwert.

Zweifellos ist all dies ein ziemlich unangenehmes Thema, wenn

Sie ein strenger Moralist oder sogar eine extreme Feministin sind. Aber wenn Sie diese mythische (wie auch historische) Gestalt der Venus als heilige Tempeldienerin als eine Erniedrigung des Weiblichen auffassen, haben Sie die Sache bedauerlicherweise mißverstanden. Etwas von der Macht und Heiligkeit der Tempeldienerin rührt von ihrer Weigerung, sich an die Gesetze und Restriktionen des konventionellen Familienlebens zu halten. Sie kann sich aus freien Stücken hingeben und dabei sich selbst und ihre eigene Genußfähigkeit entdecken, ohne sich darum kümmern zu müssen, wer für das Dach über ihrem Kopf aufkommen wird. Sie ist weder durch einen Ehemann eingeschüchert oder eingeschränkt noch durch irgendwelche Abhängigkeitsbedürfnisse eines Sohnes gebunden. Es ist *ihr* Vergnügen und *ihre* Freude, die bei ihren Partnern Vergnügen und Freude hervorrufen, und sie fürchtet sich nicht davor, sich hinzugeben, weil sie sie selbst *ist*.

Ich denke, Sie fangen an, ein Gefühl für das Wesen der Venus in Gestalt der Tempeldienerin zu bekommen. Wir haben in der modernen Gesellschaft zu diesem weiblichen Archetyp den Kontakt verloren, weil die erotische Liebe nicht mehr als heilig betrachtet wird und die Tempeldienerin beinahe zur Hure verkommen ist. Die moderne Analogie, die dem am nächsten kommt, ist die der selbstgenügsamen Mätresse (das Äquivalent zur griechischen Hetäre), die es vorzieht, unabhängig zu leben und doch ihre Erfüllung als Freundin und erotische Gefährtin eines Mannes (oder mehrerer Männer) zu finden. Die sogenannte sexuelle Befreiung, die in den sechziger Jahren auf uns herniederging und die sich augenblicklich aufgrund von AIDS einer so schwierigen Aufarbeitung unterzieht (ich hoffe, Sie werden über die Wurzel des Ausdrucks »venerische Krankheit« nachdenken), ist immer noch sehr mit unserem jüdisch-christlichen Ethos von Sünde und Bestrafung beladen. Sie bewirkt normalerweise eher eine Rebellion gegen die viktorianische Moral als ein Wiedereinsetzen der Werte der Venus. Von all den alten Göttern, die die inneren Planeten personifizieren, ist vielleicht Aphrodite/Venus die am wenigsten in unsere gegenwärtige Gesellschaft integrierte Gestalt.

Wir müssen uns nun den Charakter der Aphrodite selbst näher ansehen. Obwohl sie in den griechischen Mythen mit Hephaistos verheiratet ist, handelt es sich um eine Art Witzblatt-Ehe. Sie ist ihm ewig untreu und gehört wirklich nur sich selbst. Die früheren Liebesgöttinnen, Inanna und Ishtar, sind unverheiratet; sie werden manchmal als Jungfrau-Liebesdienerinnen beschrieben, das Wort *virgo* im Lateinischen bedeutet einfach »unverheiratet« und »sich selbst gehörend«. Ich habe das Gefühl, daß es wichtig ist, in diesem Zusammenhang die Unterschiede zwischen Venus und Mond zu betrachten, da diese beiden Planeten tatsächlich psychologische Gegensätze bilden, zwei komplementäre Gesichter des Weiblichen. Der Mond hat das Bedürfnis, zu jemandem zu gehören, vorzugsweise zu einer Familie oder einer Gruppe. Der lunare Drang, Teil einer Einheit zu sein, kann die eigenen Kinder, das eigene Land, die eigene Heimatstadt oder den eigenen rassischen Hintergrund einschließen, aber er wird im wesentlichen von der Sehnsucht beherrscht, zu etwas dazuzugehören und Wurzeln zu haben. Venus jedoch gehört sich selbst, sie kümmert sich weder um Vergangenheit noch um Zukunft; und obwohl sie im Mythos ihr »Gelegenheits«-Kind, wie beispielsweise Äneas, bemuttert, ist sie nicht das, was wir als mütterlich bezeichnen würden. Die Ikonographie von Aphrodite/Venus stellt sie nie mit einem Baby im Arm da. Sie gibt sich jedem Gott oder Helden hin, den *sie* begehrt, nicht jedem Gott oder Helden, der sie braucht und haben möchte. Mit anderen Worten, sie verschachert sich nicht um irgend jemandes Liebe willen. Im Mythos wird Aphrodite regelmäßig von erotischer Sehnsucht gepackt und stürzt sich in eine Raserei des Begehrens nach einem bestimmten Liebhaber, den sie dann bezaubert und verführt. Sie leidet gewiß nicht unter Unsicherheit, sondern bringt ihre absolute Anziehungskraft zum Ausdruck, nicht aufgrund dessen, was sie anzubieten hat (Nahrung, Fürsorge, Zuverlässigkeit), sondern aufgrund dessen, wer sie ist. Sie *tut* nichts, um *geliebt zu werden*, denn sie ist das Wesen der Geliebten.

Dies ist ein weiterer Unterschied zwischen Venus und Mond. Der Mond ist von Natur aus mitfühlend und reagiert gern auf die Gefühle einer anderen Person; die mythologische Venus dagegen ist nicht für ihr Mitgefühl berühmt. Tatsächlich kann sie unglaublich herzlos sein und bei Sterblichen Zerstörung entfesseln, indem sie sie mit unpassenden und unbeherrschbaren Leidenschaften heimsucht. Aber der Mond könnte diese natürliche Gabe der Einfühlung auch dazu benutzen, in anderen ein Gefühl des Gehorsams hervorzurufen. Dies ist das Syndrom »Laß mich deine Hemden bügeln, deinen Tee kochen, dich trösten, und dann wirst du mir was schulden«, das echte Fürsorge und Empfindsamkeit mit einer Art Schachern um emotionale Sicherheit verbindet. Venus symbolisiert also Qualitäten absoluter Selbstliebe und absoluten Selbstwertgefühls, die anderen freudvoll geben können, aber in ihrem Gefühl, etwas wert zu sein, nicht von anderen abhängen. Aphrodite geht nicht aus, um sich einen Mann an der Weintheke zu »angeln«. Sie ist, was sie ist, und der Mann kommt in jedem Sinne des Wortes. Na gut, Entschuldigung, aber ich habe Sie gewarnt.

Nun, was kann das alles bedeuten, wenn wir Venus als den Drang nach Liebe und Beziehung definieren, wie es normalerweise in den Büchern beschrieben wird? Ich denke, Howard hat recht, den Mond mit Beziehung und mit der »ersten Liebe«* zu assoziieren. Aber der Venus dienen Beziehungen – der Austausch mit anderen – als Vehikel zur allmählichen Ausgestaltung der individuellen Werte, was umgekehrt der Entwicklung des zentralen Kerns der Persönlichkeit dient, wie er durch die Sonne widergespiegelt wird. Wenn ich etwas später über den Mythos von Paris sprechen werde, werden Sie sehen, daß unsere »Auswahl«, die wir in bezug auf die Liebe treffen, wirklich unbewußt etwas darüber aussagt, was wir am meisten wertschätzen, was wir zunächst außerhalb von uns wahrnehmen und uns dementsprechend wünschen. Platon definierte Liebe als Leidenschaft, die durch Schönheit hervorgerufen wird, und in dem, was wir am schönsten finden, sind unsere Werte am klarsten definiert. Während der Mond Beziehungen sucht um der emotionalen Sicherheit und des Wohlergehens willen, sucht die Venus sie als eine Art Spiegel, auf daß in den Augen des Geliebten die Widerspiegelung des eigenen Selbst entdeckt werde.

Eine von Aphrodites herausragendsten Eigenschaften ist ihre extreme Eitelkeit. Nun wurde uns beigebracht, zu glauben, daß Eitelkeit eine schreckliche Sache sei; man sollte nicht zu oft in einen Spiegel sehen oder auf die Selbstverschönerung nicht übertrieben viel Geld verwenden. Dies ist alles »narzißtisch«, »selbstsüchtig« und »genießerisch«, wo man doch wirklich an das Wohlergehen der

* Siehe Teil 1: »Die erste Liebe«, in: Liz Greene/Howard Sasportas, Sonne und Mond, a. a. O.

anderen denken sollte. In dem Märchen »Schneewittchen« ist es die böse Königin, die ewig in den Spiegel starrt und murmelt: »Wer ist die Schönste von allen?« Aphrodites Eitelkeit sorgt dafür, daß sie höchst eifersüchtig auf andere Göttinnen ist und mit diesen rivalisiert; dies gilt sogar für sterbliche Frauen, die es vielleicht mit ihrer Schönheit aufnehmen könnten. Diese Situation taucht im Mythos von Eros und Psyche auf: Psyche ist eine Sterbliche, deren Schönheit so groß ist, daß die Leute anfangen, sie mit Aphrodite zu vergleichen. Da beschließt die Göttin, ihrem Charakter gemäß, dem armen Mädchen ein sehr schlimmes Ende zu bereiten. Dies ist die »boshafte« Seite des Weiblichen, die viele Männer und tatsächlich auch Frauen so störend und bedrohlich finden, weil sie äußerst selbstzentriert, unmoralisch und unethisch erscheint.

Aber Aphrodite könnte nie ethisch im gesellschaftlichen, saturnischen Sinne sein, und auch nicht jupiterhaft im religiösen Sinne. Ihre Ethik ist die der Schönheit, die ihre eigene inhärente Logik besitzt. Wie entscheiden wir, ob eine Person, ein Gebäude, ein Musikstück schön ist? Es ist ein großes Geheimnis, aber es scheint absolute ästhetische Gesetze zu geben, die definieren, was Schönheit und Harmonie ist – und nicht nur entsprechend einer bestimmten Mode für einen gegebenen historischen Zeitraum. Das Pantheon zum Beispiel war immer und wird immer schön sein, unabhängig von jedem Trend irgendeiner Architekturepoche. Einige von Ihnen kennen vielleicht William Blakes Gedicht:

Tiger, Tiger, grelle Pracht
in den Dickichten der Nacht,
wes unsterblich Aug und Hand
furchtlos dieses Gleichmaß band?

Der Tiger in Blakes Bildern ist schön, obwohl er tödlich und »amoralisch« ist. Gegen Ende des Gedichts zu fragt Blake schließlich:

Schuf der, der's Lamm erschuf, auch dich?*

Aphrodites Eitelkeit ist also ein unvermeidlicher Aspekt ihres Wesens, ebenso wie ihr magischer Gürtel, der sie unwiderstehlich

* William Blake, Lieder der Unschuld und Erfahrung. Frankfurt 1972.

anziehend macht. Sie verziert sich mit Gold und ist selbst »golden« – eine Qualität, die uns etwas über ihre wichtige Beziehung zur Sonne und den solaren Eigenschaften erzählt. Ihr Ehemann Hephaistos, der lahme und häßliche Gott der Schmiede, schmiedet immer schöne goldene Gegenstände, mit denen er sie schmückt. Ihre Haut ist golden, ihr Haar ist golden – sie scheint tatsächlich wie die Sonne. Sie verführt Männer auch im Tageslicht; als sie der Begierde nach dem Trojaner Anchises, dem Vater von Äneas, verfallen ist, liebt sie ihn am hellichten Vormittag auf einem Berghang, wo alle sie sehen können. Da gibt es kein Verkriechen ins Gebüsch oder in die lunare Dunkelheit. Diese schamlose solare Helligkeit ist das kreative Gesicht von Aphrodites Eitelkeit und »Narzißmus«.

Das mythische Thema von Aphrodites Goldensein bringt mich auf ihr überall auftauchendes Symbol, den goldenen Apfel. Dieser Apfel taucht in Verbindung mit der Göttin der Liebe in vielen verschiedenen Kulturen auf. Im teutonischen Mythos ist es die Liebesgöttin Freia, die die goldenen Äpfel besitzt, welche den anderen Göttern ewige Jugend verleihen. Wagner bediente sich dieses Themas mit großer Wirkung in seinem »Ring«-Zyklus, und das Verschachern der Freia an die Giganten im Austausch für den Bau der Walhalla (die Opferung der Liebe zur Erringung von Macht) ist der Ausgangspunkt für jene unvermeidlich anwachsenden Katastrophen, die in der »Götterdämmerung« enden, dem Zwielicht der Götter. Der Apfel erscheint auch im biblischen Mythos von Adam und Eva, wo er zum Zeichen fleischlichen Wissens wird; indem sie den Apfel essen, werden sich Adam und Eva ihrer Sexualität bewußt und werden aus dem Garten Eden vertrieben. Mit anderen Worten, das Erwachen erotischer Gefühle ist eine grundlegende psychologische wie auch körperliche Aufhebung der Verschmelzung mit den Eltern, denn dadurch wird man nicht nur sterblich, sondern auch frei.

Der goldene Apfel taucht auch in der Geschichte von Paris auf. Paris ist ein junger und hübscher trojanischer Prinz, der seinen Teil an Erfolg bei Frauen für sich verbuchen konnte, und dieser Reichtum an erotischen Erfahrungen bringt ihm die zweifelhafte Ehre ein, von Zeus gebeten zu werden, einen Schönheitswettbewerb zwischen drei Göttinnen – Hera, Athene und Aphrodite – zu beurteilen. Der Preis für diesen Wettbewerb ist ein goldener Apfel.

Da Paris ebenso intelligent wie hübsch ist, weiß er, daß, wen immer er wählen wird, die anderen beiden unvermeidlich auf Rache sinnen werden; daher versucht er in der charakteristischen Weise eines Heranwachsenden, das Problem der Wahl zu umgehen, zuerst, indem er sich weigert teilzunehmen, und dann, indem er vorschlägt, den Apfel in drei Stücke aufzuteilen. Diese typischen menschlichen Ausflüchte werden natürlich zurückgewiesen. Die drei Göttinnen marschieren dann schließlich vor ihm auf, die ersten zwei versprechen ihm eine Belohnung, entsprechend ihren Eigenschaften und Herrschaftsbereichen. Hera, die Königin der Götter, bietet ihm den Segen des Reichtums, gesellschaftlicher Stellung und weltlicher Macht; Athene, die jungfräuliche Kriegsgöttin, bietet ihm die Gaben der Strategie und Tapferkeit in den Kriegskünsten. Aphrodite verspricht ihm nichts, aber lockert ein wenig ihren Gürtel. Das Ergebnis des Wettbewerbs ist daher leicht voraussagbar.

Als Belohnung dafür, daß er ihr den goldenen Apfel gibt, bietet Aphrodite Paris dann die schönste Frau der Welt an – Helena von Sparta, die lästigerweise mit jemand anderem verheiratet ist. Das schreckt die Göttin natürlich nicht ab. Helena und Paris brennen zusammen durch; und so beginnt die Katastrophe des Trojanischen Kriegs. Diejenigen von Ihnen, denen der Tarot vertraut ist, werden wissen, daß die Geschichte vom »Urteil des Paris« in der Karte der Großen Arkana »Die Liebenden« dargestellt wird. Diese Geschichte handelt nicht wirklich von Liebe, sie handelt von einer Wahl und der Festlegung individueller Werte. Es ist ein Mythos der Venus, nicht nur, weil Aphrodite den Schönheitswettbewerb gewinnt, sondern weil Paris, so wie alle Sterblichen, mit der Notwendigkeit der Wahl und deren Konsequenzen konfrontiert wird. Weil er ein junger und liebeshungriger Mann ist, ist es die erotische Liebe, der er den höchsten Wert beimißt. Wäre er älter gewesen, ein gealterter Krieger oder Herrscher, der bereits ein paar eheliche Enttäuschungen erlitten hätte, so hätte er vielleicht der Macht der Liebesgöttin widerstanden und statt ihrer Hera oder Athene gewählt. In bezug auf Venus müssen wir uns fragen: Was schätze ich am meisten? Niemand von uns kann jeden lieben oder alles schätzen, egal, was manche Wassermänner vielleicht darüber denken mögen. Und wir alle suchen Partner und Freunde, die zu uns »passen«. Das bedeutet, wir suchen Menschen, mit denen wir zumindest einige unserer am meisten geschätzten Werte teilen können.

Es ist der Planet Venus, der unsere Fähigkeit symbolisiert, das, was wir schätzen, zu gestalten und zu erkennen – die Grundlage unserer Authentizität in unseren persönlichen Entscheidungen. Die Geschichte von Paris beleuchtet auch noch einen anderen wichtigen psychologischen Punkt, der darin besteht, daß wir letztendlich dem Thema der Wahl und der Notwendigkeit, individuelle Werte zum Ausdruck zu bringen, nicht entkommen können. Es sind die Götter, die entscheiden, daß Paris seinen Part in der Geschichte erfüllen muß; und vielleicht sind es die Götter in uns, die uns an manchen kritischen Kreuzwegen in unserem Leben vor ein Dilemma stellen, bei dem wir ein Ding oder eine Person wählen und einer anderen vorziehen müssen und zu den Konsequenzen dieser Wahl stehen müssen. Dies ist für mich die geteilte Bedeutung von Stier und Waage, den beiden von Venus regierten Zeichen, denn die Waage ist intensiv damit beschäftigt zu lernen, wie man wählt, und der Stier hat mit der Entwicklung von innerer Stärke und von Fähigkeiten zu tun, die den eigenen Werten Dauer verleihen können, unabhängig von den Konsequenzen.

Viele von uns versuchen, aufgrund intellektueller Überlegungen ihre Wahl zu treffen, oder aufgrund dessen, was andere Menschen denken, daß wir tun sollten. Oder wir wählen überhaupt nicht, sondern werden durch unsere unbewußten Bedürfnisse und Ängste in einen Handlungsverlauf hineingezogen. Das ist eher ein Zwang als eine Wahl. Ich bin vielen Menschen begegnet, die wirklich keine Ahnung haben, was sie sich wünschen und was sie wertschätzen, obwohl sie vielleicht das Ausmaß ihrer eigenen Verarmung nicht erkennen. Es ist möglich, so sehr von der Funktion der Venus abgeschnitten zu sein, daß man sich nicht bewußt ist, überhaupt irgend etwas zu wollen. Statt dessen entsteht eine Art von Leere und Apathie, die in bloßem Überleben gipfelt statt in irgendeinem Gefühl tiefer Freude im Leben. Wenn sich eine Person in diesem Zustand befindet, verfügt sie natürlich über keinerlei individuelle Wertmaßstäbe. Es mag eine Tünche sogenannter Werte geben, die im Grunde einfach Kopien dessen sind, was der eigenen Familie oder dem Gesellschaftskreis akzeptabel erscheint. Oder es mag sogar eine Ideologie oder Philosophie geben, die den Mangel an individuellen Wünschen rechtfertigt. Aber in solchen Fällen gibt es immer einen riesigen Baustein, der der wesentlichen Identität fehlt, und infolgedessen entwickelt sich nicht das innere Gefühl, eine fest verwurzelte Person zu sein.

Aphrodites »Raserei vor Begierde« – die Verfolgung der geliebten Person oder des geliebten Gegenstands – fällt also wieder auf sich selbst zurück, so daß das, was schließlich daraus erwächst, ein vertieftes und gestärktes Gefühl des eigenen Sinnes für Werte ist. Es gibt weder die Sehnsucht, die Grenzen der eigenen Identität einzuschmelzen oder zu verlieren, wie wir sie bei Neptun vorfinden, noch gibt es irgendein Bedürfnis, sich um der emotionalen Sicherheit willen in eine kollektive Einheit einzubetten, wie wir es beim Mond finden können. Wir entdecken uns, indem wir darüber nachdenken, was wir lieben und schön finden, denn das Objekt der Begierde ist ein Aufhänger für die Projektion dessen, was in uns selbst von größter Schönheit und größtem Wert ist. Ich denke, Sie können sehen, warum Venus sich nicht wirklich mit Beziehungen als solchen beschäftigt, sondern eher mit der Selbstdefinition *durch* Beziehungen. Es gibt einen sehr schönen Abschnitt in Platons »Phaidron«, wo er davon spricht, daß er in den Gesichtern der Geliebten einen flüchtigen Blick des Gottes gespiegelt sieht, zu dem die Seele des Liebenden gehört. Dies ist die grundlegendste Bedeutung der Venus: das Geliebte – sei es eine Person, ein Gegenstand, ein intellektuelles Ideal – als Spiegel der eigenen Seele.

Nun, wenn wir dieser Dimension der Psyche, die die Astrologie Venus nennt, treu sein wollen, werden wir früher oder später mit den kollektiven Werten und Moralvorstellungen Probleme bekommen, denn wenn auch die meiste Zeit die eigenen Werte mit jenen der Gemeinschaft angenehm übereinstimmen mögen, so wird natürlich ein Tag kommen, an dem sie das nicht tun. Das passiert gewöhnlich dann, wenn ein starker Transit oder ein progressiver Planet auf die Geburts-Venus trifft und uns ankündigt, daß die Zeit gekommen ist, uns bewußter zu werden, was wir am meisten schätzen. Dieser Zusammenprall hat die Tendenz, meistens in der Ehearena und in der Familie aufzutreten, denn das ist die unmittelbare Gemeinschaft für die meisten von uns.

Vielleicht wegen dieser grundlegenden menschlichen Dynamik ruft Aphrodite in den Mythen immer ehebrecherischen Schaden unter den Sterblichen hervor. Gewöhnlich wird immer irgend jemand betrogen, oder ein anderer ist mit einer höchst unpassenden Leidenschaft geschlagen. Eines der schlimmsten Beispiele für beides ist der arme König Minos von Kreta, dessen Frau Pasiphae, die von Aphrodites »Raserei vor Begierde« heimgesucht wird, sich verzweifelt in einen Stier verliebt, was dazu führt, daß sie einen Minotaurus zur Welt bringt. Sie mögen vielleicht lachen, aber auf einer menschlicheren Ebene spiegelt die Begierde nach einem ausgesprochen »unpassenden« Objekt (ob es unpassend ist, hängt von der Schicht, der Rasse, dem Alter, den finanziellen Umständen oder einer anderen Kollision mit den Werten der Familie und der sozialen Umgebung ab) die mangelnde Anerkennung einiger Werte wider, die für ihre oder seine Entwicklung absolut wesentlich sind und umgekehrt wiederum mit unheilvollen Folgen nach außen projiziert werden.

Aphrodites ständiger Gefährte auf ihren boshaften Streifzügen zu den Sterblichen ist ihr Sohn Eros, der seine Pfeile von hinten auf die von ihr ausgewählten Opfer abschießt. Das Bild mit dem Pfeil ist sehr geeignet, denn wir werden wahrhaftig von einem tiefen Wunsch »getroffen«, und das wird durch die Arten von Gefühlen am klarsten demonstriert, die oft während wichtiger Transite und Progressionen erlebt werden, welche die Venus einbeziehen. Dieser Zustand des Wünschens ist sehr verschieden von dem, was Psychologen »reife Liebe« nennen, auf die wir uns theoretisch einlassen sollten, wenn wir richtig erwachsen geworden sind. Aphrodites Opfer brechen im allgemeinen Schwüre, die sie jemandem gegeben haben, nicht aus kalter Berechnung, nicht einmal aus dem gewöhnlichen Bedürfnis nach bunter Vielfalt, einer »Nasch«-Gier heraus, sondern weil sie nicht anders können – dies ist die »große Leidenschaft« aus Dichtung und Drama, und man fühlt sich lebendig wie nie zuvor. Doch diese große Passion ist sonderbarerweise nicht Selbstzweck, denn sie ist ein Vehikel, wie diejenigen, die hinterher aufwachen, nur allzugut wissen – ein Instrument, durch das der einzelne ein tieferes und authentischeres Kollektiv von Werten entdeckt, unabhängig davon, ob die Beziehung andauert oder mit dem Transit oder der Progression vorübergeht.

Wie Sie sehen können, ist Aphrodite für das Kollektiv ebenso zutiefst bedrohlich, wie sie es im Mythos für ihre archetypische

Feindin, die Göttin Hera, ist. Aphrodite ist nach konventionellem Maßstab eine unmoralische Göttin, und die Menschen leiden durch ihre Leidenschaften – Familien werden auseinandergerissen, Ehefrauen und -männer verlassen, Kinder werden Skandalen ausgesetzt usw. Wo immer Aphrodite aktiv ist und sich amüsiert, findet man jemanden in einer schrecklichen Misere. Doch wenn wir sie mit weniger dogmatischen Augen betrachten, können wir sehen, daß sie die große Bejaherin des Individuellen ist, indem sie die kollektive Interpretation von »richtigen« Beziehungen durch die gefühlsmäßige Behauptung individueller Werte herausfordert. Wann immer ich ein Seminar über diese Dimension des Planeten Venus gehalten habe, wurde unvermeidlich jemand in der Gruppe wütend, wegen der Verletzungen, die durch »unpassende« Leidenschaften und Dreiecksliebesbeziehungen entstehen. Und tatsächlich leiden die Menschen immer in diesen Situationen. Doch es ist wirklich eine Frage, welches Brandmal oder welche Leiden wir uns zuziehen, denn die Verleugnung der Venus führt zur gleichen, wenn nicht schlimmeren Misere. Dreiecksbeziehungen sind ein charakteristisches Thema der Venus, und niemand entkommt hier unversehrt. Doch nichts bringt unser Wachstum so machtvoll voran wie ebendies.

Wenn wir von Venus abgeschnitten sind, kommt es zu bestimmten charakteristischen Rückwirkungen. Eine davon ist ein Verlust des Selbstwertgefühls auf einer sehr grundlegenden Ebene, und kein Maß an Kompensation – sei es die Bestätigung durch andere oder eine Ideologie, die das Selbst leugnet – kann wirklich helfen. Wenn Venus im Geburtshoroskop durch schwierige Aspekte blokkiert oder im 12. Haus verschwunden ist oder wenn es elterliche Muster gibt, die vermuten lassen, daß diese Dimension des Lebens unterdrückt wird, dann kommt es oft zu einem Verlust des Gefühls spontaner Freude, spontanen Genusses und einfachen Selbstvertrauens, das die Göttin personifiziert.

Viele Menschen arbeiten schrecklich hart, um diesen Verlust des Selbstwertgefühls zu kompensieren – durch einen überentwickelten Intellekt oder einen rasch realisierten weltlichen Erfolg auf Kosten alles anderen, oder sie heben ins Geistige ab und negieren den Körper oder werden zu jemandem, der sehr wahrscheinlich von jedermann gemocht wird, weil er so entsetzlich »nett« ist. Aber der Selbstwert der Venus, der persönlicher und körperorientierter ist als der Selbstausdruck der Sonne, kann durch keine der Gaben der anderen Planeten ersetzt werden. Die Sonne kann dem Leben ein Gefühl der Bedeutung verleihen. Aber welchen Nutzen hat Bedeutung, wenn wir uns nicht glücklich und zufrieden fühlen können? Dies ist die Grundlage von Stier und dem 2. Haus, und sie beginnt mit der Liebe zum eigenen Körper als Quelle der Freuden und Befriedigung. Nicht nur die sexuellen Freuden, sondern auch die einfachen Befriedigungen des materiellen Lebens gehören in diesen Bereich – die Nahrung, die wir essen, das Bett, in dem wir schlafen, das Shampoo, das wir benutzen, und ob wir uns darum kümmern, die Wohnung, in der wir leben, nach unserem eigenen Geschmack einzurichten. Ich spreche natürlich in Wirklichkeit davon, ob wir uns wert genug finden, uns selbst Genuß und Freude auf den ganz alltäglichen Ebenen zu bereiten. Dies kann ein sehr schmerzhaftes Thema sein, wenn die Venus im Geburtshoroskop Probleme hat, denn dann besteht oft das Gefühl, häßlich, wertlos, nicht liebenswert zu sein und es nicht zu verdienen, Freude zu erfahren. Und dieses sehr negative persönliche Selbstbild wurzelt normalerweise in einem oder beiden Elternteilen, die vielleicht genau die gleichen Probleme mit Venus gehabt haben mögen. Ich habe herausgefunden, daß schwierige Venus-Aspekte, wie beispielsweise Venus/Saturn, Venus/Chiron oder Venus/Uranus, sich in Familienhoroskopen ständig wiederholen. Und wo wir uns selbst nicht schätzen können, können wir anderen keinen Wert vermitteln, nicht einmal unseren eigenen Kindern.

Die Themen der Venus, Eitelkeit und Eifersucht, tauchen bei problematischen Venus-Aspekten in der Kindheit oft auf. Bis zu einem gewissen Grad ist die Eifersucht zwischen einem Kind und dem Elternteil des gleichen Geschlechts unvermeidlich und natürlich und Teil des Abtrennungsprozesses und der Ausbildung der eigenen Identität. Wenn wir die Freiheit der Wertschätzung und Liebe finden wollen, müssen wir lernen, mit Rivalität umzugehen, denn sonst werden wir andauernd in die Position gebracht, zu nehmen, was wir kriegen können, anstatt zu suchen, was wir wollen. Aber manchmal wird dieses charakteristische Dilemma der Venus auf die Spitze getrieben, so wie es einst war, und das Muster wiederholt sich in unseren erwachsenen Beziehungen.

Eine machtvolle Mutter-Tochter-Rivalität ist oft ein Merkmal, wenn Venus und Mond im Geburtshoroskop in Konflikt stehen, besonders wenn sich einer von beiden in Widder oder Waage befindet (die zwei Zeichen, die am meisten zu rivalisierenden Dreiecksbeziehungen neigen). Oft verliert eine Frau, sobald sie ein Kind geboren hat, den Kontakt zu Aphrodite und zu allem, was das mythische Bild in ihr symbolisiert. Dies mag zum Teil aufgrund des Musters, das durch ihre eigene Mutter entwickelt wurde, geschehen – obwohl es auch ein bestimmtes Maß an kollektivem Druck auf die Mütter gibt, daß sie »mütterlich« zu sein haben, damit sie nicht als »selbstsüchtig« und »eitel« betrachtet werden. Ich erinnere mich, daß ich einmal in einem Frauenmagazin einen Artikel gelesen habe, in dem sich eine Frau lautstark über die Tatsache beklagte, daß ihre Mutter die gleiche Kleidergröße trug wie sie und aussah wie ihre ältere Schwester – wo waren die tröstlichen, übergewichtigen, ergrauten Mütter der Vergangenheit, die einem Plätzchen backten und nicht mit den eigenen Freunden flirteten?

Wenn sich jedoch eine Mutter vollständig mit der mütterlichen Dimension des Weiblichen identifiziert und ihr Kind ein Mädchen ist, ist Aphrodite im Unbewußten versteckt, und wenn dieses Mädchen in die Pubertät kommt (wenn nicht schon vorher), bricht die Hölle los. Die natürlichen Eifersuchtsgefühle der Mutter sind rigoros unterdrückt und könnten verdeckt in der Form eines subtilen Untergrabens des weiblichen Selbstbewußtseins der Tochter an die Oberfläche kommen, oder in einem umfassenden Versuch, jegliche liebevolle Beziehung, die sich zwischen Tochter und Vater entwikkeln könnte, zu verhindern. So eine Tochter, der der Zugang zum Vater verbaut ist und die in einen Wettbewerb hineingezwungen wird, bei dem sie nicht auf einen Sieg hoffen kann, könnte sich zu der gleichen Art von Mutter entwickeln und dann umgekehrt *ihrer* Tochter das gleiche antun. Daher dürfen wir nicht überrascht sein, wenn wir Aspekte, wie beispielsweise Venus im Quadrat zu Mond, bei den Frauen einer Familie wiederholt vorfinden.

Familienkomplexe reisen durch Generationen.* Der Familienkomplex könnte sich in einer bestimmten Konfiguration, die die

* Siehe Teil 3: »Die Coniunctio«, in: Liz Greene/Howard Sasportas, Sonne und Mond, a. a. O.

Venus einbezieht, widerspiegeln, besonders, wenn es sich um ein Mutter-Tochter-Thema handelt. Da Mond und Venus eine Polarität bilden, ist die Fähigkeit wichtig, beide zum Ausdruck zu bringen und weder mit dem einen noch mit dem anderen Planeten den Kontakt zu verlieren, selbst wenn es an einem bestimmten Kreuzweg im Leben angemessener ist, den einen zu leben statt den anderen. Wir akzeptieren die Venus–Seite bei einer jungen unverheirateten Frau, aber es gibt, wie ich gesagt habe, einen stark kollektiven heraartigen Druck gegen eine verheiratete Frau, die Mutter ist, und auch gegen ältere Frauen. Obwohl die Starrheit dieser Erwartungen in Amerika und Europa allmählich zu bröckeln beginnt, fällt es immer noch vielen Leuten schwer, eine Verbindung zwischen einer älteren Frau und einem jüngeren Mann zu akzeptieren, obwohl niemand zweimal über eine Beziehung zwischen einem älteren Mann und einer jüngeren Frau nachdenkt. Aber warum sollte eine ältere Frau die Aphrodite-Seite in ihrem Wesen nicht genießen? Aphrodite ist alterslos, eine Eigenschaft der Seele, und sie ist nicht auf jugendliche Gestalt und faltenloses Aussehen beschränkt. Unser tief verwurzeltes Vorurteil dagegen ist archetypisch – wir wollen, daß unsere Mütter Mütter bleiben und nicht mit uns konkurrieren. Und wir fürchten uns vor Rivalität mit unseren Töchtern, genauso wie wir sie mit unseren Müttern fürchteten. Doch nichts deprimiert eine Frau mehr und läßt sie schneller altern, als wenn sie ihre Beziehung zu diesem Archetyp abbricht. Erinnern Sie sich an den Mythos der Teutonen – es ist Freia, die die goldenen Äpfel der ewigen Jugend besitzt.

Sie können das Wesen des Dilemmas erkennen, mit dem jeder, der mit der Venus/Mond-Polarität zu tun hat, konfrontiert ist. Wie findet eine Frau einen Weg, ihre mütterlichen und ihre erotischen Bedürfnisse auszugleichen? Die Mondin, die die unvermeidlichen Zyklen der Zeit weise überschaut, kann sich gegenüber dem Altern anmutig beugen, ein Opfer bringen und zur Seite treten, um zur älteren Generation zu gehören, damit die Tochter als die Jüngere an ihre Stelle treten kann. Aber Aphrodite opfert nichts; es liegt nicht in ihrer Natur. Sie will ihren Kuchen haben und ihn außerdem essen. Das gleiche Dilemma begegnet einem Mann mit einem Mond/Venus-Konflikt. Sein Bedürfnis, bemuttert zu werden, könnte mit seinem Bedürfnis nach der Anima, der Seelengefährtin, in Widerspruch geraten, und dies ist der klassische Ausgangspunkt der uralten Dreiecksbeziehung mit Frau und Geliebter. Venus und Mond repräsentieren außerdem die zwei Seiten seiner eigenen weiblichen Natur, den »Familienmann« und den Geliebten: Die Spannung zwischen Mond und Venus ist nicht nur auf Frauen beschränkt.

Eine Rivalität zwischen Vater und Sohn kann auch auf der Grundlage der Venus beruhen. Als wir die Gruppe der Horoskope in Howards historischen Fallbetrachtungen* untersuchten, wurzelte die Konkurrenz zwischen Bill und Paul in solaren Themen – die von den Oppositionsaspekten zwischen Sonne und Saturn und durch das Übergewicht von Löwe in der Familie und den Kompositen reflektiert wurden. Dies ist wirklich eine Rivalität, die auf Selbstausdruck basiert, auf Potenz und phallischer Macht. Aber manchmal kann man einen Vater finden, der zutiefst eifersüchtig auf seinen Sohn ist, welcher gesund und fit aufwächst, gut aussieht und auf Frauen anziehend wirkt, während der Vater vielleicht mit seinem Bauch und seinem dünner werdenden Haar kämpft. Männer können zweifellos, wie Sie bisher herausgearbeitet haben, auch sehr eitel sein. Die Dynamik zwischen Schneewittchen und der bösen Königin dürfte also nicht eine streng weibliche Angelegenheit sein, sondern könnte auf unbewußter Ebene zwischen Vater und Sohn vonstatten gehen.

Die Eltern-Kind-Rivalität ist daher ein Übergangsritus, und er wartet auf uns alle in stärkerem oder geringerem Maße, wenn wir die Venus-Seite unseres Wesens entwickeln. Wir werden ihr immer wieder im Laufe unseres Lebens begegnen, denn wo es Wunsch und Anziehung gibt, gibt es auch Rivalität. Und unsere Fähigkeit, mit diesem Lebensdilemma mit Witz, Integrität und Vertrauen umzugehen, hängt davon ab, was wir ursprünglich in unserer Kindheit gelernt haben, bis wir unser Selbstverständnis dazu bringen können, die Situation zu ertragen. Die ödipale Dreiecksbeziehung in der Kindheit verlangt von uns, daß wir sowohl verlieren als auch gewinnen, und aus der Begegnung mit beiden Erfahrungen müssen wir einen stärkeren Sinn für unsere persönliche Identität entwik-

* Siehe Teil 3: »Die Coniunctio«, in: Liz Greene/Howard Sasportas, Sonne und Mond a. a. O.

keln. Wenn es einem Kind nicht erlaubt wird, Rivalität zum Ausdruck zu bringen, werden die Schwierigkeiten, die Venus auszudrücken, unvermeidlich im späteren Leben an die Oberfläche kommen. Kleine Mädchen werden ausnahmslos dazu tendieren die Kleider ihrer Mütter anzuziehen, nicht nur, um ein weibliches Rollenmodell zu entwickeln, sondern auch, um Mami im weiblichen Charme zu übertreffen. Ein kleines Mädchen wird auch versuchen, sich beim Abendessen seinen Platz am Tisch zu erobern und die Aufmerksamkeit seines Vaters auf unschuldige erotische Art auf sich zu ziehen, und es wird spät in der Nacht am Schlafzimmer seiner Eltern klopfen, weil es »Bauchweh« hat. Die Eltern müssen in der Lage sein, eine gesunde und starke Bindung aneinander zu demonstrieren, während sie gleichzeitg dem Kind gestatten, ausreichend zu »gewinnen«, um genug Selbstvertrauen zu entwikkeln. Doch sehr oft kann die Mutter mit den ersten erotischen Eroberungsversuchen ihrer Tochter nicht umgehen, weil die Ehe im Kern nicht gut läuft oder weil die Mutter zu wenig Selbstvertrauen hat.

Vielleicht können wir einige der anderen Symbole der Venus näher ansehen, um unser Verständnis des Planeten zu erweitern. Ich habe vom Apfel gesprochen, und in diesem Zusammenhang steht auch der Granatapfel, der seit sumerischen und babylonischen Zeiten wegen seiner Myriaden von Samen und seines roten Safts als Symbol sexueller Reife und Fruchtbarkeit betrachtet wird. Die Göttin wird auch mit Blumen in Verbindung gebracht, vor allem mit der Rose – teils, weil die Blume selbst äußerst suggestiv ist mit ihren samtigen Blütenblättern, die einen geheimen Kern umschließen. Durch die gesamte Antike und das Mittelalter hindurch galt die Rose als das primäre Blumensymbol der Weiblichkeit, und in mittelalterlichen Dichtungen, wie zum Beispiel dem »Rosen-Roman«, scheint diese doppelte Bedeutung deutlich durch das ganze Werk. Lilien werden ebenso mit der Liebesgöttin assoziiert, und auch hier wirkt eine Suggestivkraft in bezug auf die Form der Blume mit ihrem langen Trichter und ihrem süßen Duft. Der Duft der Rose und Lilie sind Teil der Essenz der Aphrodite, und ihre Reife wird durch den Apfel und Granatapfel widergespiegelt.

Wann immer wir mythische Bilder wie diese betrachten, müssen wir uns daran erinnern, daß sie der poetische Ausdruck menschlicher Gefühle und sinnlicher Erfahrungen sind. Die dritte Blume, die mit der Liebesgöttin assoziiert wird, unterstreicht dies am deutlichsten – es ist die Mohnblume, deren Saft uns in tiefe erotische Betäubung versetzt. Die emotionalen und körperlichen Zustände, die durch die schweren Düfte und Formen der Rose, der Lilie und der Mohnblume widergespiegelt werden, sind Teil des Herrschaftsbereichs der Venus, und sie sind eine machtvolle Dimension sexuellen Vergnügens. Wenn wir uns nicht gehenlassen können, um solche Erfahrungen und Zustände zu erleben, was ist dann mit Venus geschehen?

Unter den Vögeln und Tieren wird der Aphrodite und ihren nahöstlichen Vorläuferinnen immer die Taube zugeschrieben. Es ist äußerst interessant zu sehen, daß die letzte Göttin, die diesen Vogel »geerbt« hat, im christlichen Mythos Maria ist, denn die Taube ist im Christentum das Symbol des Heiligen Geistes, der sie befruchtet. Ich überlasse es Ihnen, das auszuarbeiten, weil ich mich nicht in theologische Diskussionen verstricken möchte. Aber die Taube als Ausdruck einer bestimmten Eigenschaft der Liebesgöttin ist ein extrem friedlicher und gutartiger Vogel. Sie ist kein Jäger, und wenn sie mit Feinden konfrontiert ist, wird sie es immer vorziehen, wegzufliegen, statt zu kämpfen. Die subtilen, gutturalen Geräusche, die die Tauben von sich geben, sind auch äußerst vielsagend, denn es gibt keinen sinnlicheren Ruf als den der Taube. Denken Sie zum Beispiel an die Geräusche, die Hühner oder Gänse machen, oder an die der Singvögel, die musikalisch sein können, aber nicht sinnlich. Tauben fühlen sich auch sehr gut an, wenn man sie berührt, denn sie sind weich und geschmeidig, und eine gezähmte Taube wird sich in Ihre Hände kuscheln. Sie können sehen, daß all diese Bilder – die Frucht, die duftenden Blumen und die Taube – Beschreibungen der höchst sinnlichen Natur der Göttin und der erotischen Dimension der menschlichen Natur sind.

Aphrodite ist trotz ihres Charmes kein Dummerchen. Sie ist die schlauste Gottheit und kann äußerst trügerisch sein. Dieser Göttin weist eine beeindruckende Kombination von Schönheit und hoher Intelligenz auf, und sie ist strategischen Plänen nicht abgeneigt (der Waage-Aspekt in ihr) – dies ist eine einzigartige Kombination im göttlichen Pantheon. Sie ist auch eine Kulturbringerin. Diese Qualität der Intelligenz, Strategie und des ästhetischen Gefühls unterscheidet sie von den mehr instinktiven Qualitäten der Mondgöttin, denn Aphrodite lehrt die *Kunst* der Liebe, statt die Begierde als Vorspiel von Schwangerschaft und Kindererziehung zu beschreiben. In dem Moment, in dem wir uns auf Kunst beziehen, verbinden wir instinktiven Ausdruck mit der Qualität der Vorstellungskraft und Phantasie und den Handwerksdisziplinen. Aphrodites Erotik verwandelt die rohe Libido der körperlichen Sexualität in etwas vollkommen anderes, das gleichermaßen medial durch Tanz und Poesie zum Ausdruck gebracht werden kann.

Die Hetären, deren Schutzgöttin Aphrodite war, bildeten im alten Griechenland eine wichtige gesellschaftliche Klasse. Sie lieferten die Alternative zur Ehe und standen der streng lunaren Rolle der griechischen Frau polar gegenüber. Von der Hetäre wurde erwartet, daß sie außerordentlich gebildet und in Politik und Philosophie und den Künsten versiert war, ebenso wie sie schön und in erotischen Belangen geschickt sein mußte. Sie war auch in gesellschaftlichen Belangen äußerst gut ausgebildet, und all die Feinheiten der Höflichkeit sowie das Angebot eines intellektuellen und ästhetischen Gefährtentums waren Teil ihres Gabenschatzes. Die Welt der Hetäre war eine höchst spezialisierte und stilisierte, und sie verkörperte die kulturstiftende Dimension der Aphrodite. Die Göttin hatte auch die Aufsicht über die Anwendung von Düften, Kosmetika, Ölen und Liebestränken inne – die Herkunft des Wortes »Aphrodisiakum« ist offensichtlich.

Ein Teil des Herrschaftsbereichs der Venus besteht also in der intelligenten Nutzung ihres Charmes und dessen, was wir »weibliche Listen« nennen. Dies ist ironischerweise ein Reich, das oft von der Frauenbewegung angegriffen wird, obwohl – um es noch einmal zu wiederholen – diese Künste nicht entworfen wurden, um Männer versöhnlich zu stimmen, sondern um die Göttin selbst zu erfreuen, als Ausdruck ihrer Liebe zu Schmuck und Schönheit. Ich habe von Männern wie auch von Frauen manchmal gehört, daß sie diese Art des Selbst-Schmückens als »unnatürlich« empfinden – als ob es irgendwie gegen die Natur wäre, Make-up oder Parfüm zu benutzen oder schöne Kleider auszuwählen. Doch Aphrodite ist ebenso natürlich wie jedes andere archetypische Bild. Der Wunsch, sich zu steigern, zu schmücken und zu verschönern, ist ebenso natürlich wie irgend etwas anderes. Der Drang zur Verfeinerung –

Harmonie in das einzubringen, was grob und roh ist, die Phantasie in schönen Formen zu realisieren – ist ein angeborener menschlicher Impuls. Wir müssen uns nur die Höhlenmalereien in Lascaux ansehen, um zu erkennen, wie alt und grundlegend unser Bedürfnis ist, Schönheit zu erschaffen. Hierin spiegelt sich Stier wie auch Waage wider, aber vielleicht noch mehr letztere – und man sollte sich vielleicht ins Gedächtnis rufen, daß die Waage das einzige unbelebte Symbol in der Ikonographie des Tierkreises darstellt und eine Harmonie nahelegt, die durch den menschlichen Geist und die menschliche Vorstellungskraft erschaffen wurde. Aphrodites sexuelle Fertigkeiten spiegeln auch ihre künstlerische Qualität wider, denn die erotische Vervollkommnung beinhaltet nicht nur das Schenken körperlichen Genusses, sondern auch die Erschaffung und Erforschung von Phantasie.
TEILNEHMER: Gibt es einen Unterschied in der Art und Weise, wie ein Mann und eine Frau Venus erfahren?
LIZ: Nun – abgesehen von dem, was offensichtlich ist: Nein. Nicht auf der tieferen Ebene. Aber es gibt einen großen Unterschied, wie Individuen Venus erfahren, das hängt von ihrer Plazierung im Geburtshoroskop ab und dem Ausmaß der Beziehung, die der einzelne zu diesem Planeten hat. Man kann sicher annehmen, daß, zumindest in der Vergangenheit, die Eigenschaften der Venus weitgehend von den Männern auf die Frauen projiziert wurden, und dies ist immer noch in einem großen Ausmaß der Fall, obwohl es sich langsam verändert. Es gibt alle möglichen Arten von kollektiven Klagen über die »Verweiblichung« des Mannes, die es einem Mann erschwert haben, zuviel von Venus zum Ausdruck zu bringen. Selbst die Verwendung von Deodorants ist für manche Männer zwiespältig, ganz zu schweigen von Duftwasser oder Hautcreme oder Haarspray. Aber ob bewußt oder unbewußt, man kann in einer Person Venus immer an der Arbeit sehen, und sie symbolisiert bei allen menschlichen Wesen dieselbe Dimension. Und die grundlegendste Bedeutung von Venus, die mit Selbstliebe und Selbstwert zu tun hat, ist für beide Geschlechter die gleiche.

Die weltlichen Ausdrucksformen der Venus befassen sich sowohl bei Männern als auch bei Frauen mit dem Wert des Körpers und dem Gefühl, geliebt zu werden und zufrieden zu sein. Das gilt selbst bei kleinen Angelegenheiten, die weitaus wichtiger sind, als sie scheinen mögen. Aber wie bei jedem Planeten kann ein Zuviel an Venus ein ebenso großes Problem darstellen wie ein Zuwenig. Wenn sich jemand übertrieben mit Venus identifiziert, verliert er seinen Willen und seine Initiative. Aphrodite hat kein Ziel, außer geliebt zu werden und zufrieden zu sein, aber man kann nicht überleben und schon gar nicht unabhängig irgend etwas erreichen, wenn das das einzige Ziel ist. Es gibt ein berühmtes Bild, das Venus und Mars nach dem Liebesakt darstellt – der Kriegsgott liegt in völliger Betäubung da, selig zufrieden und völlig geschafft. Natürlich ist das liebenswert, und wir können sehen, wie Schönheit und Anmut und Freude die wilde Aggression des Kriegsgottes zähmen. Aber wir können das auch anders sehen und feststellen, daß Mars ein nettes Haustier geworden ist, fast wie ein Kater, der kastriert wurde. Es könnte sein, daß er nie mehr aufstehen wird, um wieder zu kämpfen. Dies ist vielleicht zuviel des Guten, und die Folgen von einem Zuviel an Venus für einen Mann könnten letztlich problematischer sein als für eine Frau, weil sein Sinn für sexuelle Identität bei Mars beginnt.

Männer und Frauen können beide Venus derart projizieren, daß sie in ihrem Inneren keinerlei Verbindung zu ihr haben. Wenn eine Person dies tut, neigt sie dazu, sich wertlos zu fühlen, falls nicht jemand anderer sie liebt. Ohne die Liebe von seiten der anderen könnte es auch zu einem sonderbaren Gefühl des Nichtseins kommen, denn Aphrodite ist die Freudebringerin. Das Extrem hiervon ist fast wie die Person aus John Fowles' Roman »The Collector«. Man muß ein schönes Objekt besitzen, um sich lebendig zu fühlen, selbst wenn das letztendlich das Objekt zerstört. Es gibt Menschen, die einen schönen Geliebten oder einen Ehegatten haben *müssen*, der für andere begehrenswert ist, denn ohne diese stellvertretende Schönheit sehen sie nur ihre eigene Häßlichkeit. Es ist das Märchen von der Schönen und dem Biest, aber es nimmt oft aufgrund des zerstörerischen Besitzanspruches, der darin enthalten ist, ein unglückliches Ende. Dieses Szenario kann sowohl auf einen Mann als auch auf eine Frau zutreffen, und ich habe viele Frauen getroffen, die ihre eigenen Venus-Qualitäten auf einen männlichen oder weiblichen Geliebten oder Partner projizieren und sich andauernd unsicher fühlen, weil ihnen der Partner zu schön und attraktiv zu sein scheint im Vergleich zu ihnen selbst.

Wenn wir die Venus »aufgeben«, kann noch ein anderes charakteristisches Muster auftauchen. Man kann, wie ich sagte, von den Menschen und Objekten, auf die die Venus projiziert wurde, furchtbar abhängig werden, weil einem das stellvertretend ein Gefühl von Selbstwert vermittelt; und wenn sich diese Projektion an Geld oder Besitztümern festmacht, dann wird man zum Hamsterer, der davon besessen ist, Geld und Besitztümer zu horten. Das ist die dunkle, koboldhafte Seite des Stiers, die nicht von wirklicher Freude an schönen Dingen herrührt, sondern von einer Identifikation dieser Dinge mit dem eigenen Selbstwertgefühl. Das ist natürlich extrem gefährlich, denn wenn man die Besitztümer verliert, verliert man sich selbst. Ich denke an die Art und Weise, wie die Leute auf den Zusammenbruch der Börse in Amerika im Jahr 1929 reagierten. Niemand war darüber besonders glücklich, doch die Mehrheit der Leute krempelte die Ärmel hoch und arbeitete sehr hart, um zu überleben und schließlich das, was sie verloren hatten, wieder einzubringen. Aber andere brachten sich um, was mir sehr sinnlos erscheint angesichts dessen, daß man nur seinen Reichtum eingebüßt hat. Es ist nicht lustig, von den höchsten Höhen bis auf den tiefsten Grund geschleudert zu werden, aber wenn man seinen Witz und seine Gesundheit behält, bietet einem das Leben sicher viele Chancen, zumindest etwas von dem, was man braucht, neu zu erschaffen und sich wieder zurückzuholen. Doch diese Menschen, viele von ihnen in ihrer Blütezeit, dachten, daß der Verlust ihres Reichtums es wert sei zu sterben. Dies scheint mir ein ziemlich furchtbares Beispiel für das zu sein, was geschieht, wenn Venus so vollständig nach außen projiziert wird, daß man keinen Wert mehr in sich selbst finden kann.

Ich möchte, daß Sie das Horoskopbeispiel betrachten, das Ihnen heute abend ausgeteilt wurde (siehe Horoskop 1 auf Seite 126). Ich habe dieses Beispiel wegen der gefangenen Qualität der Venus ausgewählt, die, wie Sie sehen können, in Jungfrau plaziert ist, dem Zeichen, in dem sie im Fall steht, keine wichtigen Aspekte zu irgendwelchen anderen Planeten bildet und außerdem im 12. Haus versteckt ist. Lucy ist ein exzellentes Beispiel einer Person, die beträchtlich unter einem niedrigen Selbstwertgefühl litt. Sie neigte dazu, in den meisten Situationen zum Opfer zu werden, besonders in ihrem Liebesleben. Sie heiratete ziemlich jung einen erfolgrei-

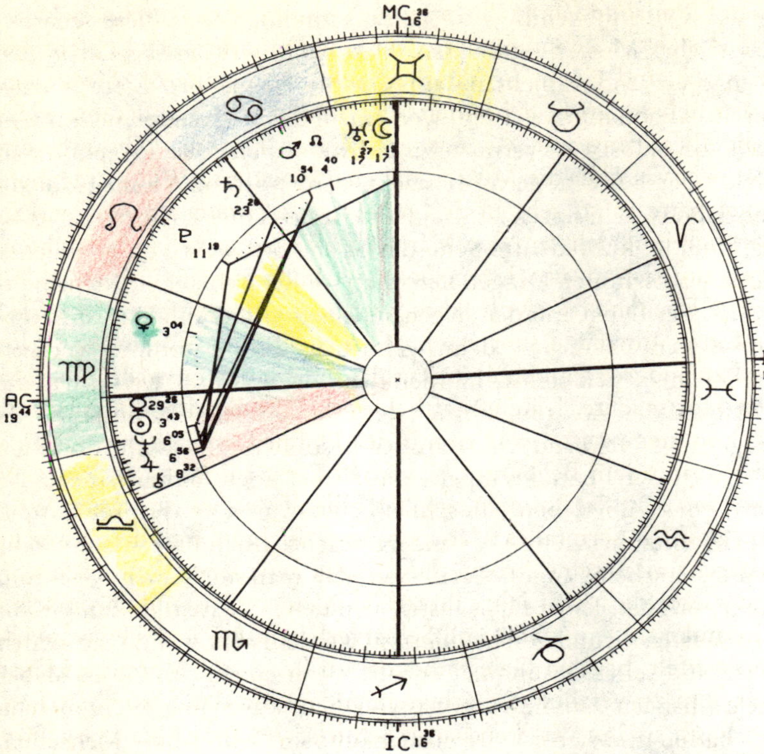

Horoskop 1: Lucy. Die Geburtsdaten wurden aus Gründen der Vertraulichkeit nicht veröffentlicht. Berechnung vom Astrodienst Zürich, Häuser nach Placidus.

chen Filmproduzenten. Sie war, wie sie mir sagte, »geschmeichelt«, daß er sich für sie interessierte, für eine Frau mit Mittelschichthintergrund und einem prosaischen Sekretärinnenberuf, die keinen Anspruch auf große Schönheit oder Talente erhob und keine wirkliche Erfahrung mit Männern vorweisen konnte. Dies sagt uns sofort etwas über die Muster, die eine blockierte Venus umgeben; Lucy hatte es so sehr nötig, *geliebt zu werden*, daß sie niemals wirklich innehielt, um den Mann, den sie heiratete, zu betrachten, noch um sich zu überlegen, ob er wirklich gut für *sie* war.

Die Ehe dauerte zwölf Jahre, war aber effektiv eine Nicht-Ehe, da Lucys Ehemann sehr rasch das sexuelle Interesse an ihr verlor und zu anderen Frauen überging. Es schien, daß er, während er ihr den Hof machte, leidenschaftlich verliebt war; aber sobald er sie »bekommen« hatte, war es mit der Herausforderung vorbei und ebenso mit dem Begehren. Er verließ Lucy jedoch nicht, sondern hielt den äußeren Rahmen eines Familienlebens aufrecht, war Vater von drei Kindern (alles Mädchen) und flüchtete sich in zahlreiche Affären und in seine Arbeit, durch die er andauernd auf Reisen war. Lucy lebte die zwölf Jahre ihrer Ehe in einem Zustand chronischer Einsamkeit, Depression und Selbstverleugnung, und sie versuchte verzweifelt, bei den Gelegenheiten, zu denen ihr Mann zu Hause war, ihm zu gefallen. Sie arbeitete andauernd daran zu verstehen, wodurch sie ihn verloren hatte. Schließlich kam es bei Lucy, voraussehbar und vielleicht glücklicherweise, zu einem depressiven Zusammenbruch, der von furchtbaren Phantasien begleitet war, sich und ihre Kinder umzubringen. Ihre angestaute Wut implodierte, statt zu explodieren, und dies führte sie in ein psychiatrisches Krankenhaus und eine ausgedehnte Psychotherapie. Das führte zu dem Ergebnis, daß sie ihre Ehe beendete. Etwas war während ihres Zusammenbruchs geschehen; sie beschloß, daß niemand es wert war, nach ihren eigenen Worten, daß man »für ihn ein Haufen Scheiße« war. Seitdem hat sich Lucys Leben erheblich verbessert; nachdem sie eine Zeitlang allein gelebt hatte, ist sie nun wieder verheiratet, weitaus glücklicher, und viele neue Möglichkeiten, kreativer und persönlicher Art, sind in ihr Leben getreten. Aber es scheint, daß sie eine sehr schmerzhafte Erfahrung der Selbsterniedrigung durchmachen mußte, bevor ihr Gefühl für ihren eigenen Wert schließlich hervorbrach.

Lucys Geschichte ist nicht ungewöhnlich, und obwohl es noch viele weitere blühende Beispiele von Selbsterniedrigung gibt, die sie aufweist, ist wahrscheinlich die charakteristischste Manifestation einer unbewußten Venus in einer Frau diese Art stiller Verzweiflung in den Fallen des Familienlebens. Die Welt ist voller Frauen wie Lucy, und die Anstrengungen der Frauenbewegung gelten in erster Linie ihrer Notlage. Doch militanter Feminismus hilft einer Frau nicht, eine Beziehung zu Venus herzustellen. Er stärkt nur Mars und Uranus. Die Wurzeln von Lucys Problem sind nicht politischer Natur, und die Lösung liegt letztendlich in ihr selbst.

Lucys Mutter war eine sehr schöne und eitle Frau – eine Art leerer Aphrodite, in die viele Männer verliebt waren, obwohl sie scheinbar ihrem ziemlich nichtssagenden Ehemann treu blieb. Diese Mutter verbrachte ihr Leben damit, von ihrem Aussehen und ihrer gesellschaftlichen Stellung ganz und gar eingenommen zu sein, und war der dunkleren Seite Aphrodites entsprechend, nicht bereit, mit einer anderen Frau das Rampenlicht zu teilen, nicht einmal mit ihrer Tochter. Obwohl es kein Mond/Venus-Quadrat in Lucys Geburtshoroskop gibt, deutet für mich die Plazierung der Venus im 12. Haus an, daß es ein »Venus-Problem« innerhalb der Familienpsyche gibt. Lucys Mutter identifiziert sich derart übertrieben mit ihrer Venus, daß wir annehmen können, daß sie an dem gleichen Mangel an Selbstwertgefühl wie Lucy leidet – sie zeigt dies nur auf andere Weise, indem sie irrsinnig überkompensiert.

Lucys bewußtes Bild von ihrer Mutter war jedoch nicht das der bösen Königin in »Schneewittchen«. Sie dachte, daß ihre Mutter liebevoll, hilflos und rührend sei, und daß man auf sie aufpassen müsse. Lucy schenkte dem Element der Eifersucht in ihrer Beziehung kaum Beachtung, bis sie anfing, über die ständige kleine Nörgelei an ihrer Erscheinung und ihrem Verhalten während ihrer ganzen Teenagerjahre nachzudenken und über den sonderbaren Hang ihrer Mutter, Lucy in unelegante, unattraktive Kleider zu stecken, während sie selbst immer makellos gekleidet war. In diesem Szenario gibt es eine gemeine Falle – da sie ihr Selbstwertgefühl andauernd untergraben hatte, konnte Lucy die Eifersucht ihrer Mutter nicht erkennen, weil sie sich nicht vorstellen konnte, daß sie irgend etwas besitzen könnte, das es wert war, darauf eifersüchtig zu sein.

Dies gibt eine Vorstellung vom Hintergrund von Lucys Problem. Es ist als eine »Venus-Wunde« erkennbar, mit der eifersüchtigen Aphrodite, die hinter der eigenen Mutter lauert. Die wahre Schwierigkeit lag nie in ihrem untreuen Ehemann; sie lag in ihrem eigenen Mangel an Selbstwertgefühl, der sie dazu veranlaßte, sich jemanden auszuwählen, der sie genau so behandelte, wie sie sich innerlich selbst behandelte. Ich möchte, daß Sie nun über die Plazierung der Venus in Jungfrau nachdenken. Wenn Lucy beginnt, einen Kontakt zu dieser Dimension ihres Selbst zu bekommen, was wird sie finden? Welche Art von Venus ist es? Dies ist Lucys wesentliches weibliches Selbst, neben ihrer Rolle als Ehefrau und Mutter.

TEILNEHMER: Hat es etwas mit dem Körper zu tun?

LIZ: Ich denke, zum Teil ja. Aber wir müssen immer zum Kern eines Zeichens vordringen, wenn wir einen Planeten, der dort plaziert ist, interpretieren. Es könnte nützlich sein, sich vorzustellen, daß das Zeichen der Venus im Geburtshoroskop fast wie der magische Gürtel der Aphrodite ist, das Symbol ihrer erotischen Macht. Versuchen Sie sich an einige der Mythen zu erinnern, die mit Jungfrau verbunden sind.

TEILNEHMER: Sie handeln von Jungfräulichkeit und Reinheit.

LIZ: Ja, aber was für eine Art von Reinheit? Sicherlich nicht sexueller Art – die alten Jungfrau-Göttinnen waren Tempelhuren. »Jungfrau«, wie ich erwähnt habe, bedeutet einfach »unverheiratet« oder »sich selbst gehörend«, und dies ist die Art von Reinheit, mit der das Zeichen Jungfrau zu tun hat – die Eigenschaft der inneren Integrität, des Nicht-verkäuflich-Seins. Lucy hat diese Eigenschaft während ihrer Ehe nie erfahren; sie war tatsächlich durch Versprechungen der Liebe »erkauft« worden, und sie betrog ihre innere Integrität, indem sie es um der Sicherheit willen aushielt, sehr unglücklich zu sein. Für mich ist das das schwerste Problem, das sie aufgrund der Trennung von ihrer Venus erlitten hat. Mit der Sonne in Konjunktion zu Neptun in Waage gibt es eine Schwierigkeit, ihre Grenzen zu definieren und sich selbst als unabhängige Einheit zum Ausdruck zu bringen. Wir können auch die Planeten im 10. Haus betrachten und ein paar naheliegende Vermutungen anstellen über die Art von Mütterlichkeit, die sie erfuhr – vor allem die genaue Mond/Uranus-Konjunktion in Zwillinge, was darauf schließen läßt, daß ihr frühes Leben alles andere als emotional sicher war. Dies sind nur zwei der zusätzlichen Faktoren, die zu ihrer Unfähigkeit, ihre Venus in Jungfrau zu leben, beigetragen haben.

Doch Lucys wesentliches weibliches Selbst verkörpert diese »Jungfrau«-Göttin, die sich selbst aus freien Stücken hingibt, aber nicht gekauft werden kann. Je mehr Wert sie dieser selbständigen, unkorrumpierbaren Dimension ihrer selbst beimißt, desto selbstsicherer und liebenswerter fühlt sie sich als Frau. Die Zeit, in der sie allein lebte, war für sie von ungeheurem Wert, da normalerweise in der Einsamkeit die positivsten Eigenschaften von Jungfrau zum Blühen kommen, und wenn sie einmal entwickelt sind, bleiben sie erhalten, selbst wenn die Person später eine andere Beziehung oder Ehe eingeht. Seit Lucy keine Angst mehr hat, klare Grenzen um ihre eigenen Bedürfnisse herum zu ziehen, hat sie eine Grundlage, von der aus sie die verzwickteren Aspekte von Sonne/Neptun und Mond/Uranus handhaben kann, und sie ist weniger geneigt, die Rolle des Opfers zu spielen.

Nun, wie denken Sie, könnte sich Venus in Jungfrau im Horoskop eines Mannes zum Ausdruck bringen?

TEILNEHMER: Er würde von selbständigen Frauen angezogen werden.

LIZ: Nun, das ist die traditionelle Interpretation, und sie geht davon aus, daß die Venus nach außen projiziert wird. Aber was sagt sie über den Mann selbst und über seine eigenen Werte aus?

TEILNEHMER: Das gleiche, was sie über Lucy aussagt. Seine persönlichen Werte beinhalten, daß er seine innere Integrität bewahren will und sich nicht an irgend jemanden verkauft, weder für Liebe noch für Geld.

LIZ: Ja, genau. Sie sehen, es gibt keinen Unterschied auf der tieferen Ebene. Je unbewußter sich ein Mann seiner Venus ist, desto wahrscheinlicher ist es, daß er das tun wird, was in den astrologischen Fachbüchern steht, und eine Frau, die dem Jungfrau-Typ entspricht, findet, die diese Werte für ihn verkörpert. Sie wird dann zum Wunschobjekt, dem geliebten Seelenbild. Aber es ist wirklich *seine* Seele, die er im Inneren finden muß, selbst wenn er die richtige Gefährtin im äußeren Leben gefunden hat.

Wenn wir über jene Menschen und Gegenstände sprechen, die wir schön und wertvoll finden, behandeln wir auch die komplizierte und subtile Frage des persönlichen Geschmacks. Dies ist eine andere Dimension der Venus, und Sie können sehen, daß Geschmack in keiner Weise nichtig oder unwichtig ist. Wenn er entwickelt ist – und bei manchen Leuten ist er das nicht –, spiegelt er, um es noch einmal zu wiederholen, das wider, was wir am meisten schätzen. Nun, welche Art von Geschmack kann man wohl bei Venus in Jungfrau vermuten?

TEILNEHMER: Es ist schwer, sich vorzustellen, daß Venus in Jungfrau mit einer Menge Schmuck herumklimpert.

LIZ: Wahrscheinlich nicht, es sei denn, der Schmuck ist handgearbeitet und sehr individuell. Aber normalerweise ist der Geschmack von Jungfrau feinsinnig und neigt zu Dingen, die Qualität haben und gemacht sind, um lange zu halten. Da »Moden« wirklich eine Art von Ausverkaufswaren darstellen – ein bißchen so zu sein wie jeder andere, damit man »dazugehört« –, ist Jungfrau für solche Trends nicht empfänglich. Selbst wenn also der Schmuck riesig ist und klimpert, wird er ausgewählt, nicht weil er modisch ist, sondern weil sich Jungfrau darin »richtig« fühlt.

Die Frage nach der Entwicklung des eigenen individuellen Geschmacks ist ein Aspekt des Wandels, der in Lucy seit ihrem Zusammenbruch und dem Ende ihrer Ehe vor sich gegangen ist. Vorher hatte sie ihrem Aussehen wenig Beachtung geschenkt, außer daß sie sich bemüht hatte, ihrem Mann zu gefallen. Nun fängt sie an, die Übung zu genießen, ihre eigene Individualität durch eine sorgfältige Auswahl von Kleidern, Schmuck, Möbeln und so weiter auszudrücken, alles, was widerspiegelt, wer sie ist, und nicht, was jemand anderer von ihr erwartet.

Ich würde gern noch länger die Plazierung der Venus im 12. Haus in Lucys Horoskop betrachten. Ich erwähnte, daß diese Plazierung ein Venus-Dilemma in der Familienpsyche widerspiegelt.

TEILNEHMER: Es handelt sich um ein ererbtes Problem.

LIZ: Ja, es ist ein archetypisches Dilemma, das schon seit einigen Generationen existiert. Ich glaube, das kann man von jedem Planeten, der im 12. Haus plaziert ist, sagen; es handelt sich um eine machtvolle Komponente in der Familienpsyche, aber irgendwie wurde damit nicht richtig umgegangen. Statt der »verborgene Feind« zu sein, kann er für das Individuum, das ihn im 12. Haus seines Geburtshoroskops stehen hat, zum »verborgenen Reichtum« werden, wenn man ihn ins Bewußtsein bringen kann und lernt, damit umzugehen. Aber daraus folgt, daß man an psychologischen Themen arbeitet, die der eigenen Geburt vorausgehen.

Wie wir gesehen haben, verweist Lucys Venus im 12. Haus direkt auf ihre schöne und narzißtische Mutter als Verkörperung eines Venus-Problems in der Familie, das zweifellos seit vielen Generationen besteht. Lucys Themen mit ihrer Mutter werden auch durch das volle 10. Haus reflektiert, das Mars, Saturn und die Mond/Uranus-Konjunktion enthält. Es ist eine sehr machtvolle Mutter, die von Lucy als kontrollierend, zurückweisend und emotional unberechenbar erlebt wurde. Lucy war sich der hilflosen Unberechenbarkeit ihrer Mutter bewußt, aber nicht ihrer unbewußten Rücksichtslosigkeit oder des Neids, den diese Frau gegenüber ihrer Tochter empfand. Aber ich wiederhole noch einmal, daß diese Art extremen Verhaltens einen tiefen Mangel an Selbstwertgefühl widerspiegelt, der mit Überkompensation verkleidet ist. Lucy und ihre Mutter haben beide die gleiche Wunde, aber sie haben verschieden darauf reagiert, entsprechend ihrer andersartigen Natur. Und es ist wahrscheinlich, daß es das gleiche Problem bei Lucys Großmutter gab und so weiter.

TEILNEHMER: Was ist mit der väterlichen Seite in dieser Familie? Oder ist das einfach auf die Mutter begrenzt?

LIZ: Zweifellos hat dieser Punkt auf beiden Seiten der Familie Probleme bereitet. Nicht zuletzt: Welche Art von Mann sucht sich eine Frau wie Lucys Mutter aus, wenn er nicht selbst ähnliche Probleme hat?

Vielleicht sollten wir ein, zwei weitere Zeichen in bezug auf Venus betrachten, damit Sie ein Gefühl dafür bekommen, den Planeten aus einer mehr mythischen Perspektive zu deuten. Wie wäre es mit einer hitzigen Venus, zum Beispiel Venus in Löwe?

TEILNEHMER: Löwe hat damit zu tun, ein Individuum zu werden.

LIZ: Ja, der höchste Wert für Löwe liegt im Ausdruck eines einzigartigen Selbst.

TEILNEHMER: Löwe muß strahlen.

LIZ: Beim löwenhaften Bedürfnis zu strahlen geht es nicht wirklich darum, die Zuschauer zu beeindrucken. Es geht darum, einzigartig, besonders, ein wirklich göttliches Kind zu sein. Die Sonne muß strahlen, denn das ist ihre Natur; darum liebt Löwe es zu geben,

und darin unterscheidet er sich von den Wasserzeichen, denn das Geben geschieht nicht als Antwort auf die Bedürfnisse der anderen, sondern aus einem Bedürfnis, sein eigenes Licht nach außen zu bringen. Die Großzügigkeit des Löwen ist nicht opfernd, sondern entspringt der eigenen inneren Notwendigkeit, nicht den Forderungen von jemand anderem. Wie, glauben Sie, spiegelt sich Venus im persönlichen Geschmack wider?
TEILNEHMER: Löwen lieben Luxus.
LIZ: Ich denke, das ist generell richtig, aber wir müssen noch einmal auf den Kern des Zeichens kommen, um die luxusliebende Seite des Löwen zu verstehen. Wenn jemandes höchster Wert darin besteht, sein innerstes Selbst zum Ausdruck zu bringen, dann wird der Geschmack hochindividuell sein und daher normalerweise teuer, da es unwahrscheinlich ist, daß jemand das, was er will, in den Einkaufsläden der Billigketten findet. Ich denke, es geht nicht so sehr um Luxus als Höhepunkt des Selbstausdrucks, der natürlich nicht billig ist und die Sparwirtschaft, die für Erdzeichen selbstverständlich ist, verabscheut.

Das gleiche trifft auf das Adjektiv »glamourös« zu, das auch oft in bezug auf Löwe verwendet wird. Um es noch einmal zu wiederholen – das wirkliche Anliegen besteht nicht darin, zu beeindrukken, denn für Löwe existiert die äußere Welt nicht wirklich, außer als Erweiterung seiner selbst. Aber all die feurigen Zeichen wollen, daß das Leben mehr als nur das Leben ist, denn es ist die mythische und symbolische Welt, die für sie die wirkliche Welt ist, nicht das materielle Gebäude von Saturn, das der Imagination im Weg steht. Die geheimnisvolle Qualität des Glanzes ist zutiefst mit dem Mythos verbunden, und die Person, die um sich herum Wolken des Mythos verbreitet, wird gewöhnlich als glamourös betrachtet. Venus in Löwe versucht, der mythischen Welt so nahe wie möglich zu kommen, in Stil, Geschmack und auch Idealen in der Liebe. Daher wird Venus in Löwe manchmal ein großspuriger Geschmack unterstellt, nicht um zu schockieren, sondern um die Pracht der mythischen Welt in die Grauheit der banalen Welt einzubringen.

Sie können sehen, warum ich immer noch in bezug auf Venus um die Frage des Geschmacks kreise. Wie viele von Ihnen haben das Gefühl, daß sie wirklich individuellen Geschmack entwickelt haben und ihn ausdrücken können? Nun gut, zumindest einige von

Ihnen haben sich gemeldet. Aber das ist etwas, an dem jeder arbeiten kann. Die gewöhnliche Ebene hiervon ist die Fähigkeit, in einen Laden zu gehen und zu wissen, daß etwas – sei es ein Kleidungsstück, ein Möbelstück, eine Verzierung oder sonst irgend etwas – wirklich absolut zu einem paßt, unabhängig davon, ob der Verkäufer oder ein Freund versucht, einen davon abzulenken in Richtung auf etwas, von dem *sie* denken, daß es passend sei. Seinen eigenen Geschmack zu entwickeln und ausdrücken zu lernen braucht Zeit, besonders wenn die Venus-Kraft in der Kindheit untergraben wurde, wie es bei Lucy der Fall war. Aber Aphrodite ist notwendigerweise eitel. Wenn Sie sie sich also zur Freundin machen wollen, müssen Sie bereit sein, sich drei Stunden Zeit zu nehmen, um Dinge immer wieder und wieder anzuprobieren, bis Sie anfangen, mit diesem geheimnsivollen Gefühl dessen, was Sie in Ihren eigenen Augen anziehend macht, vertraut zu werden.

TEILNEHMER: Können Sie etwas über Venus in Widder sagen? Ich weiß, es ist wie Löwe ein Feuerzeichen, aber aggressiver.

LIZ: Versuchen Sie, es selbst herauszuarbeiten. Was sind für Widder die höchsten Werte?

TEILNEHMER: Potenz.

LIZ: Genau. Ebenso wie die beiden anderen Feuerzeichen kümmert sich Widder nicht darum, was andere denken, vielmehr geht es ihm um seine innere Erfahrung – in diesem Fall um Potenz, phallische Macht, das Gefühl, lebendig und fähig zu sein, Dinge geschehen zu lassen. Dies beinhaltet die Ebene, neue Ideen hervorzubringen, was auch eine Form von Potenz und phallischer Macht darstellt. Man kann leicht verstehen, daß sich Widder von körperlicher Aktivität, wie beispielweise von Sport, angezogen fühlt, obwohl es kein Erdzeichen ist. Es ist nicht der Körper selbst, um den es bei Widder geht, sondern die Erfahrung des inneren Feuers und der Kraft, die mit Wettbewerb und Eroberung einhergeht. Daher konzentriert sich Venus in Widder auf dieses Gefühl innerer Potenz als Kern der eigenen Liebesfähigkeit – die Eigenschaft, die einem das Gefühl gibt, schön und wertvoll zu sein.

TEILNEHMER: Bedeutet das im Horoskop einer Frau, daß die einzige Art, sich potent zu fühlen, darin besteht, Männer zu erobern?

LIZ: Das ist eine Möglichkeit. Aber ebenso wie bei der Vorliebe des Löwen, sich zu zeigen, handelt es sich hier um die äußere Manifestation eines inneren Wertes, der viele Ausdrucksmöglichkeiten besitzt. Venus in Widder hat sicherlich einen Don-Juan-Ruf bei beiden Geschlechtern, und sie verleiht eine natürliche Art, sich sexuell machtvoll zu erleben. Und es ist nichts dabei, wenn jemand die Notwendigkeit fühlt, ab und zu seine venusischen Muskeln spielen zu lassen, vorausgesetzt, diese Person mit Venus in Widder ist nicht gerade zufällig Ihr Partner und Sie sind nicht zufällig jemand mit Venus in Skorpion in Konjunktion zu Saturn und Quadrat zu Pluto. Aber die totale Abhängigkeit von anderen, selbst wenn sie die Form des Bedürfnisses, jemanden zu erobern, annimmt, ist normalerweise eine sehr fragwürdige Art, die Venus zu leben, weil dann das eigene Selbstwertgefühl immer noch nach außen verlagert ist und es daher vollständig in den Händen der anderen liegt.

TEILNEHMER: Was gibt es über den Geschmack bei Venus in Widder zu sagen? Könnten wir sagen, er ist sportlich?

LIZ: Dies ist ein typischer Ausdruck, aber nicht der einzige. Aber der Geschmack der Venus sagt etwas über die Person aus. Wenn Venus in Widder etwas über Potenz sagen möchte, dann ist »sportliches Aussehen« eine sehr gute Art, das zu tun. Wir vermitteln uns gegenseitig alle Arten von Botschaften durch unsere Kleider, fast wie ein sorgfältig ausgearbeiteter Code. Wenn Sie ein Paar Joggingschuhe tragen, auf denen mit großen Buchstaben »Nike« steht, oder einen Skianzug, der »Nevica« verkündet, so besagt das, daß Sie Ihr Laufen oder Skifahren ernst nehmen, was wiederum bedeutet, daß Sie fit sind und gesundheitsbewußt und – bitte sehr – gut für sich selbst sorgen können. Auf der tieferen Ebene ist es eine Aussage über die Macht, Ihren Körper so zu formen, wie Sie wollen, und es ist eine Aussage über phallische Macht und Effektivität bei einem Mann oder einer Frau. Mit Venus in Widder ist dieses Gefühl der Potenz der Kern des eigenen Selbstwertgefühls.

Wir sind nun am Ende der Sitzung angekommen, aber ich denke, daß Sie nun eine gründliche Einführung in das Thema Venus erhalten haben. Sie werden morgen davon noch einiges mehr von uns beiden zu hören bekommen – natürlich nur, falls ich nicht damit beschäftigt sein sollte, meinen persönlichen Geschmack in den Boutiquen der Bahnhofstraße auszuprobieren und es schaffe, wieder hierherzukommen.

Das Gesetz der Begierde

Eine Tiefenbetrachtung der Venus

Howard Sasportas

Viele Jahre lang sprach ich von Venus nur in Begriffen des Eros-Prinzips, dem Drang nach Einheit und Beziehung, der in uns allen existiert. Wir werden Venus mit Blick auf Beziehungsangelegenheiten im Verlauf des Kurses besprechen, aber für die Anfänger möchte ich Venus zuerst als Kennzeichen unseres Wertesystems untersuchen, dessen, was wir schön und wünschenswert finden. Venus zeigt an, was wir wertschätzen und was wir begehren, sie verweist auf jene Dinge, von denen wir das Gefühl haben, daß sie uns Freude bereiten oder uns vollständiger sein lassen und uns Ganzheit verleihen. Worauf ich hinaus will, ist, daß Venus nicht einfach der Planet der Liebe und Beziehung ist – es geht bei ihr auch um die Klärung unserer Identität, indem wir bestimmen, was wir schätzen, was uns lieb ist und was wir angenehm finden. In diesem Sinne dient Venus der Sonne, sie dient dem solaren Drang, zu wachsen und sich zu einem Individuum mit eigenem Gesetz zu entwickeln: Indem man seine Werte, Wünsche und geistige Verwandtschaft definiert, verleiht man seiner einzigartigen individuellen Identität klarere Gestalt und Bestimmung.

In seinem Kapitel über Venus in dem Buch »Planets« betont Robert Glasscock, daß die Glyphe der Venus einem Handspiegel gleicht, und er geht noch weiter und sagt, daß das, was man schätzt, eine Widerspiegelung dessen ist, wer man ist, »das, was wir lieben, ist eine Widerspiegelung unserer selbst«.* Und doch ist es eine Tatsache, daß viele Menschen große Schwierigkeiten haben, ihre Werte zu bestimmen, sie haben Probleme, sie einzugestehen und zu fordern oder nach dem zu streben, was sie wollen. Entweder sind sie sich nicht sicher, welches ihre Werte sind, oder sie widerstreben ihnen, und es ist Ihnen unangenehm, das anzuerkennen und dafür einzustehen, was sie sich wirklich wünschen. Weil jüdisch-christli-

* Robert Glasscock, »Venus«, in: Planets, a. a. O., S. 129.

che Lehren scheinbar mit dem Opfer, dem Leiden und der Selbstverleugnung im Bunde stehen, glauben viele Menschen, daß Freude oder Selbstliebe eine Sünde sei. Der Existentialpsychologe und Schriftsteller Erich Fromm ist der Ansicht, daß viele von uns sich fürchten und sich weigern, Entscheidungen zu treffen, aus Angst, die falsche Wahl zu treffen. Er glaubt, daß einige Menschen es vorziehen würden, in einem totalitären Staat zu leben, in dem für sie Entscheidungen und Regelungen getroffen werden, statt den Ängsten und Verantwortlichkeiten gegenüberzutreten, die mit einer Freiheit der Wahl verbunden sind.* Ich glaube jedoch, daß es psychologisch gefährlich ist, das eigene individuelle Wertesystem *nicht* zu bestimmen oder sich selbst zu belügen in Hinblick auf das, was man sich wünscht und schön findet.

Die nackte Wahrheit ist, daß wir ohne ein Gefühl dessen, was wir schätzen, verloren sind – wir wissen nicht, wer wir sind. Und außerdem: Wenn wir unseren Werten nicht treu sind, können wir nie ein gesundes Selbstwertgefühl oder Befriedigung in unserem Leben finden. Wenn wir unsere Venus leugnen oder nicht in Übereinstimmung mit ihr handeln, verlieren wir unsere Selbstachtung, wir beschmutzen uns in gewisser Weise. Um Selbstwertgefühl zu gewinnen, müssen wir zuerst unsere Werte bestimmen und das, was uns Freude bereitet; und vorausgesetzt, daß das Ausleben unserer Wünsche andere Menschen nicht gefährdet oder verletzt, müssen wir dann in einer Weise handeln, die unsere Überzeugungen und Sehnsüchte unterstützt – sonst akzeptieren wir nicht, wer wir sind, was auf andere Art besagt, daß wir uns selbst nicht lieben. Und, ob Sie es mögen oder nicht, wenn wir uns selbst nicht genügend lieben, werden wir auch in vielen anderen Bereichen unseres Lebens Mängel aufweisen, besonders auf dem Gebiet der Beziehungen. Wenn wir uns selbst nicht lieben und achten, werden wir nie wirklich glauben, daß uns jemand anderer lieben und achten kann. Wenn wir nicht gut genug sind, wird niemand anderer jemals gut genug sein.

Nun möchte ich klarlegen, inwiefern die Plazierung der Venus im Horoskop ein wesentlicher Schlüssel oder Hinweis ist in bezug auf das, was wir schätzen oder was uns lieb ist, und was wir in unserem Leben erschaffen müssen, um das Gefühl zu haben, daß

* Erich Fromm, Die Furcht vor der Freiheit. Stuttgart 1983.

wir etwas wert sind, damit wir ein gesundes Selbstwertgefühl und Selbstachtung gewinnen (siehe Tabelle 2 auf Seite 141 ff.). Hören Sie genau zu, denn das betrifft uns alle. Die Prämisse, von der ich ausgehe, lautet, daß Zeichen, Haus und Aspekte der Venus jene Dinge und Eigenschaften nahelegen, die wir in unser Leben einbauen müssen, um eine größere Individuation, Selbstbestimmung und persönliche Erfüllung zu erreichen. Nehmen Sie zum Beispiel Venus im 4. Haus – was würden Sie gern haben oder erreichen, was würde Ihnen mehr Freude und Selbstachtung schenken?

TEILNEHMER: Ein schönes Heim.

HOWARD: Ja, auf einer sehr weltlichen oder konkreten Ebene. Venus im 4. Haus verweist auf eine tiefe Wertschätzung und den Wunsch nach einer harmonischen und schönen Umgebung, auf den Wunsch nach einem Heim, das einen stolz macht und Freude bereitet. Nun, ich glaube, wenn Sie das Notwendige tun, um diese Wünsche zu erfüllen, wenn Sie dieses schöne Heim bekommen oder schaffen können, verwirklichen Sie, was Sie schätzen und was Ihnen lieb ist. Demzufolge werden Sie sich nicht nur erfüllt fühlen, sondern sich tatsächlich auch selbst lieber mögen. Verstehen Sie mich richtig – es kann wirklich so einfach sein. Unterschätzen Sie nicht die Wichtigkeit der Selbstliebe. Wenn man sich selbst lieber mag, bedeutet das, daß man mehr Selbstwertgefühl hat, und wenn man sich mit sich selbst wohl fühlt und mehr Selbstwertgefühl hat, folgt daraus, daß sich die Beziehungen, die man im Leben hat, verbessern werden. Und ich bin ziemlich sicher, daß die meisten von uns es gern sehen, wenn sich die Beziehungen in ihrer Sphäre verbessern würden. Verstehen Sie, was ich sage? Die wichtigste Liebe ist die Selbstliebe. Das mag selbstsüchtig klingen, aber das ist es nicht. Wenn man sich selbst nicht schätzt und achtet, wird man nicht fähig sein, ohne ein Heer von scheußlichen und unangenehmen Komplikationen Liebe zu geben und zu empfangen. Wie sieht es nun aus, wenn man Venus im 10. Haus hat?

TEILNEHMER: Das bedeutet, man legt Wert auf Beruf und Karriere, auf weltlichen Status oder darauf, der Gesellschaft zu dienen.

HOWARD: Ja, und wenn man diese Wünsche befriedigen kann, wird man tun, was man braucht, um sich schöner und vollständiger zu fühlen, was dann wiederum das eigene Selbstwertgefühl und die Selbstachtung steigert, und das wird im Beziehungsbereich helfen.

Im Englischen benutzen wir das Wort *interpersonal*, um zu beschreiben, was zwischen einem selbst und einer anderen Person geschieht oder abläuft, daher sprechen wir von interpersonaler Liebe und interpersonalen Beziehungen. Was ich hier jedoch betone, ist nicht interpersonale Liebe, sondern die sogenannte *intrapersonale* Liebe. Intrapersonale Liebe bezieht sich auf die Liebe zu sich selbst; es geht dabei darum, zu dem, was im eigenen Inneren ist, eine Beziehung herzustellen, es zu lieben und zu akzeptieren. Es geht darum, *alles*, was zu einem gehört, zu lieben und zu akzeptieren, selbst die schmutzigen, häßlichen, primitiven, ungewaschenen Pubertätspickel. Ich glaube, daß die intrapersonale Liebe die Grundlage ist, um eine gesunde und glückliche interpersonale Liebe zu erreichen. Können Sie ehrlich sagen, daß Sie alles an sich mögen? Ich habe es vorher schon gesagt, und ich wiederhole es: Sie können nichts verwandeln, was Sie verdammen oder leugnen. Wenn Sie Ihre häßlichen Anteile verleugnen, wie sollten Sie da irgend etwas tun, um daran zu arbeiten oder diese Anteile Ihrer selbst zu verändern? Natürlich, Sie mögen soweit kommen, daß Sie akzeptieren und anerkennen, daß Sie unangenehme oder nicht wünschenswerte Charakterzüge an sich haben, aber wenn Sie diese Komponenten Ihrer Natur verdammen, machen Sie es tatsächlich schwieriger, mit ihnen umzugehen. Akzeptanz erlaubt der heilenden Magie, ans Werk zu gehen: Wenn wir auf Grund dessen, daß wir menschliche Wesen sind, akzeptieren können, daß wir alle mit einem bestimmten Maß an Gier, Begierde, Neid, Erstarrung, Destruktivität oder was auch immer geboren sind, dann können wir diese Teile von uns selbst in uns integrieren und eine Beziehung dazu aufbauen, und dies ist der erste Schritt, um mit ihnen konstruktiv umzugehen. In seinem Bestseller »The Road Less Traveled« betont der amerikanische Psychiater M. Scott Peck die Wichtigkeit der Selbstliebe:

»Die Definition der Liebe... beinhaltet Selbstliebe und Liebe zu den anderen. Da ich ein Mensch bin und du ein Mensch bist, heißt Menschen zu lieben, mich selbst ebenso zu lieben wie dich. Sich der menschlichen spirituellen Entwicklung zu widmen bedeutet, sich der Rasse zu widmen, von der wir ein Teil sind, und das bedeutet also, daß wir uns unserer eigenen Entwicklung wie auch »ihrer«

Entwicklung widmen ... (Wir) sind unfähig, andere zu lieben, wenn wir uns selbst nicht lieben ... Wir können keine Quelle der Stärke sein, wenn wir unsere eigene Stärke nicht nähren ... (Nicht) nur gehen Selbstliebe und Liebe zu anderen Hand in Hand, sondern (sie) sind letztlich ununterscheidbar.«*

Was wir in der Kindheit erfahren, bestimmt in weitem Maße, ob wir, wenn wir erwachsen sind, uns selbst lieben oder nicht. Die Fähigkeit, alles an sich selbst zu lieben, hängt von der Art der Liebe ab, die die, welche sich um uns gekümmert haben, uns geben konnten. Zu oft werden wir nur dann geliebt, wenn wir die Aspekte unseres Wesens zeigen, die unsere Mutter akzeptabel findet. Im Alter von einem Jahr haben wir bereits eine ziemlich gute Vorstellung davon, welche Anteile von uns ihre Zustimmung finden und welche wir verbergen oder leugnen sollten. Als Kind brauchen wir andere, die uns lieben, um unser Überleben zu sichern. Deshalb lernen wir im zarten Alter, das zu unterdrücken, was unakzeptabel ist, und der Welt ein falsches Selbst zu präsentieren. Alice Miller, die bekannte Schweizer Psychoanalytikerin, zieht folgende Schlußfolgerungen aus ihrer klinischen Arbeit:

»Die Anpassung an die elterlichen Bedürfnisse führt oft zu einer Als-ob-Persönlichkeit (Winnicott beschrieb sie als das falsche Selbst). Die Person entwickelt sich in einer Weise, daß sie nur das offenbart, was von ihr erwartet wird, und so vollständig mit dem, was sie offenbart, verschmilzt, daß man kaum vermuten kann – bis es zur Analyse kommt –, wieviel mehr dahintersteckt, hinter dieser ihrer maskierten Sicht von sich selbst! ... Sie kann ihr wahres Selbst nicht entwickeln und ausformen, weil sie unfähig ist, es zu leben. Es bleibt in einem Zustand der Nicht-Kommunikation! ... Verständlicherweise klagen diese Patienten über ein Gefühl der Leere, Nichtigkeit oder Heimatlosigkeit ... Tatsächlich fand ein Prozeß des Leerens, der Verarmung und des teilweisen Abtötens ihrer Potentiale statt, als das, was in ihnen lebendig war, abgeschnitten wurde. In der Kindheit hatten diese Menschen oft Träume, in denen sie sich als teilweise tot erlebten.«**

* M. Scott Peck, The Road Less Traveled. New York 1988 und London 1986, S. 82–83.

** Alice Miller, Das Drama des begabten Kindes. Frankfurt 1979.

Venus in den Zeichen

1. Das Zeichen, in dem Venus steht, ist ein Hinweis auf die Art der Eigenschaften, die jemand schätzt, attraktiv findet oder die ihm lieb sind (egal ob diese bei einer Person oder, abstrakter, in einem Kunstwerk, einer Landschaft oder einer philosophischen Theorie gefunden werden). Die Entwicklung und Einbeziehung der Eigenschaften der Venus in das eigene Leben sollten einem das Gefühl vermitteln, individueller, ganzer und vollständiger zu sein. Man könnte Talente haben, die in Verbindung mit dem Zeichen stehen, in dem Venus plaziert ist.
2. Das Zeichen, in dem Venus steht, sagt etwas über das Bild der geliebten Person aus und darüber, was einen »anmacht«. Es beeinflußt auch, welche Art von Erfahrungen man in Beziehungen zu machen geneigt ist – die Einstellung zur Liebe und anderen gesellschaftlichen Interaktionen. Das Zeichen der Venus kann beschreiben, wie man Zuneigung gibt und empfängt – die Art, wie man sich mit anderen in Harmonie bringt und sich ihnen mitteilt, oder wie man sich selbst schmückt, um sich anziehend zu machen.
3. Das Zeichen, in dem die Venus steht, wird das eigene Anima-Bild färben, das Bild des Weiblichen, das man in sich trägt. Sowohl Frauen als auch Männer müssen mit ihrem Venus-Zeichen in Berührung sein und es entsprechend ausleben, um sich als Individuum wertvoll, vollständig und anziehend zu finden.

Venus in den Häusern

1. Das Haus, in dem Venus steht, verweist auf einen Lebensbereich, zu dem man im Streben nach größerer Erfüllung, Schönheit und Freude hingezogen wird. Wenn man sich in Aktivitäten engagiert, die mit diesem Haus verbunden sind, und sich durch Schwierigkeiten und Themen, die einem in diesem Bereich entgegentreten, hindurcharbeitet, wird man sich als Individuum vollständiger fühlen. Man könnte Talente aufweisen, die mit dem Erfahrungsbereich, welcher mit dem Venus-Haus verknüpft ist, in Zusammenhang stehen.
2. Venus verleiht eine erhöhte Fähigkeit, den Lebensbereich, der mit ihrer Hausplazierung verbunden ist, wertzuschätzen. Was man schätzt und bewundert, ist im allgemeinen das, was man selbst zu sich heranzieht; andere Plazierungen im Horoskop könnten jedoch mit diesen Werten der Venus in Konflikt stehen.
3. Das Haus, in dem Venus steht, ist der Bereich, in dem man Frieden und Harmonie sucht, aber es ist auch ein Lebensbereich, in dem man verführerisch sein könnte – wo man Aphrodites »magischen Gürtel« anlegt, um andere zu verzaubern und zu versklaven.
4. Das Haus der Venus kann ein Bereich sein, in dem man sich mit anderen Leuten im Wettstreit befindet oder auf andere neidisch ist, die das haben, was man selbst gern hätte. Man kann auch desillusioniert und kritisch sein, wenn die Leute in diesem Lebensbereich nicht den eigenen Idealen gemäß leben.
5. Da Venus mit Wert und Würde verbunden ist, kann das Haus, in dem Venus steht, mit Geld, finanziellen Angelegenheiten und Besitz zu tun haben.

Venus-Aspekte
1. Die Natur jedes Planeten, der von Venus aspektiert wird, wird beeinflussen, welche Eigenschaften man schätzt, attraktiv findet oder einem lieb sind – was einem Freude bereitet, egal, ob es sich um eine Person, ein Kunstwerk, eine Landschaft und so weiter handelt, zum Beispiel wenn man Venus in Aspekt zu Saturn und Venus in Aspekt zu Neptun vergleicht. Planeten, die die Venus aspektieren, färben das Anima-Bild und das Bild der geliebten Person. Aspekte zu Venus werden auch etwas darüber aussagen, wie man sich schmückt oder wie man versucht, sich attraktiv zu machen.
2. Die Natur jedes Planeten, der Venus aspektiert, wird die Art der Erfahrungen beeinflussen, die man zu erleben neigt oder die man in Liebe und Beziehung anzieht. Begegnen wir zum Beispiel Saturn oder Jupiter? Aspekte zu Venus werden die Arten der Konflikte, Spannungen und Lektionen zeigen, denen wir in engen Partnerschaften begegnen.
3. Die Natur eines Planeten, der die Venus aspektiert, könnte ein besonderes Talent oder eine Gabe zeigen, die man hat. Planeten, die Venus aspektieren, können auch einen Einfluß darauf haben, wie wir mit Angelegenheiten, die mit Geld und Besitztümern zu tun haben, umgehen.

Tabelle 2: Richtlinien zur Interpretation der Venus

Und wenn Sie immer noch in bezug auf all das Zweifel haben – hier ist ein Zitat aus Nancy Fridays Buch »Wie meine Mutter«:

»Wir erhalten unseren Mut, unser Selbstgefühl, den Glauben, daß wir einen Wert haben – selbst wenn wir allein sind –, die Kraft unsere Arbeit zu tun, andere zu lieben und uns selbst liebenswert zu finden, aus der Stärke der Liebe unserer Mutter zu uns, als wir Kinder waren – so wie jedes einzelne Energiequantum auf Erden ursprünglich von der Sonne stammt. ... Freud, Horney, Bowlby, Erikson, Sullivan, Winnicott, Mahler – die großen Interpreten menschlichen Verhaltens – mögen sich in mancher Hinsicht grundlegend widersprechen, aber sie sind sich über die Anfänge einig:

Man kann das Zuhause nicht verlassen, nicht ganz, getrennt und selbständig aufwachsen, wenn einen nicht jemand genug geliebt hat, um einem zuallererst ein Selbst zu geben, und einen dann gehen ließ. Es beginnt mit der Berührung unserer Mutter, dem Lächeln unserer Mutter und ihren Augen: Da gibt es jemanden, den sie gern berührt, da gibt es jemanden, den sie gern sieht. Das bin ich. Und ich bin in Ordnung.!«*

Ich gehe auf diesen Punkt so ausführlich ein, um die Tatsache zu illustrieren, daß wir, bevor wir uns selbst nicht lieben und wertschätzen – alles an uns –, die volle Entwicklung unserer wahren Identität verhindern. Mit anderen Worten: Die Selbstliebe und der Selbstwert, der davon herrührt, daß wir alles an uns akzeptieren und lieben, ist notwendig, um vollständig in unser Sonnenzeichen oder in unsere Individualität hineinzuwachsen. Man kann sein Sonnenzeichen nicht entwickeln, wenn man sich selbst keinen Wert beimißt, wenn man auf das, was man für sich selbst will, keinen Wert legt. Das ist es, was Liz und ich meinen, wenn wir davon sprechen, daß die Venus der Sonne dient.

Womit können Sie nun also beginnen, was können Sie tun, wenn Sie an einem mangelnden Selbstwertgefühl leiden oder wenn Sie fühlen, daß Sie sich selbst nicht genügend lieben? Wie wir bereits besprochen haben, können Sie damit anfangen, die Venus in Ihrem Horoskop zu betrachten und zu tun, was Sie nur können, um diesen Bereich zu entwickeln. Falls Sie beispielsweise die Venus in Zwillinge und im 3. Haus haben, werden Sie sich mit sich selbst wohler fühlen, wenn Sie Wege finden, Ihrer angeborenen Liebe zum Wissen, zum Wort und zur Kommunikation nachzukommen; wenn die Venus in Schütze steht oder im 9. Haus, sollten Sie Ihrer Liebe zur Philosophie, zur Religion und zum Reisen folgen. Wenn es Ihnen an Selbstliebe mangelt, sollten Sie auch versuchen, diesen Satz so oft wie möglich für sich selbst zu wiederholen: »Ich verdiene Liebe, einfach weil ich bin.« Diejenigen unter uns, die mehr saturnbetont sind, mögen hier vielleicht nicht zustimmen, sie denken vielleicht, daß sie nur Liebe verdienen, wenn sie in einer bestimmten Weise gebaut oder geformt sind oder wenn sie Dinge tun,

* Nancy Friday, Wie meine Mutter. Frankfurt 1993.

die wertvoll und lobenswert sind. Denken Sie, was Sie wollen, aber ich ziehe es vor, zu glauben, daß Liebe etwas ist, was wir alle aufgrund unserer puren Existenz verdienen. Ich betrachte sie als ein grundlegendes Geburtsrecht. Und ich glaube, daß Sie helfen können, sich selbst zu heilen, indem Sie diesen Satz wie ein Mantra verwenden. Das Unbewußte ist in mancher Hinsicht wie ein Spiegel: Wenn wir ihm etwas oft genug sagen, fängt es an, uns diese Botschaft zurückzuspiegeln. Ich gebe zu, daß die Verwendung dieser Affirmation eine Abkürzung ist. Sie könnten glauben, daß dies ein Schwindel ist – daß, wenn Sie sich selbst nicht mögen, weil Ihre Mutter oder Ihr Vater Sie auf eine bestimmte Weise behandelt haben, Sie sich von Ihren Komplexen nur lösen oder befreien können, wenn Sie zwanzig Jahre lang fünf Tage in der Woche Psychoanalyse machen. Psychotherapie oder eine Analyse werden helfen, aber ich weiß aus Erfahrung, daß es auch helfen wird, wenn man sich selbst sagt: »Ich verdiene Liebe, einfach weil es mich gibt«, besonders wenn Sie daran denken, es in den Momenten zu sagen, in denen Sie sich am unattraktivsten, unliebenswertesten, häßlichsten, dümmsten, schamvollsten und so weiter fühlen. Dieses Mantra zu wiederholen mag die Notwendigkeit, die Schwierigkeiten der Kindheit in einer therapeutischen Situation durchzuarbeiten, nicht völlig ersetzen oder ergänzen, aber manchmal funktionieren Abkürzungen ... und diese ist beträchtlich billiger als unzählige Jahre der Analyse. Nur zu, es ist einen Versuch wert!

In »Planets« setzt Glasscock das Gesetz der Schwerkraft beredt mit der Arbeit der Venus gleich:

»Schwerkraft ist ein anderer Name für Anziehung. Und Anziehung ist ein anderer Name für Liebe. Die planetarischen Winkel unseres Sonnensystems werden nahezu buchstäblich durch eine Form der Liebe aufrechterhalten, bei der es uns beliebt, von Schwerkraft zu sprechen. Und Liebe – in all ihrer Tiefe, Komödie, Tragödie und Ekstase – wird von Venus symbolisiert. Also sollten wir sie in unserer Arbeit mit Klienten nicht zu kurz kommen lassen.«*

Die Schwerkraft hält die Planeten an ihrem Ort, Schwerkraft hält alles zusammen. Die Venus stellt eine ähnliche Art der Anziehungs-

* Robert Glasscock, »Venus«, in: Planets, S. 122.

kraft oder -macht dar. Glasscock spricht bei der Venus auch vom »Klebstoff des Lebens«, dem Klebstoff des Universums. Und aus diesem Grund stimme ich der Wichtigkeit zu, die er ihr beimißt. Die Göttin Aphrodite wäre von der Art und Weise, wie sie hier betrachtet wird, angetan. Wie Liz sagen würde, Aphrodite würde es nicht schätzen, nicht geschätzt zu werden, und Sie sollten sich besser in acht nehmen, wenn Sie ihr nicht die entsprechende Beachtung schenken. Aphrodite stand im Ruf, die Mutter von Eros oder Cupido zu sein, den wir am besten als kleinen Engel kennen, der seine Pfeile auf seine unglücklichen Opfer abschießt. In den früheren griechischen Mythen jedoch wurde Eros als die wichtigste kreative Kraft des Universums betrachtet. Eros war noch vor den Titanen da, er war schon da, bevor die Welt erschaffen wurde.* Er war eine wichtige Gottheit, ein voll ausgewachsener Mann, der im Schöpfungsmythos eine Rolle spielte, nicht das Baby in Windeln, das wir so oft auf den Glückwunschkarten zum Valentinstag sehen. Nun haben wir also die Vorstellung, daß die Liebe von Anfang an da war, daß die Liebe eine Kraft ist, die dazu beitrug, das Universum zu erschaffen. Liebe ist nicht nur ein Gefühl, sie ist eine Energie, die durch einen oder von einem kommt, eine Energie, die für einen selbst und für andere als transformierendes Mittel wirken kann. Die Macht der Liebe ist alchemistisch – es kann sehr heilend sein, wenn jemand das goldene Licht der Liebe auf einen scheinen läßt. Und der Akt, Liebe zu geben, kann sowohl für den Geliebten als auch für einen selbst heilend sein. Ich glaube, daß Aphrodite nicht nur ein Symbol dessen ist, was uns Freude bereitet; sie ist auch eine alchemistische Göttin. Ich beziehe mich hier nicht nur auf geschlechtliche Liebe, ich spreche auch von einer guten Freundschaft oder von der Liebe, die zwischen Lehrer und Schüler bestehen kann, oder von der Liebe, die zwischen einem Therapeuten und seinem Klienten ausgetauscht wird. Jede Art von Einheit, die auf Liebe basiert, kann heilend sein.

Bevor wir noch mehr über Liebe sprechen, möchte ich etwas über Venus und Kreativität sagen. Wo immer sich Venus in Ihrem Horoskop befindet, haben Sie ein potentielles kreatives Talent. Im Englischen ist das Wort *talent* ein altes Wort für Geld oder Mün-

* Jean Shinoda Bolen, Göttinnen in jeder Frau. Basel 1986.

zen. Weil die meisten Menschen Geld schätzen – und angesichts der Assoziation von Venus mit Stier und dem 2. Haus –, wurde Venus mit Geld in Verbindung gebracht. Aber Venus symbolisiert mehr als nur Geld. Sie repräsentiert Talent und Kreativität – Fertigkeiten, Möglichkeiten und Potentiale, die angeboren sind. Venus in Zwillinge oder im 3. Haus kann die Gabe des Wortes verleihen; Venus in Krebs oder im 4. Haus bedeutet einen Spürsinn dafür, ein Heim zu gestalten, zu schmücken und zu kochen; Venus in Waage oder im 7. Haus könnte zu einer angeborenen Diplomatie beitragen; Venus in Schütze oder im 9. Haus kann auf ein Talent hinweisen, andere durch das eigene Glaubenssystem und die eigene Weltsicht zu inspirieren; Venus in Fische und im 12. Haus läßt eine angeborene Heilergabe vermuten und die Fähigkeit, jene, die in Bedrängnis sind, zu trösten und zu besänftigen.

Es gibt ein Zitat von Platon (nicht Pluto), das besagt, daß »alle Liebe das Streben nach dem Ganzen ist« – eine große Aussage, die eine philosophische und psychologische Erforschung verdient. Um das zu erklären, müssen wir zu meinem liebsten Platz zurückkehren – in den Mutterleib. Natürlich, einige Mutterleibe sind Fünf-Sterne-, manche Zwei-Sterne-Quartiere und manche sind von Haien verseucht; aber selbst wenn unsere Existenz in der Gebärmutter nicht ideal war, war sie immer noch ein Ort, an dem wir in körperlicher (und wahrscheinlich auch in psychologischer) Symbiose mit unserer Mutter vereinigt und eins mit ihrem Körper waren. Sie war für uns die ganze Welt, und deshalb fühlten wir uns, als wären wir die ganze Welt, als ob unsere Identität das gesamte Universum umschlösse. Zwei Monate nach der Empfängnis entwickelt ein Embryo ein rudimentäres Gehirn, und eines der ersten Dinge, die unser winziges Gehirn registriert, ist ein Gefühl ozeanischer Gesamtheit, dieses Gefühl, daß wir alles sind. Bis zu sechs Monate nach der Geburt glauben wir immer noch, daß wir und unsere Mutter eins sind. Allmählich bilden wir ein Ego oder ein persönliches »Ich« heraus und fangen an, uns als ein von unserer Mutter verschiedenes und vom Rest des Universums getrenntes Wesen zu erkennen; und doch bewahren wir eine schwache Erinnerung an die Zeit, in der wir verschmolzen und von einer liebenden, fürsorglichen Mutter umschlungen waren. Egal wie reif und intellektuell wir im späteren Leben werden, etwas in uns wird sich immer nach diesem verlorenen Gefühl der Einheit mit dem Universum und mit dieser besonderen anderen Person, unserer Mutter oder Bezugsperson, sehnen. Es ist diese Vision von Eden, die sich wieder entzündet, wenn wir uns wahnsinnig, leidenschaftlich verlieben, ein lunarer oder neptunischer Drang, noch einmal mit einer alliebenden, allumsorgenden Mutter zu verschmelzen.

Die Art der Liebe, die von Mond oder Neptun repräsentiert wird, beinhaltet den Verlust der Ich-Grenzen und die vollständige Verschmelzung des Selbst mit jemand anderem. Die Liebe, die Venus sucht, ist anders. Obwohl die Venus den Drang nach Beziehungen symbolisiert, der in uns allen existiert, ist sie nicht daran interessiert, das Selbst zu verlieren oder einem anderen im Namen der Liebe hinzugeben (es sei denn, Venus ist im Horoskop mit Fische oder mit Neptun verbunden oder im 12. Haus). Im Gegenteil, die Liebe der Venus ist die eines individuellen Ego, das danach sucht, sich mit einem anderen individuellen Ego zu vereinigen oder mit ihm zusammenzukommen, um sich vollständiger und erfüllter zu fühlen. Sie will sich nicht notwendigerweise verlieren oder sämtliche Ich-Grenzen in Liebe hingeben, sondern sie will ihre Ich-Identität verschönern, steigern und vergrößern, indem sie sich mit jemandem zusammentut, den sie anziehend und begehrenswert findet. Umfassender ausgedrückt: Die Venus repräsentiert, was wir wünschen, was wir schön finden und was wir zu gewinnen hoffen.

Die Stellung der Venus im Horoskop beschreibt die Eigenschaften, die wir anziehend und schön und daher angenehm und wünschenswert finden, egal ob sie bei einer Person, einem Kunstwerk, in etwas Geschriebenem oder in einer bestimmten Art von Landschaft zu finden sind. Zum Beispiel ist Venus in Skorpion ein Hinweis darauf, daß man von Eigenschaften des Skorpions angezogen wird, egal, ob diese bei einem Mann, einer Frau, einem Buch, einem Musikstück oder einem Gemälde gefunden werden. Man könnte also von jemandem angezogen sein, der tiefgründig, geheimnisvoll und kompliziert ist, von jemandem, der nicht sofort eine Menge von sich zeigt. Entsprechend könnte man von Gemälden oder Musik angesprochen werden, die Geheimnis, Leidenschaft und Intensität hervorrufen, oder man könnte Landschaften innig lieben, die dunkel, dramatisch, voller Höhlen und Schluchten sind. Wenn man im Gegensatz dazu seine Venus in Schütze hat, wird man wahrscheinlich auf jemanden zugehen, der aus sich herausgeht, expressiv, sogar auffallend ist, jemand, der lebhaft und geistreich ist, der einen mit seinen Visionen und Idealen inspiriert. Man könnte weite, offene Landschaften vorziehen, weite Ausblicke, die die »Zäune-mich-nicht-ein«-Seite des von Jupiter regierten Schützen widerspiegelt. Auf diese Weise gibt das Zeichen der Venus und auch das Haus, in dem sie steht, und jeder Planet, der sie aspektiert, einen Einblick in das, was eine Person anziehend findet. Jedoch ist das Leben nicht immer so einfach. Manche Menschen haben Angst, sich von etwas anziehen zu lassen, weil es sie in eine offene, verletzbare Lage bringt. Wenn man also Angst hat, sich etwas zu wünschen, aufgrund des Ausgesetztseins und der Verletzlichkeit, die damit einhergeht, wenn man seine Sehnsüchte eingesteht, könnte man sich tatsächlich genau von den Eigenschaften, auf deren Anziehungskraft die Venus hindeutet, abgestoßen fühlen. Wenn man sich davor fürchtet, zurückgewiesen, verschmäht oder verletzt zu werden, so könnte man sich gegen das verteidigen, was man anziehend oder schön findet, indem man vorgibt, darüber erhaben zu sein und es als abstoßend und nicht wünschenswert beurteilt.

Venus zeigt, was wir schätzen, wünschen und schön finden. Wie die Metaphysiker sagen, gibt es ein kosmisches Gesetz, genannt das *Gesetz des Wünschens* oder das *Gesetz der Anziehung*. Dieses Gesetz nimmt an, daß wir alles, was wir wünschen oder schätzen, zu uns heranziehen – mit anderen Worten, wenn man etwas wirklich schätzt und würdigt, strahlt man eine Energie aus, die ebendies anzieht. Wenn man also mit Venus im 4. Haus geboren ist und sich eine schöne Umgebung als Lebensraum wünscht, ist es das, was man entsprechend dem Gesetz des Wünschens, bekommen sollte. Wenn das Leben nur so einfach wäre! Die Probleme tauchen auf, wenn es andere planetarische Aspekte zu Venus gibt (oder andere Teile der eigenen psychischen Konstellation), die das, was die Venus zu bekommen beabsichtigt, verhindern, negieren oder damit in Konflikt stehen. Das kann astrologisch mit einem ganz unkomplizierten Beispiel illustriert werden. Lassen Sie uns annehmen, Sie seien mit Venus in Waage im 7. Haus geboren, eine laute und klare Aussage, daß Sie sich eine liebevolle und harmonische Beziehung in Ihrem Leben wünschen. Für sich selbst genommen schreit diese

Plazierung geradezu nach Liebe, Einheit und Partnerschaft. Das ist es, was Sie schätzen, das ist es, was Sie zu erreichen hoffen. Was aber ist, wenn Sie auch mit Saturn in Krebs im 4. Haus im Quadrat zu Ihrer Waage-Venus im 7. Haus geboren wurden? Nun haben Sie ein Problem, denn es gibt noch etwas anderes in Ihrem Horoskop und in Ihrer Psyche, das die Wünsche Ihrer Venus durchkreuzt oder mit ihnen im Widerstreit steht. Venus in Waage im 7. Haus sagt: »Ich will Liebe und Beziehung«, aber Saturn in Krebs im 4. Haus könnte auf einen Teil in Ihnen verweisen, der sich vor Liebe fürchtet, einen Teil von Ihnen, der Angst hat, verletzt zu werden, der Angst vor der Verletzlichkeit hat, der Sie ausgesetzt sein könnten, wenn Sie sich einer anderen Person öffnen. Warum könnte Saturn in Krebs im 4. Haus Angst vor Nähe haben?

TEILNEHMER: Vielleicht, weil man als Kind von einem Elternteil, den man liebte, zurückgewiesen oder im Stich gelassen wurde.

HOWARD: Genau. Die meisten Kinder lieben zu Beginn ihres Lebens ihre Mutter und/oder ihren Vater. Aber wenn wir verschmäht oder zurückgestoßen werden oder wenn das Objekt unserer Zuneigung verschwindet oder stirbt, fangen wir an, Liebe und Nähe mit Verletzung und Schmerz zu assoziieren, oder wir kommen zu dem Schluß, daß wir, da wir verlassen und zurückgewiesen wurden, es nicht wert sind, geliebt zu werden. Um uns davor zu schützen, einen solchen Schmerz und eine solche Erniedrigung noch einmal zu erleiden, machen wir »den Laden dicht« und beschließen, daß es sicherer ist, unsere Gefühle im Namen des Selbstschutzes zu verleugnen oder zu verbergen. Obwohl daher Ihre Venus in Waage und im 7. Haus eine gute Beziehung haben möchte und diese entsprechend dem Gesetz der Anziehung von Ihnen angezogen werden sollte, wird Saturn in Krebs und im 4. Haus diese Macht und Kraft Ihrer Venus im 7. Haus behindern und negieren.

TEILNEHMER: Wie würden Sie jemanden beraten, der mit so einem Konflikt zu einer Horoskopbesprechung käme?

HOWARD: Zunächst würde ich herausstellen, daß dieser innere Konflikt vor sich geht – der eine Teil dieser Personen sehnt sich nach Liebe, aber ein anderer Teil fürchtet sich davor und sendet deshalb Botschaften aus, die die Liebe fernhalten. Dann wird es notwendig sein, im Unbewußten zu graben und in der Vergangenheit zu entdecken, wie es dazu kam, daß diese Menschen Liebe mit

Verletzung und Schmerz assoziierten. Mit anderen Worten, man muß an dem verletzten Kind der Vergangenheit arbeiten und an der Notwendigkeit, die Zurückweisung, die von dem inneren Kind empfunden wird und die es immer noch mit sich herumschleppt, wieder gutzumachen. Bei Saturn in Krebs im 4. Haus kann man davon ausgehen, daß ein riesiger psychologischer Hausputz vorgenommen werden muß, bevor sich diese Menschen in der Liebe sicher und wohl fühlen können und bevor sie die Bedürfnisse und Wünsche der Venus in Waage und im 7. Haus befriedigen können. Die Verarbeitung des Quadrats wird beinhalten, daß man mit der frühen Verletzung, der Wut und dem Schmerz in Berührung kommt und sie zum Ausdruck bringt. Dann muß eine Art neuer elterlicher Fürsorge erfolgen, das heißt nun in der Gegenwart muß die Art der Liebe und Fürsorge gegeben werden, die das verletzte Kind brauchte, aber in der Vergangenheit nicht bekommen hat.

Obwohl Venus zeigt, was wir schätzen und würdigen und was wir deshalb in Übereinstimmung mit dem Gesetz des Wünschens zu uns heranziehen sollten, könnte die Venus aufgrund innerer Konflikte nicht erfolgreich sein. Wir mögen sagen oder denken, daß wir etwas wollen, aber wenn ein anderer Teil (bewußt oder unbewußt) sich davor fürchtet oder nicht glaubt, daß wir es wirklich verdienen, ist es wahrscheinlich, daß die Wünsche der Venus überstimmt werden. Wir haben etwas Ähnliches in dem Seminar über Merkur angesprochen, als ich Ihnen die Geschichte erzählte, wie ich einerseits wollte, daß es mir besser ginge und ich das Krankenhaus verlassen könne, aber weil ich andererseits das Nachhausegehen damit assoziierte, wieder mit meiner Arbeit anzufangen, verzögerte sich der Heilungsprozeß trotz aller kinästhetischen Visualisierungen, die ich praktizierte. Wenn wir das, was wir uns im Leben wünschen, nicht anziehen, müssen wir, um zu erfahren warum, wahrscheinlich einen Blick in unser Unbewußtes werfen und in unsere psychologischen Komplexe oder verborgenen Pläne.

Lassen Sie uns nun eine andere Konstellation betrachten und annehmen, jemand hätte die Venus in Waage und im 7. Haus in Opposition zu Uranus in Widder im 1. Haus. Venus im 7. Haus möchte Liebe und Einheit, aber was will Uranus im 1. Haus?

TEILNEHMER: Unabhängigkeit.

HOWARD: Ja, Uranus fordert Raum, Unabhängigkeit, Autonomie.

Raum, um sich zu bewegen, und die Freiheit zu tun, was und wann man will. Nichts von alledem verleitet einen zu der Art Anpassung, die man vollziehen muß, um eine harmonische Beziehung zu führen. In diesem Fall ist es nicht eine Furcht aus Verletzlichkeit oder niedrigem Selbstwertgefühl, die die Beziehung behindert, sondern eher die Furcht, die Freiheit und Individualität zu verlieren, die Furcht, von einer anderen Person verschlungen zu werden. Hier haben wir also den uranischen Drang im Konflikt mit dem Gesetz des Wünschens, wie es von Venus dargelegt wird.

TEILNEHMER: Ich habe Venus in Aspekt zu Saturn und Uranus.

HOWARD: Ja, manche Menschen haben einen Venus-Aspekt zu beiden Planeten. Wenn Sie beispielsweise 1942 geboren sind und eine Saturn/Uranus-Konjunktion in Stier oder Zwillinge haben, könnte Venus in irgendeiner Weise mit dieser Konjunktion verbunden sein. Diejenigen, die um 1952 geboren sind, könnten Venus im Aspekt zu einem Saturn/Uranus-Quadrat haben, das damals auftrat. Um 1965 stand Saturn in Opposition zu Uranus, 1977 stand er im Quadrat zu Uranus, und vor kurzem gab es eine Konjunktion zwischen den beiden in Steinbock. Venus könnte in diese Aspekte mit hineinspielen. Jeder Planet, der Venus aspektiert, verweist auf die Art von Themen, die in unseren Beziehungen auftauchen. Wenn Saturn an einem Arm der Venus hängt und Uranus am anderen, wird ziemlich viel Spannung produziert: Wir wollen eine Beziehung (Venus), aber wir fürchten sie aus Gründen, die von Saturn herrühren (aus Furcht vor Verletzungen oder aus dem Gefühl, daß wir nicht fähig oder nicht wert sind, eine Beziehung zu haben), ebenso wie aus Gründen, die von Uranus stammen (aus Furcht, die Autonomie zu verlieren). Es bedarf psychologischer Arbeit, um dieses Durcheinander zu ordnen, aber vorausgesetzt, wir kommen zu der Wurzel unserer Ängste und schließen mit ihnen Frieden, sollten wir in der Lage sein, Wege zu finden, um Venus in unserem Leben unterzubringen. Wir sind nicht wie Schmetterlinge an der Tafel des Schicksals festgenagelt. Wir haben einen freien Willen, und wir können ihn benutzen, um uns unserer inneren Konflikte bewußter zu werden und um das zu tun, was notwendig ist, um die Spannungen zu lösen, die sie erzeugen.

TEILNEHMER: Was ist, wenn die Venus im Sextil zu Saturn oder Uranus steht?

HOWARD: Bei Venus im Sextil zu Saturn oder Uranus wird es einige der gleichen Probleme geben wie bei den harten Winkeln zwischen diesen Planeten. Das Sextil (und hier auch das Trigon) weist normalerweise darauf hin, daß das Ego clever genug ist, um Wege zu finden, die Dilemmata zu lösen, die sich sowohl durch Saturn als auch durch Uranus ergeben. Insbesondere das Sextil verspricht eine Lösung, vorausgesetzt, wir sind willens, in dieser Richtung einige Anstrengungen zu unternehmen. Ich bin froh, daß Sie die Sextile erwähnt haben: Sie sind wichtige Aspekte, die manchmal übersehen oder einfach in den Status eines schwachen Trigons verbannt werden. Ich glaube, daß sie mehr Aufmerksamkeit verdienen. Alle Planeten, die durch ein Sextil verbunden sind, haben das Potential, kreativ zum eigenen entwicklungsmäßigen und psychologischen Vorteil verknüpft zu werden. Sextile sind potentielle Talente und Gaben, die etwas Aufmerksamkeit oder Bearbeitung bedürfen, um voll entwickelt zu werden. Venus im Sextil zu Saturn unterstellt, daß wir sowohl liebend als auch loyal sein können, in Beziehungen standhaft und mit beiden Beinen auf der Erde stehend. Ich möchte Sie alle dazu ermutigen, sich die Zeit zu nehmen, sämtliche Sextile, die sich in Ihrem Horoskop befinden, zu prüfen, einzuschätzen und besser zu nutzen. Wenn Sie beispielsweise ein Sextil zu einem Planeten im 11. Haus haben, würde ich Sie dazu drängen, sich in einer Gruppe zu engagieren, in einem Club oder einer Organisation irgendeiner Art, denn indem Sie sich mit dem 11. Haus einlassen, schaffen Sie dem Sextil mehr Möglichkeiten, um hervorzutreten. Tun Sie es, engagieren Sie sich bei den Prinzipien, die von den Zeichen, Planeten und Häusern repräsentiert werden, welche ein Sextil zusammenbringt. Trigone kommen natürlicher zu uns, sie landen in unserem Schoß; aber Sie müssen sich ein wenig anstrengen, um ein Sextil zu aktivieren und das Maximum dabei herauszuholen. Bevor Sie fragen: Ich erlaube einen Orbis von 6 Grad, wenn Sonne oder Mond beteiligt sind, und einen Orbis von 4 oder 5 Grad bei anderen Planeten.

TEILNEHMER: Ich habe Venus in Konjunktion zu Uranus, und ich kann mit dem, was Sie über die zwei Planeten im Quadrat sagten, etwas anfangen.

HOWARD: Ja, wie Liz oft sagt, jeder Aspekt ist wie ein Tisch mit zwei Beinen (gibt es so etwas wie einen Tisch mit zwei Beinen?):

Zieh an einem Bein, und das andere Bein wird mitgerissen. Egal, ob Venus in Konjunktion, Sextil, Quadrat, Quincunx, Halbquadrat oder Opposition zu Uranus steht, es werden ähnliche Arten von Themen aufsteigen. In diesem Fall wird Uranus von Venus mitgezogen. Dies kann sich auf viele verschiedene Arten zeigen: Es könnte darauf hindeuten, daß man sich in Menschen uranischen Typs verliebt, oder, um es auf den Punkt zu bringen, es bedeutet normalerweise, daß, wenn man sich verliebt, man auch die Bedürfnisse des Uranus nach Raum und Autonomie einbeziehen muß, der es sich und seiner Identität nicht gestattet, völlig mit einer anderen Person zu verschmelzen. Wie gut wir mit einer Konjunktion umgehen können, hängt von ihrer Beziehung zu anderen Plazierungen im Horoskop ab. Das Ego wird es offensichtlich einfacher finden, Venus in Konjunktion mit Uranus im Trigon zu Jupiter zu handhaben als Venus in Konjunktion zu Uranus im Quadrat zu Pluto. Ein Wassermann könnte es einfacher haben, wenn er mit einer Venus/Uranus-Konjunktion lebt, als ein Stier oder jemand mit einem starken Saturn oder viel Erde in seinem Horoskop.

Das ganze Gespräch über Venus und Uranus führt mich zu etwas, das ich mit Ihnen genauer besprechen möchte – das *Freiheit-Nähe-Dilemma*. Wir haben diesen Konflikt bereits bei meinem Vortrag über den Mond besprochen*, als wir die innere Ambivalenz des Kindes untersuchten, das der Mutter aufgrund der Liebe und Nähe, die sie spendet, nahe sein möchte und doch auch gleichzeitig durch den Drang, frei zu sein und die Welt jenseits ihres Knies zu erforschen, weggezogen wird. Ich möchte mit dieser Besprechung da weitermachen, wo wir aufgehört hatten, und dann können wir sehen, wie die Spannungen, die dem Freiheit-Nähe-Dilemma innewohnen, nicht einfach nur die Kindheit betreffen, sondern fortfahren, uns in unseren erwachsenen Beziehungen zu prüfen.

Tatsächlich stellt das Freiheit-Nähe-Dilemma die grundlegenste und allgemeinste Herausforderung dar, mit denen die Menschen in ihren Partnerschaften konfrontiert werden: Wie kann man jemandem nahe sein und gleichzeitig die Verbindung mit der eigenen

* Siehe Teil 1: »Die erste Liebe« in: Liz Greene/Howard Sasportas, Sonne und Mond, a. a. O.

Identität nicht verlieren, wie kann man sich mit einem Partner oder Freund verbinden, Kompromisse schließen und sich mitteilen und doch seinem Selbst gemäß wahrhaftig bleiben?

Wir beginnen das Leben in einem Zustand der Symbiose mit unserer Mutter, aber mit fünf bis acht Monaten nach der Geburt lassen wir uns auf das ein, was als »psychologische Geburt« bekannt ist, auf den Prozeß, unsere Identität von derjenigen unserer Mutter auseinanderzudividieren. Wir fangen allmählich an, anzuerkennen, daß wir eine getrennte Person mit eigenem Recht sind. Wie wir früher schon festgestellt haben, macht es Angst, sich zu trennen und für sich selbst einzustehen, und durch die verschiedenen Phasen der Individuation hindurch werden wir wiederholt zu unserer Mutter zurücklaufen, um Rückversicherung, Sicherheit, Trost und Unterstützung zu bekommen. Wir wollen wachsen, uns selbst mehr genügen und unsere Umgebung erforschen, aber wir wollen auch wissen, daß sie immer noch da ist, wenn wir sie brauchen. Wir wollen, daß unsere Mutter für uns da ist, aber wir würden auch gern von ihr unabhängig sein. Klingt das vertraut? Das sollte es, denn die gleichen Themen treten in den späteren engen Beziehungen wieder auf. Die Differenzierungsphase beginnt ernstlich im Alter von vier, fünf oder sechs Monaten, und mit neun Monaten wachsen wir in das hinein, was »Einübungsphase« genannt wird – eine Zeit, in der wir unsere Autonomie ausprobieren und einüben, indem wir uns von unserer Mutter wegwagen, um zu sehen, was es sonst noch da draußen im Leben gibt.

Wie Judith Viorst in ihren Buch »Mut zur Trennung« heraushebt, ist die Einübungsphase voll Ungestüm: Das Krabbeln führt zum Gehen, und aufrecht zu stehen bedeutet einen großen Triumph. Wir sind aufgeregt darüber, was wir erreicht haben, und wir beginnen eine Liebesbeziehung nicht nur zu unserer Mutter, sondern mit der Welt um uns herum. Nach den Worten von Judith Viorst werden wir »betrunken von der Omnipotenz und Größe« und werden zu unverfrorenen Narzißten, »die Meister von allem, was wir überblicken«. Vorausgesetzt daß wir während dieser Phase nicht zu vielen Beschränkungen und Verboten begegnen, werden wir mit einer Faszination und einem Staunen für das Leben aufwachsen. In diesem Zeitraum wird in uns »dieser Solo-Pilot, dieser afrikanische Erforscher, dieser Navigator unerforschter Meere, dieser »unerschrockene Abenteurer« eingebaut.* Sie können beinahe nachvollziehen, wie Ihre »Übungsphase« vor sich ging, wenn Sie betrachten, wie Sie reagieren, wenn Sie allein in einer fremden Stadt sind. Sind Sie die Art von Mensch, der allein zu einem neuen Platz gehen kann und aufgeregt ist darüber, was er dort finden könnte? Wenn ja, haben Sie wahrscheinlich eine gute Übungsphase in Ihrer Entwicklung hinter sich. Oder sind Sie die Art von Mensch, der sein Hotelzimmer in einer fremden Stadt nicht verlassen will, aus Furcht vor dem Unbekannten, aus Angst, was da draußen wohl lauern könnte? Wenn ja, ist Ihre natürliche Neugier und Ihr Abenteurertum während Ihres Entwicklungsprozesses irgendwie beschädigt oder behindert worden. Vielleicht hat Ihnen Ihre Mutter ein Schuldgefühl vermittelt, wenn Sie sich von ihr fortbewegt haben, oder sie hat sich jedesmal übertrieben besorgt gezeigt, wenn Sie sich davongemacht haben. Die Übungsphase lehrt uns, mutig auf eigenen Beinen zu stehen. Wenn sie nicht gut verläuft, ist die Forscherfreude erstickt, und die Aussicht, die Welt zu entdecken, wird als entmutigend empfunden.

Mit 18 Monaten erfaßt unser Geist die volle Bedeutung unseres Getrenntseins. Davor mögen wir in unserer neugefundenen Macht und in unseren Fähigkeiten geschwelgt haben, aber dann trifft uns die wirkliche Tatsache, daß wir nur ein kleines hilfloses Kind sind. Judith Viorst vergleicht diese Erkenntnis mit der Vorstellung, daß wir fröhlich auf einem gespannten Seil gehen und ein, zwei Tricks zum besten geben – und dann schauen wir plötzlich nach unten und entdecken, daß es unter uns kein Netz gibt. Margaret Mahler bezeichnete diese Ernüchterung als »Wiederannäherungsphase«.** Der Gefahren der Autonomie bewußt, laufen wir zu unserer Mutter zurück; aber unfähig, die Freude, allein in der Welt zu stehen, völlig aufzugeben, entfernen wir uns wieder von der Mutter. Dann kehren wir erneut zu ihr zurück, aber wenn ihre Nähe und Gegenwart anfängt, sich erstickend anzufühlen, machen wir uns wieder allein auf den Weg. Diese Phase ist unser erster bewußter Versuch, Getrenntsein und Autonomie mit Nähe und Sicherheit zu versöh-

* Judith Viorst, Mut zur Trennung. München 1989.

** Margaret S. Mahler u. a., Die psychische Geburt des Menschen. Frankfurt 1993.

nen, und es gibt dabei einiges zu verhandeln. »Wie lange kann ich der Mutter fernbleiben und immer noch sicher sein, daß sie dann da sein wird, wenn ich zurückkomme? Wieviel Freiheit und Unabhängigkeit muß ich für Liebe und Schutz hergeben? Sollte ich mich allein nach draußen wagen oder sollte ich bei ihr bleiben – und wenn ich weggehe, wird sie mich wieder annehmen, wenn ich zurückkomme?« Der Schlüssel zur Lösung des Wiederannäherungsdilemmas besteht darin, die optimale Entfernung und Zeit zu finden, in der man von der Mutter oder der Bezugsperson getrennt sein kann und sich immer noch sicher und geborgen fühlt. Wir müssen uns trennen und lernen, psychologisch allein zu sein, um unsere Sehnsucht nach Autonomie und Unabhängigkeit zu befriedigen, und doch müssen wir uns immer noch eng verbunden und geliebt fühlen, um unser Verlangen nach Intimität und Sicherheit zu stillen. Berichtigen Sie mich, wenn ich da falsch liege, aber ich bin mir ziemlich sicher, daß Ihnen diese Themen in bezug auf Ihre Beziehungen im Erwachsenendasein vertraut sind. Wie oft haben Sie sich in dieser Bindung »ich kann nicht mit ihm leben, aber ich kann auch nicht ohne ihn leben« gefangen gefühlt? Wie fühlten Sie sich, als Sie Ihren Partner eine Woche lang verlassen mußten, um zu dieser Konferenz zu fahren? Wenn wir die Ambivalenzen und Spannungen, die mit der Wiederannäherungsphase verbunden sind, nicht lösen konnten, werden wir von ihnen unser ganzes Leben lang verfolgt werden. Das Freiheit-Nähe-Dilemma, das zuerst mit unserer Mutter durchgespielt wird, wird wieder und wieder mit Freunden, Geliebten und sogar mit unseren eigenen Kindern neu inszeniert.

Es ist nicht schwierig, astrologische Anzeichen, die mit dem Freiheit-Nähe-Dilemma zusammenhängen, ausfindig zu machen. In ihrer eigenen Art und Weise und in unterschiedlichen Graden symbolisieren Mond, Venus und Neptun unseren Drang nach Einheit, Intimität, Nähe und Verschmelzung und den Wunsch, uns selbst an eine andere Person zu verlieren; wogegen Sonne, Mars und Uranus die offensichtlichsten Anzeichen für unser Bedürfnis nach Autonomie, Raum, Freiheit, Getrenntsein und Individualität darstellen. (Sie könnten auch argumentieren, daß in mancher Hinsicht auch Jupiter – der Planet, der Raum braucht, um sich zu bewegen – und Saturn – der Planet, der uns befähigt, Grenzen um uns zu ziehen – auch in die Getrenntheits- und Autonomie-Liste aufgenommen werden sollten.) Wenn Sie Mond, Venus oder Neptun von Sonne, Mars oder Uranus aspektiert haben, ist es wahrscheinlich, daß der Konflikt zwischen Nähe und Freiheit in Ihrem Leben von großer Bedeutung ist. Aspekte von Venus zu Uranus erzeugen zum Beispiel mit Sicherheit diese Spannung. Sie können sie auch mit Venus in einem harten Winkel zu Mars bekommen oder mit Mond in Konflikt zu Sonne, Mars, Jupiter, Saturn oder Uranus.

Auch Zeichenkombinationen können dieses Dilemma zum Vorschein bringen. Einige von ihnen kommen einem sofort in den Sinn: Planeten in Widder in Opposition zu Planeten in Waage; das Widder/Krebs-Quadrat kann Freiheit-Nähe-Konflikte ergeben; das Stier/Wasserman-Quadrat könnte sich als das Bedürfnis nach Routine und Sicherheit im Widerspruch zu dem Bedürfnis nach Raum und Freiheit manifestieren; Planeten in Krebs in Quincunx zu Planeten in Schütze oder Wassermann könnten das auch tun; der Stier/Schütze-Quincunx-Winkel könnte dieses Problem erzeugen, oder das Bedürfnis des Zwillings nach Wandel und Vielfalt könnte mit dem Bedürfnis von Skorpion nach Intimität oder mit dem Bedürfnis von Steinbock nach Sicherheit in Konflikt geraten; Plazierungen in Widder gegen Plazierungen in Stier, Plazierungen in Zwillinge gegen Plazierungen in Stier oder Krebs können auch das Freiheit-Nähe-Dilemma intensivieren.

Häuserbetonungen könnten diese Themen noch hervorheben: Planeten im 1. Haus in Opposition zu Planeten im 7. Haus könnten einen Konflikt zwischen dem, was Sie als Individuum wollen, und dem, was eine Beziehung von Ihnen fordert, erzeugen; Planeten im 2. oder 4. Haus in Quincunx zu Plazierungen im 9. Haus zeigen manchmal die Art von Spannungen an, die wir besprochen haben. Tatsächlich ist das Freiheit-Nähe-Dilemma praktisch universell, und es wird sich auf vielen verschiedenen Wegen im Horoskop zeigen, sogar auf Arten, die ich bis jetzt nicht erwähnt habe. Wir alle haben etwas davon, obwohl manche Horoskope es deutlich als ein Hauptproblem offenbaren, das in diesem Leben gelöst werden muß.

Bevor ich ein Rezept zur Lösung des Freiheit-Nähe-Dilemmas vorschlage, möchte ich näher betrachten, wie verschiedene Individuen oder Paare diesen Konflikt erleben könnten.* Manche Menschen empfinden dieses Dilemma derart extrem, daß es fast pathologisch ist. Ich möchte zunächst einen ernsten Fall beschreiben, aber denken Sie daran, es ist ein Extrem, und Sie leiden unter diesem Problem wahrscheinlich nicht im gleichen Maße. Das Beispiel, an das ich denke, handelt von einer Person, die ganz einfach keines der beiden Bedürfnisse befriedigen kann: Er oder sie findet es unerträglich, allein oder getrennt zu sein, aber wenn er/sie jemandem nahe ist, so wird dies auch als äußerst bedrohlich empfunden. Wenn Nähe angst macht und Autonomie angst macht, wohin kann man dann gehen? Ich habe diese Situation in den Horoskopen von Menschen gesehen, deren Sonne und Mond ein T-Quadrat zu Saturn, Uranus oder Pluto bilden – Aspekte, die auf ziemlich ernste Schwierigkeiten oder Blockaden bei beiden, den Sonne- und den Mond-Prinzipien, hinweisen. Nehmen Sie zum Beispiel ein Sonne/Mond/Pluto-T-Quadrat. Wenn man den Mond im Quadrat zu Pluto hat, kann Intimität sehr viele Ängste und tiefe Komplexe hervorrufen, die die Nähe zu einer anderen Person zu einer bedrohlichen Aussicht werden lassen. Intime Beziehungen erzeugen intensive Ängste, als ob man fürchten würde, die andere Person könnte einen auslöschen oder zerstören, daher schickt man die andere Person fort oder flieht aus der Beziehung (der Mond/Pluto-Aspekt). Aber nicht zu vergessen, man hat auch noch das Sonne/Pluto-Quadrat, was bedeutet, daß man Pluto wahrscheinlich im Prozeß der Ego-Bildung begegnet, und das könnte einen mit dem Gefühl zurücklassen, daß es gefährlich ist, als Individuum nach eigenem Gesetz zu existieren.

Wenn man also mit sich allein ist, fühlt man sich genauso schrecklich wie in der Zeit, als man eine Beziehung hatte, weil man Getrenntsein mit Leere, Verlassenheit, Tod und Zerstörung assoziiert (der Sonne/Pluto-Aspekt). Sie sehen das Problem – sich nahe zu fühlen, gibt einem das Gefühl, als ob man stürbe, und mit sich allein zu sein, gibt einem das Gefühl, als ob man stürbe. Wohin also soll man gehen? Man könnte zurück in eine Beziehung gehen, nur, um die gleichen Ängste wie zuvor zu erleben. Deshalb beendet man sie

* Maggie Scarf, Intimate Partners: Patterns in Love and Marriage. New York 1987 und London 1987, Kapitel 19.

und ist wieder allein, was sich furchtbar anfühlt, also versucht man, wieder Nähe zu bekommen und so weiter. Einige von Ihnen könnten bei sich selbst einen Hang dazu feststellen, diese Art von Jo-Jo-Beziehungsstil einzugehen, wenn auch wahrscheinlich nicht derart markant wie in diesem Fall. In dem Beispiel, das ich verwende, werden beide Enden der Freiheit-Nähe-Polarität als sich gegenseitig völlig ausschließend angesehen, und keines der Bedürfnisse kann befriedigt werden. Nicht nur an ernsthaften Symbioseängsten zu leiden (die Angst, jemandem nahe zu sein), sondern auch an akuten Getrenntheitsängsten (die Furcht, allein dazustehen – läßt einen an einem sehr einsamen, beängstigenden Ort zurück.

Für Paare ist es normaler, daß sie sich »aufteilen« und das Freiheit-Nähe-Dilemma projizieren, wobei ein Partner die Getrenntheits- und Freiheitsbedürfnisse auslebt und der andere die Verantwortung dafür trägt, die Nähe und Intimität aufrechtzuerhalten. Um diese Situation besser zu verstehen, müssen wir die Mechanismen von Abspaltung und Projektion noch einmal nachprüfen. Zunächst müssen Sie sich daran erinnern, daß wir alle bis zu einem gewissen Grad den Freiheit-Nähe-Konflikt in uns tragen. Es ist ein inneres Dilemma, ein innerer Streit zwischen dem Drang nach Autonomie und dem Wunsch nach Intimität. Da das Ego Ambivalenzen nicht mag, könnten wir bewußt für ein Ende der Polarität Partei ergreifen und das andere leugnen. Lassen Sie uns annehmen, Sie haben Venus in Quadrat zu Uranus und identifizieren sich hauptsächlich mit der Venus, leugnen dabei aber die Seite des Uranus in Ihrem Wesen. Indem Sie Venus dem Uranus vorziehen, geben Sie Ihr Bedürfnis nach Einheit zu, während Sie gleichzeitig einen ebenso starken Drang, unabhängig zu sein und getrennt von der Partnerschaft eine Identität zu haben, unterdrücken. Manche Menschen spielen das andersherum durch: Sie bestehen darauf, daß sie glücklicher und freier sind, wenn sie allein sind, und verleugnen ihr Bedürfnis nach Intimität. Das gleiche Dilemma und die gleiche Art der Aufteilung und Projektion kann bei Mond im Quadrat zu Uranus aufgezeigt werden. Hierzu schrieb C. G. Jung über das Leugnen und Unterdrücken eines psychischen Anteils:

»Die psychologische Regel besagt, daß, wenn eine innere Situation nicht bewußt gemacht wird, sie im Außen als Schicksal eintritt. Das soll heißen, wenn das Individuum ... sich seiner inneren Widersprüche nicht bewußt wird, muß die Welt notgedrungen den Konflikt ausagieren und in gegensätzliche Hälften zerrissen werden.«*

Diesem psychologischen Gesetz entsprechend wird es, wenn Sie für Venus Partei ergreifen und Uranus verdrängen, Ihr Schicksal sein, Menschen anzuziehen, die mehr dazu neigen, die Uranus-Seite ihres Wesens auszuagieren. Dann taucht die Situation auf, in der Sie scheinbar alles tun, um Wärme, Nähe und Einheit zu stärken, während Ihr Partner für Sie Uranus austrägt – er oder sie ist derjenige, der auf Raum, Abstand und mehr Zeit außerhalb der Beziehung drängt. Zumindest an der Oberfläche scheint es so, als wären Sie das, was Ihr Partner nicht ist. Diese Art emotionaler Arbeitsteilung verursacht sehr viele Spannungen und Konflikte zwischen Partnern; wenn Sie derjenige sind, der den Mond oder die Venus auslebt, fühlen Sie sich leicht zurückgewiesen und verletzt und beklagen sich schließlich über die Kälte Ihres Partners. Gleichzeitig beklagt sich Ihr Partner darüber, daß er sich von Ihnen bedrängt und erstickt fühlt. Nebenbei gesagt, wir können alle Arten von emotionalen Problemen aufsplitten. Wenn Sie beispielsweise jemand sind, der gewöhnlich Wut verleugnet oder unterdrückt, ist es höchst wahrscheinlich, daß Sie sich mit einem Partner verbinden, der bereitwillig Wut zum Ausdruck bringt, oder Sie finden subtile Methoden, wie Sie Ihren Partner dazu bringen, daß er für Sie Ihre eigene Wut ausagiert. Oder Sie könnten sich selbst für einen unkomplizierten Menschen halten – eine freie und einfache Person – und geraten an einen Partner, der zu Depressionen und Morbidität neigt. In diesem Fall übernimmt er oder sie Ihre Traurigkeit und Verzweiflung, während Sie die unausgedrückte hellere Seite Ihres Partners zum Ausdruck bringen. In »Intimate Partners: Patterns in Love and Marriage« faßt die Autorin Maggie Scarf diesen Prozeß emotionaler Arbeitsteilung, dessen Wurzel eine Verwirrung oder Vermischung persönlicher Grenzen ist, bündig zusammen:

»Der in heimlichem Einverständnis stattfindende Austausch innerer Bereiche ist ein Handel, der zwischen den beiden interessierten

* C. G. Jung, Aion: Beiträge zur Symbolik des Selbst, in: C. G. Jung, Gesammelte Werke, Bd. 9, Freiburg 1976.

Parteien vor sich geht. In der Ehe, trotz aller offensichtlichen Beweise des Gegenteils, gibt es wirklich keine Opfer oder Bösewichter; es gibt nur einen Handel, der vereinbart wurde. Was der Wahrheit in konfliktreichen Beziehungen näherkommt, ist, daß ein Austausch verleugneter Anteile der Partner im Untergrund stattgefunden hat. Dann sieht jeder im Partner, was er bei sich selbst nicht wahrnehmen kann – und es entstehen unaufhörliche Streitigkeiten, um das zu ändern.«*

Scarf spricht auch speziell über das Freiheit-Nähe-Dilemma:

»Was von den Partnern ausgefochten wird, ... ist das Problem, daß keiner von beiden in der Lage war, das innere Problem anzugehen, wie man ein einzelnes und getrenntes Individuum sein kann, während man gleichzeitig mit einem anderen menschlichen Wesen verbunden ist. Das Kernproblem dieser Partner ist die Unfähigkeit jedes Partners, innerlich beide Seiten der Autonomie/Intimität-Polarität abzudecken.«**

Nun möchte ich Ihnen gern einen Rat geben (das zu tun ist immer eine gefährliche Angelegenheit), wie das Freiheit-Nähe-Problem zu lösen ist. Erinnern Sie sich an diesen alten Vers: »Ich schaute und schaute und sah, daß das, wovon ich dachte, es seist du, in Wirklichkeit ich selbst war.« Wir sind dabei, das Dilemma zwischen Autonomie und Intimität zu lösen, wenn wir erkennen, daß es ein innerer Konflikt ist. Obwohl wir dazu neigen, die Polarität aufzuteilen und die andere Person dafür beschuldigen, daß sie das auslebt, was wir in uns selbst leugnen, haben wir alle in Wahrheit beide Bedürfnisse, die in unserem Inneren miteinander kämpfen. Als nächstes sollten wir erkennen, daß es in Ordnung ist, beide Bedürfnisse zu haben. Es ist weder falsch, intim und nahe sein zu wollen, noch ist es falsch, Raum und Autonomie haben zu wollen. Wenn wir akzeptieren können, daß alle beide dieser inneren Bedürfnisse legitim sind, wird es uns leichter fallen, zu akzeptieren, daß auch andere Menschen die gleichen Konflikte haben. Das könnte zumindest theoretisch dazu führen, daß wir uns nicht übermäßig aufregen

* Maggie Scarf, Intimate Partners, a.a.O., S. 63.
** Maggie Scarf, Intimate Partners, a.a.O., S. 365.

müssen, wenn ein Partner entweder den Wunsch nach Nähe oder den Wunsch nach Freiraum zum Ausdruck bringt. Was wir an uns nicht mögen, können wir schwer bei anderen akzeptieren. Wenn wir also unser Bedürfnis nach Nähe furchtbar finden, werden wir es nicht mögen, wenn eine andere Person versucht, uns näherzukommen. Wenn wir umgekehrt die Tatsache nicht zugeben können, daß wir mehr Raum und Freiheit in der Partnerschaft brauchen, werden wir nicht erfreut sein, wenn unser Partner mehr Autonomie und Unabhängigkeit fordert. Die Polarität zu akzeptieren als etwas, das in uns selbst enthalten ist, und beide Seiten als legitim anzuerkennen, erleichtert es uns zu akzeptieren, daß diese Polarität auch in anderen Menschen exisitiert.

Der nächste Schritt, um das Freiheit-Nähe-Dilemma zu lösen, ist leichter gesagt als getan: *Wir müssen klar und bewußt erkennen, daß ein Partner oder eine geliebte Person nicht unsere Mutter ist.* Wenn Sie unbewußt Mutterthemen auf Ihren Partner projizieren, werden Sie sich bedrohter fühlen, sobald dieser den Wunsch nach größerer Autonomie und Getrenntheit zum Ausdruck bringt, denn er weckt erneut die kindliche Angst, von Ihrer Bezugsperson verlassen zu werden – ein Ereignis, das von Ihrem »inneren Kind der Vergangenheit« mit Hunger und Tod gleichgesetzt wird. Ebenso entsetzt werden Sie sein, wenn er Ihnen zu nahe kommt, denn dies könnte die kindliche Furcht, von Ihrer Mutter vereinnahmt und erstickt zu werden, erneut entzünden. Nebenbei gesagt können Frauen genauso einfach die »Mutter« auf männliche Partner projizieren, wie ein Mann sie auf seine Frau und Freundinnen projiziert. Um es so klar wie möglich zu machen, wiederhole ich kurz die Schritte, die zur Lösung der Freiheit-Nähe-Polarität führen: 1. Erkennen Sie den Konflikt als einen inneren an; 2. akzeptieren Sie, daß sowohl der Drang nach Autonomie als auch nach Intimität legitim ist und daß es für Sie und andere Menschen in Ordnung ist, ihn zu empfinden; 3. behalten Sie im Auge, daß Ihr Partner nicht Ihre Mutter ist.

Auf einer Ebene scheinen sich Nähe und Freiheit gegenseitig auszuschließen. Mit einem angemessenen Quantum psychologischer Arbeit und Anstrengung ist es jedoch möglich, beide Enden der Polarität zu integrieren und sogar soweit zu kommen, daß sie sich gegenseitig unterstützen und verstärken. Es ist etwas schwierig, zu erklären, wie das vor sich gehen kann, aber ich werde es versuchen. Wenn Sie in einer Beziehung sind und selbst dann noch das Gefühl haben, daß Sie geliebt werden, wenn Sie Ihr Bedürfnis nach Raum und Freiheit oder nach größerer Autonomie innerhalb der Partnerschaft zum Ausdruck bringen, dann werden Sie sich wohler fühlen, wenn Sie Ihrem Partner nahe sind. Mit anderen Worten: Falls Ihr Partner Ihnen gestattet, für sich zu sein, wenn Sie es fordern, wächst Ihre Fähigkeit, die andere Person zu lieben, indem Sie Raum für Getrenntheit in einer Beziehung zulassen, begünstigt dies tatsächlich die Nähe. Auch wenn ein Partner Ihr Anderssein akzeptieren kann, statt zu erwarten, daß Sie ein Spiegelbild seiner selbst sind, werden Sie freier, um das, was in Ihrem Inneren ist, zu entwickeln und zu integrieren, was letztlich bedeutet, daß Sie Ihrem Partner mehr zu bieten haben werden. Sie müssen dann jene Anteile Ihres Selbst, von denen Sie fürchten, daß sie unakzeptierbar oder nicht liebenswert sind, nicht länger verbergen oder verleugnen. Zu wissen, daß jemand Sie liebt für alles, was Sie sind, ermutigt Sie ihrerseits zu weiterer Selbstentwicklung. Martin Buber meinte diesen Punkt, als er schrieb: »Der Mensch wird zu einem Ich durch ein Du.« Aus diesen Gründen glaube ich, daß das Freiheit-Nähe-Dilemma auf der Grundlage bedingungsloser Liebe gelöst werden kann, einer Liebe, die andere Menschen akzeptiert, wie sie sind, mit ihren Auswüchsen, Bedürfnissen und allem übrigen. Bedingungslose Liebe kann helfen, frühere Verwundungen unseres Selbstwertgefühls – als uns ein Elternteil oder eine Bezugsperson als »schlecht« oder unakzeptierbar verurteilte, weil wir nicht gemäß deren Erwartungen und Phantasien, wie wir sein sollten, lebten – zu heilen. Bedingungslose Liebe erlaubt es den Partnern, sich gut zu fühlen, wenn sie ihre wahre Individualität und ihr Bedürfnis nach Getrenntheit ausleben, was es ihnen umgekehrt einfacher macht, Intimität zuzulassen und sich liebevoll zu behandeln. In solch einer Atmosphäre schließen sich Autonomie und Intimität nicht länger gegenseitig aus, sondern unterstützen und stärken sich wechselseitig. Vielleicht bin ich ein wenig naiv, aber ich betrachte dies als eine Art Ideal, wonach wir in Beziehungen streben können, wie schwierig es auch sein mag, es Wirklichkeit werden zu lassen.

Nun haben wir herausgefunden, wie wir all Ihre Beziehungsprobleme lösen können; lassen Sie uns jetzt weitergehen und eine

Imaginationsübung in bezug auf die Venus durchführen. Schließen Sie am besten Ihre Augen, aber wenn es Ihnen aus irgendeinem Grund unangenehm wird, öffnen Sie einfach Ihre Augen und schreiben Sie nieder, wie Sie sich fühlen. Nehmen Sie ein paar tiefe Atemzüge, entspannen Sie Ihren Geist und Ihren Körper und richten Sie Ihre Aufmerksamkeit nach innen. Visualisieren Sie die Glyphe für Venus, und sehen Sie dann, ob irgendwelche Bilder oder Vorstellungen in Ihnen hochkommen, die das darstellen, was der Planet für Sie bedeutet. Sie könnten einen Mann, eine Frau, ein Tier, einen unbelebten Gegenstand oder irgend etwas anderes sehen. Verbringen Sie ein paar Minuten damit, das Bild Ihrer Venus zu erforschen. Finden Sie heraus, wie es sich anfühlt, was es braucht und möchte, sehen Sie, ob es irgend etwas gibt, das Sie tun können, um es erfüllter und glücklicher zu machen. Nehmen Sie sich dazu drei oder vier Minuten Zeit. Danken Sie anschließend Ihrer Venus und verabschieden Sie sich von ihr, öffnen Sie Ihre Augen und machen Sie sich ein paar Notizen darüber, was Sie erfahren haben. Wenn Sie wollen, suchen Sie sich dann einen Partner, dem Sie mitteilen können, was Sie erfahren haben. Mit jemandem über die Übung zu sprechen wird Sie beleben und Sie könnten erkennen, daß mehr stattgefunden hat, als Sie dachten.

Sie können diese Art gezielter Imagination mit jedem Planeten ausprobieren. Vergessen Sie nicht: Wenn Sie es allein tun und es unangenehm zu werden beginnt, öffnen Sie einfach Ihre Augen und schreiben Sie nieder, was Sie fühlen. Ich bin neugierig zu hören, welche Bilder der Venus in Ihnen aufgestiegen sind.

TEILNEHMER: Ich sah Botticellis Venus, strahlend und liebevoll. Als sie zu mir herüber kam, um mich zu umarmen, sagte ich ihr, daß ich ein Opfer sei.

HOWARD: Ja, Botticellis Venus, wie wird sie genannt – Venus auf der Halbmuschel. Die Bilder, die in den Leuten aufsteigen, sind äußerst persönlich, und ich interpretiere sie normalerweise nicht für andere Leute. Es ist besser für Sie, das Bild einige Tage lang in Ihrem Gedächtnis zu behalten und zu sehen, ob seine Botschaft einschlägt oder klarer wird. Ich würde Ihnen jedoch raten, die Umstände in Ihrem Leben zu überdenken, in denen Sie Opfer spielen, und warum Sie das tun. Es scheint, daß Ihnen Venus gern aus diesen Situationen heraushelfen würde.

TEILNEHMER: Ich hatte vier Bilder. Das erste war eine sinnliche schwarze Katze; das zweite ein Vogel; das dritte eine große dünne Frau in Silber gekleidet; und das vierte eine elfenhafte Dame, die in durchsichtigen Stoff gehüllt war.
HOWARD: Warum, glauben Sie, hatten Sie so viele verschiedene Bilder? Wo steht Ihre Geburtsvenus?
TEILNEHMER: Sie steht im 12. Haus in Wassermann.
HOWARD: Ja, ich verstehe, eine sehr universelle Venus.
TEILNEHMER: Ich hatte ein Bild eines Zauberers, der sich in einen Spiegel verwandelte, und dann ging ich in den Spiegel ein.
HOWARD: Wir haben bereits erwähnt, daß die Glyphe der Venus wie ein Handspiegel ist, und das, was wir lieben und schätzen, ist eine Widerspiegelung von etwas in unserem Inneren. Komisch, ich würde Venus normalerweise nicht mit einem Zauberer in Verbindung bringen, aber es ist wahr, die Energie der Liebe kann sehr transformierend und magisch wirken. Vielleicht haben Sie einen Hauch der alchemistischen Venus in Ihnen. Sie haben viele Waage-Planeten, nicht wahr?
TEILNEHMER: Ja, und Venus im 9. Haus.
HOWARD: Noch jemand?
TEILNEHMER: Ich sah eine Landschaft mit vielen grünen Bäumen, die in voller Blüte standen – es war sehr beruhigend.
HOWARD: Schön, wenn Sie sich also krank oder schlecht fühlen, versuchen Sie, sich dieses Bild wieder ins Gedächtnis zu rufen, es könnte hilfreich sein, Ihren Frieden und Ihr Gleichgewicht wieder herzustellen. Falls irgend jemand von Ihnen nicht in der Lage war, eine Vorstellung oder ein Bild hochkommen zu lassen, würde ich deshalb keinen Selbstmord begehen. Sie könnten diese Übung ein andermal versuchen. Manche Leute tun sich schwer, Bilder zu sehen, aber selbst wenn Sie während dieser Imaginationsübung nur Gedanken und Gefühle in bezug auf Venus hatten, können Sie genauso gut damit arbeiten.

Ich habe hier die Horoskope eines verheirateten Paars, Laura und John, die wir in der Zeit, die uns noch bleibt, betrachten können (siehe Horoskope 2 und 3 auf Seite 167 und 168). Ende des Jahres 1986 bis Anfang 1988 machten sie in ihrer Beziehung eine schwere Krise durch. Die Transite und Progressionen, die Lauras Venus einbezogen, geben eine treffende Beschreibung von der Natur der

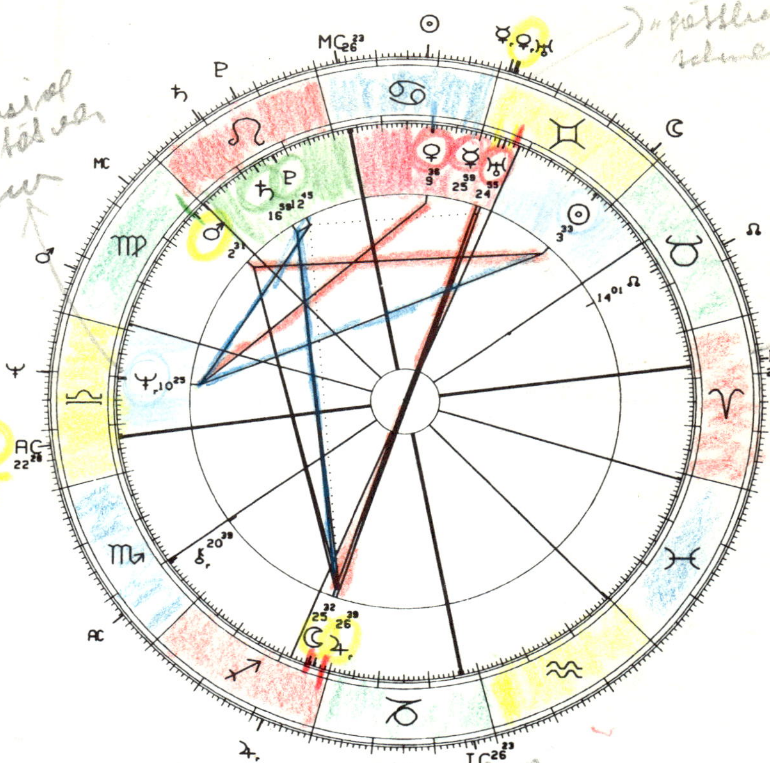

Horoskop 2: Laura. Die Geburtsdaten wurden aus Gründen der Vertraulichkeit nicht veröffentlicht. Berechnung vom Astrodienst Zürich, Häuser nach Placidus.

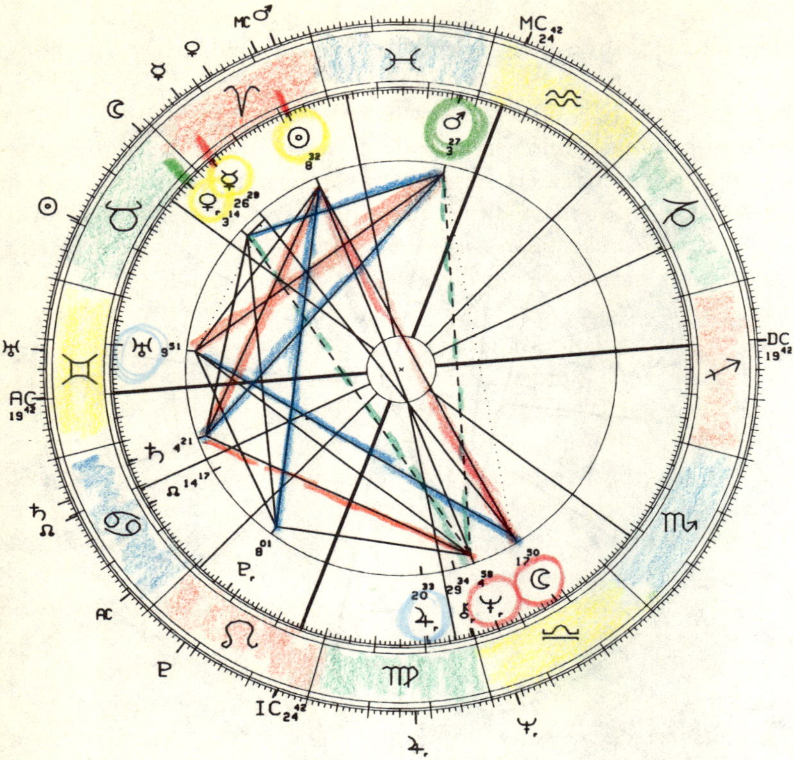

Horoskop 3: John. Die Geburtsdaten wurden aus Gründen der Vertraulichkeit nicht veröffentlicht. Berechnung vom Astrodienst Zürich, Häuser nach Placidus.

Krise ab; lassen Sie uns deshalb erst ihr Horoskop untersuchen. Können Sie sofort sehen, warum die Venus ein wichtiger Planet für sie ist?

TEILNEHMER: Die Venus regiert ihren Waage-Aszendenten.

HOWARD: Ja, Sie sollten immer dem Planeten, der die Sonne oder den Aszendenten regiert, besondere Aufmerksamkeit schenken – in diesem Fall ist Venus wichtig, da sie die Aszendenten-Herrscherin ist. Lassen Sie mich einen Augenblick abschweifen und auf etwas zu sprechen kommen, das für diese Falldiskussion von Bedeutung sein könnte. Während der Merkur-Lektionen besprachen wir kurz Alice Baileys astrologisches System, in dem Merkur als esoterischer Herrscher von Widder betrachtet wird. Nach der esoterischen oder, wie Alan Oken es ausdrückt, »Seelen-zentrierten« Astrologie ist Venus, nicht Merkur, der Herrscher von Zwillinge. Nun sagen Sie mir, was machen Sie aus der Bedeutung von Venus als esoterischem oder transpersonalem Herrscher von Zwillinge?

TEILNEHMER: Hat es etwas mit dem Finden von Werten durch Beziehungen zu tun?

HOWARD: Ja, ich glaube, das stimmt. In seinem Buch »Astrologie der Seele« interpretiert Oken Baileys System auf eine sehr einleuchtende, intelligente Art. Er hat die Theorie, daß Venus die »Konflikte der Dualität aufgreift (wie bei Merkur angezeigt, dem Persönlichkeitsherrscher von Zwillinge und planetarischen Herrscher des vierten Strahls von Harmonie durch Konflikt) und sie in eine höhere Oktave des Ausdrucks transformiert ... durch den kreativen Ausdruck des Geistes«. Er sieht Venus als »eine Agentin der Synthese, denn es ist ihre Funktion, Gegensätze zu mischen und zu kreativ entwickelten Ganzheiten zu harmonisieren«.* Meiner Meinung nach setzt die esoterische Herrschaft der Venus über Zwillinge Liebe mit Wissen gleich, und ich gehe davon aus, daß das bedeutet, daß man etwas nur dann richtig wissen kann, wenn man sein Herz dafür öffnet. Etwas zu lieben hilft einem, etwas besser zu verstehen. Wenn Sie etwas, das Sie studieren, lieben, werden Sie es leichter und tiefgehender erlernen. Im Endeffekt sagt Venus als esoterische Herrscherin von Zwillinge, daß, wenn wir all die verschiedenen Facetten der Existenz mit liebender Wertschätzung

* Alan Oken, Astrologie der Seele. Tabula Smaragdina 1993.

betrachten, wir weitaus mehr über das Leben lernen werden, als wenn wir einfach Tatsachen über Dinge sammeln würden. Genauso wie es ein paar Widder gibt, die sich mit Merkur ebenso wie mit Mars in Resonanz befinden, gibt es manche Zwillinge, die sich mit Venus ebenso wie mit Merkur in Resonanz befinden. Ich würde wagen zu behaupten, daß Laura ein ziemlich entwickelter und psychologisch gebildeter Zwilling ist, was bedeutet, daß Venus nicht nur deswegen wichtig ist, weil sie der Herrscher ihres Aszendenten ist, sondern auch als ihr seelenzentrierter Sonnenherrscher. In Ordnung, welche Aspekte in ihrem Geburtshoroskop können Sie in bezug auf Lauras Venus entdecken?

TEILNEHMER: Sie steht im Quadrat zu Neptun.

HOWARD: Ja, ihr einziger wichtiger Venus-Aspekt ist ein Quadrat zu Neptun. Das bedeutet, daß ihre Waage-Energie (und, esoterisch gesprochen, ihre Zwillinge-Energie) durch ein Venus/Neptun-Quadrat vermittelt wird. Sie wäre eine andere Person, wenn ihre Venus in Konjunktion mit Jupiter oder in Opposition zu Saturn stünde. Auf der Plus-Seite, was beschreibt eine Venus-Verbindung mit Neptun?

TEILNEHMER: Sie verstärkt Sensitivität und Kreativität.

HOWARD: Richtig. Tatsächlich arbeitet sie als Schriftstellerin, überwiegend Non-Fiction. Zu schreiben ist für sie eine offensichtlich angemessene Form des kreativen Ausdrucks, die sich nicht nur durch ihre Waage/Venus-Seite zeigt, sondern auch weil sie Zwilling ist mit Merkur in Zwillinge und dem Schütze-Mond in Konjunktion zum 3. Haus, dem Haus der Sprache und Kommunikation. Sie wird in ihrem Bereich sehr respektiert und ist sehr gut darin. In Ordnung, was läßt sich über Venus in Quadrat zu Neptun in bezug auf Liebe sagen? Was begegnet Ihnen in der Liebe, wenn Ihre Venus auf Neptun trifft?

TEILNEHMER: Romantik, Täuschung, Illusion und das Bedürfnis, in Beziehungen Opfer zu bringen.

HOWARD: Ja, all diese Dinge. Wenn Venus mit Neptun verbunden ist, suchen wir das Göttliche wahrscheinlich durch Liebe, suchen unsere verlorene Ganzheit, unseren verlorenen Sinn für das Universelle und die Einheit mit allem Leben, indem wir mit einer anderen Person verschmelzen. Platons Diktum, daß Liebe das Streben nach dem Ganzen sei, läßt sich normalerweise sehr gut auf

Leute anwenden, die Venus in einem Aspekt zu Neptun haben, oder Venus in Fische oder im 12. Haus. Sie verändert sich mittlerweile, aber ich würde sagen, daß der Venus-Anteil von Laura bis vor kurzem, seit ihren frühen Erwachsenenjahren, nach einem Geliebten Ausschau hielt, der sie in ein ekstatisches Reich bringen sollte, in dem sie mit etwas Größerem als sie selbst verschmelzen und sich dabei die Verschmelzung mit einer idealen Mutter oder Bezugsperson im Garten Eden ins Gedächtnis rufen könnte. Dies wird auch durch die Tatsache betont, daß Venus im 9. Haus und Neptun im 12. Haus steht, die beiden Häuser, die am meisten mit der Suche nach etwas, das jenseits der Schranken und Grenzen des weltlichen, alltäglichen egozentrierten Daseins liegt, mit der Suche nach etwas Höherem verbunden sind. Was sie jedoch erlebte, war eine Reihe von Geliebten, die sie dazu aufforderten, viele Opfer zu bringen und sich anzupassen; sie zog Beziehungen an, in denen sie ihre persönlichen Bedürfnisse und Wünsche aufgrund der Situationen ihrer Partner und deren Traumata beiseite schieben mußte. Ihre erste wichtige Beziehung hatte sie im Alter von 16 Jahren, und sie dauerte, bis Laura 21 Jahre alt war. Im Laufe dieser Beziehung mußte sie sich damit abfinden, daß ihr Freund entdeckte, daß er bisexuell war. Schließlich heiratete sie einen Australier, der ziemlich freizügig mit Drogen umging und den sie idealisierte, obwohl seine geistige Stabilität von vielen ihrer Freunde in Frage gestellt wurde. Es war eine chaotische Ehe: Er war launisch, eifersüchtig und neigte zu Gewalt, und sie ließen sich bald scheiden. Obwohl es bestimmte Perioden der Liebe und Freude in beiden Beziehungen gab, können Sie sehen, wie die subversive Seite von Neptun ihre Venus durchdrang: durch die Enttäuschung über das Eingeständnis ihres ersten Freundes, daß er bisexuell war, und durch die Drogen und allgemeine Verrücktheit, der sie in ihrer ersten Ehe begegnete.

Schließlich lebte sie mit John zusammen und heiratete ihn, eine Beziehung, die über zwölf Jahre dauerte. Sie haben zwei Kinder, einen Jungen und ein Mädchen, und sie besitzen ein schönes, großzügiges Heim im Norden Kaliforniens. Ende 1986 stellte John eine neue Sekretärin ein, und als er anfing, viel länger im Büro zu bleiben, wuchs Lauras Verdacht. Als Laura ihn darauf ansprach, leugnete John, daß irgend etwas im Gange war. Schließlich, Mitte 1987, bekannte er, daß er glaube, seine Sekretärin zu lieben, und er sagte Laura, er brauche Zeit, um sich zu entscheiden – in seiner Ehe zu bleiben oder mit seiner Freundin fortzugehen. Er fragte Laura dreist, ob es ihr etwas ausmache, wenn er mit seiner Sekretärin eine Zeitlang einzöge, um zu sehen, ob es das richtige für ihn wäre. Also, hier steht Laura mit zwei Kindern und wird von ihrem Ehemann damit konfrontiert. Wie würden Sie sich fühlen?

TEILNEHMER: Wütend, elend und betrogen.

HOWARD: Das ist nur zu richtig. Verständlicherweise war Lauras erste Reaktion ein Wutausbruch (sie hat die Sonne im Quadrat zu Mars). Aber bevor ich Ihnen sage, wie sie mit der Situation umging, sollten wir einige sachdienliche Aspekte zwischen ihrem und Johns Horoskop betrachten, und auch die Transite und Progressionen, die zu dieser Zeit liefen. Zuallererst, was sehen Sie in seinem Horoskop, das ihr Venus/Neptun-Quadrat aufgreift?

TEILNEHMER: Seine Sonne steht bei 8 Grad Widder und hat ein Quadrat zu ihrer Venus und eine Opposition zu ihrem Neptun; sein Saturn bei 4 Grad Krebs steht in Konjunktion zu ihrer Venus und im Quadrat zu ihrem Neptun; sein Neptun steht im Quadrat zu ihrer Venus, und sein Mars steht im Trigon dazu. Sein nördlicher Mondknoten bei 14 Grad Krebs ist auch nicht sehr weit von Lauras Venus entfernt.

HOWARD: Ja, gut erkannt. Sie können sehen, daß sein Horoskop ein guter Auslöser für ihr Venus/Neptun-Quadrat ist. Haben Sie bemerkt, wie oft wir mit Personen verwickelt werden, die Plazierungen haben, welche die schwierigeren Aspekte in unseren Horoskopen berühren, als ob wir gezwungen wären, uns über unsere Beziehungen durch unser Karma und unsere Komplexe durchzuarbeiten. Ich werde mich hauptsächlich auf die Aspekte konzentrieren, die bereits erwähnt wurden, aber es gibt noch einige andere interessante Verbindungen. Zum Beispiel hat Laura die Sonne im Quadrat zu Mars, was bedeutet, daß ihr Animus-Bild von Mars gefärbt ist, und John paßt dazu als Widder in einem Eckhaus im Quadrat zu ihrer Sonne. Ihr Deszendent ist Widder, was sein Sonne- und Merkurzeichen darstellt. Ihr Venus/Neptun-Quadrat gibt auch vor, daß sie Neptun durch Liebe begegnet, und er hat eine Sonne/Neptun-Opposition und Mars in Fische, was ihn ziemlich neptunisch macht. Umgekehrt erfüllt sie ziemlich genau sein inneres Bild vom Weiblichen: Sein Waage-Mond befindet sich auf ihrem Aszendenten, und ihre Mond/Jupiter-Konjunktion in Schütze steht nahe an seinem 7. Haus. Obwohl seine Venus in Stier sich nicht mit vielem in ihren Horoskop verbindet, fällt sie in ihr 7. Haus, in weiter Konjunktion mit ihrem nördlichen Mondknoten in Stier. Die Uranus-Verbindungen sind es auch wert, bemerkt zu werden, mit seinem Uranus auf ihrer Sonne und ihrem Uranus in der Nähe seines Aszendenten. Beider Mars steht beinahe in exakter Opposition zueinander, was oft eine starke sexuelle Anziehung kennzeichnet wie auch eine Neigung, miteinander zu kämpfen, bei vielen Themen die Hörner aufzustellen.

Wir wollen uns nun jedoch hauptsächlich auf Lauras Neptun/Venus-Quadrat konzentrieren, das, wie wir sehen werden, während der Zeit ihrer Ehekrise durch einen Transit und eine Progression aktiviert wurde. Wir haben bereits einige Seiten des Venus/Neptun-Kontakts besprochen, aber sie sind es wert, noch weiter ausgeführt zu werden. Die Venus begünstigt Gleichheit und Fairneß in der Liebe, so etwas wie »ich liebe dich, wenn du mich liebst« oder »ich schätze dich, wenn du mich schätzt«. Der selbstverleugnende und opferbereite Neptun ist komplizierter, wenn es um Liebe geht – im Extrem kann er sich manifestieren als »ich liebe dich, egal, was du tust oder sagst, ich erwarte überhaupt nichts als Gegenleistung«. Wenn sich diese beiden Planeten in einem harten Winkel zueinander befinden, steht der Wunsch der Venus nach Gleichheit und Fairneß im Konflikt mit der Bereitschaft des Neptun, besonders geduldig, anpassungsfähig, flexibel und verständnisvoll in bezug auf Partner zu sein, selbst wenn sie einem nicht geben, was man braucht, oder nicht so sind, wie man sie gern hätte. Laura war zwischen den Jahren 1986 und 1987 mitten in diesem Dilemma gefangen, als der transitierende Neptun in Steinbock zu ihrer Geburts-Venus in Opposition stand und ihren Geburts-Neptun quadrierte – ein doppelter Schlag, der ihr Venus/Neptun-Quadrat traf. Wie sollte sie reagieren? Sollte sie John mit Recht wegen seiner Untreue aus dem Haus werfen oder sollte sie ihm gnädigerweise die Zeit geben, um seine Beziehung zu seiner Freundin auf der Basis eines Zusammenlebens auszuprobieren? Es gibt eine feine Grenzlinie dazwischen, einerseits auf eine Neptun-Art zu geben und zu verstehen und es andererseits zu erlauben, wie ein Fußabstreifer behandelt zu werden.

Letzten Endes ist sie, denke ich, mit der Situation sehr gut fertig geworden. Sie suchte Rat und brachte ihre Wut und ihr Gefühl, betrogen worden zu sein, voll zum Ausdruck; es gab keine Möglichkeit und keinen Grund diese menschlichen Reaktionen und Gefühle zu leugnen. Dennoch konnte sie nicht anders, als die Tatsache zu akzeptieren, daß sie John wirklich liebte, und sie war bereit und willens, ihm während dieser Krise beizustehen, zu warten und zu sehen, ob er zu ihr zurückkommen würde. John befand sich gleichzeitig unter herausfordernden und störenden Transiten: Der transitierende Neptun stand im Quadrat zu seiner Sonne; der transitierende Pluto stand in Konjunktion zu seiner Sonne und steht immer noch in einem Winkel zu seinem Venus/Pluto-Quadrat in seinem Geburtshoroskop; und der transitierende Saturn und Uranus standen beide im 7. Haus, dem Haus der Ehe, was seinen Konflikt genau symbolisierte und seine Entscheidungs- unfähigkeit in bezug darauf, ob er bei seiner Frau bleiben sollte (Saturn) oder die Beziehung wegen etwas Neuem abbrechen sollte (Uranus). Er ging fort und lebte mit seiner Freundin, aber schließlich kam er zu Laura zurück und gelobte ihr ein starkes neuerliches Engagement. Seitdem haben sie konstruktive Veränderungen in ihrer Beziehung vorgenommen. Vor der Krise hatten beide angefangen, sich wie ein altes verheiratetes Paar zu fühlen. Nachdem sie also wieder zusammengekommen waren, beschlossen sie, mindestens ein-, zweimal im Jahr ihre Kinder bei Lauras Schwester unterzubringen und allein Urlaub zu machen – eine Chance, Liebende zu sein, nicht nur Mami und Papi im Haus. Es zog sie instinktiv zu exotischen und abenteuerlichen Ferienzielen hin, die – ich bin sicher – Johns transitierenden Uranus im 7. Haus zu besänftigen halfen, ganz abgesehen von dem Uranus-Transit über Lauras Mond/Jupiter-Konjunktion in Schütze. Und sie waren von da an glücklich. Nein, das kann ich nicht versprechen, aber ich kann sagen, daß Lauras Geschichte ein gutes Beispiel für die Art von Themen ist, die von einem Neptun/Venus-Quadrat aufgeworfen werden, und ich freue mich, daß es für die beiden gut ausging. Ich erinnere mich, daß Isabel Hickey sagte, Leute, die mit diesem Quadrat geboren werden, seien College-Studenten in der Schule der Entwicklung, mitten in einer fortgeschrittenen Prüfung des spirituellen Wachstums und der Entwicklung in Hinblick auf die Fähigkeiten, eine »höhere«, bedingungslose und selbstlose Liebe zu fühlen und zu zeigen statt einer Liebe, die rein auf persönlichen, egozentrischen Bedürfnissen gegründet ist. Meiner Meinung nach hat Laura die Prüfung mit Auszeichnung bestanden.

Die Psychologie der erotischen Liebe

Venus und Sexualität

Liz Greene

Wir haben in bezug auf Venus und Sexualität bereits einiges besprochen, und ich würde mich nun gern auf die Venus-Aspekte zu anderen Planeten konzentrieren, die sich auf Geschmack und Ausdruck im Hinblick auf die Sexualität beziehen. Wahrscheinlich wird es also abwechslungsreicher, wenn wir jetzt dazu übergehen.

Ich möchte zu Anfang einige Punkte herausheben. Erstens würde ich gern zwischen dem, was ich erotische Liebe nenne, und dem, was als Fortpflanzungsinstinkt bezeichnet werden könnte, unterscheiden. Es kommt oft zu einer interessanten Überschneidung dieser beiden Aspekte, wie man es bei jenen typischen Situationen beobachten kann, in denen sich ein Paar wirklich leidenschaftlich liebt, bis ein Kind gezeugt ist, und dann endet alles Geheimnisvolle. Manchmal mag es so erscheinen, als sei die erotische Liebe einer der großen Tricks der Psyche, der nur angewandt wird, um ein Paar zusammenzubringen, letztlich aber dem Fortpflanzungstrieb dient und dem Fortbestand der Art. Aber ich glaube nicht, daß dies der Fall ist. Es handelt sich um sehr unterschiedliche Bedürfnisse, und sie werden von verschiedenen astrologischen Faktoren widergespiegelt.

Wenn ich den Fortpflanzungsinstinkt mit einem Planetensymbol in Verbindung bringen müßte, würde ich besonders auf den Mond und auf Pluto schauen, die zu dieser grundlegenden Form sexuellen Ausdrucks gehören, die jeder Tierart eigen ist. Aber wir sind nicht gänzlich Tiere, und unser Bedürfnis nach der schöpferischen, emotionalen, spirituellen oder symbolischen Dimension des Sex ist ebenso angeboren wie der Fortpflanzungstrieb. Der Mond ist differenzierter als Pluto und umfaßt die Herstellung und den Fortbestand einer Familieneinheit; aber auch dies könnte überall in der Natur in verschiedenen Formen beobachtet werden.

Desgleichen würde ich die Sehnsucht des Neptun nach Verschmelzung nicht mit dem, was ich als erotische Liebe begreife, gleichsetzen. Der sexuelle Ausdruck kann viele verschiedene Bedürfnisse in einem einzigen physischen Akt verkörpern, und Neptuns Rückzug zu den Wassern der Gebärmutter könnte einer von ihnen sein. Aber für Neptun ist der sexuelle Akt wirklich nur ein Vehikel, ein Mittel, um die Einsamkeit und Getrenntheit zu transzendieren, und er ist sehr verschieden von dem Gefühlston der Venus-Erotik. Manchmal gibt es einen zwanghaften Zug in Neptuns Begehren, der die darunterliegende Furcht offenbart. Eine Frau könnte das Bedürfnis haben, erfüllt zu werden, um ihrer eigenen Leere eine Erleichterung zu verschaffen; und ein Mann könnte das Bedürfnis haben, in dem mütterlichen Behälter zu verschwinden, damit er keine Einsamkeit leidet. Die Sexualität kann auch Mars widerspiegeln und Elemente der Eroberung und Herrschaft beinhalten, und die Sexualität Plutos könnte das Bedürfnis zu besitzen und zu überwältigen zum Ausdruck bringen. Bei keinem dieser Triebe geht es wirklich um Vergnügen, wie es beim Instinkt der Venus der Fall ist.

Offensichtlich gibt es so etwas wie einen reinen sexuellen Ausdruck der Venus nicht, da jedes Geburtshoroskop ein kompliziertes Muster von Zeichen, Hausplazierungen und Aspektgestaltungen enthält. Ich ziehe hier also ziemlich künstliche Trennungslinien, aber ich versuche, das Wort »Erotik« in irgendeiner Weise besser zu verstehen.

Ich habe ziemlich viel über die »Kunst« der Liebe gesprochen, als ich die Mythologie der Aphrodite behandelte, und ich habe die Vorstellungs- und Phantasiekomponente im Ausdruck der Venus betont. Venus muß schmücken, zivilisieren, etwas Instinktives in etwas Symbolisches und Psychisches verwandeln – es geht hier um die Psyche, die Seele. Beim Prozeß der menschlichen Kreativität geht es zum Teil darum, den instinktiven Drang durch das magische Medium der Einbildungskraft zu transformieren. Sie sollten Jungs »Symbole der Transformation«* lesen, das genau von diesem Thema handelt. Erotische Liebe spiegelt den imaginativen Prozeß bei der Arbeit am primären Instinkt der Fortpflanzung wider – Leidenschaft, die durch Schönheit hervorgerufen wird, wie Platon es genannt hat.

* C. G. Jung, Symbole der Transformation, in: Gesammelte Werke, Bd. 5.

Erotische Liebe betrifft individuelle Beziehungen, denn Schönheit ist eine höchst individuelle Angelegenheit und reflektiert individuelle Werte. Also könnte erotische Liebe als eine Form der Kommunikation betrachtet werden – die luftige Seite der Venus –, die sie vom Fortpflanzungstrieb unterscheidet, der sich durch jedes fruchtbare Mitglied der Art befriedigen könnte. Die Sexualität der Venus ist ein grundlegender Ausdruck von Individualität, eine einzigartige Auswahl des Geliebten aus einer Million anderer, die dem gleichen biologischen Zweck dienen könnten. Sie ist ein kreativer Akt statt ein Zwang. Dies führt mich zu einer anderen Unterscheidung, die ich gern machen möchte, der Unterscheidung zwischen dem sexuellen Geschmack und dem sexuellen Zwang. Geschmack ist eine Frage der Wahl und – wie ich gesagt habe – der individuellen Werte. Zwang und Wahl schließen sich gegenseitig aus; man *muß* ganz einfach einen bestimmten Akt ausführen, und oft ist er mit großer Scham verbunden, nicht nur wegen des Akts als solchem, sondern wegen der Unfähigkeit, die man empfindet, wenn man vom Zwang ergriffen ist. Wenn wir die ehrfurchtgebietende Bandbreite menschlicher sexueller Vorlieben betrachten, entdekken wir rasch, daß viele von ihnen keineswegs wirkliche Vorlieben sind, sondern Zwänge.

Nun taucht unvermeidlich die Frage auf, ob es »normale« und »abnormale« sexuelle Vorlieben und Geschmacksrichtungen gibt. Dies ist ein höchst belasteter Diskussionsbereich, wie durch die verschiedenen Gesetze bewiesen wird, die über die Jahrhunderte hinweg erlassen wurden, welche den einen oder anderen sexuellen Akt verbieten. Es ist sogar ein höchst belastetes Thema unter Astrologen, die darauf bestehen, daß bestimmte Aspekte ein in ihnen enthaltenes »pervertiertes« sexuelles Verhalten beschreiben. Es könnte argumentiert werden, daß eine sexuelle Aktivität zwischen zwei übereinstimmenden Erwachsenen allein die Angelegenheit dieser beiden ist und daß wir als Gesellschaft nur dann eingreifen dürfen, wenn jemand unwillentlich zum Opfer gemacht wird, wie im Falle von Kindesmißbrauch oder Vergewaltigung. Doch dann befinden wir uns auf umfassenderem Boden und sprechen von »kriminellem« und »antisozialem« Verhalten statt von sexuell »abnormalem« Verhalten. Sie können sehen, wie kompliziert die Angelegenheit ist.

Meinem eigenen Gefühl als Astrologin und Analytikerin nach ist eine bestimmte Form sexuellen Ausdrucks – abgesehen von dem weiterführenden Thema, ein unfreiwilliges Opfer zu verletzen – nur dann ein Problem, wenn es für den Betreffenden zum Problem wird. Mit anderen Worten, wenn jemand von seinen eigenen Zwängen gequält oder gestört wird, dann gibt es ein Problem. Aber wenn es eine Vorliebe ist, demjenigen keinen Konflikt bereitet und der Partner einwilligt, dann habe ich nicht das Gefühl, ein moralisches Urteil über das, was für diese Person normal oder abnormal ist, fällen zu dürfen. Der sexuelle Ausdruck ist eine Manifestation der ganzen Persönlichkeit, und es gibt viele Abweichungen, die innerhalb des Rahmens dessen, was für irgendein bestimmtes Individuum als »normal« gilt, auftreten. Das ist alles, was ich darüber sagen kann. Sie werden also sehen, während ich über die Aspekte der anderen Planeten zu Venus spreche, daß ich diese Themen nicht aus der Perspektive von normal, abnormal oder pervertiert beschreiben werde. Wenn jemand zu einer Horoskopbesprechung kommt, und leidet an einem Konflikt oder Schmerz, der sich um das Thema Sex dreht, kann das Horoskop äußerst hilfreich sein, um die Emotionen, die zu diesem Konflikt beitragen könnten, hervorzuheben. Wenn zwanghafte Muster im sexuellen Leben einer Person am Werk sind, wird dies normalerweise eher elterliche als spezifisch sexuelle Themen widerspiegeln, denn ich habe herausgefunden, daß da, wo wir uns zwanghaft benehmen, gewöhnlich Familienkomplexe lebendig sind und in unserem Inneren rumoren. Diese Familienmuster könnten eine sexuelle Ebene des Ausdrucks einschließen oder auch nicht, aber oft habe ich entdeckt, daß die gleiche psychologische Dynamik bei zwei Leuten am Werk ist, wovon einer den Konflikt sexuell und der andere ihn in einem anderen Lebensbereich zum Ausdruck bringt.

Also, zusammengefaßt, ich habe das Gefühl, daß Venus uns sagt, was für eine Person am schönsten und vergnüglichsten und am »richtigsten« ist in bezug auf erotische Erfüllung, aber Venus könnte gestört, blockiert oder mit anderen Themen vermischt sein aufgrund unserer unbewußten Zwänge. Da unsere Zwänge normalerweise mit den Eltern verknüpft sind, sind sie auch mit dem universellen menschlichen Dilemma des Getrenntseins verbunden; und ich würde sogar so weit gehen, zu behaupten, daß wir Venus solange nicht voll leben können, bis wir genügend von Eltern und Familienhintergrund getrennt sind, um unsere individuellen Geschmacksrichtungen und Werte zu entwickeln. Ambivalenz ist die charakteristische emotionale Färbung der meisten Zwänge, und sie reflektiert das primäre Problem, die Gebärmutter verlassen und gleichzeitig drinbleiben zu wollen. Wir drücken unbewußt unsere regressive Sehnsucht durch viele symbolische Gesten und Handlungen aus, einige davon spiegeln sich in sexuellen Zwängen wider.

Zum Beispiel könnte ein Mann ein zwanghafter Transvestit sein, der in die Unterwäsche seiner Frau schlüpft, während sie weg ist, nicht weil er daran Spaß hat, sondern weil er es einfach nicht lassen kann. Solch ein Zwang kann einen eher konventionell orientierten Mann mit tiefer Scham und Schuld erfüllen; er könnte anfangen zu lügen, was die Schuld noch kompliziert; und wenn er erwischt wird und seine Frau ähnlich konventionell denkt, können die Ergebnisse verheerend sein – er könnte sein Heim verlieren, seine Ehe, seine Kinder und seine gesellschaftliche Stellung aufgrund seiner »Perversion«. Er mag die Gefahr kennen, und sie könnte wohl ein Teil der zwanghaften Aufregung seiner Verkleidung sein – er mag sich sogar unbewußt selbst dem Erwischtwerden aussetzen, weil er das Gefühl hat, daß er Bestrafung verdient. Auf was richten wir da unser Augenmerk? Es ist ziemlich zwecklos, Venus in Quadrat zu Saturn oder in Opposition zu Neptun zu betrachten und zu sagen, daß ihn das »pervers« macht. Diese Aspekte sagen nichts über solche Verkleidungen. Aber wenn wir seinen Zwang durch symbolische Augen betrachten, können wir sehen, daß er, indem er eine Zeitlang eine Frau wird, die Unterwäsche einer Frau trägt, berührt und riecht, einem tröstlichen wie auch erotischen weiblichen Bild näherrückt, das er auf andere Weise nicht erfahren kann. Und was könnte dieses Bild sein? Es wäre weitaus interessanter, ihm zu helfen, sein früheres Leben mit seiner Mutter zu erforschen und zu entdecken, was für Gefühle er erlebt hat, die ihm so zwanghaft notwendig erscheinen, anstatt ihn als zwanghaften Transvestiten, als »pervers« zu klassifizieren.

Die erotischen Vorlieben der Venus können gut identifiziert werden, denn sie vermitteln Freude, wogegen Zwänge, auch wenn sie oft erhebliche Aufregung und eine gewisse Art der Erleichterung bringen, selten freudvoll sind. Sadomasochistisches Verhalten beispielsweise beinhaltet wenig oder gar keine Freude, obwohl es normalerweise höchst zwanghaft auf beiden Seiten ist. Solche Muster sind selten mit Venus im Horoskop verbunden, ausgenommen in Hinsicht auf Stil und Ambiente. Der Wunsch, Schmerzen hervorzurufen, ist normalerweise mit dem verzweifelten Bedürfnis verbunden, sich mächtig zu fühlen; er kompensiert die tiefsitzende Furcht, hilflos zu sein, ein Opfer zu sein und unter den Händen der Eltern gequält zu werden, von denen man erotisch umgarnt ist. In solchem Verhalten steckt große Wut, die mit Gefühlen tiefer Unfähigkeit und zwanghafter elterlicher Anklammerung statt mit sexuellem Entzücken verbunden ist. Der sexuelle Masochist am empfangenden Ende agiert die unbewußte Seite des Sadisten aus und umgekehrt. Beide leiden unter der gleichen Wunde, die bei anderen Menschen überhaupt nicht sexualisiert sein mag, sondern auf subtilere, unkörperliche Art und Weise ausgespielt wird. Scheidungsanwälte sind mit dem Ausdruck »geistige Brutalität« vertraut, die eine nichtsexuelle Form des Sadismus ist, welche in der gleichen Art von Komplex wurzelt.

Der sexuelle Ausdruck ist, wie ich sagte, eine Widerspiegelung der ganzen Person, nicht eine Sache für sich selbst – und viele sexuelle Zwänge drehen sich überhaupt nicht um erotische Liebe. Dies möchte ich mit den Beispielen, die ich genannt habe, hervorheben. Da der Körper die erste Ebene von Erfahrungen ist, die wir mit uns selbst machen, spiegeln sich frühe Verwundungen und Sorgen in der Mutter-Baby-Bindung später im Leben oft durch sexuelle Zwänge wider. Das bezieht sich auf Howards Vortrag über den Mond und die »erste Liebe«.* Erotische Gefühle sind ein normaler Bestandteil der Welt des Babys, wie auch – durch die Erfahrung des Stillens, durch Gefühle des Berührens und Liebkosens – der Welt der Mutter. Wenn zu viele zerstörerische, manipulative oder demütigende Elemente in diese früheste Beziehung, die so körperzentriert ist, Eingang finden, ist es nicht überraschend, wenn diese Elemente im Leben des Erwachsenen an die Oberfläche kommen, wenn wir uns wieder in einer nackten, intimen Umarmung mit einer anderen Person befinden. Diese Themen sind eher Mond- als

* Siehe Teil 1: »Die erste Liebe«, in: Liz Greene/Howard Sasportas, Sonne und Mond, a. a. O.

Venus-Themen, aber normalerweise sind sie sehr ineinander verwickelt, und es mag wichtig sein, sie zu entwirren, um zu verstehen, was wir für unsere eigene Erfüllung brauchen.

Es gibt keinen Planeten, der Venus aspektiert, den ich als »schlecht« oder innerlich pathologisch in Hinblick auf den sexuellen Ausdruck betrachten würde. Selbst schwierige Kontakte wie Venus/Saturn oder Venus/Chiron spiegeln emotionale Konflikte, die, obwohl sie mit sexuellen Themen verquickt sein könnten, mehr mit dem Selbstwertgefühl der Person oder dessen Mangel zu tun haben. Da ich keine Rezeptliste machen möchte – Sie wissen schon, von der Art Venus/Sonne, Venus/Mond, Venus/Merkur und so weiter, der Reihe nach –, werde ich mit diesen Aspekten verfahren, wie es mir gerade in den Sinn kommt. Jemand befragte mich vorher zur Bedeutung des Chiron, und ich würde gern mit den Venus/Chiron-Kontakten beginnen, denn dies gibt mir die Gelegenheit, beide Themen gleichzeitig zu behandeln. Ich habe mir viel Zeit genommen, um Chiron zu beobachten, und ich bin nun, nach einigen Jahren der Beobachtung, überzeugt, daß er extrem wichtig ist und sowohl im Geburtshoroskop plaziert als auch bei den Progressionen und Transiten berücksichtigt werden sollte. Darum haben Sie mich in den vergangenen Seminaren nicht über ihn sprechen hören: Ich scheue mich davor, eine Theorie zu lehren, bevor ich nicht direkte praktische Erfahrungen gemacht habe, die die Theorie stützen. In bezug auf Chiron bin ich nun soweit, also schließe ich ihn in dieser Sitzung bei den Venus-Aspekten mit ein, und Howard und ich werden ihn die ganze Woche hindurch immer wieder zur Sprache bringen.

Chiron scheint sowohl an Saturn als auch an Uranus teilzuhaben, zwischen deren Umlaufbahn er sich bewegt, und er scheint beides, eine persönliche wie auch eine kollektive Dimension zu besitzen. Ich habe herausgefunden, daß er ein Gebiet widerspiegelt, in dem man sich in gewisser Weise tief verwundet fühlt, unwiderruflich geschädigt von Faktoren, über die man keine Kontrolle hat. In dieser Hinsicht ähnelt er Saturn, der normalerweise den Bereich beschreibt, in dem wir uns unzulänglich oder minderwertig fühlen oder unfähig, uns frei zum Ausdruck zu bringen, und wo wir dazu neigen, eine starre Verteidigungshaltung aufzubauen, die unsere große Verletzlichkeit schützt. Aber die Wunde des Chiron unterscheidet sich von derjenigen des Saturn. Normalerweise spiegelt Saturn den elterlichen Hintergrund ziemlich wahrheitsgetreu wider; er beschreibt Eigenschaften, die in irgendeiner Weise fehlen, die hintertrieben oder innerhalb der Familienpsyche mißbraucht wurden, und denen entweder keine Ermutigung zuteil wurde oder die aktiv in der Kindheit untergraben wurden. Aber Chiron scheint eine allgemeinere Quelle der Verletzung zu reflektieren, normalerweise ein kollektives Problem, das es unmöglich macht, eine bestimmte Person zu »beschuldigen«. Er stellt eine Art »Zeronnenes Glück«-Planet dar, und diese unpersönliche Qualität spiegelt seine Verbindungen zu Uranus und den anderen äußeren Planeten wider. Während Saturn durch höchst persönliche Verteidigungsmechanismen kompensiert, macht uns Chiron philosophisch, denn nur eine breitere Sicht des Lebens kann uns helfen, mit der Wunde fertig zu werden.

Die Mythologie des Chiron ist in dieser Hinsicht sehr vielsagend. Der Name Chiron (richtiger: *Cheiron*) bedeutet »Hand«; aus diesem Wort leiten wir den Begriff »Chiromantie« ab, die Kunst, aus der Hand zu lesen. Chirons Elternschaft variiert in den Mythen. Manchmal wird er als Zentaurensohn, als Kind des Ixion (der Zeus beleidigte und für immer an einem brennenden Rad festgebunden im Tartaros gefangengehalten wurde) dargestellt. Dieser Zentaur war der Vater mehrerer Halb-Pferde, Halb-Menschen, Nachkommen von Magnetischen Stuten; die meisten davon waren wild und betrunken (wie die Satyre, eine andere Halb-Mensch-, Halb-Tier-Mischung), aber Chiron war der weiseste und zivilisierteste. In einer anderen Version seiner Geburt ist er der Sohn des Kronos (Saturn) und der Nymphe Philyra, die sich selbst in eine Stute verwandelte, um die Aufmerksamkeit des alten Titanen abzulenken. Saturn, ganz nach seiner Art, insistierte jedoch hündisch auf seiner Werbung und verwandelte sich schließlich selbst in einen Hengst, um diesen Preis zu gewinnen. Das groteske Kind dieser Vereinigung war Chiron; seine Mutter verließ ihn vor Ekel, und infolgedessen wurde er von dem Gott Apollon aufgezogen, der ihn die Kunst der Weissagung lehrte. Chiron ist daher ein Gott, aber er ist auch ein Tier mit einem animalischen ebenso wie einem göttlichen Gesicht. Er hat zahlreiche Auftritte in den Mythen der Helden, normalerweise als deren weiser Lehrer, im Besitz der Gabe der

Prophezeiung und des Heilens. Doch Chiron ist auch ein wilder Jäger, eine dunkle und störende Gestalt, deren Weisheit ihre ursprüngliche Natur nicht aufhebt.

Die Geschichte von Chirons Verwundung hat verschiedene Versionen. Eine davon besagt, daß der Held Herakles, der in einen wilden Kampf mit einer Gruppe von Zentauren verwickelt war, seinen alten Freund Chiron aus Versehen mit einem vergifteten Pfeil am Knie verwundete. Das Gift war das Blut der monströsen Hydra, der neunköpfigen Kreatur, die Herakles als eine seiner zwölf Aufgaben zu vernichten hatte, und all seine Pfeile waren mit dem Blut vergiftet. Obwohl der Held den Pfeil herauszog und Chiron heilende Kräuter hinzufügte, um die Wunden zu bedecken, war alles nutzlos, und er zog sich in seiner Pein heulend in seine Höhle zurück. Doch er konnte nicht sterben, denn er war unsterblich. In einer anderen Version der Geschichte wurde Chiron versehentlich durch einen vergifteten Pfeil verwundet, der seinen linken Fuß durchbohrte, während er und der junge Achilles Herakles auf dem Berg Pelion in Thessaloniki bewirteten. Nach neun Tagen der Qual hatte Zeus Mitleid und setzte Chiron unter die Sterne, als die Konstellation des Zentauren. Es ist wichtig, festzuhalten, daß in allen Versionen der Geschichte die Verwundung aus Versehen zustande kam, und daß die Wunde nicht geheilt werden konnte.

Ich würde Melanie Reinharts Buch »Chiron. Der verwundete Heiler«* empfehlen, in dem sie die psychologische Dimension dieses Mythos tiefgründig bespricht. Ich möchte mich auf den Umstand der versehentlichen Wunde konzentrieren, weil sie eine grundlegende Ungerechtigkeit im Leben widerspiegelt, von der ich glaube, daß es uns sehr schwer fällt, uns damit abzufinden. Diejenigen von uns, die mit Astrologie zu tun haben (und in dieser Angelegenheit auch mit Psychologie), sind besonders geneigt, »Antworten« für das menschliche Leiden zu finden, und das ist eines der Themen, das scheinbar den Planeten Chiron umgibt. Um mit den Gefühlen des Verletztseins fertigzuwerden, neigen wir dazu, nach einem intellektuellen oder spirituellen Verständnis zu suchen, denn die Idee eines ungeordneten oder chaotischen Universums, in dem unangenehme Dinge zufällig oder unverdient geschehen, ist eine

* Melanie Reinhart, Chiron: Der verwundete Heiler. Edition Astrodata 1992.

tiefe Beleidigung unseres jüdisch-christlichen Ethos. Aber es scheint keine Antwort auf Chiron zu geben. Man kann niemanden beschuldigen, nicht einmal sich selbst. Platon glaubte, daß 95 Prozent des Universums unter der gütigen Regentschaft der Vernunft stünden, aber fünf Prozent dem Chaos angehörten und nicht erklärt oder kontrolliert werden könnten. Chiron scheint diese fünf Prozent zu verkörpern, die wir immer noch durch philosophische Konzepte, wie das des Karma, oder durch psychologische Konzepte, wie die der Familienkomplexe, zu rechtfertigen suchen. Keiner dieser Annäherungsversuche ist sehr nützlich, wenn es um Chiron geht, weder im Geburtshoroskop noch bei den Transiten oder Progressionen.

Chiron fordert uns also auf, eine Wunde zu versorgen, die nicht heilen wird, unabhängig davon, wieviel Psychotherapie, Meditation, Homöopathie, Akupunktur, makrobiotische Ernährung oder Astrologie wir darauf verwenden. Diese Wunde versorgen zu lernen schließt normalerweise große Anstrengungen ein, um zu verstehen, warum diese Wunde da ist, soweit das überhaupt zu verstehen ist. Und während Saturn Schutzwälle gegen die Bedrohung, verletzt zu werden, aufbaut, versucht Chiron in Hinblick auf das alles philosophisch zu werden. Die Frucht dieser Bemühungen ist nicht nur eine tiefere, breitere Fassungskraft der Themen, die sich um das Zeichen, das Haus, in dem Chiron steht, und die Aspekte, die er bildet, drehen; sie führen auch zu einer toleranteren und mitfühlenderen Haltung gegenüber Menschen und dem Leben im allgemeinen. Chiron zwingt uns, erwachsen zu werden, denn es ist wirklich das Kind in uns, das schreit: »Aber es ist nicht *gerecht*!«

Verwundungen am Knie oder am Fuß könnten etwas über Verletzungen unserer Fähigkeit, mit beiden Beinen fest auf der Erde zu stehen und vertrauensvoll in die Welt hinauszugehen, widerspiegeln. Freud dachte, daß eine Verwundung am Fuß im Traum ein Bild der Kastration sei. Unser Gefühl von Potenz wird von Chiron verletzt. Das Verständnis oder die Fertigkeit, die wir entwickeln (*cheiron*, das griechische Wort für Hand, läßt darauf schließen, daß man gewandt, geschickt und perfekt ist), kompensiert unsere Gefühle der Unfähigkeit und des Schmerzes. Wenn wir Chiron und Venus zusammenbringen, dann gibt es wahrscheinlich eine Wunde in bezug auf unser Selbstwertgefühl, unseren Glauben, daß wir schön und liebenswert sind. Dies wird oft durch ein Gefühl des Verwundetseins in bezug auf den Körper (die Stier-Seite der Venus) widergespiegelt, ein Gefühl, häßlich oder auf unwiderrufliche Weise beschädigt zu sein. Obwohl es im Erwachsenenleben keine Grundlage für diese Gefühle geben mag, gibt es oft eine Art »ungerechter« Konstellation in der Kindheit – man könnte beispielsweise das einzige schwarze Kind in der Nachbarschaft oder übergewichtig gewesen sein, oder man könnte den vorherrschenden kollektiven Maßstäben des guten Aussehens nicht entsprochen haben. Kinder (Erwachsene ebenso) können extrem grausam sein mit ihrem Gespött und ihrer Zurückweisung von jedem, der »anders« ist, und dies ist eine der »ungerechten« Tatsachen des Lebens, mit der ein Chiron/Venus-Kontakt oft konfrontiert wird.

Wen können wir in bezug auf solche Dinge beschuldigen? Venus/Chiron kompensiert oft, indem man große Geschicklichkeit in der Verschönerung und schmuckvollen Verzierung entwickelt; er ist einer der Aspekte, den ich mittlerweise mit einem beträchtlichen Talent auf solchen Gebieten wie beispielsweise Modedesign und Schönheitstherapie in Verbindung bringe. Weil Venus auch mit dem Vergnügen des Körpers verbunden ist, mit Empfindsamkeit und erotischer Erfüllung, könnte es hier auch ein Gefühl der Verwundung und der Unzulänglichkeit geben; und oft besteht die Kompensation in der Entwicklung erotischer Geschicklichkeit solcher Art, wie sie die griechischen Hetären erwarben. Venus/Chiron könnte ein talentierter Liebhaber werden, der in Beziehungen hingezogen wird zu denjenigen, die in gleicher Weise verwundet sind und der Heilung bedürfen. Die Waage-Seite der Venus könnte auch Chirons Wunde widerspiegeln, und manchmal ist mit diesem Aspekt ein Gefühl der Isolation und der Unfähigkeit, mit anderen eine Beziehung herzustellen, verbunden. Man könnte mit diesem Aspekt sehr schüchtern sein, wenig Selbstvertrauen haben, und ein Gefühl anders und unakzeptabel zu sein. Die Person könnte große Anstrengungen unternehmen, soviel wie möglich über menschliche Beziehungen zu lernen, und sie könnte ein versierter Eheberater oder Therapeut werden. Sie sehen, daß all diese typischen Venus/Chiron-Kompensationen wahrscheinlich tief befriedigend und lohnend sind. Aber sie führen nicht dazu, daß die Wunde verschwindet.

TEILNEHMER: Ist Venus/Chiron wie Chiron im 7. Haus?
LIZ: Es ist ein ähnliches Gefühl wie auch bei Chiron in der Waage. Aber die Themen, die sich um den Körper drehen, und das Gefühl, unattraktiv oder wertlos zu sein, scheinen nicht die Kernthemen bei Chiron in Waage oder im 7. Haus zu sein. Dies ist mehr eine Widerspiegelung bei Chiron in Stier oder im 2. Haus.
TEILNEHMER: Kann Venus/Chiron eine Motivation sein, mehr über Liebe zu lernen?
LIZ: Ja, gewiß. Das meinte ich, als ich sagte, daß die Person große Anstrengungen unternehmen könnte, um etwas über menschliche Beziehungen in emotionaler, intellektueller wie auch in sexueller Hinsicht zu lernen. Die Motivation, eine Wunde in Kunst zu verwandeln, ist innerhalb von Venus/Chiron sehr machtvoll angelegt. Das ist die kreativste Dimension dieses Aspekts. Die dunklere Seite ist natürlich der anhaltende Schmerz, der still unter der Oberfläche liegen mag, aber normalerweise ins Bewußtsein durchbricht, wenn der Aspekt durch Transite oder durch die Planeten eines anderen in einem Synastrie-Kontakt oder sogar durch die Planeten im Kompositoroskop einer Beziehung ausgelöst wird. Es gibt auch eine manipulative Komponente, wie sie bei Saturn vorkommt, die ich bei Chiron-Wunden beobachtet habe – Venus/Chiron könnte wie Venus/Saturn wiederholt Partner wählen, die selbst auch verletzt sind, weil man sich dann im Vergleich »normal« fühlt. Wie das alte Sprichwort lautet – »unter Blinden ist der Einäugige König«. Chiron wird bereitwillig projiziert, genauso wie Saturn, besonders wenn er im Quadrat oder in Opposition zu Venus steht; es ist weitaus schwieriger, bewußt mit den eigenen Gefühlen der Unzulänglichkeit zu leben. Wenn die Wunde projiziert wird, ist es der Partner, der das »unheilbare« Problem hat, und man mag es unbewußt darauf anlegen, daß sie *nicht* heilt.

Ich habe auch häufig gesehen, daß Venus/Chiron zu kompensieren versucht, indem er die Wunde »transzendiert«. Dies mag eine Philosophie einschließen, die das Überwinden der niedrigen Natur vorschreibt und sich über solch grundlegende Dinge wie den erotischen Drang erhebt. Dies ist ein Versuch, die Sexualität zu vergeistigen, um die Verwundung des Körpers zu vermeiden. Dies verursacht normalerweise beträchtliche Probleme, weil es Venus nicht gefällt, transzendiert zu werden. Es wird offensichtlich sein, daß die mythische Aphrodite sich kaum mit dieser Art von Haltung abfinden wird; und die Göttin, als Ausdruck des Planeten wird normalerweise Rache nehmen, indem sie von hinten zuschlägt. Dann verliebt man sich hoffnungslos in eine total unpassende Person und entdeckt, daß man mit inneren Planeten kein Schindluder treiben sollte.

TEILNEHMER: Ich erinnere mich, als Chiron meinen Aszendenten überquerte, hatte ich viele Träume über verwundete Männer, die ich zu heilen hatte.

LIZ: Die Chiron-Transite zu beobachten ist äußerst interessant, wenn man diese mythischen Themen des Verwundens und Heilens verifizieren will. Ich bin über das, was Sie sagen, nicht überrascht, da ich diesem Traummotiv schon zuvor bei machtvollen Bewegungen Chirons begegnet bin.

TEILNEHMER: Würde man bei einem Chiron-Transit verwundet oder geheilt werden?

LIZ: Beides scheint der Fall zu sein. Der Typ von Erfahrung, den ich von Chiron-Transiten begleitet gesehen habe, scheint die Person mit viel älteren Verletzungen rückzuverbinden, und es ist oft eine Menge Schmerz damit verbunden. Aber es ist normalerweise kein unproduktiver Schmerz; zur gleichen Zeit werden Dinge verwirklicht, und man hat die Chance, Themen der Vergangenheit ins Auge zu sehen, mit denen man sich beschäftigen muß. Das bedeutet nicht, daß unter einem Chiron-Transit niemals etwas Gutes geschieht. Es kommt manchmal zu Aussöhnungen und Lösungen alter Konflikte. Aber ich bin nicht geneigt, diesen Planeten zu verherrlichen, da ich glaube, daß es ein sehr schwieriger Planet ist, was den Umgang mit ihm betrifft. Die unzivilisierte Natur des Chiron im Mythos wirkt in der manchmal abrupten und schmerzhaften Natur der Chiron-Erfahrungen im wirklichen Leben, und das schließt oft ein, daß man selbst unzivilisiert wird oder der emotionalen Explosivität einer anderen Person ausgesetzt wird. Ich habe vorher erwähnt, daß es eine Uranus-Komponente in Chiron gibt, und es scheint, daß sie sich durch die Plötzlichkeit von Ereignissen, die bei einem Chiron-Transit eintreten, zeigt.

Es gibt ein großes Paradoxon bei dieser Angelegenheit des Verwundens und Heilens. Oft tragen wir Verletzungen mit uns herum, von denen wir nichts wissen; sie liegen im Unbewußten, und wir verstehen die machtvolle Auswirkung, die sie auf unser äußeres Verhalten haben, nicht. Ein Chiron-Transit kann heilend sein, indem er die Schutzdecke von den alten Wunden wegzieht, weil wir uns bewußter werden, wer wir sind. Dies ist eine Art Klischee in der Psychotherapie – das heißt, wenn wir beginnen, unseren Konflikt und unseren Schmerz zu fühlen, sind wir an der Schwelle der Heilung oder machen uns von diesen Dingen einen Begriff. Wenn etwas unbewußt ist, kann es nicht wachsen oder sich ändern. Daher ist Chiron, wie Uranus, ein Erwecker, selbst wenn das Erwachen aufgrund eines schmerzvollen Ereignisses stattfindet.

TEILNEHMER: Was glauben Sie, welches Zeichen Chiron regiert?

LIZ: Ich weiß es wirklich nicht. Ich bin nicht sehr glücklich mit der Idee, ihn irgendeinem Zeichen zuzuordnen. Ich weiß, daß manche Leute ihn entweder mit Jungfrau oder mit Schütze in Verbindung bringen. Aber er gehört nicht wirklich zu unserem Sonnensystem; er ist ein Einzelgänger, ein großer Asteroid, der abgeschweift ist und vom Gravitationsfeld der Sonne eingefangen wurde. Letztlich wird er wieder fortziehen, so wie es ein Komet tut. Aufgrund dieser fremdartigen Qualität tue ich mich schwer, ihn säuberlich in das planetarische Herrschersystem einzuordnen. Nach psychologischen Begriffen ist sein Verhalten das eines Fremden, der sich verirrt hat; und ich arbeite mit ihm, als ob er über keines der Zeichen herrscht. Er ist eine Art unverdauliches, wildes Stück Leben, wie Platons fünf Prozent Chaos.

Ich möchte nun die Venus/Mond-Aspekte betrachten. Howard hat diese Aspekte ziemlich umfassend besprochen*, aber es gibt ein oder zwei Punkte, die ich gern der archetypischen Dynamik zwischen diesen beiden Planeten hinzufügen würde. Ich habe bereits erwähnt, daß es einen angeborenen Konflikt zwischen dem Mütterlichen und dem Erotischen gibt, der symbolisch durch die Feindschaft zwischen Aphrodite und Hera im Mythos reflektiert wird. Die harten Aspekte zwischen Venus und Mond sind besonders in bezug auf Liebe und Beziehungen wichtig, weil die Sicherheitsbedürfnisse im Konflikt mit den persönlichen Werten stehen, und es erzeugt oft ein tiefsitzendes Unwohlgefühl, daß man zwischen

* Siehe Teil 1: »Die erste Liebe«, in: Liz Greene/Howard Sasportas, Sonne und Mond, a. a. O.

diesen beiden wählen muß. Ich glaube nicht, daß Quadrate und Oppositionen uns »schicksalhaft« dazu verurteilen, eine solche Wahl treffen zu müssen; aber genauso lassen es uns die harten Aspekte empfinden. Weil jeder Planet, der den Mond aspektiert, im Hinblick auf das psychologische Erbe seitens der Mutter von Bedeutung ist, schließt ein harter Venus-Aspekt (oder in dieser Hinsicht auch das Sextil, das Trigon und die Konjunktion) einen inneren Konflikt der Mutter zwischen diesen beiden Seiten ihres weiblichen Wesens ein. Wenn wir vor einem solchen Modell stehen, werden wir zunächst nicht erkennen, wie die beiden Gegner versöhnt werden könnten.

Jung schrieb über das Problem einer »geteilten« Anima – zwischen dem Mutter-Bild und dem der Geliebten – im Mann. Dieser Konflikt führt oft dazu, daß ein Mann eine mütterliche Frau heiratet und, nachdem er sich auf der erotischen und der Seelenebene tief unbefriedigt fühlt, sich eine zweite Beziehung zu einer Geliebten schafft. Normalerweise hat in so einem Fall die Mutter eine Seite ihres Wesens (normalerweise die erotische) in sich unterdrückt, was sich ihrem Sohn auf sehr machtvolle, unbewußte Weise vermittelt hat. Venus/Mond-Konflikte bei Männern tendieren dazu, einen Hang widerzuspiegeln, die Frauen in solche aufzuteilen, die man passenderweise heiratet, und in solche, mit denen man gern ins Bett geht; und beide Typen scheinen auf ewig einen Gegensatz darzustellen. Daß es Frauen geben könnte, die diese beiden Aspekte in sich vereinen, scheint sich diesen Männern zu entziehen. Wenn der Mann seine Frau verläßt und seine Geliebte heiratet, wird er bald anfangen, sie als mütterlich wahrzunehmen, und erneut seine erotische Erfüllung außerhalb der Ehe suchen. Die Furcht vor den unbewußten sexuellen Gefühlen der Mutter ist normalerweise so groß, daß es zu störend ist, dem Partner zu gestatten, sowohl sexuell und intellektuell aufregend als auch emotional unterstützend und bewahrend zu sein.

Bei Frauen mit diesen Aspekten geht es um das gleiche Thema, aber die Aufteilung erscheint normalerweise innerhalb der Frau selbst, statt auf einen Partner projiziert zu werden. Wenn die Mutter ihre Venus-Seite zugunsten der Sicherheit von Heim und Familie unterdrückt, wird sie unvermeidlich eifersüchtig sein, wenn die Tochter anfängt, sich zu einer attraktiven jungen Frau zu entwikkeln – besonders wenn die Beziehung zu ihrem Ehemann belastet ist. Daher verweist Venus/Mond oft auf eine tiefe, wenn auch unbewußte Rivalität zwischen Mutter und Tochter. Um sich dem Herrschaftsbereich der Mutter zu entziehen, könnte die Tochter jegliche mütterliche Identifikation zurückweisen, um statt dessen den Schatten ihrer Mutter auszuagieren und zu einer wahren Hetäre zu werden, die auf die Männer durch die Erotik und intellektuellen Kanäle der Venus wirkt, welche die Mutter nicht erreichen kann. Solch eine Tochter wird gewöhnlich Papas Liebste sein und unbewußt seine Anima spielen und feststellen, daß sie sich im späteren Leben in Dreiecksbeziehungen verwickelt, an denen verheiratete Männer beteiligt sind.

Genausooft habe ich gesehen, daß die Rivalität zwischen Mutter und Tochter eine große Angst bei der Mutter erzeugt, was dazu führen könnte, daß die Tochter ihre eigene erotische Seite unterdrücken könnte, um aus der Schußlinie zu bleiben. Man wird öfter eine attraktive, sexuell provokative, reife Frau mit einer unscheinbaren, übergewichtigen Tochter sehen, die niedergedrückt hinter ihr herläuft; die Tochter wurde derart von der unbewußten Sabotage der Mutter untergraben, daß sie es vorgezogen hat, ihr eigenes Venus-Selbstwertgefühl als Frau zu ersticken. Wenn solch eine Frau erwachsen ist, wird sie stets einen Mann wählen, der sie wegen ihrer mütterlichen Eigenschaften haben will, und gewöhnlich wird es so enden, daß sie sich mit einer Rivalin in Form einer Geliebten ihres Mannes zufriedengeben muß, der, wie ich angedeutet habe, an genau dem gleichen Konflikt leidet, der umgekehrt, als Spiegelbild, zum Ausdruck kommt.

In gewissem Maße karikiere ich diese Venus/Mond-Dynamik, aber man kann sie mehr oder weniger ausführlich dargestellt finden, und manchmal genauso blühend, wie ich sie beschrieben habe. Eifersucht und Rivalität zwischen Frauen ist für Venus/Mond charakteristisch, selbst bei den weichen Aspekten, obwohl vieles davon abhängt, wie die Mutter mit ihrem eigenen Problem zurechtgekommen ist. Auf der einfachen Deutungsebene spiegelt Venus/Mond die Herausforderung, diese beiden Facetten des Weiblichen miteinander zu verbinden, wider, weil man beides in gleichem Maße besitzt und einen Weg finden muß, damit zu leben. Das negativere Gesicht dieser Aspekte neigt dazu, nur teilweise zu

erscheinen, weil bis vor kurzem das Venus-Leben einer Frau mit der Mutterschaft endete. Vor dem Aufkommen der Geburtenkontrolle konnte sie nicht entscheiden, wie viele Kinder sie wann haben wollte; und – genauso wichtig – auf der kollektiven Ebene war etwas »falsch« bei einer Mutter, die es sich zu gut gehen ließ und ihr Kind »vernachlässigte« – ganz abgesehen von der »abnormalen« Frau, die sich entschied, überhaupt keine Kinder zu haben. Trotz vieler Veränderungen im kollektiven Bild der Frau sind wir immer noch mit der großen Herausforderung konfrontiert, Venus und Mond ausgleichen zu müssen. Für eine Person, die diese Planeten in starken Aspekten in ihrem Geburtshoroskop hat, ist diese Herausforderung eines der Hauptthemen im Leben.
TEILNEHMER: Ist das ähnlich wie bei Venus in Krebs oder Mond in Waage?
LIZ: Einige dieser Elemente sind vorhanden, besonders bei Mond in Waage, weil das auch etwas über die Mutter aussagt. Wir könnten sagen, daß der Mond in Waage eine Venus-Mutter widerspiegelt, eine Frau, die einen starken ästhetischen Sinn besitzt und ein Bedürfnis nach Leichtigkeit und Romantik in ihrem Leben hat. Ob sie das lebte oder nicht, kann uns das Geburtshoroskop nicht sagen, obwohl andere Plazierungen, wie Saturn, Neptun oder Pluto im Aspekt zum Mond oder im 10. Haus, vermuten lassen könnten, daß sie es nicht tat. Venus in Krebs macht nicht dieselbe Aussage über die Mutter, sondern spiegelt die eigenen individuellen Werte einer Person wider, die wahrscheinlich traditionell und auf Familie ausgerichtet sind, obwohl sie der romantischen Gefühle nicht entbehren. Manchmal findet Aphrodite in den Mythen an der Ehe Gefallen, solange die erotische Seite in der Ehe lebendig ist. Unsere moderne Vertreterin dieser Kombination ist Barbara Cartland, deren Geschichten, obwohl sie entsetzlich schlecht geschrieben sind, sich offenbar millionenfach verkaufen. Diese Bücher schildern ausnahmslos eine höchst aufgeladene Anziehung zwischen zwei Menschen, die in einer glücklichen Ehe endet.

Mond in Waage und Venus in Krebs vereinen beide die Ästethik und romantischen Gefühle der Venus mit einem Bedürfnis nach Sicherheit und Verwurzelung. Aber sie deuten nicht an sich auf eine Aufsplitterung hin, von der Art, wie ich sie vorher besprochen habe. Diese Art der Aufteilung ist charakteristisch, wenn die beiden

Planeten kombiniert sind, denn ein Planet ist eine Form dynamischer Energie, und jeder besitzt seine eigene »Persönlichkeit« und seine eigenen Bedürfnisse. Die alte griechische Gesellschaft hat diese Aufteilung in ihrer Struktur eingebunden, indem sie zwei Klassen von Frauen geschaffen hat – Frauen, die zu Hause blieben, Kinder bekamen und sich um den Haushalt kümmerten, und Hetären, die für die intellektuellen, ästhetischen und erotischen Freuden und Anregungen sorgten. Natürlich gibt es heutzutage eine Wiederholung dieser Aufteilung, obwohl sie nicht ausdrücklich propagiert wird; und es ist verständlich, daß die Frauen davon die Nase ziemlich voll haben.

TEILNEHMER: Ich bin ein Mann mit einem Venus/Mond-Quadrat, und ich sehe, daß ich mich am Verliebtsein nicht erfreuen kann, ohne sofort zu denken, daß die Beziehung dauerhaft werden muß.

LIZ: Ich bin nicht sicher, ob Sie denken, daß das ein Problem sei; ich würde nicht sagen, daß es eines ist – wenn Sie nicht versuchen, sich nach einem kollektiven Bild zu richten, wie Männer sich in Beziehungen zu verhalten haben. Aber daß das Bedürfnis nach Romantik und Stabilität zusammen auftritt, ist genau das, was eintritt, wenn die beiden Planeten ihre Energien miteinander kombinieren. Wenn Sie zwischen ihnen keine Trennung empfinden, warum sollten Sie eine erzeugen?

TEILNEHMER: Mein Bedürfnis nach Sicherheit ist etwas zwanghaft. Ich kann die Gesellschaft eines anderen nicht genießen, ich denke von Anfang an daran, wie ich den anderen an mich binden könnte.

LIZ: Ich denke, hier könnten noch andere Faktoren beteiligt sein, zum Beispiel eine tiefe Unsicherheit, die Ihnen das Gefühl gibt, daß Sie sich ohne die Garantie dauerhafter Liebe nicht entspannen können. Dies deutet auf ein Problem mit dem Getrenntsein hin, was nicht wirklich eine Venus-Angelegenheit ist. Aufgrund dieser Angst könnte zuviel Gewicht auf dem Mond liegen, und die Venus wird nicht wirklich bewußt gelebt – mit anderen Worten, Sie schätzen sich selbst nicht genug, sondern machen sich statt dessen von formalen Verpflichtungen abhängig, um sich zu vergewissern, daß Sie geliebt werden. Haben Sie einen Venus/Saturn-Aspekt oder einen Mond/Saturn-Aspekt?

TEILNEHMER: Ich habe Mond in Halbquadrat zu Saturn, der im 7. Haus steht.

LIZ: Dann würde ich davon ausgehen, daß Ihre »Gewichtigkeit« in Beziehungen eher von einer tiefen Furcht vor Zurückweisung herrührt – wahrscheinlich ein Vermächtnis aus Ihrer Kindheit – und nicht aus der Kombination von Venus und Mond, die richtigerweise eine Mischung aus Häuslichkeit und erotischem Vergnügen erfordert. Dies ist das Merkmal eines Romatikers, nicht eines Don Juan, obwohl viele Männer sich so sehr vor ihren eigenen romantischen Bedürfnissen fürchten, daß sie gezwungen sind, den Don Juan zu spielen, um das Gefühl der Verletzbarkeit zu vermeiden.
TEILNEHMER: Wie steht es mit homosexuellen Beziehungen?
LIZ: Die Dynamik ist die gleiche. Wenn Venus und Mond im Konflikt sind, können wir uns mit einem Planeten identifizieren und projizieren den anderen auf ein Mitglied des gleichen Geschlechts – es ist genauso einfach wie bei jemandem vom anderen Geschlecht. In den meisten Beziehungen, heterosexuell oder homosexuell, verbindet sich ein Partner normalerweise mit der Rolle der Bezugsperson und der andere mehr mit der Rolle des »geliebten Spielgefährten«. In einer dynamischen Beziehung sind diese Rollen fließend, und man kann hoffentlich etwas von beiden haben, und beide können sie zu verschiedenen Zeiten einnehmen. Wenn es Venus/Mond-Konflikte gibt, kann es zu Extremen kommen, und die Rollen können festgelegt und beinahe archetypisch werden aufgrund der Projektionen, die damit verwickelt sind. Der gleiche Hang taucht bei Dreiecksverbindungen in einer homosexuellen Beziehung mit Venus/Mond-Konflikten auf und auch das gleiche Streben, die Sicherheitsbedürfnisse mit dem Bedürfnis nach erotischer Erfüllung zu vereinen.
TEILNEHMER: Ich habe eine Freundin, eine Frau von 64 Jahren, die Venus in Konjunktion zu Mond und im Quadrat zu Mars hat. Sie hatte immer Geliebte, die jünger als sie waren, und hat nie Kinder gehabt. Nun befindet sie sich in Konkurrenz mit den Müttern ihrer Freunde.
LIZ: Die Vorliebe für schöne junge Männer ist charakteristisch für Aphrodite, die, anders als der Mond, alterslos ist und die Zeit transzendiert; und es scheint, daß sich Ihre Freundin ihr ganzes Leben mit Venus identifiziert und das in ihren Beziehungen ausagiert hat. Aber die Mond-Seite ihres Wesens scheint offensichtlich tiefgehend unterdrückt worden zu sein, und die Rivalität hat sich

nicht nur in Form einer »mütterlichen« Frau materialisiert, sondern buchstäblich im Gewand der Mütter ihrer Geliebten. Das lunare Bedürfnis nach Familie scheint durch die unbewußte Wahl von Sohn-Geliebten an die Oberfläche zu kommen. Wahrscheinlich sind die Mütter, gegen die sie ankämpft, ihr selbst sehr ähnlich, aber deren Aufspaltung scheint in die andere Richtung zu tendieren.
TEILNEHMER: Sie glaubt mir nicht, wenn ich ihr das auf diese Weise erkläre.
LIZ: Nun ja, warum sollte sie auch? Es ist viel einfacher, jenen furchtbaren Müttern die Schuld für ihre Probleme zu geben. Wenn sich eine Person völlig mit einem planetarischen Prinzip identifiziert, ist nicht viel Raum für Objektivität in bezug auf einen selbst, denn archetypische Energien haben die Gewohnheit, das Bewußtsein zu vereinnahmen und unsere Wahrnehmung des Lebens zu verzerren.
TEILNEHMER: Ich möchte eine Bemerkung darüber machen, wie es ist, mit Venus und Mond zusammenzuleben. Im Mittelalter wurde es akzeptiert, verheiratet zu sein und doch einen angebeteten Liebhaber zu haben, der einem Gedichte schrieb und sich für einen auf ritterliche Abenteuer begab, aber keine sexuelle Beziehung zu einem unterhielt. Diese Art von Romantik ist jetzt nicht mehr akzeptabel, denn unserem Partner dürfte das nicht gefallen.
LIZ: Sie beschreiben den sonderbaren Ethos höfischer Liebe, die ihren Höhepunkt in Frankreich im 12. Jahrhundert mit den Liebesliedern der Troubadoure erreichte. Dies mag ursprünglich als eine Art erscheinen, das Venus/Mond-Dilemma zu lösen, aber ich habe das Gefühl, daß es eher ein Weg des Neptun ist, der ein Opferelement mit aufnimmt, das Venus tatsächlich schadet. Diese Form entstand außerdem im Rahmen einer mittelalterlichen katholischen Gemeinschaft, und obwohl sie manchmal als häretisch betrachtet wurde (aufgrund der Verbindungen mit der Häresie der Katharer), schloß diese Philosophie die Entwertung des Körpers und der erotischen Gefühle ein. Die höfische Liebe erforderte es, daß die Frau verheiratet war; und obwohl die Regeln ständig von unvollkommenen Sterblichen gebrochen wurden, erforderte ihre Philosophie auf beiden Seiten Enthaltung und beträchtliche Frustration und Leiden, die, in der Theorie, die grundlegende Liebe in eine spirituelle Erfahrung verwandelten. Jeder Psychoanalytiker würde

diese Zurechtlegung als höchst ödipal bewerten, da die Leidenschaft höfischer Liebe davon abhing, daß das Objekt unerreichbar blieb – der angebetete Elternteil, der aufgrund des Inzesttabus und der Elternehe verboten ist. Am Ende muß man seine Phantasie von der vollkommenen Liebe zum eigenen Vater opfern, weil er mit der eigenen Mutter verheiratet ist. Nach psychologischen Begriffen ist dieser Prozeß ödipaler Niederlage und Opferung, wenn er nicht zu schroff und demütigend ist, einer der Bausteine des reifen Ego. Im Mittelalter war er der Anlaß für eine furchtbare sexuelle Intensität, eine erotische Ohnmacht, die an eine religiöse Erfahrung grenzte. Dies ist eine Angelegenheit von Neptun, nicht von Venus.

Ich habe Leute getroffen, vor allem jene mit Neptun/Venus-Aspekten, die immer noch solch einer aufopfernden Liebe nachgehen, obwohl sie es normalerweise nicht aufgrund einer mystisch-künstlerischen Philosophie tun. Sie tun es, weil sie nicht anders können; sie befinden sich in den Klauen eines Zwangs. Sie sehnen sich verzweifelt nach jemandem, der in der einen oder anderen Weise unerreichbar ist (verheiratet oder Mitglied einer Priesterschaft, viertausend Meilen entfernt lebend oder einfach gefühlsmäßig uninteressiert oder unfähig, eine Verpflichtung einzugehen), und ich denke, daß die Freudianer recht haben, wenn sie diese Art von Zwang mit einem ungelösten ödipalen Dilemma in Verbindung bringen.

Wie wir gesehen haben, als wir die Mythologie der Aphrodite erforschten, neigt Venus nicht dazu, überhaupt irgend etwas zu opfern, geschweige denn das Vergnügen oder die körperliche Erfüllung. Auch der Mond ist seinem Wesen nach nicht opferungsbereit, obwohl er einfühlsam ist. Die höfische Dreiecksbeziehung in der Liebe stellt keinen Weg dar, das Venus/Mond-Dilemma zu lösen, sondern ist eine Flucht davor. Wenn im Horoskop ein Konflikt zwischen Venus und Mond existiert, es aber einen freundlichen Aspekt zwischen Venus und Neptun gibt (oder etwas Ähnliches), könnte das Individuum die Dreiecksbeziehung benutzen, um den Reibungen des harten Winkels zu entkommen. Wir neigen dazu, dies bei unseren Trigonen zu tun, weil sie zuverlässig und bequem sind; und es ist menschlich genug, die Schwierigkeiten zu vermeiden, die sich ergeben, wenn man mit beiden Enden eines harten Aspekts konfrontiert ist, indem man den heißen Schauplatz verläßt und sich in die sanftere Harmonie des Trigons zu einem anderen Planeten begibt. Deshalb sind große Trigone so zwiespältig; sie bieten Gaben, Talente und Glück, aber sie liefern einen perfekten Kokon, in dem man sich vor den eigenen T-Quadraten oder großen Kreuzen verstecken kann. Mit Venus/Mond auf ehrliche Weise umzugehen ist keine sehr bezaubernde oder mystische Beschäftigung, denn sie konfrontiert uns mit unseren allzu menschlichen Bedürfnissen.

Ich erinnere mich an einen ziemlich amüsanten Artikel, den ich vor einiger Zeit in einem Magazin gelesen habe und der von einer Frau geschrieben war, die sich beklagte, daß Mütter nicht mehr wie richtige Mütter aussähen. Sie fand Frauen äußerst anstößig, die weiterhin die Kleider ihrer Töchter tragen konnten und aussahen, als seien sie immer noch sexuell aktiv und aufregend, statt sich bequem in einem mittleren Alter niederzulassen mit einer netten Polsterung an zusätzlichem Gewicht, mit einer festen Dauerwelle im grauen Haar, weiten Kleidern und ohne Interesse, mit den hübschen Freunden der Tochter zu flirten. Ich fand es faszinierend, daß jemand so einen Artikel schrieb, denn er scheint eine Veränderung, die sich im Kollektiven vollzieht, widerzuspiegeln. Einst waren die Dinge offensichtlich so einfach; die Mutter war der Mond und die Tochter die Venus, bis sie heiratete und Mutter wurde, womit dann die Enkelin Venus war und so weiter. Das ist sehr tröstlich und auch sehr alt und archetypisch; aber es trägt dem wirklichen menschlichen Problem all diesen frustrierten, unbewußten Lebens, das einen ungelebten Planeten umgibt und alle Arten von Familienkomplexen ausbrütet, nicht Rechnung.

TEILNEHMER: Was passiert, wenn Mars mit einem Venus/Mond-Quadrat verbunden ist?

LIZ: Vielleicht sollten wir uns nun Venus/Mars ansehen. Viele Autoren sagen von diesem Aspekt, er trage zu einem beträchtlichen Grad sexuellen Charismas und sexueller Attraktivität bei, da es sich um ergänzende Prinzipien handelt und sie in Mythen als Geliebte dargestellt werden. Die Charaktere von beiden, Venus und Mars, sind selbstzentriert und selbstgenügsam, obwohl ihre Vorgehensweisen verschieden sind; und in diesem Sinn haben sie vieles gemeinsam, ebenso wie die Zeichen Widder und Waage. Wenn Sie einen Widder und eine Waage zusammen agieren sehen, werden Sie sehen, wie tiefgreifend ähnlich sie sich sind. Widder ist normalerweise sehr direkt, er sagt geradewegs, was er denkt: »Mach es so wie ich.« Waage sagt: »Was für eine gute Idee. Aber ich würde mich besser fühlen, wenn ich mich erst für ein paar Minuten hinsetzen und sichergehen könnte, daß wir jeden Gesichtspunkt berücksichtigt haben, obwohl du natürlich recht hast.« Nach mehreren Stunden verwickelter Diskussionen entdeckt Widder, daß sich der ursprüngliche Plan beträchtlich geändert hat, aber er denkt immer noch, daß es seine Idee ist; und Waage geht lächelnd davon, weil jeder zufrieden ist. Beides sind kardinale Zeichen und spiegeln die Willensstärke ihrer Herrscher wider. Sie können also sehen, daß die Vereinigung der planetarischen Prinzipien eine sehr kraftvolle Dynamik in Gang setzen wird in Richtung Vergnügen und Selbstgenügsamkeit, die den Stil der Venus mit der Durchsetzungskraft des Mars verbindet, was es einem unschuldigen Beobachter schwierig macht, dem zu widerstehen.

TEILNEHMER: Wenn sie in Widder in Konjunktion stehen, stärkt das die Mars-Seite?

LIZ: Im äußeren Verhalten ja; die Durchsetzungsfähigkeit wird sich bei der Persönlichkeit offensichtlicher zeigen. Wenn die Konjunktion in einem von Venus regierten Zeichen steht, wird die Venus-Komponente offensichtlicher werden, aber die Zeichen sind wirklich wie Kleidungsstücke; sie beschreiben die Art und Weise, wie sich die Planeten zum Ausdruck bringen, aber sie verändern nicht das Wesen der Planeten. Venus/Mars in Stier oder Waage könnte sehr charmant oder friedvoll sein, aber wenn Sie an die Tatsache denken, daß sich bei jedem Venus/Mars-Aspekt die persönlichen Werte mit den aggressiven Instinkten verbinden, werden Sie erkennen, daß der reizende Charme die sprichwörtliche Eisenfaust im Samthandschuh maskiert. Die Venus/Mars-Verbindung, die letztendlich der Entwicklung der Sonne dient, verbindet kämpferische Kraft mit der Fähigkeit, zu verschönern und Freude zu bringen. Dies ist eine potente Verbindung. Wenn die beiden Planeten in einem harten Aspekt stehen, ist die wesentliche Bedeutung die gleiche, aber auf bewußter Ebene fühlt sich die Person oft zwischen dem Bedürfnis, die Harmonie aufrechtzuerhalten, und dem Bedürfnis, sich selbst durchzusetzen, hin- und hergerissen. Ich habe gesehen, daß sich die Quadrate und Oppositionen und ebenso die

Konjunktionen zu verschiedenen Zeiten sehr gegensätzlich verhalten. Der Betreffende ist dann voller Charme und anpassungsfähig und gütig – und plötzlich schlägt er Ihnen die Zähne aus dem Mund. Das geschieht, wenn eine zu große Identifikation mit einem Planeten mit einem Rückstoß des anderen endet (was für harte Aspekte charakteristisch ist).

Ich denke an einen Klienten, mit dem ich gearbeitet habe, der die Konjunktion in Fische hat mit einem Waage-Aszendenten. Venus ist daher sein Horoskopherrscher und sogar noch mächtiger aufgrund der Erhöhung von Venus in Fische. Die Venus-Seite ist auf den ersten Blick in seiner Persönlichkeit weitaus offensichtlicher zu erkennen. Er kann unglaublich lieb, gütig, freundlich und höflich sein, und dann wird er plötzlich etwas wirklich Boshaftes und Zerstörerisches sagen, absichtlich verletzend, wann immer sein Mars, wie Achilles, die Nase voll hat, in Samt gekleidet zu werden. Es gibt in diesem Mann einen großen Rückstau an Wut, weil er sich beinahe total mit Venus identifiziert hat.

TEILNEHMER: Ist er homosexuell?

LIZ: Nicht, was seinen sexuellen Geschmack angeht. Aber ich habe, denke ich, früher erwähnt, daß manchmal die gleiche psychologische Dynamik bei verschiedenen Leuten auf unterschiedliche Art und Weise zum Ausdruck gebracht wird. Der wichtige Punkt ist hier nicht, ob er homosexuell oder heterosexuell ist, sondern wie er sich auf die männliche und weibliche Seite in sich selbst bezieht. Er hat eine beträchtliche Wut auf Frauen, und gleichzeitig gibt er sich ihnen gegenüber sehr verführerisch; und er praktiziert eine verdeckte, aber nicht ungewöhnliche Form sexueller Grausamkeit, eine subtile Zurückweisung und Erniedrigung des weiblichen Körpers und der weiblichen sexuellen Wünsche als Mittel, sich potenter zu fühlen. Die ist auch ein Charakteristikum, das ich ziemlich oft gesehen habe, wenn Venus Mars erstickt. Wir könnten dies als »sexuelles« Problem betrachten, aber es ist wirklich ein Problem der Potenz, denn Venus kann Mars entmannen – genauso wie in dem berühmten Gemälde –, und dann sitzt Mars im Keller und brodelt vor sich hin.

Wenn es eine zu große Identifikation mit Mars gibt und Venus blockiert ist, ist das Gefühl des Selbstwerts verlorengegangen, und eine der häufigsten Manifestationen davon ist extreme Eifersucht und Besitzgier. Mars ist auf seine Autonomie sehr stolz; ein marsisches Temperament gibt wirklich keinen Pfennig darauf, was irgend jemand anderer denkt. Wie Frank Sinatra tun sie es auf *ihre* Weise. Auf der anderen Seite nährt sich Venus von der Liebe und Bestätigung der anderen, um sie für ihr eigenes Selbstwertgefühl zu verwenden. Aphrodite könnte kaum überleben ohne eine Menge von Jugendlichen zu ihren Füßen, die sie anbeten. Sie können also sehen, daß, wenn eine Person mit Venus/Mars versucht, sich zu sehr durchzusetzen, zu machohaft und hart zu sein, eine erhebliche, geheime Abhängigkeit von der Liebe der anderen vorhanden ist, um das Selbstwertgefühl entwickeln zu können.

Es gibt eine Art von Androgynität bei der Venus/Mars-Kombination, die sich auch im sexuellen Stil der Person offenbaren könnte, auf eine sehr attraktive, kreative Art. Die Aufregung der Herausforderung und Eroberung verbindet sich mit der Lust, nett zu sein und nett behandelt zu werden, und das kann dazu führen, daß man sich mit einem Spektrum von Rollen wohl fühlt, sowohl aktiven wie passiven. Wir könnten sagen, daß Venus und Mars, wenn sie sich mischen, der Person eine Fähigkeit verleihen, Sexualität vom männlichen und weiblichen Standpunkt aus zu verstehen, was ein extrem reiches und sexuell lohnendes, erotisches Leben verleihen kann.

Teilnehmer: Könnte dies auch möglich sein, wenn sie sich im Quadrat zueinander befinden?

Liz: Quadrate und Oppositionen, wie ich vorher in Verbindung mit Venus und Mond erwähnt habe, bedeuten nicht, daß wir gezwungen sind, zu wählen. Sie spiegeln die Wahrnehmung des Ego wider, daß der Konflikt unversöhnlich ist, und schließen normalerweise zumindest eine teilweise Unterdrückung der Planeten, die in diesem Aspekt beteiligt sind, mit ein. Aber die Wahrnehmung des Ego ist nicht die einzige Wahrheit, wie jeder, der tiefgehend mit Psychotherapie gearbeitet hat, wissen wird. Die meisten der tiefen Transformationen, die in der therapeutischen Arbeit auftreten, stammen vom Ego, das mit anderen Dimensionen und Perspektiven der Psyche konfrontiert wird und sich dementsprechend verändert. Mit anderen Worten: Die Unterscheidung zwischen harten und weichen Aspekten ist vor allem der Unterschied, wie wir unsere Wirklichkeit wahrnehmen. Solche Ego-Wahrnehmungen können verändert und erweitert werden, und nichts ändert sie machtvoller als eine Begegnung mit dem, was vorher unbewußt war. Ich glaube, daß es möglich ist, viel Harmonie und großen Nutzen aus Quadraten und Oppositionen zu ziehen, obwohl das normalerweise bedeutet, die unbekannten Dimensionen der Persönlichkeit zu erforschen; die Harmonie wird auch nicht zu allen Zeiten möglich sein, besonders wenn ein schwieriger Transit den Geburtsaspekt auslöst. Als Kompensation für die Holprigkeit des Weges bieten die harten Aspekte eine dynamische Energie, die sehr aufregend ist und die viele Leute den einfachen, entspannten Gefühlen eines Trigons oder Sextils vorziehen würden. Wenn wir lernen können, in der Mitte zu stehen und uns beiden Enden eines harten Aspekts anzunähern, könnten wir entdecken, daß er mehr zu bieten hat als die weichen Aspekte, was die vitale Lebensenergie angeht. Also, kurz gesagt – ja, es ist mit einem Venus/Mars-Quadrat möglich.

Familienkomplexe haben auch eine ganze Menge mit unseren Wahrnehmungen zu tun, denn wenn wir einen offensichtlich unversöhnlichen Konflikt in der Familie gesehen haben, werden wir nicht sofort wissen, ob es einen Weg gibt, der hier durchführt. Wir werden in der Annahme aufwachsen, daß dieser Konflikt immer exisitiert. Dann ist der Mechanismus der Unterdrückung sehr verständlich, denn wer will schon in einem Zustand andauernden Aufruhrs leben, ständig im Krieg mit sich selbst, wenn es scheinbar keine mögliche Lösung gibt? Jung schrieb über etwas, das er die *transzendierende Funktion* nannte, ein versöhnliches Prinzip, das zu einer kreativen Lösung führen kann, wenn jemand eine andere Haltung einnimmt in Hinblick auf einen inneren Konflikt. Normalerweise verdrängen wir – wie ich gesagt habe – das unangenehme Ende des harten Aspekts oder sogar die gesamte Konstellation, und dann taucht sie in unserem äußeren Leben auf, wieder und wieder, in der einen oder anderen Form. Wenn wir soweit gekommen sind, unsere eigene Zwiespältigkeit anzuerkennen, statt die äußere Welt und die Menschen zu beschuldigen, so ist das bereits ein großer Sprung nach vorn, um zu lernen, mit harten Aspekten umzugehen. Bei den weichen Aspekten scheinen wir automatisch anzunehmen, daß wir den Kuchen behalten und ihn gleichzeitig essen können. Weil wir den Möglichkeiten gegenüber offen sind (Sextil und Trigon wurden mit den Energietypen von Merkur und Jupiter gleichgesetzt), können wir normalerweise Wege finden, um die planetarischen Prinzipien ohne große Anstrengungen miteinander zu verbinden. Venus im Trigon zu Mars geht davon aus, daß jemand den Leuten gefallen und gleichzeitig seinen eigenen Weg verfolgen kann. Venus Quadrat Mars sorgt sich selbst halb zu Tode mit der Angst, automatisch die Liebe zu verlieren, wenn man sich selbst durchsetzt; und das Verhalten der Person könnte aufgrund der Spannungen und der Wut, die diese Furcht erzeugt, genau das, was sie fürchtet, erschaffen. Es ist schwer für uns, das Ausmaß zu sehen, in dem wir uns unsere eigene Wirklichkeit schaffen und voraussagbare Reaktionen bei anderen hervorrufen, während wir denken, daß wir etwas ganz Gegensätzliches tun. Doch ein objektiver Beobachter kann es oft klar genug sehen.

Vielleicht könnten wir uns nun die Venus/Uranus-Aspekte ansehen. Diese haben einen sonderbaren Ruf, was Sexualität angeht, und eine Reihe älterer Bücher – und sogar einige der neueren – beziehen sich hierbei auf Perversionen und Homosexualität. Ich habe bereits in bezug auf solche Klassifikationen meine Ansichten dargelegt. Andererseits haben die harten Aspekte von Venus und Uranus den Ruf der Fähigkeit, sich einzulassen, was ebenso, soweit ich es verfolgen konnte, keine verläßliche Interpretation ist. Wir müssen zunächst Uranus untersuchen und einen Sinn dafür entwikkeln, was dieser Planet wirklich repräsentiert, bevor wir ihn mit Venus in Verbindung bringen, um zu sehen, was sich daraus ergeben könnte. Im Mythos ist Uranos der ursprüngliche Himmelsvater (der Name bedeutet »Sternenhimmel«), der schon existiert, bevor es einen manifesten Kosmos gibt. Wie unsere jüdisch-christliche Vorstellung einer unsichtbaren, allwissenden, transzendenten Gottheit symbolisiert Uranos den Plan des Universums, der seiner Schöpfung vorausgeht. Er ist das, was in den esoterischen Lehren als der Geist Gottes bezeichnet wird. Eines der wunderbaren Gemälde William Blakes stellt den göttlichen Architekten dar, wie er über sein Zeichenbrett gebeugt steht und mit einen Zirkel mißt. Für mich war das immer eines der lebendigsten Bilder des Planeten Uranus. Wir stehen hier also einem reinen, kollektiven Geist gegenüber, einem perfekt funktionierenden System oder einem Entwurf, der jedoch noch in der Welt manifestiert werden muß. Wenn er durch die Saturn-Funktion manifestiert wird, wird er »kastriert« (das ist die mythische Verfügung) – denn jede Vorstellung, sobald sie einmal in einer Form eingekerkert ist, ist nicht länger fließend und selbstschöpferisch, sondern statisch und an Zeit und Raum sowie an die Begrenzungen des Individuums gebunden.

Nun kommen wir zu dem Teil des Mythos, in dem Uranos Gaia, die Mutter Erde, befruchtet, und sie gebiert ihm die Titanen und die hunderthändigen Giganten. Diese Kreaturen sind erdhaft und daher nicht makellos; sie spiegeln nicht die perfekte Vorstellung der Nachkommenschaft des Himmels wider; also verdammt er sie zur Gefangenschaft in der Unterwelt. Das führt dazu, daß Kronos (Saturn), eines der Kinder der Titanen, mit einer Sichel bewaffnet, die ihm seine Mutter gegeben hat, seine Brüder und Schwestern in einen Aufstand gegen seinen Vater führt und ihn kastriert. Unter anderem scheint diese Geschichte etwas Fundamentales über Uranos auszusagen: ein Ideal der Vollkommenheit, das, wenn es durch die Makel der Wirklichkeit herausgefordert wird, mit Zurückweisung, Verstoßung und Trennung reagiert – und versucht, die beleidigende Wirklichkeit in die Unterwelt des Unterbewußtseins zu sperren.

In einer Version des Mythos fielen die Blutstropfen aus Uranos' Wunde auf die Erde und erzeugten die Erinnyen oder Furien (die Rachegöttinnen), während die abgetrennten Genitalien ins Meer fielen, es befruchteten und die Göttin Aphrodite hervorbrachten. Dieses sonderbare Bild scheint davon auszugehen, daß, obwohl das kollektive Ideal einer vollkommenen Welt erschüttert wird, der menschliche Drang, Schönheit zu erschaffen, daraus hervorgeht. Es gibt also eine Harmonie zwischen Venus und Uranus auf ästhetischer und intellektueller Ebene (Waage), aber einen tiefen Konflikt auf der »titanischen«, körperlichen Ebene (Stier). Der archaische griechische Mythos von Uranos, der in Konflikt mit seinen Titanenkindern gerät, wurde in die frühen orphischen Lehren aufgenommen (in den ersten vorchristlichen Jahrhunderten) und hat auch auf die frühe christliche Kirche einen tiefgreifenden Einfluß ausgeübt, denn die erdgebundenen Titanen wurden mit dem sündigen, korrupten menschlichen Körper gleichgesetzt, dessen Freuden geopfert werden mußten, um den spirituellen Funken des Uranus im Innern zu befreien.

Vom Standpunkt des Uranus aus gesehen kann niemand, wie schön er auch sein mag, vollkommen sein, einfach deshalb, weil er sterblich ist; und keine Gesellschaft, wie gesund sie auch ist, kommt der Vorstellung der vollkommenen Welt nahe. Ich denke, Sie können allmählich sehen, was diese Verbindung von Planeten hervorrufen könnte. Auf der kreativen Seite findet sich oft beträchtliches künstlerisches Talent und intellektuelle Fähigkeiten, besonders in Bereichen, in denen sich das Ästhetische mit dem Mathematischen verbindet – wie zum Beispiel in der Architektur und in der musikalischen Komposition. Sie gibt auch ein hohes Ideal davon, was im Reich der Liebe möglich sein sollte, und eine Bereitschaft, jenseits dessen, was *ist*, zu blicken in Richtung auf das, was *sein könnte* – daher stammt der Ruf der erotischen Experimentierfreudigkeit, der manchmal mit Venus/Uranus in Verbindung gebracht wird. Venus/Uranus wird die gesellschaftlich definierten Regeln der Beziehungen erweitern, in dem Streben, Ideal und Wirklichkeit zusammenzubringen, und dabei könnten ein paar Leute auf der Strecke bleiben. Aber das ist nicht sexuelle »Perversion« – die Werte der Person werden durch das sich verändernde und sich ständig erweiternde kollektive Ideal bekämpft, und es wird unmöglich, sich für irgend etwas »niederzulassen«, ganz einfach, weil niemand anderer mit etwas Besserem aufwartet. Ich erinnere mich, daß ich in einem von Charles Carters Büchern gelesen habe, daß William Blake, der Venus im Trigon zu Uranus hatte, eine sehr stabile und konventionelle Ehe aufrechterhielt, aber die merkwürdige Gewohnheit hatte, seine Gäste zum Tee nackt zu empfangen, weil er die menschliche Form für göttlich hielt.

Es gibt auch beträchtliche inhärente Probleme in der Kombination von Venus und Uranus, und diese drehen sich allgemein um das Schlechtmachen der Instinktseite des Lebens. Venus/Uranus fehlt es nicht an Treue oder der Fähigkeit, Verpflichtungen einzugehen; aber die Kombination kann Schwierigkeiten haben, emotionale und körperliche Intimität auszuhalten, weil das Auge des uranischen Perfektionisten davor zurückprallt, wenn es zu lange den emotionalen und instinktiven Bedürfnissen ausgesetzt ist. Es könnte eine Tendenz bestehen, diese in regelmäßigen Abständen abzuschneiden und abzutrennen, was dann als »kalt« erscheint und für ein wäßrigeres Temperament unbeabsichtigt schmerzvoll sein kann. Und die Phantasie sexueller Liebe könnte immer viel aufregender und schöner sein als die Realität, weil die schwitzenden Körper im Wege stehen. Venus/Uranus denkt gern über die Liebe nach und spricht und philosophiert auch gern über sie; aber es könnte wenig Selbstliebe vorhanden sein, weil Uranus womöglich die sinnliche Seite der Venus entwertet, und man könnte auf andere die verhaßte Unvollkommenheit der unbewußten Gefühle im eigenen Körper projizieren.

Teilnehmer: Ist Venus/Uranus in seinen Vorlieben nicht sehr instabil? Ich dachte, der Aspekt werde mit Scheidung in Verbindung gebracht.

Liz: Das war in älteren Büchern, als eine Scheidung sehr viel schwieriger war und nur die Mutigen sich scheiden ließen. Nun könnten Sie jeden planetarischen Aspekt mit Scheidung in Verbindung bringen, besonders in Amerika. Aber nein, ich glaube nicht, daß Venus/Uranus Instabilität auf emotionaler Ebene anzeigt. Ich kannte Leute mit diesem Aspekt, die treu waren bis hin zur Dummheit, weil sie ein uranisches Treueideal haben, das die Tatsache, daß sie sich in einer Beziehung furchtbar fühlen, ignoriert. Aber es ist sehr schwierig für Venus/Uranus, in einer Ehe vom Saturn-Typ glücklich zu sein, in der Sicherheit und Familienstruktur die Hauptsache sind. Venus/Uranus benötigt vor allem eine intellektuelle Gesellschaft, oder einfacher gesagt, der Aspekt braucht einen Freund, bevor er eine Ehefrau oder einen Ehemann braucht. Die harten Aspekte (besonders die Opposition) könnten die Neigung einer Person widerspiegeln, sich mit Venus zu identifizieren und Uranus zu verdrängen. In diesem Fall ist es dann normalerweise der Partner, der Uranus auslebt und fortgeht. Aber wann immer ich einen Klienten hatte, der verlassen wurde und Venus und Uranus in einem harten Aspekt im Geburtshoroskop hatte, war ich geneigt zu überlegen, ob der Ehepartner nicht entschlossen, wenn auch unbewußt hinausgedrängt wurde, und ob mein Klient inmitten des Schmerzes und des verletzten Stolzes nicht heimlich Erleichterung empfand.

Venus/Uranus erfordert ein bestimmtes Maß an praktischer Planung. Aufgrund der Neigung, sich von seinen Gefühlen zu trennen und alle Beziehungen am Vorbild eines vollkommenen Ideals zu messen, gibt es in einer Beziehung ein tiefes Bedürfnis nach Raum zum Atmen, so daß die Phantasie regelmäßig den unterdrückenden Dunst von zuviel Vertrautheit hinwegblasen kann. Je mehr in einer Beziehung als selbstverständlich angenommen wird, desto weniger Raum gibt es für die Aufregungen der Überraschung und des Unvorhersehbaren. Venus/Uranus kann, wenn es dafür keine bewußte Vorkehrung gibt, die unangenehme Gewohnheit aufweisen, Krisen und Brüche zu erzeugen, um eine Atmosphäre der Aufregung zu schaffen. Aber die Wurzel dafür liegt nicht in der Unfähigkeit, Verpflichtungen einzuhalten – es ist die Unfähigkeit, zuviel gewöhnliches Leben auszuhalten. Wenn wir solch ein Bedürfnis in uns nicht anerkennen, können wir unsere Tage mit Routine und Ritualen vollstopfen und die Lebendigkeit der Liebe abwürgen. Nirgends geschieht das so schnell wie in Ehe und Familie, weswegen jeder mit diesem Aspekt den Mut finden muß, einen Raum zum Atmen innerhalb der Ehe aufzubauen, statt die Ehe in die Luft zu sprengen wie die sprichwörtliche Zeitbombe.

Die Verbindung von Venus und Uranus ist trotz allem weder schwer zu verstehen, noch ist es schwierig, mit ihr umzugehen, wenn bestimmte wichtige Faktoren berücksichtigt werden. Wenn Sie diesen Aspekt haben und Ihr Partner die Gewohnheit hat, all seine Hygienerituale bei geöffneter Badezimmertür zu vollziehen: Hören Sie auf, ihn zu beobachten, und gehen Sie statt dessen ein bißchen spazieren, dann wird Ihr Schönheitsideal nicht so einem Angriff ausgesetzt. Aber das unnachgiebige und reformfreudige Wesen von Uranus kann dazu neigen, den eigenen Werten ein Element der Unflexibilität einzuflößen, so daß die perfekt passende Andersartigkeit einer Person automatisch als Makel erscheint, der korrigiert werden muß. Es könnten auch einige sehr schmerzvolle Schwierigkeiten entstehen, wenn eine Person zu unsicher ist, um das Bedürfnis der Menschen mit Venus/Uranus-Aspekten, sich regelmäßig zurückzuziehen, anzuerkennen. Wenn jemand andauernd emotionale Rückversicherung braucht, könnte es sehr gefährlich sein, zu sagen: »Ich gehe heute mit meinen Freunden aus, ich sehe dich dann heute abend.« Der Partner könnte dann auf Vergeltung sinnen, und man könnte dann zurückgewiesen werden. Aber wenn Uranus zu lange unterdrückt wird, wird er einen Weg finden, um die Beziehung mit dem einen oder anderen Mittel auseinanderzubringen.

Wenn umgekehrt die Venus-Seite des Aspekts unterdrückt wird, könnte die Person so weit gehen, zu behaupten, daß er oder sie nicht an einer Verpflichtung interessiert und ein Freigeist sei und so weiter; diese Art des Verhaltens kann übertrieben und unnötigerweise verletzend sein, und das unter dem Deckmantel des »Bedürfnisses nach Freiraum«. Aber früher oder später werden wir unseren blockierten Planeten in uns begegnen, und Sie werden dann erkennen, wie sich Aphrodite typischerweise verhält, wenn sie ignoriert wird. Die Unterdrückung instinktiver Bedürfnisse, die eine charakteristische Eigenschaft von Uranus ist, könnte plötzlich als zwanghafte Leidenschaft losbrechen. Oder die Person könnte durch ein Ereignis, wie beispielsweise durch eine Schwangerschaft – die eigene oder die des Partners –, in die Falle gehen. Ich habe das mehr als einmal bei Venus/Uranus-Menschen, die sich zu stark mit Uranus identifizierten, beobachtet.

Wir können eine ganze Menge über die Aspekte im Geburtshoroskop erfahren, wenn wir ihre Dynamik anhand von Synastrien beobachten. Wenn die Venus einer Person stark vom Uranus einer anderen Person aspektiert wird – besonders bei harten Aspekten –, gibt es oft bei der ersten Begegnung ein ungeheures elektrisches Knistern (die klassische Erfahrung der »Liebe auf den ersten Blick«). Aber der Synastrie-Aspekt hat zu Recht den Ruf von Instabilität, denn wenn die Beziehung einmal enger und vertrauter geworden ist, entwickelt sich eine Spannung, die die Leute ebenso leicht auseinandertreibt, wie sie sie zusammenführt. Normalerweise ist es die Uranus-Person, die sich abrupt zurückzieht – emotional oder körperlich – und die Venus-Person ängstlich und unglücklich zurückläßt. Aber dies könnte unbewußt stattfinden, wodurch es manchmal umgekehrt erscheint – es könnte die Venus-Person sein, die den Rückzug auslebt, weil sie der Unstabilität der Beziehung überdrüssig ist und der Uranus-Person einen Stoß versetzt, der ihr letztlich helfen könnte, ihre eigenen uranischen Bedürfnisse zu entdecken.

Obwohl erotische Phantasie für eine Person mit Venus/Uranus im Geburtshoroskop extrem wichtig sein könnte, sind sexuelle Erfahrungen oft ein Mittel, durch das man mit einer mehr körperlichen Ebene der Beziehung in Berührung kommt. In der Alchemie gibt es einen Prozeß, der *sublimatio* genannt wird, durch den die *prima materia*, der Grundstoff, durch den Kochvorgang zu einem unsichtbaren Dampf, der die Essenz ist, destilliert wird. Uranus unterwirft uns dieser Art von Erfahrung; er bricht die persönliche Form jedes Planeten, den er berührt, entzwei und befreit so eine Essenz oder Kernidee, die sehr Platons Vorstellung von der göttlichen Idee entspricht, welche der manifesten Wirlichkeit vorausgeht. Dies betont die Waage-Dimension der Venus und leugnet die Stier-Dimension. Von der Perspektive des Uranus aus betrachtet ist die körperliche Liebe ein Symbol, eine Widerspiegelung von etwas Ungreifbarem, das jenseits von Raum und Zeit und den Erfahrungen des Körpers existiert. Venus/Uranus besitzt oft die einzigartige Fähigkeit, die Idee des Individuellen zu lieben, das menschliche Wesen, die Bedeutung seiner Existenz; aber es ist schwieriger, tagein, tagaus das Fleisch zu lieben, und es gibt oft eine sonderbare Spaltung, die es der Venus/Uranus-Person erlaubt, die Vorstellung von der Kontinuität der Beziehung aufrechtzuerhalten, selbst wenn die Beziehung als solche bereits beendet ist oder durch äußere Umstände getrennt wurde. Dies könnte durch die typische Venus/Uranus-Nachfrage widergespiegelt werden: »Aber können wir nicht Freunde bleiben?« Venus/Uranus kann die tiefere Bedeutung von Freundschaft erfassen, die existiert, unabhängig davon, ob man mit seinem Freund zusammen ist oder nicht. Man könnte einen Freund zehn Jahre lang nicht sehen; aber nichts hat sich geändert, und die Freundschaft bleibt bestehen, trotz der verflossenen Zeit und der Entfernung. Sie sehen, daß dieser Aspekt die Fähigkeit zu lieben nicht leugnet; aber es ist eine Art der Liebe, die unerklärbar und für viele Menschen auch tiefgreifend schmerzvoll sein könnte.

Ich habe erwähnt, daß das dunklere Gesicht dieses Aspekts sich in einer tiefen Abwehr des Körpers widerspiegeln kann. Oft wird dieses Problem projiziert, und eine der häufigsten Erscheinungen ist das abrupte »Abgestoßensein«, das auftreten kann, wenn eine sexuelle Phantasie ausgelebt wurde. Die Person ist dann gezwungen, der Suche nach dem perfekten Partner, der in einem perfekten Körper inkarniert ist, nachzugehen; aber natürlich ist das tatsächliche Objekt der Zurückweisung die eigene körperliche Wirklichkeit. Manchmal wird dieses Problem mit dem Fleisch innerlich empfunden und durch chronische Unzufriedenheit mit der eigenen Erscheinung widergespiegelt. Irgendwo im Inneren gibt es das Bild eines perfekten Körpers, den man haben »muß«, und keine noch so große Anstrengung, um abzunehmen, den Körper zu trainieren oder mit Schönheitschirurgie zu tricksen, wird jemals in der Lage sein, diesen Körper zu erschaffen.

TEILNEHMER: Ist das wie Venus in Wassermann?

LIZ: Wie ich vorher erwähnt habe, wird es immer Ähnlichkeiten zwischen planetarischen Aspekten und den Planeten geben, die in den entsprechenden Zeichen oder Häusern plaziert sind. Aber wir müssen uns daran erinnern, daß Zeichen und Häuser keine dynamischen Energien darstellen; die Zeichen beschreiben Eigenschaften, und die Häuser kennzeichnen die Bereiche, in denen sie zum Ausdruck kommen. Manches von der Loslösung, den Idealen, den ästhetischen und intellektuellen Fähigkeiten und der Trennung vom Körper könnte also auch auf Venus in Wassermann oder auf Venus im 11. Haus zutreffen, aber es liegt mehr im Bereich einer Verhaltensweise als in einer dynamischen Motivation.

Es gibt viele Möglichkeiten, wie Venus/Uranus innerhalb einer Beziehung angenehm gestaltet werden kann. Es ist gut, vorsichtig zu sein, nichts übereilt zu unterzeichnen (obwohl Venus/Uranus es von Haus aus eilig haben könnte); und es könnte sogar weise sein, nicht zu heiraten, sondern nur zusammen zu leben, oder ein Haus mit zwei getrennten Flügeln und einer Zwischentür zu kaufen, die abgeschlossen werden kann. Oder man könnte sich vergewissern, daß die eigene Arbeit unabhängiges Reisen erfordert und daß man insgesamt getrennte Freundeskreise und Interessen hat. Kurz gesagt: Venus/Uranus muß sich manchmal als Single fühlen statt als dauernde Hälfte eines Paares. Zuviel »wir« ist ein Fluch, es sei denn, es handelt sich um ein ideologisches »wir« – das wäre akzeptabel. Venus/Uranus braucht nicht nur Phantasie; es braucht Neues und Experimente, und das bedeutet nicht, daß Sie sich Seite 75 von »Wie man die Romantik in der Ehe bewahrt« ins Gedächtnis rufen. Das ist saturnisch, nicht uranisch. Erinnert sich jemand von Ihnen an Woody Allens Film »Was Sie schon immer über Sex wissen wollten«? Eine Szene handelt von einem Paar, das nur in Stimmung kommt, wenn sie »es« in »gefährlichen« Situationen tun, zum Beispiel in Aufzügen, Bussen, auf Ausstellungssofas in Kaufhäusern und so weiter. Das unerlaubte Element in der erotischen Liebe kann einen Venus/Uranus-Menschen sehr stimulieren.

Wie viele von Ihnen haben einen starken Venus/Uranus-Aspekt? Haben Sie genug Vertrauen, um Ihrem Partner zu sagen, daß Sie manchmal Zeit für sich allein brauchen?

TEILNEHMER: Ich fürchte mich, das zu sagen, weil es Vergeltung nach sich ziehen könnte.

LIZ: Es ist wahrscheinlicher, daß es Vergeltung geben wird, wenn Sie es *nicht* sagen und es aus Ihrem Innern aufsteigt. Sie haben das, was ich sagen wollte, sehr schön dargestellt. Vielleicht könnten wir uns nun den Venus/Merkur-Kontakten zuwenden. Ich weiß, daß Howard gestern darüber gesprochen hat, aber es gibt vielleicht noch ein paar zusätzliche Merkmale, die sich als interessant herausstellen könnten. Im Mythos, wenn Aphrodite und Hermes ein Liebespaar werden, zeugen sie ein Kind, das Hermaphrodit genannt wird und sowohl männliche als auch weibliche Geschlechtsorgane besitzt. Dieses merkwürdige mythische Bild könnte uns die Eigenschaft der Androgynität andeuten, eine Loslösung von jeder besonderen Rolle in bezug auf Liebesangelegenheiten. Wie Uranus scheint Merkur eine ästhetische und intellektuelle Dimension von Aphrodite zu konstellieren. Ich habe entdeckt, daß diese Aspekte (es kann nur Konjunktionen oder Sextile geben oder die unbedeutenderen Halbsextile oder Halbquadrate, weil beide Planeten nahe bei der Sonne stehen) die Liebe zu allem Schönen betonen, in Gedanken, in Wort und Gestalt; es läßt sich dabei oft eine auffallende Eleganz beim Sprechen und im Stil beobachten.

Wie Sie vielleicht erwarten, kann Venus/Merkur aufgrund von Hermes' cleverer und erfindungsreicher Natur im Mythos von Verboten ziemlich losgelöst sein, nicht zugunsten von Unkonventionalität, sondern zugunsten reiner, spielerischer Neugier. Es gibt da eine ziemlich witzige Geschichte über Aphrodites Liebesaffäre mit Ares, der ihren Ehemann, den lahmen Goldschmied Hephaistos, in rachsüchtigen Aufruhr versetzte. Er spann ein goldenes Netz, das so fein war, daß es unsichtbar war, und warf das Netz um das Bett herum, in dem sich die Liebenden trafen; als sie schliefen, nachdem sie sich geliebt hatten, wickelte er es um sie und hievte sie in die Luft, so daß all die anderen Götter sie sehen konnten. Alle Olympier, besonders Hera, ereiferten sich wie Mary Whitehouse über ihr Verhalten und beklagten sich über Aphrodites Schamlosigkeit und Treulosigkeit und so weiter – alle außer Hermes, der näher herantrat, um alles gut zu sehen, und beinahe lachte und erklärte, daß er gern an Ares' Stelle gewesen wäre (später war er es). Er ist die einzige Gottheit, die Aphrodite nicht verurteilte, weil er selbst äußerst amoralisch ist. Dieses spielerische Gesicht von Hermes und die verbale Dimension erotischer Liebe werden beide von Venus/Merkur-Aspekten reflektiert, die das Sprechen als ein sehr aufregendes Element in der Liebe schätzen können.

Hermes ist ein *puer aeternus*, ein ewiger Jüngling; er wird kein reifer Ehemann, sondern bleibt ein charmanter und gewitzter Jugendlicher. Diese Eigenschaft wird auch von Venus/Merkur widergespiegelt, eine Kombination, die Szenen von dichter emotionaler Intensität eher abstoßend finden könnte. Das natürliche Medium für diesen Aspekt ist der romantische Brief oder Telefonanruf (oder sogar das romantische Fax, das der bevorzugte Werbungsstil von jemanden ist, den ich kenne und der Venus im Sextil zu Merkur in Zwillinge hat). Sie können zweifellos das, was ich gesagt habe, noch weiter ausführen im Hinblick darauf, welche typischen Probleme diese Kombination begleiten können. Es ist nicht möglich, ein Quadrat oder eine Opposition zwischen Venus und Merkur zu haben, es sei denn, Ihr Computer spielt verrückt. Die Planeten sind ihrer Natur nach beide leicht; und es könnte soviel Charme, Ästhetik und Intellektualität geben, daß die eigenen Werte manieriert und flach werden. Es gibt auch einen auffallenden Widerwillen gegen offene Konfrontationen, was bedeutet, daß Ausflüchte oder sogar regelrechte Lügen benutzt werden, um scheußliche Szenen zu vermeiden. Jene mit fleischigeren planetarischen Aspekten zu Venus (wie beispielsweise von Saturn oder Pluto) könnten Venus/Merkur als unangenehm kühl empfinden; denn obwohl es keinen Mangel an Liebesfähigkeit gibt, ist es eine Liebe mit einem leichten Hauch, eher luftig als erdig und mehr aus dem Verstand und Geist heraus als aus Körper und Herz.

TEILNEHMER: Können Sie etwas über eine rückläufige Venus sagen?

LIZ: Jeder rückläufige Planet spiegelt ein Nach-innen oder Rückwärtsgerichtetsein seiner Energie und Schubkraft wider. Dies könnte ein gewisses Maß an Frustration in bezug auf den jeweiligen Ausdruck des entsprechenden Planeten in der Welt bedeuten, aber es setzt auch die introvertierte Funktion des Planeten frei, so daß er sich mehr als innere Wirklichkeit manifestiert. Wenn Venus auf diese Weise nach innen gerichtet wird, könnte die Fähigkeit, erotische Liebe auf der körperlichen Ebene zum Ausdruck zu bringen, irgendwie behindert sein; aber das innere Bild von Liebe und vom Geliebten wird extrem machtvoll und aktiviert die Vorstellungskraft und Umsetzung des Bildes in Symbole und Kunst. Zum Beispiel könnte es für eine rückläufige Venus in Konjunktion mit Merkur leichter und letztlich lohnender sein, über die Erfahrungen mit der Liebe zu schreiben, die aus den inneren Bildern von der Welt heraus beschworen werden, die größere Tiefe und Bedeutung für die Person haben als die konventionelleren Formen von Erfüllung, die wir als »Glücklichsein« definieren.

Es gibt hierbei, wie ich gesagt habe, ein Element der Frustration, aber wenn wir das alchemistische Axiom in Betracht ziehen, daß es die Frustration der instinktiven Triebe ist, die schließlich zu deren Umwandlung in alchemistisches Gold führt, dann muß die Frustration keineswegs etwas Schlechtes sein. Wie auch immer – die rückläufige Venus wird zwar nicht nur, aber normalerweise doch mehrere Begrenzungen erfahren, die akzeptiert werden müssen. Es kommt oft zu einer Art von Schüchternheit oder gesellschaftlicher Unbeholfenheit in Verbindung mit einer rückläufigen Venus, da die Eleganz und Geschicklichkeit einer eher extrovertierten Venus auf der inneren zerebralen Ebene ausagiert wird statt in der äußeren Welt. Im Hinblick auf die sexuellen Dinge könnte es auch eine beträchtliche Unbeholfenheit geben, weil die Schönheit der Phantasie die Freuden der körperlichen Begegnung übertreffen könnte. Eine rückläufige Venus durchkreuzt nicht die Fähigkeit zum sexuellen Vergnügen. Aber es dürfte nicht der wichtigste Aspekt in einer Beziehung sein, und es könnte Verbote geben, die aufgrund des inneren Reichtums der Gefühle, die sich daraus ergeben, befolgt werden müssen.

Vielleicht könnten wir nun von Venus/Merkur zu Venus/Pluto übergehen. Nach all dieser Leichtigkeit und Feinfühligkeit, glaube ich, brauchen wir nun ein wenig mehr rotes Fleisch auf unserem Speiseplan. Inzwischen sollten Sie den Dreh raus haben, wie man mit Venus-Aspekten umgeht. Möchte jemand gern eine Interpretation von Venus/Pluto-Aspekten zum besten geben?

TEILNEHMER: Ich muß dabei immer an Carmen denken.

LIZ: Ja, sie ist eine gute Illustration von Venus/Pluto, egal ob man sie selbst lebt oder sich in sie als Partner verliebt.
TEILNEHMER: Wie steht es mit Penthesilea, der Königin der Amazonen? Kämpfte sie nicht mit ihrem Geliebten, dem König Agamemnon, während des Trojanischen Kriegs?
LIZ: Nun, in Wirklichkeit kämpfte sie mit dem Helden Achilles; er war ihr Geliebter, nicht der arme Agamemnon, der eine Pluto/Venus-Frau hatte, die Klytämnestra hieß und ihn in seinem Bad ermordete. Aber die Königin der Amazonen, die sich in einen tödlichen Kampf mit dem Mann, den sie liebt, verwickelt, ist ein anderes gutes Bild für diesen Aspekt. Der »Kampf der Geschlechter« ist gewiß eine Sicht der Liebe, die dem Kern von Venus/Pluto nahe kommt, ebenso wie die Herrschaft über sexuelle Macht, die von Carmen dargestellt wird. Klytämnestra und Medea, eine andere wilde Heldin der Mythen, sind gute Bilder der rachsüchtigen Seite von Venus/Pluto, die Verletzungen und Zurückweisung niemals vergeben kann. Was sind die Werte von Venus/Pluto?
TEILNEHMER: Intensität und Leidenschaft.
LIZ: Ich würde dem zustimmen; für Venus/Pluto ist eine Beziehung ohne Leidenschaft wirklich eher langweilig und nicht wert, sich damit abzugeben. Was die Venus am schönsten findet und am meisten schätzt, wird mit dem rauhen Kampf Plutos ums Überleben vermischt; dies führt zu einem Sinn fürs Theatralische, der den Kampf um Leben und Tod in das Reich der Gefühle und erotischen Befriedigung einbringt. Sexualität ist für Venus/Pluto nicht nur eine Angelegenheit körperlichen Vergnügens, nicht mehr als für Venus in Skorpion. Sie ist das Tor, um das Drama der Leidenschaften erfahren zu können und den Verlust des gewöhnlichen, alltäglichen Selbst im großen Kampf des Lebens. Venus/Pluto sucht nach einer Erfahrung der Tiefe und Umwandlung, nach einer Wende von der alltäglichen Welt weg, hin zu einem erhöhten archetypischen Reich, in dem alles schrecklich wichtig ist. Das kann oft nur durch Schmerz und Konflikt erreicht werden, daher hat der Aspekt den Ruf, komplizierte Beziehungen und psychologische Spielchen zu betreiben.

Weil sich diese Kombination in einem Horoskop mit viel kühleren und prosaischeren Zeichen und Aspekten befinden kann, habe ich charakteristische Verteidigungsmechanismen entdeckt, um sie zu unterdrücken. Es ist kein leichter Aspekt, um damit in der modernen Welt zu leben, besonders für Männer, da das »Verbrechen aus Leidenschaft« nicht mehr als edel anerkannt wird (es ist bloß schäbig), und eine dramatische Szene ist nicht mehr reich und erleichternd, sondern nur hysterisch. Diese Art von Verhalten ist nur in Filmen aus Übersee akzeptabel. Daher ist die Neigung zu tiefem, unwiderruflichem Anklammern oft durch eine Art herzloser Promiskuität in der ersten Lebenshälfte verdeckt, als ob Venus/Pluto vorgeben wollte, eine besonders gehetzte Art von Venus/Merkur oder Venus/Uranus zu sein. Die Person könnte große Angst haben, einer »schicksalhaften« Beziehung zu verfallen, der sie sich nicht mehr entziehen kann, und diese Furcht könnte teilweise gerechtfertigt sein, denn wenn sich Venus/Pluto einmal tief eingelassen hat, ist es nicht einfach, wieder loszulassen. Daher wird der Aspekt oft projiziert. Was glauben Sie, könnte das Ergebnis sein?

TEILNEHMER: Die Person wird einen Partner finden, der alle emotionalen Probleme verursacht.

LIZ: Ja, das ist normalerweise die Situation. Der Partner könnte psychologisch geschädigt sein oder irgendwelche unüberwindlichen Probleme mitbringen (wie beispielsweise eine bestehende Ehe), besitzergreifend, emotional fordernd oder beherrschend sein. Ich kenne eine Reihe von Männern mit Venus/Pluto, die unbewußt sehr manipulativ und kontrollierend sind und versuchen, ihre Verletzlichkeit und Gefühlsintensität zu schützen, während sie ihre Partnerin »einwickeln« und sie dazu provozieren, den Aspekt durch eifersüchtige Szenen auszuagieren. Aber die Kombination der Planeten ist nicht eigentlich feindlich, wie es Venus/Saturn oder Venus/Chiron sein könnte. Es gibt eine gewisse Affinität zwischen Aphrodite und Hades in bezug auf ungezügelte Leidenschaften, obwohl es Hades eher noch ernster nimmt. Und die ästhetische Dimension der Venus kann sich mit Plutos Sinn fürs Drama verbinden, was beträchtliche theatralische Fähigkeiten bewirken kann. Die Liebe und das Leben sind erweitert und werden ins Gigantische und Mythische erhoben. Wenn man einen Streit hat, ist das keine kühle kleine Auseinandersetzung, es bedeutet, daß das ganze Geschirr zertrümmert wird, und alles vorbei ist, *endgültig*, und man geht hin, um sich unter einen Bus zu werfen. Doch die dramatische

Geschicklichkeit und der Sinn für das Timing stehen im Hintergrund, weil Venus nicht widerstehen kann, aus dem Leben eine Kunst zu machen.

TEILNEHMER: Können Sie etwas über den Unterschied zwischen Venus/Pluto und Venus im 8. Haus sagen?

LIZ: Wir scheinen bei jedem Venus-Aspekt auf diese Frage zu stoßen. Noch einmal – es gibt viele Ähnlichkeiten. Aber das 8. Haus ist ein Lebensbereich; es ist die Arena, in der man sich begegnet und Venus erfährt. Weil sie Erfahrungen widerspiegelt, die jenseits der Kontrolle des Ego liegen, die aus dem Unbewußten oder aus der unsichtbaren Ebene hervorbrechen, trifft man auf Venus durch »schicksalhafte« Begegnungen. Es handelt sich oft um schmerzvolle, aber tiefgreifend umwandelnde Erfahrungen in Beziehungen jeder Art, die den Tod eines Elternteils in frühem Alter oder den Verlust eines Geliebten oder Ehepartners beinhalten können. Die Erfahrungen sind natürlich nicht notwendigerweise tragisch, aber sie besitzen die Charakteristik des 8. Hauses, aus den Tiefen hervorzubrechen, sich des Lebens zu bemächtigen und eine innere Welt zu enthüllen, von der man nicht wußte, daß sie existiert. Mit Venus/Pluto *sucht* die Person *aktiv* – weil die Planeten unsere eigenen dynamischen Bedürfnisse und Triebe widerspiegeln – Erfahrungen, die die notwendige Intensität und Tiefe mit sich bringen, selbst wenn diese Absicht unbewußt ist und auf einen Partner projiziert wird.

Venus/Pluto kann extrem unangenehm sein, wenn der Aspekt verdrängt und unbewußt ausagiert wird. Das gleiche könnte von jedem planetarischen Aspekt mit Pluto gesagt werden, weil Pluto große emotionale Ehrlichkeit erfordert, mit sich selbst und mit anderen, um sein Bestes zu geben. Ansonsten könnte er ein Zerstörer werden und sich hinter den Kulissen extrem scheußlich verhalten. Wenn Sie Venus/Pluto im Geburtshoroskop haben, muß das Bedürfnis nach Dramen und Intensität in Ihr emotionales Spektrum eingeschlossen werden, selbst wenn Sie einen netten höflichen Mond in Waage, einen streng kontrollierten Steinbock-Aszendenten oder eine vernünftige, zivilisierte Wassermann-Sonne haben. Dies könnte viele Probleme geben, und der einzelne könnte mehr als einmal im Leben mit dem dornigen Thema emotionalen Selbstbetrugs konfrontiert werden – besonders, wenn die Eltern sich in bezug auf die frühreife erotische Intensität unwohl gefühlt und laute Botschaften von sich gegeben haben, daß man sich schämen solle und daß das nicht akzeptabel sei.

Ich habe herausgefunden, daß dieser letzte Punkt einer der Hauptgründe ist, warum eine Venus/Pluto-Person versuchen könnte, diesen Aspekt zu verdrängen, was fast immer schlimmste Auswirkungen zeitigt. Die Erotik eines Kindes wird in analytischen Kreisen gut verstanden und als natürlich und gesund anerkannt; aber die Durchschnittseltern sind normalerweise nicht in der Lage, sich der ödipalen Dynamik anzupassen und sie zu verstehen, besonders wenn die elterliche Ehe schlecht ist und wenn die kindliche Sexualität einige Generationen lang mit einem entsetzten Nein-Nein abgetan wurde. Jede Familie hat mit eifersüchtigen, rivalisierenden Gefühlen wie auch mit erotischen Dreiecksbeziehungen zu ringen; sie sind ganz einfach eine Tatsache des Lebens und Teil der kindlichen Entwicklung. Aber in unserer Kultur sind wir im Hinblick auf diese Dinge nicht sehr gut ausgebildet, und wir ziehen es vor, ihre Existenz zu leugnen, bis wir von ihnen in einer bösartigeren Form ins Gesicht geschlagen werden, wie beispielsweise durch Kindesmißbrauch. Wenn Sie ein Venus/Pluto-Kind sind, dürften Ihre frühen erotischen Gefühle wahrscheinlich intensiver und offensichtlicher gewesen sein als bei vielen anderen Kindern, und es besteht eine große Wahrscheinlichkeit, daß Sie nicht willkommen waren.

Wenn man zum Beispiel ein ziemlich zurückhaltender, scheuer Vater vom Saturn-Typ wäre, der für seine Familie schwer arbeitete, dem es aber schwerfiele, seine Gefühle zum Ausdruck zu bringen, oder wenn man ein Verstandesmensch wäre, ein Vater vom Uranus-Typ, der einen intellektuellen Umgang mit seinen Kindern genösse, der aber vor zuviel Küssen und Schmusen zurückschreckte, der seine kleine Venus/Pluto-Tochter sehr störend fände, wenn sie ständig versuchte, auf seinen Schoß zu klettern und unbewußt unwillkommene sexuelle Gefühle in ihm hervorriefe, aufgrund ihrer unerklärlichen sexuellen Anziehungskraft: Obwohl das eine vollkommen natürliche Situation ist, mit der anständig und sorgsam umgegangen werden kann, wenn man sich ihrer bewußt ist – versuchen Sie sich vorzustellen, Sie seien selbst dieser durchschnittliche Vater. Sie würden zu Tode erschrecken, wenn Sie entdeckten, daß Sie erregt sind, und Ihre Schuldgefühle könnten Sie dazu bewegen, Ihre Tochter in einer unverhältnismäßig brutalen Weise von sich zu stoßen, die sie unvermeidlich als Zurückweisung und Abscheu interpretieren würde. Das Kind wird dann den Ausdruck erotischer Gefühle mit Zurückweisung und Abscheu assoziieren und wird zu einer Frau heranwachsen, die sich davor fürchtet, daß sie, wenn sie ihre Sinnlichkeit und Erotik zum Ausdruck bringt, gedemütigt und verlassen wird. Weil Venus/Pluto eine eigentümlich intensive und fixierte Art der Liebe widerspiegelt, ist darin großer Stolz enthalten, und die Wunde wird niemals vergessen werden. Daher überrascht es nicht, daß Menschen mit Venus/Pluto-Aspekten manchmal ziemlich abscheuliche Machtspiele spielen können, um zu vermeiden, jemals wieder auf diese Weise gedemütigt zu werden, wenn sie erwachsen sind.

TEILNEHMER: Würde das gleiche auch auf eine Mutter-Sohn-Beziehung zutreffen?

LIZ: Ja, gewiß, obwohl es bei einer Frau da vielleicht etwas mehr Akzeptanz solcher Gefühle ihren Kindern gegenüber gibt, aufgrund der erotischen Dimension des Stillens. Aber bei der Mutter ist ein sehr waches psychologisches Bewußtsein nötig, um die sexuellen Gefühle ihres Sohns ihr gegenüber auf Dauer anzuerkennen und auf diese Gefühle mit Sorgfalt zu reagieren anstatt entweder mit Abscheu oder mit Manipulation. Dies letztere könnte auch eine Venus/Pluto-Schwierigkeit widerspiegeln, denn wenn der Elternteil in seinen oder ihren unbewußten Besitzbedürfnissen gefangen ist, könnte die Sexualität verwendet werden, um die frühe Eltern-Kind-Bindung über ihre natürliche Dauer hinaus aufrechtzuerhalten. Solch eine Manipualtion stellt nicht nur ein ziemlich furchtbares Rollenmodell für Venus/Pluto dar; es könnte auch tiefe Narben der Wut zurücklassen, die der Person Angst einflößen, die sexuelle Kontrolle in den Beziehungen des Erwachsenendaseins zu verlieren. Deshalb dürfte es aufgrund der Angst, süchtig zu werden und für die erotischen Bedürfnisse eines anderen benutzt zu werden, eine ganze Menge Frustration bei Venus/Pluto geben.

Ich würde das alles nicht notwendigerweise in Venus/Pluto hineinlesen, wenn es nicht mit besonderen elterlichen Anzeichen im Geburtshoroskop verbunden ist. Aber bei dem gegebenen kollektiven Klima um das Thema der kindlichen Sexualität ist es nichts

Außergewöhnliches und tritt allgemein oft auf. Freud leistete uns einen grundlegenden Dienst, indem er den Mut aufbrachte, diesem Reich Plutos die Stirn zu bieten, obwohl er vielleicht ziemlich dogmatisch wurde bei seinem Versuch, das alles säuberlich in ein System zu pressen; doch die meisten Leute wissen überhaupt nichts anderes von dieser Dimension des Lebens, als daß sie etwas zu tun hat mit dem Wunsch, mit der Mutter zu schlafen, und diesen ganzen Schmutz. Ich glaube, daß Sie, wenn Sie Venus/Pluto im Geburtshoroskop haben, gut daran täten, ein wenig bei Freud nachzulesen, bei Klein und auch bei Jung, um die psychologische Dimension des Lebens zu erfassen, zugunsten Ihres eigenen Wohlergehens. Wenn wir zur grundlegenden Voraussetzung zurückkehren, daß Venus unsere dauerhaftesten Werte widerspiegelt, dann sind für Venus/Pluto die Tiefen unserer menschlichen Natur von größtem Wert, und man wird immer Nutzen daraus ziehen, sie freiwillig zu erforschen, statt unfreiwillig, weil man in einer Krise steckt und leidet.

TEILNEHMER: Zerstört Pluto Beziehungen?

LIZ: Pluto wird versuchen, das, was sein Überleben bedroht, zu zerstören. Da er ein kollektiver Planet ist, bedeutet Überleben für Pluto das Überleben der grundlegendsten instinktiven Bedürfnisse, und jede Verfeinerung, jede Einschränkung oder jeder Ausgleich jener Bedürfnisse durch individuellere bedeutet eine Bedrohung. Daher muß Pluto bewußt gemacht werden, und wir müssen uns bewußter werden, in welcher Hinsicht wir Herdentiere sind, bereit, alles anzugreifen, was uns nötigt, uns als Individuen zu entwickeln. Wenn uns diese primitiven Bedürfnisse und Gefühle unbewußt bleiben und wir keinen Weg finden können, sie in unserem Leben auszuagieren, könnten wir unbeabsichtigt versuchen, die Dinge zu zerstören, die wir in Wirklichkeit wollen und verzweifelt brauchen. Gewiß könnte Venus/Pluto, besonders die harten Aspekte, die unbewußte Sabotage einer besonders hoch geschätzten Beziehung betreiben. Aber dies tritt gewöhnlich auf, weil es einen großen, abgesonderten Haufen primitiver Gefühle gibt, die im Untergrund rumoren, und daher gibt es eine unbewußte Furcht, die Kontrolle zu verlieren (was eine Bedrohung des Überlebens bedeutet).

TEILNEHMER: Ich kenne einen Mann mit Venus in Skorpion in Opposition zu Mond/Uranus-Konjunktion in Stier. Der Mann hat

nie geheiratet und scheint die meiste Zeit mit Meditation zu verbringen. Er ist sehr spirituell und lehnt sexuelle Liebe ab.
LIZ: Ich frage mich, wo sich seine Venus in Skorpion versteckt.
TEILNEHMER: Das würde ich auch gern wissen.
LIZ: Der Einfluß von Uranus sowohl auf Mond als auch auf Venus könnte sein Bedürfnis, sich von der instinktiven Welt zurückzuziehen und Freiheit in Uranus' Reich des »Sternenhimmels« zu finden, widerspiegeln. Aber die Plazierung dieser Planeten auf der Stier/Skorpion-Achse ist ziemlich besorgniserregend, weil beide stark sinnliche Zeichen sind; es scheint, daß Uranus alles überwältigt hat und nun ein großes Ungleichgewicht herrscht. Ich würde sagen, daß dieser Mann wahrscheinlich an einer sehr großen Furcht vor dem Körper und vor seiner Sexualität leidet, die mit Erfahrungen verbunden sein könnte, die er mit seiner Mutter in seiner Kindheit hatte. Wenn Sie sich an unsere Diskussion über Mond/Venus erinnern, gibt es normalerweise einen Konflikt in der Mutter zwischen Mutterschaft und erotischen Gefühlen, und das Kind könnte auf die überwältigende Bedrohung durch die unbewußte Sexualität der Mutter reagieren, indem es sich im Erwachsenenleben von seinen instinktiven Bedürfnissen abspaltet. Damit meine ich nicht, daß die spirituellen Unternehmungen Ihres Freundes »falsch« sind, denn sie sind eine charakteristische und gesunde Widerspiegelung von Uranus. Aber es gibt hier eine zu große Unterdrückung der Venus in Skorpion und des Mondes in Stier. Es gibt kein Gleichgewicht, er läuft vor sich selbst davon.
TEILNEHMER: Könnten wir Venus/Pluto und Venus im 8. Haus mit dem Persephone-Mythos in Verbindung bringen?
LIZ: Ja, dieser Mythos schildert in vielerlei Hinsicht den Prozeß bei Venus/Pluto, obwohl er auch auf anderen Ebenen verstanden werden kann. Bei den harten Aspekten von Venus und Pluto könnte die ästhetische, leichte Seite der Venus vor den dunkleren Dimensionen der Liebe zurückscheuen, und das Leben wird normalerweise mit einer gewaltsamen Einweihung in die Unterwelt der Gefühle und Instinkte aufwarten. Die Persephone-Geschichte spiegelt den Überfall der zwanghaften Begierde wider, der als Vergewaltigung dargestellt wird, weil er offensichtlich ungewollt ist. Doch wenn wir den Mythos sorgfältig betrachten, können wir sehen, daß Persephone allein in die Gefahr abschweift, als ob etwas in ihr trotz

allem diese Erfahrung sucht. Und obwohl ihre Mutter Demeter versucht, ihre Jungfräulichkeit zu bewahren, öffnet Gaia, Mutter Erde, die einfach eine andere Form von Demeter ist, im heimlichen Einverständnis mit Hades einen Durchgangspfad in die Erde für ihn, um seinen Preis zu entführen. Dieser Mythos ist voller Feinheiten der Pluto-Art, und er ist nicht das, was er auf den ersten Blick zu sein scheint. Das Gefühl der unfreiwilligen oder erzwungenen Unterwerfung unter das Schicksal, das oft die Venus/Pluto-Beziehungen begleitet, spiegelt normalerweise die gleiche Feinheit wider und ist auch nicht das, als was es auf den ersten Blick erscheint.

Ich bringe den Persephone-Mythos mit der Erfahrung der Pubertät in Verbindung, aufgrund des Gefühls des Körpers, der unwillentlich von den biologischen Veränderungen und zwanghaften Gefühlen einer neuen, angsteinflößenden Art überfallen wird. Es überrascht nicht, daß viele Jugendliche versuchen, zu solchen Zeiten in religiöse oder spirituelle Beschäftigungen zu entfliehen, denn das ist eine unserer charakteristischsten menschlichen Bemühungen, um Pluto im Zaum zu halten. Doch der Mythos endet mit einer Persephone, die sowohl die unteren als auch die oberen Welten bewohnen kann, was auch als das Potential von Venus/Pluto betrachtet werden kann.

TEILNEHMER: Was geschieht, wenn die eigene Venus in einem starken Aspekt zum Pluto einer anderen Person steht?

LIZ: Die Pluto-Person ist diejenige, die die Gefühle Plutos erfahren wird, und viel hängt davon ab, wie sie damit umgeht. Die Venus-Person verkörpert die Eigenschaften der Anmut, des Charmes oder der Schönheit, die sehr machtvoll die intensiven Gefühle der Pluto-Person aktivieren. Die Intensität von Pluto ist umgekehrt sehr anziehend für die Venus-Person, die sie wertschätzt und schön findet; daher gibt es oft eine machtvolle sexuelle Anziehungskraft in der Synastrie-Kombination, selbst wenn der Aspekt schwierig ist. Wenn aber die Pluto-Person von diesen primitiven Gefühlen abgespalten ist und sich daher von ihnen bedroht fühlt, könnte es zu einem Machtkampf kommen, weil, wie ich vorher gesagt habe, Pluto versuchen wird, alles zu zerstören, was sein Überleben gefährdet.

In der Synastrie lautet die allgemeine Regel, daß wir die anderen durch die Linse unserer eigenen Planeten erfahren. Was auch immer von jemandem auf Ihrer Venus landet – Sie werden es als Venus empfinden, was bedeutet, daß Sie sich dieser Dimension Ihrer selbst in der Gegenwart des anderen bewußt werden. Wenn es dessen Sonne ist, die mit Ihrer Venus in Konjunktion steht, dann könnten Sie sich schön und geliebt und als Person wertvoll fühlen. Wenn es sich um den Saturn der anderen Person handelt, könnten Sie sich auch in gewisser Weise geliebt fühlen, aber auch irgendwie kritisiert und belastet. Wenn es deren Pluto ist, könnten Sie sich wiederum geliebt und attraktiv fühlen, aber Sie könnten ihre Intensität als störend oder kontrollierend empfinden. Bei den harten Aspekten ist oft ein bestimmtes Maß von emotionaler Erpressung und Manipulation am Werk, obwohl das gewöhnlich eine Furcht aus Kindheitsthemen widerspiegelt, die aufgetaucht sind, um die gegenwärtige Beziehung damit anzustecken. Aber jeder starke Kontakt zu Ihrer Venus durch Planeten einer anderen Person wird Ihnen Ihre eigenen Werte weitaus bewußter werden lassen, selbst wenn der Vorgang anstrengend ist.

Wir haben Zeit, noch einen weiteren Venus-Aspekt zu besprechen. Howard hat etwas über Venus/Saturn gesprochen, und hoffentlich werden wir Venus/Neptun und Venus/Sonne später noch abdecken. Vielleicht können wir die Sitzung also mit Venus/Jupiter beenden, was mehr Spaß macht als Venus/Neptun und dem Ende eine fröhliche Note verleiht. Hat jemand etwas zu dieser Kombination beizutragen?

TEILNEHMER: Nun, ich denke an Zeus. Er ist sehr promiskuitiv, immer auf der Jagd nach einer Geliebten.

LIZ: Ja, es gibt diese Seite von Venus/Jupiter. Und dies wird manchmal tatsächlich durch das niemals endende Streben nach einer idealen Liebe ausagiert. Aber Jupiter sucht nicht nach Vollkommenkeit, wie es Neptun tut; er sucht dauerndes Wachstum und die Entfaltung neuer Potentiale. Wenn dies innerhalb einer Beziehung möglich ist, mit einem Partner, der weitergehen und Schritt halten kann, dann ist Venus/Jupiter nicht dieser Art von Desillusionierung unterworfen, von der Venus/Neptun so oft gequält wird, und könnte zu völliger Treue fähig sein. Es ist die Langeweile in einer engen Beziehung, die die Kombination in immer neue Liebesaffären treibt.

Zeus ist im Mythos unendlich fruchtbar und kreativ, und nicht nur, was die Befruchtung von Frauen angeht. Er verändert seine Gestalt bei jeder neuen Begegnung, amüsiert sich selbst, indem er ein Schwan, ein Stier oder ein Goldregen wird. Wir wissen also, daß der Anteil an Imagination und Phantasie für die Venus/Jupiter-Werte in der Liebe sehr wichtig sind und daß zuviel Gleichförmigkeit und Routine in einer Beziehung ein Fluch ist. Zeus verliebt sich auch oft, was eine angeborene Romantik widerspiegelt, einen Glauben an die große Leidenschaft, die durch Tschaikowskys Violinkonzert im Hintergrund vervollständigt wird. Liebe muß für Venus/Jupiter ein großes Abenteuer sein, eine Entdeckungs- und Forschungsreise, und die Welt muß sich schließlich öffnen und weiter werden. Es gibt also ein gewisses Element des Opportunismus in dieser Kombination (manchmal materieller Art, manchmal subtilerer Art), da sich Venus/Jupiter normalerweise nicht mit einer Beziehung abgibt, die nicht auf die eine oder andere Weise Möglichkeiten für die Erweiterung und Bereicherung des eigenen Lebens bietet.

Zeus ist eine der archetypischen *puer aeternus*-Gestalten, was bedeutet, daß jemand am glücklichsten ist, wenn er das Gefühl hat, daß die Dinge jetzt noch nicht vollkommen sind. Der höchste Wert für Venus/Jupiter ist das Gefühl, daß man die kreativen Möglichkeiten in einer Beziehung noch nicht erschöpft hat, daß es noch mehr zu lernen und zu entdecken gibt – sexuell, emotional und intellektuell. Das Gefühl, daß man nicht weitergehen kann, daß die Dinge ihre natürliche Grenze erreicht haben, daß es an der Zeit ist, sich in einem dauerhaften Seinszustand niederzulassen, statt weiter zu werden und zu wachsen, wird Venus/Jupiter normalerweise aus einer Beziehung heraustreiben – entweder tatsächlich oder auf emotionaler Ebene. Wenn dagegen die Jünglingseigenschaften von Jupiter projiziert werden, könnte man unbewußt den Partner aus der Beziehung treiben, so daß das eigene Leben wieder einmal eine offene Tür in Richtung Zukunft hat.

Zeus ist eine sinnliche Gottheit, und Jupiter, obwohl er ein feuriger Planet ist und ins Reich der Intuition und Imagination gehört, hat großen Spaß daran, mit den irdischen Dingen zu spielen. Zeus paart sich im Mythos mit sterblichen Frauen, und obwohl er ein Olympier ist, weist er, anders als Uranos, das Fleischliche nicht zurück. Er muß das Drama ins körperliche Leben bringen, und das ist es, was Venus/Jupiter in seinen romantischen Unternehmungen sucht. Dieses Drama hat nicht die Schwerblütigkeit der Kämpfe, wie sie Pluto ausficht, sondern die Ausstrahlung von Camelot, wo alle Prinzessinnen äußerst schön und alle Ritter mutig und edel sind. Venus/Jupiter besitzt wenig Toleranz für Tragödien und Leiden und kann beträchtliche Herzlosigkeit an den Tag legen, wenn es rauh zugeht. Das Leben muß glücklich sein, nicht vor Schmerz triefen, und die Venus/Jupiter-Person kann sehr ungeduldig und reizbar werden, wenn in einer Beziehung langfristige Probleme auftreten, die ein Opfer und das geduldige Ertragen von Schwierigkeiten erfordern. Das ist die dunkle Seite des Aspekts.

Es könnte auch zu großer Ungeduld in bezug auf die langsamere Reaktion von anderen Personen kommen – »Wir kennen uns nun seit drei Wochen, warum bist du noch nicht bereit, dich voll einzulassen? Warum ist das Potential, das ich fühle, nicht *jetzt* realisierbar?« Man kann diese Ungeduld mit den Grenzen anderer Leute auch bei Schütze beobachten, der es oft als schwierig empfindet, warten zu müssen. Man sollte sofort am Endziel angelangt sein, sonst kann es nicht die richtige Beziehung sein. Es ist schwierig, zu warten und die Gefühle sich über die Zeit hinweg entwickeln zu lassen. Dies schließt die sexuelle Seite einer Beziehung mit ein, die, wenn die Erde nicht schon in der ersten Nacht bebt, zu schnell als mangelhaft mißverstanden werden könnte. Richard Idemon beschrieb Jupiter und Schütze immer mit Begriffen des Gefühls, besonders zu sein, weil Zeus der König der Götter ist. Man sollte gewöhnlichen menschlichen Problemen enthoben sein, weil man etwas Besonderes ist. Dieses Gefühl – »ich habe das *Recht*, glücklich zu sein!« – könnte jenen mit schwereren Planeten als sehr aufgeblasen und narzißtisch erscheinen. Aber wir alle erschaffen durch unsere unbewußten Annahmen Lebenssituationen, und Venus/Jupiter – weil er erwartet, glücklich zu sein, und sein Recht auf persönliche Erfüllung voraussetzt – zieht oft sehr glückliche Situationen an, die den Neid anderer Leute erregen. Das ist die helle Seite des Aspekts, die oft eine sehr große Bestätigung seines Glaubens an die höchste Göttin der Liebe und des Lebens empfängt.

Teil 3
Mars

Aggressionen sind nicht notwendigerweise destruktiv. Sie entstammen einer angeborenen Neigung, das Leben zu meistern, einer Neigung, die für die gesamte lebendige Materie charakteristisch zu sein scheint. Nur wenn diese Lebenskraft in ihrer Entwicklung behindert wird, verbinden sich Bestandteile von Wut, Zorn oder Haß mit ihr.

Clara Thompson

Der Krieger und der Frauenheld

Mythologie und Psychologie des Mars

Liz Greene

Da wir uns heute mit dem Thema Mars beschäftigen, können wir ein ganzes Stück aggressiver sein. Howard und ich sprachen gestern abend über die Übungen zur geführten Imagination für Venus, die er Ihnen an die Hand gab, und wir haben versucht, etwas Passendes zu finden, das die Bedeutung von Mars herauskristallisieren könnte. Wir haben uns geeinigt, daß man seine Augen schließen und ein Bild für sein Mars-Zeichen hochkommen lassen und dann der Person, die neben einem sitzt, einen Puff versetzen könnte.

Haben Sie alle das Diagramm für die mythischen Bilder, die mit Mars assoziiert sind? (Siehe Abbildung 2 auf Seite 227) Eine einfache Definition von Mars lautet, daß er das kämpfende Prinzip für die Sonne darstellt und in gewisser Weise das kämpfende Prinzip für all jene inneren Planeten ist, die innerhalb seines Orbits liegen. Die Notwendigkeit eines kämpfenden Prinzips ist offensichtlich, nachdem da draußen eine große Welt ist, in der man früher oder später mit Konflikten und Herausforderungen, die eigene Individualität, die eigenen Werte und sogar das eigene physische und psychische Überleben betreffend, konfrontiert wird. Es ist unumgänglich, daß wir alle für das kämpfen müssen, was wir sind, angefangen mit dem Kampf, aus dem Mutterleib ans Licht der Welt zu treten. In der mittelalterlichen Psychologie wurde Mars als böses Prinzip betrachtet, als ein »Bösewicht«, und diese Bedeutung haftet dem Planeten in eher »spirituellen« Annäherungsversuchen immer noch an. Aber obwohl das ganze dornige Reich der Aggression, des Krieges und Konfliktes nicht das ist, was wir im Idealfall in eine perfekte Welt aufnehmen würden, und obwohl mit Mars auf eine bewußte und konstruktive Weise umgehen zu lernen keine leichte Aufgabe ist, sind wir doch ohne Mars ohnmächtig, und der Mars eines anderen wird uns dann erdrücken. Dies ist ein einfacher, pragmatischer Annäherungsversuch, um den Wert des Planeten zu erfassen, dem sich viele Astrologen scheinbar entziehen.

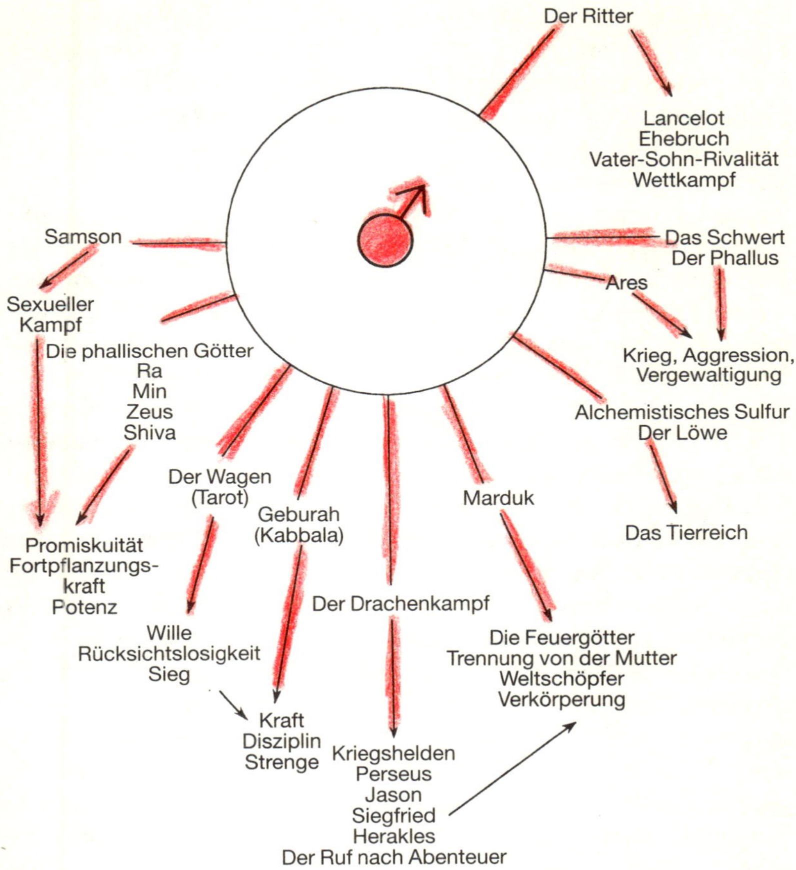

Abbildung 2: Der mythologische Ausdruck von Mars

Ich will noch ein bißchen über das Thema der Ohnmacht auf allen Ebenen sprechen und darüber, was mit uns passiert, wenn Mars im Geburtshoroskop nicht zum Tragen kommt. Dieser zähe, kleine Planet gibt uns unsere erste Definition im Leben, er ist das grundlegendste Instrument, um uns vom Mutterleib und dem Kollektiven zu trennen, denn in dem Augenblick, indem wir dazu Stellung nehmen, was wir wollen oder schätzen, definieren wir uns selbst unwiderruflich als von anderen verschieden. Sobald Mars einmal nach außen gebracht und Stellung bezogen wurde, kann dies nicht rückgängig gemacht werden, so wenig, wie wir in den Mutterleib zurückkriechen können, sobald wir begonnen haben, unabhängig zu atmen und die Nabelschnur durchtrennt ist. Marsische Wirkungen besitzten also absolute und irreversible Eigenschaften. Dies ist einer der Gründe, warum viele Leute mit diesem Planeten Schwierigkeiten haben.

Mars spricht nicht in Rätseln und Zweideutigkeiten, um seine Wege zu verdecken; er sagt einfach, wie Martin Luther (bei dem Mars einer der Regenten seines Sonnenzeichens war): »Hier stehe ich, Gott helfe mir.« Selbst wenn sich jemand entschuldigt und es hinterher wiedergutmacht – man kann nie mehr zu diesem Zustand vollkommener Verschmelzung zurückkehren, der vor dem Streit herrschte. In Liebesbeziehungen ist der »erste Streit« ein eisiger Wasserguß, und nachher ist nichts mehr so wie vorher. Am Anfang einer Liebesgeschichte führen Neptun und Venus den Vorsitz, und man fühlt sich, als ob zwei Herzen wie eines schlügen – Sie kennen sicher alle diese Tränendrüsen-Filme wie »Love Story«, wo »die Liebe niemals sagen muß, es tut mir leid«. Mars zuckt vor dieser Art von Gefühlen zusammen; die einzige Zeit, in der wir zwei Herzen, die wie eines schlagen, in der Wirklichkeit erleben, ist im Mutterleib, und diese ganze Verschmolzenheit endet mit der Geburt. Diese wunderbaren Gefühle vollkommener Übereinstimmung und vollkommenen Verstehens werden erschüttert, wenn Mars ins Spiel kommt und ein Streit folgt, der die verschiedenen Identitäten der zwei Menschen zeigt. Es ist der erste Riß in der den Paradiesgarten umgebenden Mauer, und selbst wenn der Riß schnell gekittet ist, hat es die Schlange irgendwie geschafft, einzudringen. Daher fürchtet ein Teil von uns Mars, denn sobald wir einmal in eigener Regie gehandelt haben, können wir nicht mehr zurück.

MARDUK => TIAMAT

Können Sie sich alle an die Phase der Reise des Helden erinnern, in der er den Drachen oder den dunklen Zwilling bekämpfen muß? Dies ist der Angriff von Mars, der das Schwert des Helden und sein kämpferischer Geist ist. An einem bestimmten Punkt der Entwicklung der Sonne muß Mars aufgerufen werden, um die wachsende Individualität zu verteidigen. In meiner Sitzung über die Mythologie der Sonne sprach ich über den babylonischen Feuergott Marduk, der einen Kampf mit seiner Mutter Tiamat austragen muß, dann ihren Körper aufschneidet und daraus das manifeste Universum erschafft. Marduks Schlacht ist der Inbegriff der Funktion von Mars, der nicht nur gegen den regressiven Zug der Verschmelzung mit der Mutter und dem Kollektiven kämpft, sondern auch rücksichtslos die Aufgabe zu erfüllen hat, die Wirklichkeit objektiv zu sehen und zu definieren, um ein individuelles Leben zu ermöglichen. Wenn wir Marduks Kampf auf einer psychologischen Ebene betrachten, so sind Wut, Aggression und Selbstbehauptung die grundlegenden Werkzeuge zur Trennung von der Mutter und zur Bildung einer individuellen Ego-Grundlage in den frühen Lebensstadien. Diese elementaren Gefühle sind die Waffen, mit denen wir den Drachen bekämpfen, zu dem jede Mutter an einem bestimmten Punkt der Entwicklung ihres Kindes werden muß.

Bestimmte mythische Helden sind wie Marduk ihrer Natur nach unverkennbar marsisch. Die Reise des Helden ist im wesentlichen eine sonnenhafte Reise, aber einige dieser Reisen besitzen ein eher kämpferisches Element, während andere, wie die von Odysseus, mehr von Klugheit und List abhängen. Und es gibt unvermeidlich Phasen auf der Reise, die Kampf und Widerstand gegen einen Gegner beinhalten, selbst wenn der Held von der relativ friedlichen Sorte ist. Jason muß den Drachen vernichten, um das Goldene Vlies zu erlangen; Perseus muß Medusa töten, um seine Andromeda zu gewinnen; Parsifal ist ein liebenswürdiger Narr, kein Krieger, aber selbst Parsifal muß kämpfen. In Wagners Oper beinhaltet sein Kampf den Widerstand gegen die Listen der Kundry wie auch den Kampf gegen den kastrierten Zauberer Klingsor. Beides sind Spiegelungen kriegerischer Stärke, denn die Verweigerung, die auf Wertvorstellungen beruht, ist ebenso Kampf wie der aggressivere Zusammenprall von Waffen. Auf der anderen Seite ist Siegfried der klassische marsische Held, mit einem Schwert der Macht, das ihm von seinem Großvater Wotan vermacht wurde. Wir sollten unsere mythische Interpretation vielleicht sogar noch weiter ausdehnen, dahingehend, daß der symbolische Phallus des Helden, das magische Schwert, wie zum Beispiel Excalibur in der Artussage, selbst das lebendigste Symbol von Mars darstellt, das vom sonnenhaften Helden geführt wird.

Siegfried besitzt eine weitere relevante marsische Eigenschaft: Er ist fast unverwundbar: Er kann nur durch ein Messer im Rücken getötet werden, was ihm am Ende auch widerfährt. Siegfried ist kühn und furchtlos, aber er ist nicht besonders listig, und er läßt es zu, selbst Opfer eines Verrats zu werden, denn er »denkt mit seinem Schwert«. Die Unbesiegbarkeit von Mars kann nur erhalten bleiben, wenn man einem ehrlichen Gegner gegenübertritt. Die marsische Funktion ist nicht dazu geschaffen, um mit Unterströmungen und Feinden umzugehen, die von hinten heranschleichen, obwohl Mars in subtileren Zeichen, wie zum Beispiel in Fische, Krebs und Skorpion, eine größere Fähigkeit, mit indirekter Konfrontation umzugehen, entwickeln kann. Die marsische Natur mag unsensibel und roh sein, aber sie ist im wesentlichen offen und ehrlich und geradeheraus. Solange man der Ehrenhaftigkeit des Feindes trauen kann, kann man fair kämpfen und sogar würdevoll verlieren, um ein anderes Mal wieder zu kämpfen. Aber es ist das Messer im Rücken, das Mars zu Fall bringt, und es gibt kein schärferes verstecktes Messer als emotionale Manipulation.

Eines der schwierigsten Kindheitsthemen für den Ausdruck des Mars ist ein familiärer Hintergrund, auf dem sich der Kampf versteckt abspielt. Dies deutet ein Familienproblem mit Mars an – die Vermeidung offener Aggression und Ablösung: Alle Anstrengungen, das zu bekommen, was man will, werden zu einer unbewußten Vorgehensweise verdammt. Ich habe die Erfahrung gemacht, daß manipulative Krankheiten (und viele scheinbar organische Leiden besitzen eine manipulative Komponente) ausnahmslos mit einem verletzten Mars im Horoskop verbunden sind und daß all die Wut und Aggression und der Wille in eine Form verdeckter Kontrolle gepreßt sind, die über andere mittels körperlicher Symptome ausgeübt wird. Dabei handelt es sich üblicherweise um ein Verhaltensmuster, das von der Familie übernommen wurde, und es könnte viele Generationen zurückreichen.

Der Held, der in meinen Augen den Inbegriff der kriegerischen Natur darstellt, ist Herakles. Er war bei den Römern (Herkules) wie auch bei den Griechen, die ihn als den idealen Helden betrachteten, ungeheuer beliebt. Dennoch ist er kein besonders intelligenter Charakter, und seine Heldenkarriere weist eine Kette echter Schnitzer auf. Er tötet ständig jemanden aus Versehen (Hippolyta, Königin der Amazonen) oder verwundet unabsichtlich Freunde (Chiron), und dann kratzt er sich am Kopf und sagt: »Oh, Entschuldigung, ich glaube, ich war ein bißchen zu energisch.« Mars hat etwas leicht Linkisches an sich, so etwas Slapstickhaftes und Dümmliches, bis er in der Kampfarena steht und seine wahre Begabung zeigt.

TEILNEHMER: Was ist mit Chiron passiert?

LIZ: Es lohnt sich, diesen Mythos in Erinnerung zu bringen, weil er sowohl auf die symbolische Bedeutung von Chiron als auch auf die Natur des Mars, wie er von Herakles widergespiegelt wird, eingeht. Herakles hat gerade die Hydra getötet, das neunköpfige Monster, das in einer schlammigen Höhle lebte, und er ist nun fertig und hat mit einem Köcher voller Pfeile, die mit Hydras giftigem Blut beschmiert sind, haltgemacht, um seinen Freund Chiron zum Mittagessen zu treffen. Während die beiden bei einem netten Gespräch sitzen, macht Herakles eine ungeschickte Bewegung, und einer der Pfeile aus seinem Köcher piekst den Zentaur aus Versehen in den Schenkel. Man kann Herakles keinen Vorwurf machen, aber es ist typisch für ihn, und Chiron hat als Ergebnis eine unheilbare Wunde. Das Gift kann nicht ausgesogen werden, und es gibt kein Gegenmittel. Das endet darin, daß Chiron ein weiser Heiler wird, aber in dunkleren Momenten hätte er sich zweifellos lieber niedergelassen, um ein gewöhnlicher, unweiser Zentaur zu sein und nicht der Archetyp des verwundeten Heilers. Wenn wir diesen Symbolismus zu seiner unvermeidlichen Schlußfolgerung führen wollen, könnten wir sagen, daß die Funktion des Mars – die giftige Erfahrung von Wut und Aggression – oft darin besteht, daß wir unser Leben lang Narben tragen, obwohl es üblicherweise, wie in Chirons Fall, der Mars eines anderen ist, der uns diese Wunden zufügt.

Das Muster von Herakles' zwölf Aufgaben ist interessant, weil er sie als Sühne für einen anderen unabsichtlichen Mord ausführt. Jede Aufgabe stellt selbst eine Art von Mini-Mythos dar, und jede

Arbeit ist ein anderer Kriegsschauplatz von Mars. Es ist, als ob der Zyklus der zwölf Aufgaben die vielen Gesichter des Kampfes beschreibt, denen wir während eines Lebens unterworfen sind und auf die wir mit einer starken kriegerischen Funktion zu antworten lernen müssen. Herakles geht aus diesen Arbeiten mit mehr Schliff und Selbstbeschränkung hervor, aber er ist immer noch Herakles.

Der Kampf mit der Lernäischen Hydra, den ich gerade erwähnte, ist ein sehr gutes Beispiel für diese Prüfungen des Mars. Die Hydra hat neun giftige Schlangenköpfe, lebt in einer Höhle inmitten eines Sumpfes und dezimiert die Landbevölkerung. Herakles kommt mit seiner Keule daher – eine im Mythos einzigartige Waffe und unmißverständlich phallisch –, und er erwartet, daß die Kreatur leicht zu besiegen ist, weil seine Keule immer wirkungsvoll war (sein Grundprinzip lautet: »Wenn es sich bewegt, schlag es nieder«). Aber die Hydra frustriert ihn. Zuerst versteckt sie sich in der Dunkelheit der Höhle, und er muß eine gewisse Zeit damit zubringen, um herauszufinden, daß er flammende Pfeile in die Höhle schießen muß, um das Monster nach draußen ins Freie zu treiben. Hier wird Mars mit einem Gegner konfrontiert, der sich nicht an ehrenhafte Spielregeln hält, sondern sich in der Dunkelheit des Unbewußten verbirgt; also muß man die Kunst der wirkungsvollen Provokation wie auch der Einsicht in die Motive des Gegners erlernen, was beides durch die flammenden Pfeile widergespiegelt sein könnte.

Als die Hydra sich schließlich aus dem schattigen Höhleneingang hervorwindet, entdeckt Herakles, daß, wenn er einen ihrer Köpfe abschlägt, neun weitere nachsprießen. Dies ist in der Tat ein tödlicher Gegner; Kraft allein kann nichts ausrichten, außer den Feind stärker zu machen, und Herakles wird beinahe selbst vernichtet. Hier muß Herakles lernen, daß unverhohlene Aggression manchmal die Aggression des Gegners erhöhen kann und am Ende zu nichts führt als zur eigenen Niederlage. Dann erinnert sich der Held, daß das einzige, was die Hydra zerstören kann, Sonnenlicht ist. Deshalb kniet er nieder und hebt die Kreatur in die Höhe, dem Licht entgegen, und das ist das Ende der Hydra. Diese Symbolik ist sehr bezeichnend, und eine ihrer Bedeutungen könnte darin liegen, daß Mars die Notwendigkeit offensichtlicher Demut und den Verzicht auf Stolz (das Niederknien) für eine gewisse Zeit lernen muß, um zu siegen. Die Hydra, wie viele innere und äußere Feinde, denen wir im Laufe des Lebens begegnen, wird besiegt, wenn genügend Bewußtsein und Offenheit in die Situation eingebracht wird. Ich bin sicher, daß viele von Ihnen solche Situationen kennen, wo Wut und sogar lange gehegter Haß durch offene Diskussion aufgelöst werden können. Und selbst wenn schmerzhafte Entscheidungen getroffen werden müssen und der Feind ein Feind bleibt, werden wir zumindest nicht von unsichtbaren emotionalen Unterströmungen vergiftet – besonders nicht von unseren eigenen.

Das Reinigen der Ställe des Augias ist eine weitere charakteristische Aufgabe, die Herakles vollbringen muß. Dieses mythische Bild wurde zu einem Teil unserer Alltagssprache, und wir sprechen von einem ekelhaften Saustall, den wir irgendwie aufräumen müssen, wie den Stall des Augias. Herakles wird aufgetragen, die Ställe innerhalb einer bestimmten Zeitspanne zu reinigen, aber der Ort ist so voller Kuhmist, daß es ganz unmöglich ist. Er kann seine Keule offensichtlich nicht gebrauchen, da es sich um Exkremente handelte, nicht um einen Feind, mit dem er kämpfen könnte, und selbst seine Hände zu benutzen wäre in der vorgesehenen Zeit nutzlos. Mars hat hier als Säuberungsmittel zu dienen, um mit chirurgischer Präzision das, was im Leben nutzlos und überholt geworden ist, fortzuspülen. »Den ganzen alten Mist loszuwerden« ist eine weitere Facette der Mars-Funktion, und sie ist mit unserer Fähigkeit, Entscheidungen zu treffen, die uns aus einer übelriechenden und abgetragenen Vergangenheit befreien, assoziiert.

Die Hydra könnte als Bild menschlichen Hasses, Nicht-verzeihen-Könnens und emotionalen Gifts gesehen werden, und wie jeder Charakter in einem Mythos befindet sie sich ebenso wie der Held in uns selbst. Vielleicht ist es ein plutonisches Geschöpf, mit Wurzeln, die über die Mutter bis hin zu den dunklen Komplexen der Familienvergangenheit reichen. Wir brauchen Mars, um mit diesem Übel in uns selbst wie auch in der Außenwelt fertigzuwerden. Aber die Ställe des Augias spiegeln all unsere ererbten psychischen Schlacken wider, den Unrat, der sich über viele Generationen hinweg angesammelt hat, die üblichen Muster, die uns in Trägheit hinunterziehen und uns mit ihrem Gestank und ihrem Gewicht ersticken. Herakles hat plötzlich eine Inspiration: Er leitet einen mächtigen Strom um, so daß das Wasser in einem großen Sturzbach durch die Ställe fließt und sie reinwäscht.

Dieses Bild könnte ein Umleiten emotionaler Energie (Wasser) beschreiben, ein Loslassen von Gefühlen, das all die Schlacken in einer riesigen Flut fortspülen kann. Therapeutische Arbeit, besonders die der kathartischen Art, schließt diesen Prozeß oft mit ein: Gefühle, die in andere Kanäle geflossen waren, werden wieder zu einem selbst zurückgelenkt und zur Qual der eigenen Situation, und ihre Wahrnehmung bewirkt einen Gefühlsausbruch, der viele alte eingewurzelte Verhaltensmuster wandeln kann. Auch dies ist marsisch, denn die dabei auftretenden Gefühle sind normalerweise unausgedrückter Ärger und Zorn und die plötzliche Erkenntnis dessen, womit man sich viel zu lange herumgeschlagen hat. Es gibt eine Phase bei der Heilung von Kindheitsverletzungen, die allgemein damit einhergeht, daß man ziemlich wütend auf die eigene Familie und selbst sehr verletzt ist. Das ist die Phase des »Elternschlagens«. Obwohl es kein sehr hilfreiches Stadium ist, wenn man darin stecken bleibt, und schließlich zu Verständnis und Mitgefühl reifen muß, stellt es oft einen notwendigen zeitweisen Reinigungsprozeß dar, besonders bei einer Person, die ein tiefgreifend mißbrauchendes Elternteil verteidigend idealisiert und niemals zuvor gewagt hat, der Wirklichkeit ins Auge zu blicken.

Diese zwei Aufgaben, die ich beide beschrieben habe, liefern viele Einsichten in die Herausforderungen, denen sich Mars im Leben stellen muß, und in die angemessenen Methoden, mit ihnen umzugehen. Weil Mars ein »unsozialer« Planet ist (er dient dem Individuum, nicht so sehr der Gesellschaft), wird das Leben den aggressiven Instinkt in uns früher oder später mäßigen, denn andere Leute werden sich nicht mit unserem zügellosen Mars abfinden. Bestenfalls mögen sie uns nicht, schlimmstenfalls schließen sie uns aus. Wenn wir diesen »mäßigenden« Einflüssen auf die Art antworten können, wie Herakles aus seinen Aufgaben lernt, können wir Mars in einer sehr viel positiveren, eingegrenzten (nicht unterdrückten) und kreativen Weise zum Ausdruck bringen.

Wenn wir nun Herakles hinter uns lassen und uns dem griechischen Gott Ares zuwenden, der in den römischen Mythen zu Mars wird, gibt es mehrere interessante Bilder zu betrachten. Zunächst einmal hat Ares keinen Vater. Er wurde parthenogenetisch von der Göttin Hera erschaffen. Hera ist in einem Zustand großer Wut, weil ihr Ehemann Zeus die Göttin Athene ohne Mutter aus seinem

Kopf hervorgebracht hat, und dies ist eine tiefgreifende Verletzung der Prinzipien von Ehe, Familie und Geburt, worüber Hera den Vorsitz innehat. Also ist Ares das Produkt der zornigen Rache der Göttin, oder – wenn wir heute besonders freudianisch sein wollen – ein Produkt ihres Penisneids. Sie ist dazu bestimmt, mit diesem beleidigenden Gott zu konkurrieren, der ohne sie ein weibliches Kind aus seinem Geist (Weisheit) erschaffen hat, und erzeugt nun einen eigenen Sohn-Phallus, der für sie kämpfen wird. Während Athene mutterlos ist – sie spielt keine Rolle im Reich des Körpers und der Instinkte –, trägt Ares kein Vater-Prinzip in sich, was ich so verstehe, daß er nicht vom Logos stammt, nicht aus den spirituellen oder intellektuellen Dimensionen des männlichen Reichs. Er ist ein Mann, aber er ist reiner Instinkt, ohne jegliche reflektive oder symbolisierende Fähigkeit.

Doch obwohl Ares unmißverständlich phallisch und männlich ist, nimmt er nicht an der Absonderung der olympischen Götter teil. Er ist lunar und chthonisch, und Homer beschreibt ihn als eine Art großen Schläger, 300 Fuß hoch, haarig, tierisch, aber im Kampf unbesiegbar. Er ist dumm und plump, aber er hat das Licht des Berserkers in seinen Augen, die göttliche Trunkenheit des Kriegers. Der Berserker ist die teutonische Version von Ares' Geist, der Krieger, der vom Wein des Kampfes trunken ist. Wenn ein Krieger von diesem Geist überwältigt wird, kann ihn nichts verletzen, er kann geradewegs mitten durch die Schlachtlinien des Feindes gehen, ohne einen Kratzer abzubekommen. In militärischen Kreisen gibt es selbst heute noch eine Art Entsprechung dazu, und bestimmte Soldaten – besonders die der SAS (britische Spezial-Luftwaffeneinheiten), die sich mit der Mystik des Geheimnisses umgeben – erhalten mythische Gestalt, weil sie unbesiegbar erscheinen. In England haben wir diese phantastische Vorstellung, daß die Männer der SAS alles können, und das Militär selbst nährt diese Phantasie in uns und in seinen Männern aus psychologischen und politischen Gründen; Filme wie »Who Dares, Wins« (Wer wagt, gewinnt, Anm. d. Übers.) veranschaulichen diese Phantasie des Wagemuts und der Unbesiegbarkeit ziemlich deutlich. Aber das Sonderbare daran ist, daß, wenn ein Archetyp wie dieser benutzt wird, er sich anscheinend im »wirklichen« Leben manifestiert. Wir gewöhnlichen Leute können die göttliche Trunkenheit des Ares in einer typischen Kneipenschlägerei erfahren, oder wenn uns eine Gefahr bedroht und unsere Instinkte die Führung übernehmen – und wir entschlossen und mutig in einer Art und Weise handeln, die wir uns im normalen Zustand, nüchtern und ängstlich, niemals erträumen würden. Wir sind »uns selbst enthoben« und können erstaunliche Leistungen mit Mut und körperlicher Stärke vollbringen, die mit unserem alltäglichen Bewußtsein schlechterdings unmöglich wären.

Die nordische und teutonische Vorstellung vom Berserker ist interessant, wenn man sie im Lichte der Geschichte betrachtet. Die Küsten Englands waren einst wiederholten Invasionen der Wikinger und Sachsen ausgesetzt, und man kann sich vorstellen, wie überaus beängstigend es gewesen sein muß, diese blonden Giganten von ihren Drachenschiffen ausschwärmen zu sehen, ihre gehörnten Helme tragend und ihre riesigen Schwerter führend, mit dem irren Glanz des Berserkers in ihren Augen. Es steckt eine starke sexuelle Komponente in dieser Energie, die sich in all den phallischen Symbolen der Hörner und Schwerter widerspiegelt. Ich würde diesen Geist des Ares auch mit religiösem und politischem Märtyrertum in Verbindung bringen, welches ebenso trunken machen und voll sexueller Leidenschaft sein kann. Diese Dimension des Mars ist in der jüdisch-christlichen Kultur fast ausgestorben, aber wir müssen nicht weit suchen, um sie in anderen religiösen und politischen Überzeugungen lebendig und voll erhalten zu sehen. Etwas von dieser Eigenschaft existiert auch im hingebungsvollen Wettstreit der Athleten, und wir sehen bestimmte Teilnehmer bei einem Rugby- oder Fußballspiel oder bei den Olympischen Spielen, die plötzlich »überwältigt« werden und außerordentliche Leistungen vollbringen, die sie allzuoft später nicht mehr wiederholen können. Die marsische Persönlichkeit benötigt regelmäßige Dosen dieser Energie, entweder auf der mentalen, der emotionalen oder der physischen Ebene, denn sie ist eine Verbindung zum archetypischen Reich und verleiht dem Leben dieser Person ein Gefühl der Lebendigkeit und des Sinns.

Im Mythos wird der Gott Ares unwiderstehlich zu Aphrodite hingezogen, die die Macht hat, ihn durch sein Begehren nach ihr zu zähmen. In dieser Hinsicht spiegelt Ares den Helden Herakles wider, der auch aufgrund seines sexuellen Begehrens von der Königin der Lydier, genannt Omphale (was Nabel bedeutet), gezähmt wurde. Omphale besitzt eine solch absolute erotische Macht über den Helden, daß er ihr erlaubt, ihn als Frau zu kleiden und mit ihm zu spielen, als wäre er ein großer kuscheliger Kater. Vielleicht erinnern Sie sich an das Gemälde von Ares und Aphrodite, das ich erwähnte, wo er nach dem Geschlechtsverkehr vollkommen passiv an ihrer Seite ausgestreckt daliegt, gesättigt und schläfrig. Ares kann also durch erotische Gefühle gezähmt werden, durch Schönheit und Spaß, wogegen die Aufregung der Eroberung in ihm nur den Hunger nach weiteren Eroberungen hinterläßt.

Das mythische Bild von Ares sagt uns, daß wir es mit einer rohen, archetypischen Kraft zu tun haben, einem Grundinstinkt des Überlebens. Es gibt andere Symbole in unserem Diagramm, die uns helfen, die feineren Dimensionen dieses Instinkts zu sehen. In der Alchemie ist Mars mit dem Prinzip Sulfur gleichgesetzt und wird sehr oft als Wolf dargestellt. Der Wolf erscheint auch im griechischen und römischen Mythos in Verbindung mit Ares-Mars, und dem Gott Mars wird tatsächlich die Vaterschaft an den Zwillingen Romulus und Remus zugeschrieben, die von einer Wölfin gesäugt werden und aufwachsen, um Rom zu gründen. In dieser Verkleidung ist Mars der einsame Wolf, der Kämpfer, der Clint Eastwood des planetarischen Pantheon. Alchemistisch ist Sulfur das Symbol für den aggressiven Instinkt, die erste Lebenskraft in ihrem tierischen Stadium, bevor sie jenen transformativen Prozessen unterworfen wird, die in ihrer Humanisierung resultieren, in der Geburt des neuen Königs, der das alchemistische Gold darstellt. Mit anderen Worten: Mars ist die primitive, animalische Form der Sonne.

Somit ist der sonnenhafte Held, bevor er zum Menschen wird und seine Fähigkeit eines reflektiven Bewußtseins entwickelt, der Wolf, das brennende alchemistische Sulfur. Dieser grundlegende Symbolismus läßt sich bei einem kleinen Kind leicht beobachten, das in einem gewissen Alter, normalerweise um die zwei Jahre – diese Phase wird manchmal die »furchtbaren Zwei« genannt –, anfängt, sich entsetzlich aufzuführen, einen Koller nach dem anderen bekommt und allgemein unerträglich und bockig ist. Diese frühen Wutanfälle, die ein vollkommen natürlicher Aspekt der frühen Entwicklung sind, sind für viele Mütter unerträglich, die selbst ein Problem haben, mit Mars umzugehen, und das kann später zu vielen Problemen führen. Aber in dieser ursprünglichen Wut ist bereits eine Aussage über das Getrenntsein enthalten, und es handelt sich hier um den wahren Beginn der Ausbildung der Individualität. Die Wut eines Zweijährigen muß in Schach gehalten und gemäßigt werden, aber wenn sie gewaltsam oder durch Schuldgefühle und emotionale Erpressung unterdrückt wird, kann sie nicht jenseits ihrer animalischen Form gelangen, und Sulfur wird nie transformiert. Die Wut qualmt einfach weiter vor sich hin und gibt sulfurische Gerüche von sich, und es ist ein großer Schock für viele Menschen in Psychotherapie, die »furchtbaren Zwei« zu entdecken, die immer noch im Inneren brodeln wie ein aktiver Vulkan.

Die Alchemie gibt uns einige eindrucksvolle Bilder dieses Prozesses, durch den der Wolf in einen König verwandelt wird. Seine Pfoten werden abgeschnitten, und er wird in eine versiegelte Flasche oder einen Destillierkolben eingeschlossen und gekocht. Doch stirbt er nicht, denn er wird als göttlich anerkannt – die theriomorphische Form des alchemistischen Goldes. Dieses barbarische Bild weist ein sonderbares Paradoxon auf, das die Erkenntnis des höchsten Wertes mit der Notwendigkeit des Leidens und der Transformation kombiniert. Der Wolf heult und macht einen schrecklichen Lärm, aber der Destillierkolben bleibt verschlossen – andernfalls wird kein König geboren, und es entsteht kein Gold. Wir könnten noch einmal die Erfahrung der Wut in der Kindheit betrachten und sehen, daß dies symbolisch der Prozeß ist, durch den die Wut des kleinen Kindes in Schach gehalten, doch nicht zerstört wird. Die gleiche Situation tritt oft in der Psychotherapie ein, in der man eine länger anhaltende Phase der Wut gegen den Therapeuten durchmacht, die in unterschiedlicher Art und Weise ausagiert wird (das reicht von chronischer Verspätung oder dem Vergessen des Schecks bis zur offenen verbalen Beschimpfung), aber beides muß anerkannt und gleichzeitig eingedämmt werden.

Es ist interessant, an die eigene Kindheit zu denken, und ob man sich daran erinnern kann, jemals wirklich wütend gewesen zu sein. Haben Sie jemals einen ordentlichen Tanz aufgeführt? Konnten Sie Ihre Wut zum Ausdruck bringen und bestraft werden, ohne daß Sie das Gefühl hatten, wertlos zu sein? Bekamen Sie eine Ohrfeige oder wurden Sie geschlagen, wenn Sie Ihre Wut zeigten? Oder war die Botschaft der Unterdrückung so absolut, daß Sie ganz einfach nie irgendein Gefühl empfanden, das Wut glich? Ich erinnere mich, daß ich einmal, als ich in Amerika reiste, um ein Seminar zu geben, eine sehr traurige Fernsehsendung über einen schizophrenen Serienmörder sah, dessen Mutter interviewt wurde. Sie sagte verteidigend: »Mein Sohn war so ein gutes, gehorsames Kind. Er war nie wütend oder schwierig.« Offensichtlich wachsen nicht alle Kinder, die sich anständig verhalten, zu Serienmördern heran, aber ich konnte den Schauer, den ich empfand, nicht unterdrücken angesichts dieser vollständigen Auslöschung der Mars-Funktion, die im späteren Leben in einer besonders entsetzlichen Form von maßloser, unkontrollierter Wut hervorbrach.

Die Eltern sind für unseren essentiellen Charakter nicht verantwortlich, und ein schwieriger Mars im Geburtshoroskop ist nicht durch elterliche Erziehung »verursacht«. Aber die Art und Weise, wie mit Mars, der rudimentären Sonne, in der Kindheit umgegangen wird, kann in bezug darauf, wie wir mit dieser Seite in uns selbst im Erwachsenenleben zurechtkommen, eine große Rolle spielen. In vieler Hinsicht ist ein Zusammenprall des Mars eines Kindes mit dem der Eltern, der zu Schlägen oder Streit führt, gesünder, als die grundlegende Kastration, die entsteht, wenn einem gesagt wird, daß die Wut und Aggression, die man empfindet, an und für sich schlecht, schmutzig oder unmoralisch ist. Das Schuldgefühl, das aufgrund solch einer Botschaft entsteht, zerfrißt einen, und wir alle neigen sowieso dazu, uns wegen Mars ein wenig schuldig zu fühlen, weil, wie ich gesagt habe, der Gott Ares grundlegend antisozial eingestellt ist und man diesem hünenhaften Kerl nicht gern in einer dunklen Allee begegnen würde.

Ein blockierter Mars führt zu einem Gefühl der Ohnmacht und des Opferseins und zu großer unbewußter Wut, die auf vielfältige Weise zum Ausdruck kommen kann. Nachdem Mars, wie die Mythen uns berichten, Verführung äußerst zugänglich ist, ist es oft der verführerische, nicht der aggressive Elternteil, der die frühe Kastration bewirkt. Das ist der Elternteil, der sagt: »Wenn du so weiter machst, wirst du mir sehr weh tun. Und ich bin schon so schwer verletzt worden durch deinen Vater/deine Mutter. Ich hoffte, daß du mich verteidigen und auf meiner Seite stehen würdest. Nun benimmst sogar du dich wie dieser fürchterlich rohe Mensch/dieses gemeine Biest und verletzt mich, wo ich doch schon so unglücklich bin. Ich bin so enttäuscht von dir, ich dachte, du seist ein besserer, liebevollerer Mensch.« Ich sehe, daß einige von Ihnen lächeln – vielleicht kennen Sie diesen Dialog?

Mars kann auf natürliche Weise grausam sein, so wie die Natur grausam ist, aber er ist nicht bösartig. Tiere kämpfen bis zum Tod, jagen sich gegenseitig und leben nach dem unbarmherzigen Gesetz, wonach der Stärkste überlebt, aber sie besitzen keinen angeborenen Sadismus. Ich glaube nicht, daß mutwillige Grausamkeit eine charakteristische Eigenschaft von Mars ist. Blinde Aggression und grausame Unempfindlichkeit können entstehen, aber es muß eine besondere Art der Verwundung stattgefunden haben, um die manipulative Grausamkeit zu erzeugen, die der dunkelste Ausdruck eines hintertriebenen, unbewußten Mars sein dürfte. Die martialischen Götter sind ihrer Natur nach nicht bösartig; Ares mag ein Gangster sein, aber er agiert nach den Begriffen der Ehre eines Soldaten in der Schlacht. Ebenso ist auch Herakles nicht sadistisch, eher manchmal dumm und stümperhaft. Aber wenn Mars kastriert (wie der Zauberer Klingsor in Wagners »Parsifal«) und viele Jahre lang der Machtlosigkeit unterworfen ist, dann kann er in der Tat sehr ekelhaft werden. Diese Kastration mag teilweise von den Eltern herrühren, wie wir gesehen haben, aber sie könnte auch das Produkt eines Konflikts in einem selbst sein, wenn das grundlegende Temperament zu friedvoll und idealistisch ist, um eine solch primitive Energie allzu leicht zu integrieren. Ich finde, daß Astrologen einen großen Fehler machen, wenn sie Mars von Natur aus als Bösewicht betrachten.

Die Wut eines blockierten Mars kann sowohl gegen einen selbst als auch gegen die äußere Welt gerichtet werden. Das erstere ist besonders bei einem sanfteren, dissoziierteren Temperament der Fall, wie beispielsweise bei einer vorherrschenden Fische/Waage-Kombination oder bei einer starken Wassermann-Betonung. Hier könnte es zu selbstzerstörerischem Verhalten kommen, auf emotionaler oder körperlicher Ebene (es ist bekannt, daß schwierige Mars-Aspekte zu Unfällen neigen); oder es könnte eine typische Gruppe von Krankheiten auftreten, die anscheinend die frustrierte Mars-Energie verkörpern. Kein anderer Planet wird so häufig zu einem Auslöser durch Progressionen und Transite oder durch einen »heißen Punkt« im Geburtshoroskop, wenn emotional bedingte

Symptome (wie beispielsweise Migräne oder Dickdarmentzündung) hervorbrechen. Mars scheint einer der wichtigsten Schlüssel in Hinblick auf körperliche wie auch psychische Gesundheit zu sein, und ich beziehe mich hier nicht auf Fitneß oder Diäten. Der Mond, der selbst eine Widerspiegelung des Körpers ist, ist in diesem Zusammenhang offensichtlich wichtig. Aber es gibt keinen emotionalen Zustand, der so zerstörerisch auf den Körper wirkt wie unterdrückte Wut und Gefühle der Unfähigkeit.

TEILNEHMER: Könnte hier eine Verbindung zu Krebs bestehen?

LIZ: Ich nehme an, Sie meinen die Krankheit, nicht das Zeichen. Ja, ich glaube, daß man das in Verbindung bringen könnte, denn es tauchen eine ganze Menge medizinischer Hinweise auf, die vermuten lassen, daß es ein bestimmtes psychologisches Porträt gibt, das bestimmte Formen von Krebs begleitet. Das bedeutet nicht, daß es der eigene »Fehler« ist, wenn man Krebs bekommt, und offensichtlich sind noch andere Faktoren mit im Spiel; aber es könnte in einigen Fällen eine Verbindung geben zwischen der Unfähigkeit der Person, mit schwierigen Emotionen umzugehen, und der Empfänglichkeit für die Krankheit.

Das Persönlichkeitsprofil, das nach Meinung vieler Ärzte einen Zusammenhang mit Krebs zu haben scheint, ist dasjenige, bei dem ein großes Maß an Fügsamkeit und dem Wunsch zu gefallen vorherrscht. Es ist etwas zu einfach, anzunehmen, daß Sie Krebs bekommen werden, wenn Sie herumgehen und die ganze Zeit ja sagen und nie ärgerlich werden. Aber die Unfähigkeit, den eigenen gerechtfertigten Ärger und das Recht, sich durchzusetzen, anzuerkennen, geschweige denn diesen Emotionen Ausdruck zu verleihen, kann buchstäblich tödlich sein. Manchmal sind die Symptome von Mars so offensichtlich, daß ich erstaunt bin, daß die betreffende Person den Zusammenhang zwischen den wöchentlich auftretenden Migräneanfällen oder Gallenkoliken und dem Sonntagsessen mit der Schwiegermutter nicht erkannt hat. Die Symptome von Mars sind ein wunderbares Gefühlsbarometer, wenn man es zu entziffern lernt, denn wir alle tragen zu irgendeiner Zeit ein ordentliches Wutpaket mit uns herum, das nicht erkannt oder ausgedrückt werden kann. Mars hat etwas sehr Offensichtliches und Geradliniges, selbst wenn er im Untergrund über den Körper arbeitet. Und wir müssen uns daran erinnern, daß Mars genau wie der Mond ein physisch-instinktiver Planet ist. Der Mythos von der parthenogenetischen Geburt des Ares erzählt uns dies. Dieses andere Gesicht des Kriegers ist die Mars-Krankheit, die genau dann entsteht, wenn man den Berserker festbindet und knebelt und ihn in einen Stadtanzug steckt.

Ich habe des öfteren erwähnt, daß Mars im Transit oder in Progression ein mächtiger Auslöser für andere Planeten ist. Aufgrund seiner direkten, physischen Wesensart scheint er einen Manifestationsprozeß widerzuspiegeln – genauso wie der Mond in Progression, aber mit beträchtlich größerer Gewalt. Ein wichtiger Transit, wie zum Beispiel der des Pluto über die Geburtssonne, Neptun im Quadrat zum Geburtsmond oder Uranus im Trigon zur Geburtsvenus, kann lange Zeit in dieser Stellung seiner Umlaufbahn verweilen – im Falle von Pluto manchmal zwei bis drei Jahre. Man könnte von diesem Transittypus sagen, daß er einen prozeßhaften Vorgang widerspiegelt, obwohl er über lange Zeiträume hinweg ruhig oder inaktiv erscheint, während die Dinge auf einer inneren Ebene arbeiten. Aber wenn der transitierende Mars einen harten Winkel auf diese transitierende Konstellation wirft, besteht die Tendenz, daß Ereignisse sichtbar eintreten, oder es brechen Gefühle hervor, die eine Veränderung bewirken. Die phallische, eindringende Eigenschaft des Mars wird bei dieser auslösenden Aktivität sehr offensichtlich. Mars wird auch für einen Planeten in Progression als Auslöser wirken, der innerhalb seiner Umlaufbahn in einem Aspekt eines Planeten im Geburtshoroskop oder in Progression plaziert ist. Der Umlauf des Mars um den Tierkreis dauert ungefähr zwei Jahre, obwohl er nicht in jedem Zeichen gleich lange verweilt – er hat einen rückläufigen Zyklus, genau wie alle anderen Planeten. Aber wenn wir mit einer ungefähr gleichförmigen Umlaufbahn arbeiten, gibt es zu jedem Punkt im Geburtshoroskop annähernd alle sechs Monate einen harten Aspekt. Auf diese Weise wird Mars einen langsamen Körper, wie einen transitierenden Pluto, mehrere Male im Laufe des Transits auslösen, und die Ereignisse, die zu jenen Zeiten auftreten, werden, was ihre Bedeutung angeht – wenn auch nicht in der äußeren Form –, mit ihm in Zusammenhang stehen, weil sie dem gleichen zugrundeliegenden Prozeß angehören.

Wenn wir eine freundliche Beziehung zu Mars haben, wissen

wir, was wir wollen, und können andere darum bitten. Verschiedene Menschen verfügen über verschiedene Methoden, ihre Ziele zu verfolgen – das hängt vom Zeichen und den Aspekten ab, die der Mars im Geburtshoroskop aufweist; und natürlich wollen wir alle verschiedene Dinge zu unterschiedlichen Zeiten in unserem Leben. Aber die Fähigkeit, »zu wissen, was wir wollen, und zu tun, was wir zu tun haben, um es zu bekommen« (wie Jung einst Männlichkeit definierte), hängt von einem individuellen Wesen ab, das fähig ist, Mars auf bewußte Weise zum Ausdruck zu bringen. Der persönliche Stil von Mars in Fische, Krebs oder Waage könnte viel sanfter und indirekter als derjenige von Mars in Widder oder Löwe sein, weil die Wunschnatur durch das Bedürfnis nach Akzeptanz und Zustimmung durch andere ausgeglichen und modifiziert wird; doch nichtsdestotrotz ist Mars immer noch Mars. Und ein äußerst alltägliches Ergebnis eines abgespaltenen oder verleugneten Mars ist ein Zustand chronischer Depression.

Offensichtlich kann eine Phase der Depression durch eine völlig verständliche äußere Ursache ausgelöst werden, wie beispielsweise Trennung oder Verlust – wir erleben das alle irgendwann einmal. Aber chronische Depression hat tiefere Wurzeln, und ich bin zu dem Ergebnis gekommen, daß die Pfahlwurzel einer chronischen Depression ein tiefgründiges Gefühl der Unfähigkeit, Frustration und Wut ist, das durch den Eindruck erzeugt wird, daß man weder eine Möglichkeit zur Wahl noch Macht über sein eigenes Leben hat. Depressionen werden gewöhnlich nicht als offene Misere erlebt; sie erscheinen häufiger als ein Zustand der Apathie und des Abgestorbenseins, in dem nichts wert ist, um sich damit zu befassen, nicht einmal Wut, weil man davon ausgeht, daß sich sowieso nichts ändern wird, egal was man tut oder sagt. Viele Menschen spalten sich von dieser Art tiefer Depression ab und reißen sich zusammen, damit ihr Leben oberflächlich funktioniert. Sie finden Fluchtwege, wie beispielsweise zwanghaftes Arbeiten, eine Überdosis Fernsehen, Sex, Alkohol oder Beruhigungsmittel, wenn das unterdrückte schwarze Loch ins wache Bewußtsein durchzubrechen droht. Nichtsdestotrotz bricht die Depression doch durch, oft in Form von Krankheit oder Müdigkeit oder der Unfähigkeit, richtig zu schlafen. Mars kehrt hier um und wendet sich gegen das Individuum, so daß man alle seine Fähigkeiten zerstört. Es handelt sich um eine Art von Todeswunsch, obwohl Todesgedanken selten bewußt auftreten.

Dies kann ein sehr ernstes Problem sein, und ich habe das Gefühl, daß es mit einer schlechten Beziehung zu Mars zusammenhängt. Dieser Planet hat mit dem Grundinstinkt des Überlebens zu tun, und während die Sonne den Lebenswillen im Hinblick auf ein Gefühl der Sinnhaftigkeit widerspiegelt, reflektiert Mars den Willen, auf einer physisch-instinktiven Ebene zu leben. Manchmal bietet eine Philosophie oder Ideologie des Nichtgebundenseins einen Fluchtweg aus diesem dunklen Dickicht, die sich auch einen Weg in die Politik oder Religion bahnen kann. Dieser Ansatz stempelt persönliche Wünsche als selbstsüchtig ab und verdammt damit das Prinzip des Mars, indem er Mars in die Unterwelt verbannt, wo er als verdeckte Wut und Neid arbeitet. Ich habe herausgefunden, daß jene, die am heftigsten das persönliche Streben des einzelnen verdammen, einen machtvollen, aber schwierigen Mars in ihrem Geburtshoroskop haben. Sie können sehen, daß sich Mars auf Versammlungen nicht sehr gut benimmt und einen sehr schlechten Sozialisten abgibt, weil er an Prinzipien nicht interessiert ist. Er ist am Überleben und an der Befriedigung seiner Wünsche interessiert. Der realistische und manchmal unbarmherzige Druck von Mars möchte für die unternommenen Anstrengungen belohnt werden und läßt sich von Argumenten, daß solche Belohnungen zugunsten jener, die diese Anstrengung nicht unternehmen könnten oder konnten, geopfert werden sollten, nicht davon abbringen. Da Mars in jedem Horoskop gegenwärtig ist, stellt dies eine idealistischere Natur offensichtlich vor Schwierigkeiten, besonders wenn – wie ich angedeutet habe – einer der unbewußten Punkte hinter solch globaler Verleugnung ein persönliches Gefühl der Unfähigkeit ist, das aus der Kindheit herrührt.

Man kann den Gott Ares beinahe riechen, der in solchen Situationen im Untergrund wütend und frustriert herumlungert und sein Schwert gegen die verschlossene Tür schlägt. Fanatismus ist auch oft das Produkt eines blockierten Mars, denn je unwohler wir uns angesichts dieser schlagenden Geräusche und dieses Geschreis, das hinter der verschlossenen Tür ertönt, fühlen, desto blinder und emotionaler agieren wir und desto gewalttätiger werden wir in unseren Anstrengungen, andere zu unserem bewußten Standpunkt zu bekehren. Ich habe noch nie einen aufrichtig zum Ausdruck gebrachten Mars gesehen, der fanatisch war. Man verfolgt seine eigenen Ziele, und andere Leute werden in Ruhe gelassen, um mit ihren Zielen zurechtzukommen. Die Geschichte religiöser Verfolgungen enthält eine ganze Menge von Mars, der durch Schuldgefühle zermürbt und durch Verdammung des Körpers und der Instinkte kastriert wurde. Es ist wirklich sehr gefährlich, durchs Leben zu gehen und Mars zu sehr zurückzuweisen. Was immer unsere bewußten Gründe sein mögen – ideologische, religiöse oder einfach die Furcht vor Einsamkeit oder Trennung –, der Preis für andere oder einen selbst könnte zu hoch sein.

Wir müssen nun das betrachten, was wir mit Blick auf Mars als Männlichkeit bezeichnen. Da sowohl Männer als auch Frauen den Mars in ihrem Horoskop haben, könnte angenommen werden, daß Männer wie Frauen ein Bedürfnis haben, die männliche Seite ihrer Natur zum Ausdruck zu bringen. Aber wie das medizinische Symbol des »Männlichen« andeutet (es ist die astrologische Glyphe für Mars), könnte es für einen Mann grundlegender, dringender und prosaischer sein, Mars zum Ausdruck zu bringen, als dies für eine Frau der Fall ist. Unser Gefühl der sexuellen Identität und des Vertrauens fängt beim Körper selbst an, und der körperliche Zustand der Impotenz ist für einen Mann eine bedrohlichere, schmerzhaftere und oftmals demütigendere Erfahrung, als vielen Frauen bewußt ist.

Oft wird ein »Mars-Problem« - ein bewußtes oder unbewußtes Gefühl der Impotenz und Kastration – von den Männern in einer Familie psychologisch weitergegeben. Da der Vater für jedes männliche Kind der erste Kanal ist, durch den es dem männlichen Archetyp begegnet, kann die Schwäche und Unfähigkeit des Vaters, Mars zum Ausdruck zu bringen, bedeuten, daß sein Sohn kein Vorbild dafür hat, wie man sich potent fühlt. Die Gefühle der Impotenz in einem Mann können sich auf offensichtliche Weise selbst zum Ausdruck bringen – zum Beispiel der traditionelle Ehemann, der »unter dem Pantoffel« seiner Frau steht, der grollt, aber unfähig ist, seinen Ärger zu zeigen oder nein zu sagen, der seiner Wut gegen seine Mutter-Frau dadurch entkommt, daß er sich emotional abspaltet, der aber bei jeder möglichen Gelegenheit eine Art verdeckte Sabotage betreibt. Der Sohn eines solchen Mannes könnte seinen

Vater wegen dessen Schwäche verachten und versuchen, das zu kompensieren, indem er eine Art psychischer Stier wird und versucht, das Muster dadurch umzukehren, daß er seine Frau durch Eroberung, Zurückweisung oder sogar durch Gewalt beherrscht. Doch innerlich wird er an den gleichen Gefühlen von Impotenz und Schwäche leiden, was nicht nur anderen, sondern auch ihm selbst verborgen bleibt.

Der gewalttätige, herrschsüchtige und der passive, impotente Mann leiden an dem gleichen Mars-Dilemma, obwohl diese beiden sich ironischerweise gewöhnlich gegenseitig verachten, wenn sie sich in Gesellschaft begegnen. Das Extrem des Machos spiegelt das Extrem des »Schlappschwanzes« wider, obwohl keiner von beiden zu akzeptieren bereit ist, daß sie die gleiche Wunde schmerzt. Dies ist das Muster, das der Vater in vielen Familien seinem Sohn weitergibt, obwohl es als äußeres Problem verkleidet sein könnte, wie zum Beispiel ein hart arbeitender Vater, der einen Taugenichts zum Sohn hat oder umgekehrt. Und es wird sicher Konkurrenz und verdeckte Kämpfe geben zwischen einem Vater, der sich in bezug auf seine Männlichkeit unsicher ist, und einem Sohn, der darum kämpft, seine Männlichkeit auszubilden. Wenn diese Art von Problem mit Mars in einer Frau angelegt ist, die es auf einen Mann projiziert, könnte es passieren, daß sie sich mit zwei Männern in ihrem Leben herumschlagen muß – einem Ehemann und einem Geliebten, einem Ehemann und einem Sohn, oder wie auch immer –, die scheinbar diese zwei gegensätzlichen Pole repräsentieren, jedoch insgeheim im Hinblick auf ihre Schwierigkeiten mit der Männlichkeit von Mars identisch sind. Die Frau mit einem herrschsüchtigen und tyrannischen Geliebten könnte hinterher bewußt versuchen, einen passiven, willfährigen Mann zu wählen, nur um zu entdecken, daß sie sich durch beide auf verschiedene Weise zum Opfer gemacht fühlt, und ebenso sehr an einem Gefühl der Unfähigkeit innerhalb der Partnerschaft zu leiden.

Wir könnten endlos fortfahren, die Unzahl von emotionalen Szenarien zu erforschen, die das Problem männlicher Potenz widerspiegeln. Aber all diese charakteristischen Drehbücher zeigen ein Dilemma, das sich um das einfache Prinzip des Mars dreht: zu wissen, was man will, und zu tun, was zu tun ist, um es zu bekommen. Vielleicht ist es noch wichtiger, zu betrachten, wie dieses

Muster im Geburtshoroskop aussieht und was wir damit anfangen können. Ein Aspekt, der oft ein Problem, Potenz zu fühlen und auszudrücken, andeutet, ist ein Quadrat oder eine Opposition zwischen Mars und Sonne. Wie immer die Beziehung zwischen diesen beiden Planeten im Geburtshoroskop sein mag – sie müssen letztlich Freunde werden, denn Mars muß der Sonne seine kämpferische Kraft zur Verfügung stellen, und die Sonne muß den Kämpfen von Mars einen Sinn geben. Wenn die Sonne Mars zurückweist (mit anderen Worten, wenn wir unsere Aggression verdrängen, weil sie unser Selbstbild und unsere bewußten Ziele in Frage stellt), dann könnten wir eine Vision haben, ohne irgendeine Fähigkeit, sie in die Tat umzusetzen. Dann scheint es, daß »andere Leute« (Partner, Eltern, Kinder, Arbeitgeber, die Regierung, die Gesellschaft) unsere kreativen Anstrengungen zurückweisen und uns mit ihrer unbarmherzigen Selbstsucht behindern. Ich habe das Gefühl, daß dies für Männer ebenso wie für Frauen gilt. Wenn wir versuchen, die Sonne zu sein ohne Mars, kastrieren wir uns selbst und werden letztlich authentisch und machtlos, und unser projizierter Mars wird von der Welt da draußen auf uns zurückfallen.

Das Thema der Gewalt durch andere ist dornig, und man kann nicht alles auf die eigenen persönlichen Projektionen zurückführen. Gewalt existiert in der Welt und hat immer existiert, und manchmal sind ganze Gesellschaften Opfer der Gewalt. Es wäre dann absurd, von einem einzelnen projizierten Mars eines Individuums zu sprechen und dabei einen Hitler, einen Stalin oder die IRA heraufzubeschwören. Doch wenn Gewalt auf einer Eins-zu-eins-Basis in unser Leben tritt, müssen wir überlegen, ob es etwas in uns selbst geben könnte, das zu dieser Zeit ausgelöst wird und sich »da draußen« in wahrer Mars-Manier manifestiert. Es gibt Menschen, die zur Gewalt neigen, und wo es ein Muster dieser Art gibt, müssen wir nach innen schauen – wie schmerzhaft das auch sein könnte, wenn wir die Kette brechen wollen. Ich habe manchmal weibliche Klienten mit gewalttätigen Ehemännern wütend gemacht, wenn ich angedeutet habe, daß es etwas in ihnen geben könnte, das unbewußt, heimlich einverstanden ist und dazu beiträgt, die bereits vorhandene Gewalt in der anderen Person zum Ausdruck zu bringen. Ich finde den ideologischen Standpunkt, daß jegliche Gewalt, die Männer Frauen zufügen, der grundlegend bösartigen Natur der Männer entspricht, absurd und gefährlich. Der Gewalt eines Mannes ausgeliefert zu sein ist eine furchtbare und erniedrigende Erfahrung und verdient absolutes Mitgefühl wie auch rechtlichen Schutz. Doch kommen hier einige unangenehme Themen auf, nicht zuletzt dasjenige, warum manche Frauen mit einem Mann verheiratet bleiben, der sie zusammenschlägt.

Wenn innerhalb einer Beziehung ein negativer Mars hervorbricht, ist es normalerweise das Problem beider Beteiligten. Wenn jemand eine tiefsitzende Wut mit sich herumträgt, die nicht anerkannt und nicht ausgedrückt wird, könnte er einen Partner dazu provozieren, sie auszuagieren, und dabei eine Art Erleichterung erlangen, während er gleichzeitig offensichtlich seine Hände in Unschuld wäscht. Und um es sehr grob auszudrücken: Es gibt einige extrem subtile Mittel, mit denen eine Frau einen Mann kastrieren und in einen Zustand blinder Wut versetzen kann, die unter dem Deckmäntelchen liebender Selbstaufopferung eingesetzt werden. Sie sollten alle Eugene O'Neills Buch »The Iceman Cometh« lesen, das eine erschreckende Schilderung dieses Mechanismus bietet. Weil wir als Gesellschaft Akte physischer Gewalt verdammen, während wir gleichzeitig jene Akte emotionaler Gewalt, die als Märtyrertum verkleidet sind, ignorieren, empfinden wir es als schmerzhaft, uns mit diesen Themen in uns selbst und in anderen auseinanderzusetzen. Doch es gibt eine Art süßer, passiver, »netter« Persönlichkeit, die man bei Männern wie auch bei Frauen finden kann, die die bemerkenswerteste Geschicklichkeit besitzt, wiederholt Wut und Aggressionen in anderen auszulösen.

Ich werde Ihnen dafür ein persönliches Beispiel erzählen – einen kleinen Zwischenfall, der vor ein paar Jahren stattgefunden hat und mir als Anschauungsunterricht für eine typische Art der projizierten Interaktion mit Mars im Gedächtnis geblieben ist. Eines Nachts klingelte es kurz nach Mitternacht an meiner Tür. Ich war mitten in einem interessanten Gespräch mit meinem Partner und wollte auch bald zu Bett gehen; und obwohl mein Sonnenzeichen, wie Howard andeutete, ein »Bitte nicht stören« beinhaltet, könnte ich mich manchmal irren, wenn es darum geht, meine Grenzen zu fest zu setzen. Ich glaube, sogar ein dreifacher Fisch mit einer Neptun-Sonne-Konjunktion, einem Fische-Mond und einem Fische-Aszendenten könnte sich von dem, was folgte, leicht gestört fühlen.

An der Türschwelle stand ein Kerl, der aussah, als sei er Haight-Ashbury im Jahre 1966 entsprungen, vollständig mit Perlen bedeckt und mit Schmachtlocken, die ihm über den Rücken fielen, und einem süßen »Wir sind alle eins«-Lächeln. Er sagte: »Hallo, ich möchte gern eine Horoskopbesprechung.« Ich zählte still bis zehn und sagte einigermaßen freundlich: »Da Sie offensichtlich meine Adresse haben, wäre es weitaus höflicher, mir zu schreiben oder mich anzurufen, um einen Termin festzulegen. Ich mache um Mitternacht keine Horoskopbesprechungen.« Er entgegnete: »Aber ich habe wirklich das Gefühl, daß ich es jetzt brauche.« Er lächelte weiter dieses süße Lächeln, nicht zuletzt ein wenig aggressiv, und die ganze Zeit konnte ich fühlen, wie ich wütender und wütender wurde. Es ging nicht nur darum, daß er keinen Sinn für die Privatsphäre eines anderen Menschen hatte. In so einem Verhalten steckt eine tiefe unbewußte Aggression, die er überhaupt nicht wahrnahm. Ich sagte: »Nun, es ist doch zu dumm, nicht wahr, aber Sie müssen einfach ohne diese Besprechung überleben. Das ist keine Bude auf einem Markt, die 24 Stunden am Tag zu Ihrem Vergnügen geöffnet ist. Gehen Sie und klingeln Sie nicht noch einmal.« Da erwiderte er mit perfekter Raffinesse: »Warum werden Sie böse? Haben Sie irgendein Problem mit der Wut?«

Ich denke, es sollte mir hoch angerechnet werden, daß ich ihn nicht auf der Stelle erschlagen habe. Ich habe ihm beinahe die Tür ins Gesicht geknallt, und er ging davon, zweifellos davon überzeugt, daß ich ihm zur Verfügung hätte stehen müssen, und daß ich also ein ernstes Problem hätte, mit meiner Aggression umzugehen. Da er jedoch seinen Ärger nicht offen zeigte, konnte er sein eigenes Verhalten rechtfertigen. Er betrachtete sich als Blumenkind, voller Frieden, Liebe und humanitärer Gesinnung; doch er erwartete von der Welt, daß sie ihm eine absolut bedingungslose Mutter sei, zu jeder Tages- und Nachtstunde, und wenn sie das nicht war, dann würde er seiner Wut Luft machen, indem er die anderen als »zurückgeblieben« beschuldigte. Ihm mangelte es zutiefst an Grenzen, und er war daher im Hinblick auf die Wirklichkeit der anderen blind. Und wenn ihn diese Wirklichkeit unangenehm traf, war es ausnahmlos der Fehler der anderen Person. Ich kann ihn mir vorstellen, wie er mit diesem süßen Lächeln durchs Leben spaziert, hinter sich eine Spur von wütenden Partnern, Arbeitgebern, Freunden und Bekannten zurückläßt und von Zeit zu Zeit einen erschöpften und eindringlichen Seufzer von sich gibt angesichts des üblen, aggressiven Zustands, in den die Welt wegen ihrer Gier und Selbstsüchtigkeit gefallen ist.

Diese Geschichte ist zum Teil lustig, aber sie schildert einen grundlegenden kritischen Punkt: Wenn dieser Mann angegriffen wird oder Gewalt von anderen auf sich zieht – und mit solch einem Benehmen wird er früher oder später unvermeidlich an den falschen Türen klingeln –, in wessen Verantwortung liegt das? Es gibt viele Arten des Eindringens und der Kontrolle, und einige sind sehr subtil – man zwingt anderen den eigenen Willen auf, indem man Pflichtgefühle und Mitleid ins Spiel bringt. Ich glaube, Sie können sehen, worauf ich anspiele, wenn ich sage, daß der Gewaltausbruch innerhalb einer Beziehung das Werk beider Partner sein könnte, nicht nur des unkontrolliert Aggressiven. Wie würden Sie sich nach Monaten oder Jahren fühlen, wenn Sie jeden Tag sanft daran erinnert würden, wie selbstsüchtig und lieblos Sie sind, wenn Sie ihrem Partner nicht genau das geben, was er oder sie braucht, besonders nach all jenen Opfern (um die Sie vermutlich nie gebeten haben)?

Das ist es, was oft geschieht, wenn Mars zurückgewiesen und gezwungen wird, durch unbewußte Kanäle zu agieren. Das Opfer des Mißbrauchs durch einen anderen zu sein – verbal, emotional oder körperlich – ist eine furchtbare Erfahrung, aber ich glaube, daß wir den Mut aufbringen müssen, das Element des heimlichen Einverständnisses darin zu betrachten. Wenn ich zurückblicke, kann ich sehen, warum ich das Blumenkind an meiner Türschwelle angezogen haben könnte. Zu dieser Zeit kämpfte ich immer noch mit dem Problem, mir ein Recht auf Grenzen zuzugestehen (was zum Teil ein Mars-Problem ist), und er war die Personifikation einer schuldbewußten inneren Stimme, die mir sagte, ich sollte die Bedürfnisse der anderen an erste Stelle setzen. Aber er hatte ein weitaus größeres Risiko als ich; ich hatte bloß die Tür vor seiner Nase zugeschlagen; aber wäre ich einen Meter achtzig groß und betrunken gewesen, wäre er vielleicht im Krankenhaus gelandet. Seine Wut war eher völlig unbewußt, global und gnadenlos, es war keine spezifische, wirklichkeitsbezogene Wut, und sie reichte bis in eine Kindheit zurück, in der er zweifellos von der bedingungslosen Liebe, die jedes Kind braucht, ausgeschlossen war.

Wir alle haben den Mars im Horoskop, und wir werden unvermeidlich mit dem Problem der psychischen Trennung von anderen konfrontiert, wenn wir unsere Aggressionen offen zum Ausdruck bringen. Gewalt und Opferrolle sind ins Extrem gesteigerte Mars-Themen; und wenn wir in einem wiederholten Muster, das passive Opfer der Wut eines anderen zu sein, gefangen sind, während wir glauben, daß es uns vollständig an rücksichtslosem Überlebensinstinkt mangelt, dann wird es Zeit zu fragen, was mit Mars in unserem Horoskop los ist.

TEILNEHMER: Ich frage mich, wenn jemand vergewaltigt wurde, ob es eine Verbindung zwischen den beiden Horoskopen gibt. Könnte dies ein Beispiel sein für das, was Sie sagen?

LIZ: Das ist ein extrem belastetes Thema, und es widerstrebt mir, tiefer einzusteigen, da wir nicht genügend Zeit haben, um auf die Emotionen, die es bei den Mitgliedern der Gruppe hervorrufen könnte, einzugehen. Ich glaube nicht, daß irgendeine Frau »beschuldigt« werden kann, wenn sie vergewaltigt wurde – das ist eine sehr gefährliche Haltung, ein Relikt des mittelalterlichen Katholizismus, der glaubte, daß Frauen die Werkzeuge des Teufels seien; deswegen fühlen sich Frauen so oft schuldig, schämen sich und fürchten, ihre Vergewaltigung der Polizei zu melden, aus Angst, beschuldigt zu werden, sie hätten sie »verursacht«. Diese Einstellung ist in der Frau selbst verankert, ebenso wie »da draußen«, aber sie ist auch zutiefst in der kollektiven Psyche verwurzelt. Vor dem Hintergrund dessen, was ich hier gesagt habe, glaube ich, daß es individuelle Fälle gibt – besonders dieses trübe Gebiet, wo die Frau ihren Vergewaltiger kennt: einen ehemaligen Geliebten oder einen flüchtigen Freund –, wo ein geheimes Einverständnis vorhanden sein und die tief unterdrückte Wut einer Frau Männern gegenüber unbewußt in einer Situation hochkommen könnte, in der die Wut ausgelebt wird. Ich bin solchen Fällen begegnet, in denen eine Frau wirklich dumm war, indem sie allein in einem Gebiet spazieren ging, das als gefährlich bekannt war, und es ist sinnlos, darüber zu diskutieren, daß es solche Gebiete in einer vollkommenen Gesellschaft nicht geben »sollte«. Die Wirklichkeit ist, daß es sie gibt, und nur eine ahnungslose Person würde ihr Schicksal (oder ihren Komplex) herausfordern, indem sie bei Nacht ohne Begleitung durch New Yorks Central Park herumstreifte.

Um es zusammenzufassen: Ich glaube, daß es von der individuellen Situation abhängt. Manchmal gibt es zwischen Leuten schwierige Mars-Kontakte, die durch den gleichen Transit ausgelöst werden – ich habe das in Fällen von Paaren gesehen, wo sexuelle oder körperliche Gewalt zwischen ihnen ausbrach. Als Kontrast dazu kommt mir jedoch das Horoskopbeispiel eines 16 Jahre alten Mädchens in den Sinn, das ich vor kurzem gesehen habe, die während des Pluto-Transits über ihren Geburtsmond angegriffen wurde. Ihre Mutter suchte mich deswegen auf, und da der Vergewaltiger ein unbekannter Mann war, war es unmöglich, sein Horoskop zu bekommen. Aber das Mädchen war bis spät in der Nacht in einer Disco gewesen und ging allein durch eine ziemlich zwielichtige Gegend Londons nach Hause. Ich werde es Ihnen überlassen, herauszufinden, ob hier ein Element der Selbstzerstörung am Werk war – oder ob sogar noch tiefere Fragen beteiligt waren, bei denen das mütterliche psychische Erbe eine Rolle spielte, das, wenn es sehr unbewußt ist, höchst sonderbare Formen annehmen kann. Wenn wir den Deckel der Wurmdose öffnen – wofür solche Zwischenfälle stehen –, entdecken wir häufig, daß sie keinen Boden hat, und wir finden uns in der Tat in dunklen Gewässern wieder.

Der Vergewaltiger ist in den Träumen von Frauen eine häufig auftauchende Gestalt, und es lohnt sich, darüber nachzudenken, was das symbolisch in bezug auf den eigenen Mars bedeuten könnte. Obwohl normalerweise eine Pluto-Komponente bei Vergewaltigung beteiligt ist, ist auch Ares im Mythos nicht für seine höfliche Gewandtheit bekannt – und der wütende Traumaggressor könnte einen abgespaltenen und wütenden Mars widerspiegeln, der das Bewußtsein von innen heraus attackiert. Das Motiv des Gewaltverbrechers oder der Gangsterbande ist auch ein alltägliches Thema in den Träumen von Männern, und auch dies könnte wiederum die verdrängte Aggression des Mannes widerspiegeln, die ihn in seinem Unbewußten verfolgt. Eine andere Mars-Gestalt ist der Brandstifter, denn Feuer kann ein Bild unterdrückter Wut sein, die auszubrechen droht und das Gebäude der eigenen bewußten Werte verschlingen kann. Solche Träume – wenn sie immer wiederkehren – fordern Aufmerksamkeit und weisen auf Themen, die sich um Mars drehen und normalerweise bei einem Transit oder einer Progression aktiv sein werden.

TEILNEHMER: Kann der Mars einer Person durch gesellschaftliche Werte und gesellschaftlichen Druck in Mitleidenschaft gezogen werden?
LIZ: Gewiß. Wir reagieren alle empfindlich in bezug auf kollektive Werte, und alle inneren Planeten könnten – manchmal kreativ, manchmal verletzend – durch die moralischen und ethischen Strukturen einer bestimmten Gesellschaft herausgefordert werden. Wie ich gesagt habe, ist Mars an sich »unsozial«, insofern als der Planet einen Instinkt der Selbstbefriedigung und des individuellen Überlebens widerspiegelt, der unvermeidlich an einem gewissen Punkt mit den Wünschen der anderen und der Gruppe kollidieren wird. Wir alle erfahren ein gewisses Maß an Mäßigung unseres Mars, was notwendig ist, wenn wir mit anderen Leuten zusammenleben wollen. Aber die Mäßigung könnte in manchen gesellschaftlichen Situationen und sogar in manchen Kulturen zu streng sein. Ein ganzes Volk könnte an einer kollektiven Depression leiden. Ich glaube – aufgrund dessen, was ich auf meinen Reisen gesehen habe –, daß dies bei Ländern der Fall war, die unter sowjetischer Herrschaft standen. Ich habe vorher erwähnt, daß Mars einen schlechten Kommunisten abgibt, und in kommunistisch regierten Nationen ist es in gewissem Sinne der Mars eines ganzen Volkes, der unterdrückt wird. Natürlich gibt es Nationen, die so marsbetont sind, daß dies anscheinend ihre Haltung, in jedermanns Garten einzudringen, rechtfertigt.

Ein ungemäßigter Mars könnte leicht die Haltung einnehmen, daß das, was mein ist, mein ist, und was dein ist, auch mein ist. – Aber wir könnten die ganze nächste Woche damit verbringen, nur über die kollektive Psychologie des Krieges zu sprechen.

Wir kommen nun allmählich zu den Beispielhoroskopen dieser Sitzung, aber es gibt noch ein paar weitere allgemeine Punkte über Mars, die ich gern ansprechen würde. Zunächst möchte ich eine wunderbare Workshop-Demonstration von Mars erwähnen, die ich vor vielen Jahren erlebt habe. Dieser Workshop wurde von einem Astrologen geleitet, der Alexis Edwards hieß, der eine Menge von wirklich köstlichen Süßigkeiten und Schokolade und so weiter mitbrachte und das alles auf einen großen Tisch mitten im Raum legte. Dann wies er die Gruppe an, aufzustehen und, was immer sie wollten, vom Tisch zu nehmen. Nachdem jeder seine Süßigkeiten gegessen hatte, folgte eine äußerst lustige Besprechung über die verschiedenen Arten, wie verschiedene Leute sich die Süßigkeiten, die sie haben wollten, beschafften, da das in einer sehr direkten, »alltäglichen« Weise das Vorgehen des Mars in verschiedenen Zeichen widerspiegelte.

Jemand mit Mars in Waage sagte zu seinem Nachbarn: »Könnten Sie mir bitte dieses Schokoladenstück geben? Ich bin gerade so furchtbar müde, ich glaube nicht, daß ich mit all diesen Leuten, die drängeln, um an den Tisch zu kommen, fertig werden kann.« Eine Frau mit Mars in Widder war am Tisch angekommen, noch bevor Alexis überhaupt mit seinen Anweisungen zu Ende war, und hatte es fertiggebracht, nicht nur einen, sondern zwei Kekse in ihre Tasche zu stecken. Ein Mann, der sowohl Mars, Sonne als auch Merkur in Jungfrau hat und hinterher über die ganze Sache lachen mußte, entschied sich dafür, überhaupt keine Süßigkeiten zu nehmen, weil solche Dinge am späten Vormittag zu essen schlecht für den Blutzuckerspiegel sei. Eine Frau mit Mars in Krebs wurde beobachtet, wie sie mit offensichtlicher Trägheit und Lässigkeit an den Tisch ging, ihn eine Zeitlang umkreiste, als ob es ihr wirklich egal sei, welche Süßigkeit sie ergattern würde, und dann, als eine kurze Pause eintrat, wie ein Blitz herumfuhr und nach dem grabschte, was sie wollte.

Dies ist eine interessante und lehrreiche Methode, um ein Gefühl dafür zu bekommen, wie wir Mars im gewöhnlichen Leben benutzen, und es lohnt sich, unsere eigenen Muster in allen Bereichen zu betrachten, in denen wir etwas Gewünschtes anstreben müssen. Die Arena der Werbung ist natürlich ein offensichtlicher Platz, um Mars zu beobachten, ebenso wie jede Versammlung, in der man einen Weg finden muß, um zu bekommen, was man will, während man mit anderen umgeht, die heftig damit beschäftigt sind, das gleiche zu tun. Wir haben in England eine nationale Institution, »Schlange« genannt, die sogar noch heiliger als die Kathedrale von Canterbury ist. Wenn wir etwas in der Bank oder in einem Laden zu erledigen haben und andere vor uns warten, bilden wir eine säuberliche, freundliche Reihe, die »Schlange« genannt wird. Jeder, der aus der Reihe tanzt, erntet entsetzliche, haßerfüllte Blicke, so daß die meisten Leute es nicht wagen würden, sich vorzudrängeln. Weil wir Briten sind, kommt es selten vor, daß man Beleidigungen vernimmt, die direkt an den Missetäter gerichtet sind; häufiger murmelt jemand in der Reihe zu jemand anderem *sotto voce*: »Wie unglaublich unhöflich!« Dies soll besagen, daß der, der aus der Reihe getanzt ist, so unbritisch ist, so äußerst ignorant, was zivilisierte Anstandsregeln angeht, daß man am liebsten vor Scham in den Boden versinken würde. Im Gegensatz dazu habe ich, als ich nach Italien oder Israel oder auch nach New York reiste, eine Taktik beobachtet, die man »Wenn es eine Lücke gibt, nütze sie« nennen könnte, während ich in der Türkei Leute sah, die sich tatsächlich gegenseitig aus dem Weg gestoßen haben, um in einen Bus zu steigen. Aber niemand hält dies für unzivilisiert oder moralisch falsch; es ist einfach normal, und jeder Dummkopf, der es vorzieht, in einer Reihe zu stehen, wird dort auch drei Wochen später immer noch stehen. Vielleicht sind diese Dinge Widerspiegelungen von Mars im Geburtshoroskop bestimmter Länder.

TEILNEHMER: Ist es für eine Frau schwieriger, Mars zum Ausdruck zu bringen?

LIZ: Dies betrifft den gleichen Punkt wie bei der Sonne. Geschichtlich gesehen waren die Kanäle, durch die sich diese männlichen Planeten ausdrückten, sehr klar definiert. Ein Mann konnte ein Krieger werden und in einer Schlacht kämpfen; oder er konnte ehrgeizig sein und sich seinen Weg zu Macht und Reichtum erkämpfen. Eine Frau konnte ihren kämpferischen Geist zum Ausdruck bringen, indem sie ihr Heim und ihre Familie verteidigte, oder sie konnte Mars indirekt kanalisieren, indem sie einen willfährigen Partner dazu brachte, daß er erreichte, was sie für sich wollte. Frauen sind immer fähig gewesen, Mars zu leben, aber es waren die Kanäle, die begrenzt und eng umrissen waren. Auf der anderen Seite ist die Mythologie voller Bilder von Kriegerinnen wie den Amazonen, und einige der frühesten Kriegsgottheiten waren nicht männlich, sondern weiblich – Hathor und Sekhmet in Ägypten, die babylonische Ischtar und die präklassische griechische Aphrodite. Zudem ist die Geschichte voll von machtvollen kriegerischen Frauen wie Katharina der Großen und Königin Elisabeth I. von England. Das Thema ist heikel. Der extremere feministische Standpunkt postuliert, daß Frauen »unterdrückt« wurden und ihnen keine Macht über ihr eigenes Leben gegeben wurde; sie waren Sklavinnen ihrer Biologie und ihrer materiellen Abhängigkeit von ihren Partnern. Doch der Ausdruck von Mars-Gefühlen – Leidenschaft, Neid, Wut, aggressiver verbaler Angriff – ist immer eher den Frauen erlaubt worden, weil man glaubte, sie wären ihrem Temperament nach gefühlvoller. Ich bin bei Verallgemeinerungen vorsichtig und kann nur völlig aufrichtig von einzelnen sprechen, mit denen ich jetzt arbeite. Und bei dem offeneren Klima, das nun herrscht, habe ich das Gefühl, daß einzelne, Männer oder Frauen, die Macht haben, sich selbst zu unterdrücken, wenn sie ein inneres Mars-Problem haben. Ich denke, es geht mehr darum, die Kanäle und Ebenen, durch die Mars agieren kann, zu erweitern und zu lernen, jene zu wählen, die wirklich Selbstbefriedigung verschaffen, statt jene, die einem Prinzip oder einer Reihe von Erwartungen entsprechen, seien es innere oder äußere.

Teilnehmer: Aber Männer mögen aggressive Frauen nicht.

Liz: Aggression ist nicht eine Eigenschaft, die, wenn sie irgend jemand in einer blinden, haßvollen Art und Weise zum Ausdruck bringt, gemocht wird. Aber was ist eine »aggressive Frau«? Ich bin wahrscheinlich die falsche Person, um über dieses Thema befragt zu werden, weil ich kein großes Interesse daran habe, ständig solche »sexistischen« Fragen zu interpretieren. Wenn Sie meinen, daß viele Männer keine Frau mögen, die schreit und ihnen Mißbrauch vorwirft, haben Sie wahrscheinlich recht; aber andere Frauen werden sie auch nicht besonders mögen, und wer könnte sie dafür tadeln? Ich kannte viele konkurrierende, dynamische, kriegerische Frauen, die gemocht und respektiert wurden, sowohl von ihren Arbeitskollegen als auch von ihren Partnern und Freunden, weil ihre Energie nicht durch die vergiftete Wut unverheilter Kindheitswunden, die durchsickerte, zum Ausdruck gebracht wurde. Die Verallgemeinerung, daß niemand Frauen mag, die in der Arbeit aggressiv auftreten, ist absurd; es hängt vom Arbeitsplatz ab, von den Leuten, die dort arbeiten, von der einzelnen Frau und wie sie mit ihren Kollegen umgeht. Wenn Sie einen Fussel auf Ihrer Schulter haben, werden Sie wahrscheinlich an den Schultern aller anderen die Fusseln abklopfen; aber es ist der unausgesprochene Vorwurf an das eigene ganze Leben statt ein direkter Ausdruck von Mars, der die Probleme hervorruft.

Am Ende muß ich wieder zum Thema Mars beim einzelnen zurückkommen. Es gibt immer noch wirkliche Probleme in bezug auf die Rechte der Frauen (zum Beispiel Abtreibung), mit denen man sich auseinandersetzen muß, und viele der Ziele und Anliegen der Frauenbewegung sind ohne jede Frage gerechtfertigt und längst überfällig. Aber wir haben viel größere Macht, als wir denken, um unser Leben zu gestalten, trotz der Unvollkommenheiten der Gesellschaft. Ich habe nie gesehen, daß ein lebenslanger unbewußter Groll gegen die Eltern oder die Projektion der eigenen Macht und Aggression auf andere jemals in irgendeiner Angelegenheit einer Frau geholfen hat.

TEILNEHMER: Wie sieht es mit Mars im Komposit-Horoskop aus? Bedeutet es das gleiche?

LIZ: Ja, das Prinzip ist gleich, obwohl wir uns erinnern müssen, daß die Planeten im Komposit-Horoskop eher Funktionen der Beziehung repräsentieren als solche des Individuums. So ist Mars in einem Sinn das kämpferische Prinzip der Beziehung, das der Komposit-Sonne dient, genauso wie Mars im Horoskop des einzelnen der Sonne dient. Eine Beziehung muß in der Welt überleben, muß Herausforderung und Druck von seiten der anderen begegnen, muß fähig sein, ihre Ziele zu verwirklichen. Wenn wir die Komposit-Sonne in dem Sinn verstehen, daß sie den wesentlichen Charakter der Beziehung repräsentiert und das, was die Beziehung am meisten zum Ausdruck bringen muß, um ihren »Zweck« zu erfüllen, dann sind die gesammelten Energien, die den Komposit-Mars ausmachen, mobilisiert, um diesen Ausdruck zu unterstützen. Wenn beispielsweise die Komposit-Sonne in Löwe im 10. Haus steht, dann besteht das Wesen der Beziehung in der kreativen Entwicklung beider Individuen und in dem Beitrag, den sie zur äußeren Welt als Einheit leisten. Die Beziehung muß im Kollektiv ein Zeichen setzen, und dies bedeutet oft, daß das Paar an gemeinsamen Arbeitsunternehmungen und kreativen Projekten beteiligt ist. Wenn sich der Komposit-Mars im 2. Haus in Skorpion befindet, wird die Energie, die das Paar darauf verwendet, finanzielle Stabilität und eine sichere emotionale Basis herzustellen – und die Streitigkeiten, die sie in bezug darauf haben –, der Unterstützung dieses gemeinsamen Bedürfnisses dienen, um in der Welt ein Zeichen zu setzen.

Ein unterdrückter Mars hat in einer Beziehung ähnliche Auswirkungen wie bei einem Individuum. Wenn konkurrierende Energie und Aggression gemieden wird, sowohl innerhalb der Beziehung als auch nach außen in bezug auf die Welt, dann wird die unbewußte Wut stets einen Weg finden, sich verdeckt mit anderen Mitteln zum Ausdruck zu bringen. Ein anderer Weg, Mars zu verstehen, wie wir es beim individuellen Horoskop besprochen haben, besteht darin, daß er den Stil widerspiegelt, in dem wir etwas verfolgen, was wir haben wollen; und das gleiche könnte auch für eine Beziehung gelten. Ein Komposit mit Mars in Widder im Trigon zu Jupiter wird eine weitaus größere Direktheit und Offenheit widerspiegeln als ein Komposit mit Mars in Fische in Opposition zu Neptun. Es gibt Paare, die man auf einer Party trifft und die in der Art und Weise, wie sie ihr gemeinsames Ziel verfolgen, sehr offensichtlich vorgehen, und andere Paare, die extrem verschlossen sind in der Art, wie sie ihre Ziele verfolgen. Das zu verfolgen, was wir wollen, schließt die Gegenstände unserer sexuellen Wünsche mit ein, und die sexuelle Energie und der Stil der Beziehung wird auch durch den Komposit-Mars beschrieben werden.

Ich möchte nun einige Zeit darauf verwenden, die Zeichen und Aspekte von Mars zu betrachten. Die allgemeinen Prinzipien treffen sowohl auf das individuelle als auch auf das Komposit-Horoskop zu. Andere Planeten, die einen starken Aspekt zu Mars aufweisen, färben die Art und Weise, wie wir unseren kämpferischen Geist zum Ausdruck bringen, und spiegeln auch Seiten in uns wider, die die Verfolgung unserer Ziele entweder fördern oder behindern. Wenn wir nochmals an die Aufgaben des Herakles denken, erkennen wir, daß Planeten, die Mars aspektieren, die Art der mäßigenden Prozesse symbolisieren, die wir im Laufe des Lebens durchmachen werden, denn jeder Planet, der sich mit Mars auf diese Weise vereinigt, spiegelt eine Art Aufgabe des Herkules wider. Manche Planeten verbinden sich auf angenehme Weise mit Mars, besonders Jupiter, der sogar im Quadrat oder in Opposition dem Kampfgeist intellektuelle Begeisterung und philosophische Dimensionen verleiht. Aber Planeten wie Saturn, Pluto oder Chiron scheinen sogar im Trigon eine sehr schwierige Aufgabe anzudeuten, eine schwere Zügelung, die hoffentlich zu einer zähen, spannkräftigen Charaktereigenschaft statt zu Bitterkeit und Groll führt.

Ich möchte nun, daß Sie sich das Beispielhoroskop für diese

Sitzung anschauen (siehe Horoskop 4 auf Seite 260), weil es gut geeignet ist, um damit anzufangen, die Zeichen und Aspekte von Mars zu untersuchen. Ich dachte, anstatt mit einer Fallgeschichte zu beginnen, könnten wir uns gleich hineinstürzen und sehen, wie weit wir mit einer Deutung kommen, bevor ich Ihnen Informationen über Diana gebe. Der Mars in diesem Horoskop steht auf 1 Grad in Jungfrau im 8. Haus in Konjunktion zu Pluto, andererseits gibt es auch eine weite Konjunktion zu Uranus in Löwe. Dieser Mars ist also zwischen zwei äußeren Planeten eingequetscht. Er steht auch im Sextil zu Merkur Anfang Krebs und bildet eine schwache Opposition zu Mond in Wassermann. Schließlich steht er im Quadrat (schwach) zu Venus. Dies ist ein ziemlich stattliches Aufgebot von Mars-Aspekten, einige davon sind harmonisch und einige offensichtlich problematisch. Vielleicht könnten wir uns zuerst über Mars in Jungfrau Gedanken machen und auch über seine Plazierung im 8. Haus. Es ist hilfreich, wenn wir die Mythen im Kopf behalten, statt in platte Verallgemeinerungen zurückzufallen wie: »Mars in Jungfrau ist kritisch« oder was auch immer. Erinnern Sie sich an die mythischen Bilder, die mit Jungfrau verknüpft sind?

TEILNEHMER: Vielleicht könnte Diana das Gefühl haben, daß sie die ganze Zeit die Ställe des Augias putzen muß.

LIZ: Dieses Element ist gewiß ein Teil von Jungfrau, und Sie werden später sehen, daß es zutrifft. Aber lassen Sie uns versuchen, ein Gefühl dafür zu bekommen, wie dieser Mars vorgeht, als Widerspiegelung der Art und Weise, wie Diana für ihre Werte kämpft und das bekommt, was sie von ihrem Leben haben möchte. Denken Sie an diesen riesigen Gott Ares, ungeschlacht und jähzornig, und stecken Sie ihn dann in die Kleider von Jungfrau. Wie wird er aussehen, und wie wird er sich verhalten, wenn er einen Raum betritt?

TEILNEHMER: Er könnte sehr anspruchsvoll und zimperlich sein.

LIZ: Ja, er wird durch seine Jungfrau-Kleider beschnitten und nicht in der Lage sein, einfach durch die Tür zu brechen. Er wird sich verschlossener, kontrollierter und zurückhaltender, mit einer gewissen kühlen Würde verhalten. Mars in Jungfrau tobt nicht herum. Er wird vorsichtig vorgehen, Schritt für Schritt, was ihm die Fähigkeit lückenloser Aufmerksamkeit für alle Details, die sich in

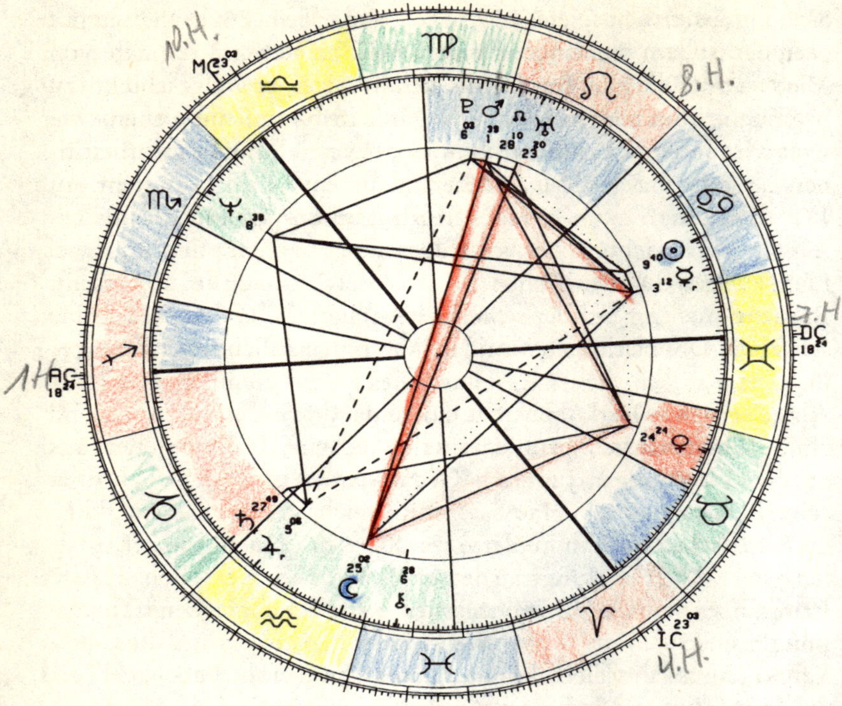

Horoskop 4: Diana, Prinzessin von Wales. Die Geburtsdaten wurden aus Gründen der Vertraulichkeit nicht veröffentlicht. Berechnung vom Astrodienst Zürich, Häuser nach Placidus.

der Umgebung abspielen, verleiht. Wann immer wir an Jungfrau denken, sollten wir an die Jungfrau-Göttin denken, die sich nicht kaufen läßt, die sich ganz und gar selbst gehört. Mars in Jungfrau betreibt keinen »Ausverkauf«, um ein Ziel zu erreichen; es gibt hier eine Art Integrität im Ausdruck der eigenen konkurrierenden Instinkte, eine Bereitschaft zu arbeiten, um etwas zu bekommen. Auf der Minusseite gibt es wahrscheinlich einen gewissen Mangel an Spontaneität, denn soviel Verschlossenheit begrenzt den Ausdruck der feurigen Seite von Mars.

Nun, was gibt es über seine Plazierung im 8. Haus zu sagen? In welchem Lebensbereich wird Mars wahrscheinlich seine Ziele verfolgen?

TEILNEHMER: Das 8. Haus ist das Haus des Todes.

LIZ: In gewissem Sinne ja; aber es gibt noch eine tiefere und umfassendere Bedeutung dieses Hauses, wovon Tod nur ein Aspekt ist.

TEILNEHMER: Sexualität.

LIZ: Ja, zum Teil. Aber wir müssen immer zum Kern eines Hauses vordringen, um zu verstehen, warum solch verschiedene Themen wie Tod, Sexualität und angesammelte Fähigkeiten unter die gleiche Abteilung fallen sollten. Das 8. Haus ist Skorpion zugeordnet, und es beschäftigt sich mit derjenigen Dimension des Lebens und der Persönlichkeit, die unter der Oberfläche verborgen ist. Während das 2. Haus sich damit beschäftigt, was sichtbar und konkret ist, geht es beim 8. Haus um das, was aus dem Untergrund heraus in Wirklichkeit die Fäden in der Hand hält. Daher sind wir so oft schockiert oder geraten in eine Krise, wenn wir auf Planeten im 8. Haus treffen: Wir wußten nicht, daß es ein ganzes Reich der Aktivität gibt, das sich unterhalb der Schwelle zur bewußten Persönlichkeit abspielt. Statt dieses Haus mit Worten wie »Tod« oder »Sexualität« zu belegen, bin ich eher geneigt, es als Berührungspunkt zu betrachten, wo die integrierte, bewußte Persönlichkeit, die sich im Zuge der ersten sieben Häuser Festigkeit und Anpassungsfähigkeit angeeignet hat, auf diesen unsichtbaren Bereich trifft, der nicht unter Kontrolle ist, und wo das Individuum Erfahrungen unterworfen wird, die die grundlegende Einstellung gegenüber dem Leben verändern, aufgrund des Machtverlusts des Ego. Im Tod wie im Orgasmus haben wir uns nicht länger unter Kontrolle; das gleiche könnte sowohl von Familienkomplexen gesagt werden (die sich bilden, bevor wir überhaupt in die Existenz eintreten) als auch von »gemeinsamen Fähigkeiten«, zu denen wir unsere Energie und unsere Substanz mit der der anderen vereinen müssen.

Ein Planet im 8. Haus wird daher als »die anderen« erfahren, genauso wie dies im 7. Haus der Fall ist. Manchmal ist in der ersten Lebenshälfte dieses »andere« auf einen Elternteil oder Partner projiziert, besonders im emotionalen Bereich einer Beziehung; aber häufiger wird es als Zwang oder eine explosive »Nische« in einem selbst empfunden, über die man keine Kontrolle besitzt. Das Verhalten eines Planeten im 8. Haus findet an sich niemals in aller Offenheit statt, obwohl Erfahrung und die Bereitschaft, nach innen zu schauen, es möglich machen, dies zu ändern. Der Planet scheint uns eine Zeitlang zu überwältigen und hinterläßt oft tiefgreifende Veränderungen, wenn er erwacht, und wir müssen beginnen, die Unterwelt der Persönlichkeit zu erforschen, um zu verstehen, was mit uns geschehen ist. Also wird die Mars-Funktion des Wettbewerbs, der Aggression und des Kampfgeistes ursprünglich keine voll integrierte Seite in Dianas Persönlichkeit sein. Es ist wahrscheinlich, daß sie ein wenig zu freundlich und unaggressiv ins Leben treten wird, verletzlich im Hinblick auf die Manipulationen der anderen. Mars wird dazu neigen, in kritischen Augenblicken hervorzubrechen, zu ihrer eigenen Überraschung wie zur Überraschung jedes anderen, und es dürfte Zeit brauchen und etwas innere Forschungsarbeit, um zu lernen, mit den Mars-Instinkten auf bewußte Weise umzugehen.

Einige der Mars-Aspekte scheinen diese Deutung zu unterstreichen. Dies gilt ganz besonders für Mars in Opposition zu Mond, wo der aggressive Instinkt mit dem Bedürfnis nach Sicherheit und Zusammengehörigkeit in Konflikt steht. Dieser Aspekt ist gewöhlich mit einem Dilemma zwischen Selbstbehauptung und dem Wunsch, anderen zu gefallen, verbunden, wodurch er manchmal ein nervöses Temperament widerspiegelt – man bemüht sich um Versöhnung, ist ständig in versöhnlicher Stimmung, und dann hat man plötzlich einfach genug, und es kommt zu einem Streit, zum Erstaunen aller, einschließlich der eigenen Person. Hier betont der Mond in Wassermann im 2. Haus die Tendenz, sich innerhalb der Eingrenzung einer gesellschaftlichen Gruppe sicher zu fühlen. Und wie wir gesehen haben, ist die Mars-Energie einer reibungslosen, kollektiven Zusammenarbeit gegenüber grundlegend feindlich gesinnt; er ist zu individualistisch, zu sehr ein Diener der Sonne. Gibt es irgendwelche Mars/Mond-Quadrate oder -Oppositionen in der Gruppe?

TEILNEHMER: Ja, ich habe eine Opposition. Es ist wahr – mir wird nachgesagt, daß ich ein sehr launisches Temperament habe.

LIZ: Bei jeder Opposition gibt es ein Bedürfnis, ein Gleichgewicht zwischen zwei gegensätzlichen Prinzipien zu finden. Eine Methode, um ein besseres Gleichgewicht zwischen Mars und Mond zu erreichen, besteht darin, seine Wut und sein Bedürfnis nach Selbstbehauptung in kleinen, regelmäßigen Dosen statt in einem riesigen Ausbruch zum Ausdruck zu bringen. Normalerweise ist das eine oder andere Ende dieses Aspekts ins Unbewußte verdrängt (in Dianas Fall dürfte es sehr wahrscheinlich Mars sein, weil er im 8. Haus untergetaucht ist und auch, weil der Mond der Herrscher ihres Sonnenzeichens ist und daher einen sehr machtvollen Persönlichkeitsfaktor darstellt). Sie können sehen, daß etwas bewußte Anstrengung, um das blockierte Ende der Opposition zum Ausdruck zu bringen, der ganzen Situation enorm helfen würde. Wenn es der Mond wäre, der unterdrückt ist, dann dürfte die Person kein Problem haben, Wut und Aggression zum Ausdruck zu bringen, aber könnte ihre emotionalen Bedürfnisse leugnen. Diese würden dann wahrscheinlich über körperliche Symptome hervorbrechen, durch Anfälle emotionaler Depression oder eine Neigung zur Zwanghaftigkeit.

Mars im Quadrat zu Venus betont ebenfalls dieses Dilemma zwischen dem Selbst und den anderen. Wenn wir Venus als Dianas Sinn für das, was schön und lebenswert ist, begreifen, dann können wir annehmen, daß ihre Werte in Konflikt mit ihrem natürlichen Instinkt, um ihren Boden zu kämpfen, stehen. Was denken Sie über Venus in Stier im 5. Haus?

TEILNEHMER: Sie verleiht ein großes Bedürfnis nach Stabilität in der Beziehung.

LIZ: Ja, das ist eine sehr friedliche Venus, die emotionale Stabilität, materielle Sicherheit, traditionelle Werte in der Beziehung benötigt und ein hohes Maß an Harmonie und Schönheit in der Umgebung. Wir könnten auch ihre Plazierung im 5. Haus betrachten und daraus ableiten, daß Diana auch großen Wert auf eine altmodische, romantische Liebe legt (was durch die trennende Seite des Mars bedroht wird) und auf Kinder als Frucht dieser Liebe. Venus steht auch im Trigon zu Saturn, was ihren Wunsch nach Stabilität und Struktur noch hervorhebt, und Saturn steht knapp vor dem 2. Haus, was dies noch stärker betont. Hier entsteht das klare Bild eines grundlegenden Lebensdilemmas in Dianas Horoskop. Mond und Saturn sind tief in der Sicherheit des 2. Hauses verwurzelt, mit Saturn in seinem eigenen Zeichen Steinbock (eine höchst konservative Plazierung) und im Trigon zu Venus, und Mond ist in einem der Saturn-Zeichen plaziert. All dies betont die traditionelle, höchst verantwortungsvolle, sicherheitsliebende Seite von Dianas Persönlichkeit und spiegelt große emotionale Treue und Verläßlichkeit wider. Aber sie muß mit einem »schelmischen« Mars in Jungfrau im 8. Haus ringen, einem machtvollen Kampfgeist, der sich selbst nicht kompromittieren wird und von zwei äußeren Planeten flankiert ist, die eine Frustration der Mars-Energie durch kollektive Prinzipien »rechten Verhaltens« (Uranus) und durch unbewußte Auswirkungen einer schwierigen Familiengeschichte (Pluto) andeuten.

Wir müssen dieses Paar von äußeren Planeten in bezug auf Mars noch sorgfältiger überdenken. Ich denke, ich habe darüber gesprochen, wie Uranus andere Planeten »sublimiert«, indem er sie auf der mentalen Ebene zur Aktion treibt, während er deren instinktivere, selbstzentriertere Aktivitäten überwacht. Uranus befaßt sich mit allgemeinen Prinzipien, mit kollektiven Ideen, die im Licht erscheinen, aber noch nicht im Wertesystem des einzelnen verarbeitet wurden. Daher wird sich Uranus in die physische und instinktive Art des Vorgehens von Mars einmischen und fordern, daß Diana eher gemäß idealen Prinzipien als gemäß ihren persönlichen Wünschen handelt. Dies kann äußerst positiv sein, denn es verleiht Mars ein Gehirn, was ihm gewöhnlich fehlt; es gibt eine Fähigkeit zur Reflexion und einen breiteren Standpunkt, was dazu beiträgt, den hünenhaften Rohling zu zivilisieren. Das gleiche könnte von Mars in Wassermann gesagt werden; dies ist ein weitaus vernünftigerer Mars, der das Wohlergehen einer Gruppe in Betracht ziehen kann. Aber Sie können ebenfalls sehen, daß dies auch eine Schwierigkeit sein könnte, denn Mars verliert etwas von seinem natürlichen Kampfgeist und seiner Fähigkeit zu spontanen Aktionen.

Ich habe einige Schwierigkeiten, Uranus mit »Individualität« gleichzusetzen, denn obwohl er sich in einer unvorhersagbaren und störenden Weise zum Ausdruck bringen kann (was seine Funktion, alte soziale Strukturen niederzureißen, widerspiegelt), ist er mit kollektiven statt mit persönlichen Ideen befaßt. Das mythische Bild des Gottes Uranus, der mehr das ideale Konzept des Lebens symbolisiert als das wirkliche Leben, ist auch ein Bild des Perfektionismus; dieser Gott hat letztendlich seine Kinder in die Kammern der Unterwelt verdammt, weil sie aus Erde gemacht waren, häßlich und voller Makel. Da, wo es eine ideale Vorstellung von Vollkommenheit gibt, entweder im Hinblick auf eine Person oder auf eine Gesellschaft, gibt es keinen Raum für den einzelnen, der nie in eine Statistik hineinpassen wird, und der sich – Gott sei Dank – immer dem Versuch, einen perfekt funktionierenden Organismus zu erschaffen, widersetzen wird. Uranus drückt diese Dimension von Wassermann aus, die im Gegensatz zu dem von der Sonne regierten Löwen steht und den einzelnen im Namen der Gruppe anpassen wird – selbst wenn diese Gruppe das »New Age« darstellt.

Obwohl sich Uranus also wie ein Bilderstürmer gebärden mag, befaßt er sich nicht mit dem Individuum; in Wirklichkeit strebt er danach, ein soziales System (das zynische, überholte Saturn-System) durch ein anderes (das verbesserte System des Prometheus, in dem das volle menschliche Potential entsprechend einer neuen Idee oder Philosophie verwirklicht werden kann) zu ersetzen. Ohne den zivilisierenden Effekt von Uranus wären wir in der stagnierenden Weltlichkeit von Saturn, diesem »Es ist, wie es ist«-Gefährten gefangen, und dieser prometheische Geist sozialer Reformen ist in seiner positivsten Form in Dianas Horoskop durch Mond in Wassermann in Opposition zu Uranus und Mars in Konjunktion zu Uranus offensichtlich. Wenn Diana fähig ist, die Kombination dieser Energien zu nutzen, kann sie ihren Mars auf humanitäre Ziele richten und sich in einer Aufgabe in den helfenden Berufen engagieren oder bei sozialen Aktivitäten, die auf entlarvte gesellschaftliche Mißstände abzielen. Aber wenn sie kein richtiges Gleichgewicht herstellen kann, ist es wahrscheinlich, daß sie für einen zu sehr prometheusartigen Gebrauch von Mars mit einem gewissen Maß persönlicher Frustration zu zahlen hat, der zu periodisch wiederkehrenden Anfällen von Wut und Depression führen wird.

Teilnehmer: Die Konjunktion von Mars mit Pluto macht das Gegenteil mit Mars – sie zieht ihn ins Reich der Instinkte hinunter.

Liz: Ja, das ist wahr. Aber Pluto ist auch ein äußerer Planet, und wie Uranus dient er eher dem Kollektiven als dem Individuum. Pluto spiegelt nicht unsere persönlichen Wünsche wider; er symbolisiert die emotionalen und instinktiven Bedürfnisse der Art, des Kollektivs und vor allem der Familie, die ein alter Stammesorganismus ist, welcher von Generation zu Generation seine speziellen Methoden des Überlebens weitergibt. Wenn Mars Pluto aspektiert, ist die »Gemütsart« – oder die Aufgabe, mit der Herakles konfrontiert wird – oft ein familiäres psychisches Erbe, das uns mit bestimmten emotionalen Mustern vorbelastet, welche mit unserem eigenen individuellen Willen und mit unseren Wünschen in Konflikt stehen könnten. Diana wird einen Weg finden müssen, um ihre individuelle Selbstbehauptung mit den emotionalen Verhaltensregeln, die sie unbewußt von ihrer Familie übernommen hat, zu vereinen. Sie kann weder die Vergangenheit rückgängig machen noch irgendwelche Narben, die sie davongetragen hat, beseitigen. Um Mars mit Pluto auf kreative Weise zu verbinden, bedarf es eines gewissen Maßes ehrlicher Konfrontation mit diesem Familienhintergrund und mit der Art und Weise, wie dieser Hintergrund sie geformt hat. Andernfalls könnte sie andauernd das Gefühl haben, daß die Überlebensbedürfnisse der Menschen in ihrer Umgebung gegen sie arbeiten, und sie könnte die Frustrationen ihrer Kindheit in ihrem Erwachsenendasein auf jede Familie projizieren, die sie gründet. Das Sextil von Mars zu Merkur ist in dieser Situation eine große Hilfe, denn es kann eine Möglichkeit des Verstehens und der Formulierung ihrer Bedürfnisse und Gefühle bieten – was ein beträchtliches Gut darstellt, wenn solche mächtigen Kräfte Mars auf den Prüfstand stellen.

Teilnehmer: Würde es sich genauso anfühlen, wenn Mars im Trigon zu Uranus und Pluto stünde?

Liz: Ja, es würde die gleiche Bedeutung haben; aber das Gefühl des Drucks wäre vielleicht nicht so groß. Konjunktionen sind die intensivsten Aspekte, es gibt keinen Schlupfwinkel, um zu entspannen. Man ist gezwungen, mit den Energien direkt umzugehen, bereits von Kindheit an. Auf der anderen Seite spiegelt die große Intensität und Dringlichkeit von Mars/Uranus/Pluto die Möglichkeit ungeheurer Charakterbildung wider. Wenn Diana dem Mäßigungsprozeß, dem das Leben sie unterwerfen wird, standhalten kann, wird sie eine gesellschaftliche Kraft sein, mit der im besten Sinne des Wortes gerechnet werden muß, und sie wird für ihre Umgebung dauerhafte Beiträge leisten können.

TEILNEHMER: Können wir nun etwas über Diana erfahren? Sie sagten, Sie würden die Fallgeschichte erst später erzählen.

LIZ: Ich denke, Sie wissen bereits ein wenig von ihr, ohne sich dessen bewußt zu sein. Dies ist das Horoskop der Prinzessin von Wales. Aber ich wollte, daß Sie ein Gefühl für diesen Mars bekommen, ohne abgelenkt zu werden, indem Sie ihre tatsächliche Situation kennen. Egal, welche Position im Leben sie sonst einnehmen würde – es würde die gleiche Deutung zutreffen. Aber Sie können sehen, wie Diana mit einer unglaublichen Last kollektiven Erbes und Erwartungen umgehen und gleichzeitig immer noch eine Person mit eigenen Maßstäben bleiben muß. Ihr Mars ist wirklich auf einen irgendwie gearteten Dienst an der Gemeinschaft zugeschnitten, und weil die Rolle einer zukünftigen Königin eine archetypische ist, ist sie sowohl ein Symbol als auch ein menschliches Wesen und muß eine Möglichkeit finden, beidem gerecht zu werden. Ihre Saturn-Seite verleiht ihr große Stärke, Zähigkeit und Verläßlichkeit, aber ich denke, wir müssen wertschätzen, was für eine Herkules-Aufgabe sie auf sich genommen hat. Ich finde es ziemlich irritierend, wenn die Presse in ihr Privatleben eindringt und an allem, was sie tut, etwas auszusetzen hat; es könnte einigen unserer britischen Journalisten sehr gut tun, mit ihr den Platz zu tauschen und zu sehen, wie sich das anfühlt.

Eine der großen Gaben der Astrologie liegt in der Fähigkeit, daß sie uns verstehen läßt, wie eine andere Person fühlt und erlebt. Dies ist eine Frau, die neben ihrer scheuen Krebs-Natur einen großen Geist besitzt und ein Bedürfnis, einen unabhängigen Beitrag zu leisten. Doch auf der archetypischen Ebene besteht ihre Bedeutung wirklich darin, die Mutter des nächsten Königs zu sein; sie lebt nicht nach ihren eigenen Vorstellungen. In alten Zeiten bestand die Rolle der Königin darin, den Nachwuchs zu gebären. Sie mußte Jungfrau sein (das gilt noch immer), damit sie die königliche Linie nicht mit Skandalen oder mit der Schande eines Bastards befleckte, der irgendwohin abgeschoben wurde (anders als der König, dessen

Status eine schillernde sexuelle Karriere noch stärkte); sie mußte aus gutem Hause kommen, und sie hatte einen Thronerben zu produzieren. Abgesehen von wohltätigen Aufgaben, wurde von ihr erwartet, den Mund zu halten und sich angemessen zu benehmen. Erinnern Sie sich, was den Frauen von Heinrich VIII. passierte, wenn sie keinen Sohn zur Welt brachten?

Wir mögen jetzt darüber lachen, aber als Diana ein wenig schützehaften Prunk zur Schau stellte und anfing, sich mit Popsängern und Schauspielern anzufreunden, war das für die Presse ein gefundenes Fressen. Warum sollte sie nicht? Aber der archetypische Hintergrund verläuft tief und stark innerhalb jeder Gemeinschaft, und es ist eine archaische, primitive, wirklich plutonische Kraft, die fordert, daß unsere Regenten – egal ob König oder Präsident – innerhalb der Schranken ihrer symbolischen Rolle bleiben. Diana übernahm ihre Rolle freiwillig – niemand zwang sie, Prinz Charles zu heiraten –, und auf einer Ebene muß sie, zumindest zum Teil, vorausgesehen haben, was sie damit heraufbeschwor. Vielleicht war es dieser Mond in Wassermann im 2. Haus und Saturn in Steinbock im Trigon zu Venus in Stier, was sie zu der größten Stabilität, die sie finden konnte, hinzog (der König von England läßt sich nicht scheiden) – ganz zu schweigen von ihrer Sonne im 7. Haus mit ihrem Traum von einem strahlenden, machtvollen Ehepartner. Die Sonne steht auch im Trigon zu Neptun im 10. Haus, was ein Element der Selbstopferung andeutet, eine Sehnsucht, ihre eigene Individualität im Namen eines tieferen oder höheren kollektiven Bedürfnisses aufzugeben. Doch bei den gegebenen Geburtsaspekten und der Hausplazierung von Mars hatte sie unausweichlich eine harte Aufgabe vor sich, und ich glaube, daß sie sie äußerst gut bewältigt hat in Anbetracht des Ausmaßes von Wut und Frustration, die sie empfunden haben muß, besonders zu Beginn. Ohne Zweifel hat sie irgend etwas wie ein Märchen erwartet, denn der Wirklichkeitssinn ihres starken Saturn wäre nicht fähig gewesen, die Romantik der Sonne in Krebs im Trigon zu Neptun zu neutralisieren – bis zum Zeitpunkt seiner Wiederkehr im Alter von ungefähr 29 Jahren; und der mäßigende Prozeß, dem ihr Mars unterworfen wurde, war wahrscheinlich sehr schmerzhaft für sie. Doch sie ist zu einer Frau mit großem Stil, Selbstbewußtsein und stiller Zähigkeit herangereift, und sie ist gewiß keine Gebärmaschine.

TEILNEHMER: Könnten Sie etwas zum Synastrie-Aspekt von Charles' Saturn in Konjunktion zu Dianas Mars/Pluto sagen?
LIZ: Ich würde das gern später diskutieren, wenn Howard und ich über Venus und Mars sprechen, weil wir die Horoskope des Prinzen und der Prinzessin von Wales als Beispiele verwenden werden (siehe Horoskope 5 und 6, Seite 327 und 328). Aber allgemein scheinen Synastrie-Aspekte eine der Arten widerzuspiegeln, wie wir lernen, die Planeten in unserem eigenen Horoskop zum Ausdruck zu bringen; denn wenn wir uns etwas in unserem Innern nicht voll bewußt sind, werden wir gewöhnlich Beziehungen eingehen, die das aktivieren, was wir nicht anerkennen. Manchmal sieht das sehr nach Schicksal aus, wie in dem Fall, wo unausgedrückte Planeten zwischen Eltern und Kindern ausgelöst werden. Wenn der aggressive Instinkt auf unbewußte Weise agiert, besteht eine hohe Wahrscheinlichkeit, daß wir von jenen angezogen werden, deren Planeten machtvolle Aspekte auf unseren Mars werfen, nicht zuletzt weil sie uns das Gefühl geben, vital und lebendig zu sein – selbst wenn dieser Planet Saturn oder Chiron ist und das Ganze damit endet, daß wir mit ihnen kämpfen. Wir entdecken, daß wir wissen, wie wir kämpfen müssen, weil wir kämpfen müssen. In der traditionellen Synastrie sind harte Aspekte zwischen den Horoskopen zweier Liebender sehr aufregend und oft sexuell stimulierend, denn es besteht eine enge Beziehung zwischen dem Kampfgeist und der Erregung durch die sexuelle Herausforderung und Eroberung. Eine der Komponenten einer anhaltenden Anziehung ist das Element des Konflikts, das sicherstellt, daß man die andere Person niemals ganz besitzt.
TEILNEHMER: Gilt das auch, wenn Neptun im Horoskop der einen Person auf den Mars der anderen Person trifft?
LIZ: Ja, weitestgehend. Neptun/Mars-Kontakte in der Synastrie können ungeheuer erotisch sein. Neptun wird Mars durch seine Verletzlichkeit erregen (Mars liebt es, Hilflose zu verteidigen) und durch sein magisches Ausweichen, obwohl es auch jede Menge Ärger geben kann, der in der Mars-Person aufkommt, weil die Neptun-Person die ganze Zeit ihre Gestalt wechselt. Wie kann unser Herakles damit zurechtkommen, Nebel bekämpfen zu müssen? Es gibt keine solche Aufgabe wie die »Schlacht mit dem Unsichtbaren Miaoma« in seiner Mythologie, und er ist nicht rich-

tig ausgestattet, um mit den Feinheiten des Neptun umgehen zu können, da er stark, aber nicht gewitzt genug ist, um zweideutige Botschaften verstehen zu können. Neptun kann nicht nur Leidenschaft, sondern auch beträchtliche Aggressionen in einer Mars-Person wecken, die Neptun als indirekt, chaotisch und sogar täuschend und unterminierend erlebt. Wenn man sich seines Mars nicht bewußt ist und ein anscheinend aggressionsfreies Dasein geführt hat, könnte man sich plötzlich dabei ertappen, wie man Türen schlägt und schreit: »Um Gottes willen, sag schon, was los ist, was willst du wirklich?« – während der Neptun-Partner schmerzvoll, verletzt und mißverstanden dreinschaut.

Neptun ist wie Uranus und Pluto ein äußerer Planet und beschreibt diese kollektive Sehnsucht, in die Verschmolzenheit mit der Quelle des Lebens zurückzukehren. Im Geburtshoroskop könnte ein Aspekt zwischen Neptun und Mars andeuten, daß die Mars-Anlage – seine Herkules-Aufgabe – darin bestehen wird, diese Sehnsucht nach dem Paradiesgarten – die das Kampfwerkzeug des Mars abstumpft, es verwirrt und unfähig zurückläßt – mit dem persönlicheren Instinkt, zu kämpfen und zu gewinnen, zu integrieren. Neptun flüstert Mars zu: »Wenn du zu aggressiv und selbstsüchtig bist, wird dich keiner lieben, und dann wirst du einsam und beraubt sein und niemals nach Eden zurückkehren können.« Dies ist bis zu einem gewissen Punkt natürlich wahr, aber wir müssen bereit sein, Eden gelegentlich zu verlassen, wenn wir uns in irgendeiner Weise kompetent und für unser eigenes Leben verantwortlich fühlen wollen. Neptun könnte Mars versumpfen lassen, und die ganze natürliche Aggression muß sich dann auf eine Weise zum Ausdruck bringen, die nicht als Wut erkennbar ist – daher stammt der Ruf der Anfälligkeit von Mars/Neptun für Drogen und Alkohol. Offensichtlich ist nicht jeder mit einem Mars/Neptun-Aspekt ein Alkoholiker, aber nichtsdestotrotz ist es normalerweise notwendig, sich der eigenen Wutgefühle bewußt zu sein, damit sie nicht im Untergrund rumoren und als höchst manipulative Formen verdeckter Destruktivität wieder an die Oberfläche kommen. In der Drogen- und Alkoholabhängigkeit ebenso wie in gewissen charakteristischen Mars/Neptun-Krankheiten (wie zum Beispiel Müdigkeit nach Viruserkrankungen) liegt weitaus mehr Wut verborgen, als wir es vielleicht gern zugeben würden. Wenn Sie das bezweifeln, fragen Sie einfach die anderen Familienmitglieder, die normalerweise die ganze unbewußte Wut selbst auszuhalten haben, und die dazu gebracht werden, daß sie sich deswegen entsetzlich schuldig fühlen. Stellen Sie sich vor, wie es wohl sein mag, die Frau eines chronischen Alkoholikers zu sein – und Sie werden sich ein Bild davon machen können. Mit Mars/Neptun werden andere oft unterminiert, gedemütigt und gezwungen, sich um die leidende Person zu kümmern, obwohl er oder sie niemals irgend etwas zum Ausdruck bringen könnte, das mit Wut zu identifizieren ist. Mars/Neptun kann ein Meister passiver Aggression sein.

Dennoch kann dieser Aspekt ungeheuer kreativ sein. Aufgrund der extremen Sensitivität von Neptun in bezug auf unbewußte kollektive Bedürfnisse und Gefühle kann der kämpferische und verwirklichende Geist von Mars das Reich der Imaginationen zur Manifestation bringen, und der einzelne könnte die einzigartige Gabe besitzen, kollektive Moden vorwegzunehmen und das Publikum quasi »hellsichtig zu erfassen«. Mars/Neptun wird manchmal mit Theater und Tanz in Verbindung gebracht und mit anderen kreativen Medien, bei denen die direkte Teilnahme des Publikums einen Teil der Dynamik ausmacht. Das Talent des Schauspielers besteht nicht einfach nur darin, sich an den Text zu erinnern und eine Technik anzuwenden, um einen Bühnencharakter zu erschaffen. Ein guter Schauspieler kann die Reaktionen der anderen »aus dem Bauch heraus« erfühlen und weiß, wann er den richtigen Ton getroffen hat; es existiert eine große Macht, kollektive Emotionen auf beinahe magische Weise zu manipulieren. Man weiß, wann man die Konzentration des Publikums verloren hat und der Bursche in der dritten Reihe, fünfter Platz von rechts, sich langweilt und heimlich seine Zeitung liest. Eine kreative Mischung von Mars/Neptun kann diesen empfindlichen emotionalen Kontakt mit dem Kollektiv aufrechterhalten, während sie gleichzeitig völlig offen nach dem Oscar strebt.

Es wäre nun interessant, zu Mars im Aspekt mit seinen zwei feindlichsten Planeten, Saturn und Chiron, überzugehen. Wenn Sie sich das Thema der Verwundung in bezug auf Chiron und das Gefühl, daß die Wunde irgendwie nie mehr ganz heilen wird, ins Gedächtnis rufen: Was glauben Sie, könnte eine mögliche Deutung für Mars/Chiron sein?

TEILNEHMER: Körperliche Verwundung?

LIZ: Manchmal ja, obwohl ich glaube, daß dann noch andere, zusätzliche Faktoren gegeben sein müssen, wie zum Beispiel Probleme im 6. Haus, bevor man diese Deutung geben könnte. Aber es könnte eine Krankheit und einen Unfall schon früh im Leben gegeben haben, was eine Art von Begrenzung hinsichtlich der Energie oder Fähigkeit der Selbstbehauptung auf körperlicher Ebene auferlegt. Chirons Verletzung könnte auch konkret, aber nicht mit dem Körper als solchem befaßt sein – zum Beispiel in Form einer Kindheit, die in großer Armut verbracht wurde, oder als Erfahrung von Gewalt und Mißbrauch durch einen Eltern- oder Geschwisterteil. Diese Dinge können tiefe Narben beim körperlichen Ausdruck der Mars-Funktion zurücklassen, ohne eine tatsächliche Körperverletzung vorauszusetzen. Chirons »unheilbarer« Schmerz spiegelt oft die Erinnerung an eine Zeit wider, als man unfähig war und der eigene Wille durchkreuzt oder der Kontrolle eines anderen unterworfen wurde; und selbst wenn man Erfolg hat und fähig ist, seine Ziele im späteren Leben frei zum Ausdruck zu bringen, entsteht oft eine Bitterkeit, die nicht ganz weggeht. Auch könnte es eine tiefsitzende Angst davor geben, jemals erneut in einer Situation zu sein, in der man wieder beherrscht werden könnte. Daher könnte Chiron überkompensieren, ebenso wie Saturn, indem er selbst sehr beherrschend wird.

Ich habe bemerkt, daß Mars/Chiron oft einen Workaholic reflektiert, weil die Sphäre des weltlichen Erfolgs ein Bereich sein könnte, in dem die Person das Gefühl hat, kompetent zu sein und die Kontrolle zu haben, während in emotionalen und sexuellen Angelegenheiten immer die Gefahr besteht, dem Willen oder der Aggression einer anderen Person ausgesetzt und verletzlich zu sein. Manchmal wird Chirons Verwundung von Mars direkt auf sexueller Ebene empfunden und kann eine Manipulation und Demütigung der eigenen sexuellen Gefühle in der Kindheit reflektieren. Auch hier könnte Chiron überkompensieren und zu einer Art sexuellem Techniker werden, zu einem höchst geschickten Liebhaber, der gewöhnlich eher verletzliche und unerfahrene Partner wählt, um jeder Gefahr des Verletztwerdens oder der Demütigung auszuweichen. Dies kann sowohl auf eine Frau als auch auf einen Mann zutreffen. Chiron kompensiert oft mit einer Form von Geschicklichkeit oder Wissen, bei der Intelligenz verwendet wird, um all die möglichen Lücken zu stopfen, durch die eine zukünftige Verletzung kommen könnte.

Saturn und Chiron teilen diese Dynamik, die Gefühle der Unzulänglichkeit und des Verletztseins zu kompensieren, und dies ist oft die produktivste und kreativste Dimension beider Planeten. Was wir in einer verzweifelten Anstrengung, uns zu schützen, lernen, könnte zu einer wahren Begabung werden, und die Kompensation ist oft teilweise erfolgreich – obwohl die ursprüngliche Verletzlichkeit nie ganz verschwindet. Daher kann Mars/Chiron ein hohes Niveau konkurrierender Geschicklichkeit erreichen und eine ausgebildete Kampfkraft, die von der chronischen Furcht (wenn auch unbewußt) genährt wird, daß man an den gleichen alten, schmerzenden Platz zurückgestoßen wird, wenn man einen Moment nachläßt. Wenn man jemals aufhört, sich dagegenzustemmen, muß man unvermeidlich jenen verlorenen, verletzten Gefühlen gegenübertreten; aber wenn dies geschieht, nachdem einige Erfolge erreicht sind, kann die Konfrontation mit solchen Gefühlen Toleranz erzeugen und eine sehr gute Mäßigung für Mars' angeborene Unsensibilität liefern.

Ich habe bemerkt, daß ein ähnliches Bild früher Verwundung, Gefühle der Ohnmacht, der Überkompensation, des unausgedrückten Schmerzes und der Bitterkeit auch starke Mars/Saturn-Aspekte begleiten kann. Aber bei Mars/Saturn gibt es normalerweise mehr Frustration aufgrund Saturns Beziehung zum 10. Haus, den kollektiven Werten und Strukturen. Oft reflektiert Saturns Blockierung von Mars eine tief eingebettete Furcht davor, was »sie« wohl denken könnten, und sie ist häufig mit der Besessenheit von Sicherheit oder konventioneller Moral oder religiösen Werten eines bzw. beider Elternteile verbunden. Es gibt eine unpersönliche Note bei Chiron (symbolisiert durch die »zufällige« Verwundung im Mythos), die es bei Saturn nicht gibt. Der letztere ist allgemein mehr mit den Eltern verbunden, und im Erwachsenenleben gibt es normalerweise große Schwierigkeiten mit Autoritätsgestalten in der äußeren Welt, weil es eine Instanz im Innern gibt – Freud nannte sie das *Über-Ich* –, die immer bekannt gibt, was man zu tun und zu lassen hat. Viele Menschen haben Mars/Saturn als die Situation erlebt, in der man versucht, ein Auto mit angezogener Bremse zu fahren. Jedesmal wenn Mars versucht, sich durchzusetzen, fängt der alte Greis an, über Versagen und soziale Unannehmbarkeit zu lamentieren. Weil Saturn so leicht projiziert werden kann, könnte man sich andauernd durch »äußere« Strukturen frustriert fühlen.

Ein Gleichgewicht herzustellen zwischen dem Mars-Bedürfnis, sich selbst durchzusetzen, und dem Bedürfnis von Saturn, sich hinter sicheren Strukturen zu verteidigen, bedeutet, daß man zunächst anerkennt, daß die Quelle der Frustration – obwohl sie einen konkreten »Aufhänger« in der äußeren Welt haben mag – ihre Wurzeln im Innern hat. Es ist die negative und defätistische Einstellung gegenüber Hindernissen, die manchmal mit explosiver kompensatorischer Unbarmherzigkeit abwechselt – was die charakteristischen Probleme von Mars/Saturn hervorruft –, und nicht die »schicksalhafte« Unfähigkeit, eine kreative Lösung zu finden. Saturn kann Mars mit einer gesunden Dosis Wirklichkeitssinn mäßigen – was wir innerhalb des Rahmens gesellschaftlicher Strukturen tun können und was nicht, sowie in bezug auf die Arbeit, die notwendig ist, um ein Ziel zu erreichen. Wenn diese herkulische Aufgabe vollendet ist, hat Mars/Saturn die einzigartige Fähigkeit, enorme Energiereserven für konkrete Ziele zu mobilisieren, weshalb er so oft einen höchst erfolgreichen Aspekt im weltlichen Sinne darstellt.

Vielleicht könnten wir uns die Mars/Sonne-Aspekte, die ich vorher erwähnt habe, noch ein wenig näher ansehen. Diese Kontakte, besonders die harten Winkel, erzeugen große Energie, und diese feurige Kombination muß in direkten und ehrlichen Bahnen fließen können, wenn das Individuum nicht von außen unter Mars-Attacken leiden soll. Die große Schwierigkeit bei den beiden ist, wie gesagt, das solare Prinzip, das mit Bedeutung und Geist befaßt ist und sich oft durch die rohe Instinkthaftigkeit von Mars erniedrigt fühlt und versucht, sie zu verdrängen. Mit anderen Worten: Man will nicht als aggressive, aufdringliche und selbstzentrierte Person betrachtet werden. Aber jeder Planet, der die Sonne aspektiert, reflektiert eine angeborene Charakterstruktur, ein Eigentum der Seele. Wenn Mars die Sonne aspektiert, muß man bereit sein, man selbst zu sein, auch mit dem Risiko, als selbstsüchtig abgestempelt zu werden, und man muß diese Mars-Funktion auf eine reine Weise leben. Dies beinhaltet manchmal, eine Ein-Mann- oder Eine-Frau-

Show in der äußeren Welt zu liefern, was den Neid oder die Ablehnung der anderen nach sich ziehen könnte.

Hat irgend jemand von Ihnen einen starken Sonne/Mars-Aspekt? Arbeiten Sie für andere oder sind Sie selbständig tätig?

TEILNEHMER: Ich habe mein eigenes Geschäft. Ich könnte niemand anderen ertragen, der sich einmischt.

LIZ: Genau. Arbeitet irgend jemand von Ihnen innerhalb einer Struktur, in der Sie jemand anderem Rechenschaft schuldig sind?

TEILNEHMER: Ich arbeite innerhalb einer vorgegebenen Struktur, aber ich habe sichergestellt, daß ich jede Menge Selbständigkeit innerhalb dieser Struktur habe.

LIZ: Was passiert, wenn Sie verpflichtet werden, den Regeln eines anderen oder den Methoden, wie er die Dinge angeht, zu folgen?

TEILNEHMER: Dann gibt es einen großen Zusammenstoß.

TEILNEHMER: Ich habe einen Sonne/Mars-Aspekt, aber ich habe auch Venus in Fische. Ich arbeite als Krankenschwester in einem Krankenhaus, und ich bin in meinem Beruf sehr glücklich.

LIZ: Sind Sie für Ihren eigenen Bereich verantwortlich, für Ihre eigene Station? Oder müssen Sie die ganze Zeit Ihren Vorgesetzten Rede und Antwort stehen?

TEILNEHMER: O nein, das könnte ich nicht ertragen. Ich bin verantwortlich und habe Mitarbeiter, die meiner Leitung unterstehen.

LIZ: Wenn Sonne/Mars-Personen zu mir zu einer Horoskopbesprechung kommen und ich sehe, daß sie in einer hierarchischen Organisation für andere oder überhaupt nicht arbeiten, schlage ich gewöhnlich vor, daß sie versuchen, ein Gebiet zu finden, in dem sie das Sagen haben und ihre eigenen Ideen durchsetzen können – selbst wenn das bedeutet, daß sie nochmal in die Schule gehen und weiteres Training oder weitere Ausbildung brauchen. Ich würde besonders jede Frau mit diesem Aspekt ermutigen, nicht zu versuchen, diese feurige Energie zu Hause zu leben, indem sie sich um die Bedürfnisse der Familie kümmert; wenn man dies mit Sonne/Mars zum einzigen Lebensinhalt macht, ist das ein Rezept für sich steigernde Wut und sogar für psychosomatische Symptome wie Migräne, Hautausschläge oder Magenprobleme. Etwas Ähnliches könnte man mit einem Mars-Partner erleben, der auf völliger Kontrolle besteht.

TEILNEHMER: Gilt das sogar für ein Sextil?

LIZ: In geringerem Ausmaß. Das Sextil ist ein weitaus sanfterer Aspekt, und es gibt nicht soviel feurige Energie, die versucht, sich zu entfesseln. Aber selbst bei einem Sextil braucht man eine Arena, in der man sich selbst behaupten kann, wie sanft auch immer. Eine andere Art, das Sonne/Mars-Dilemma in Betracht zu ziehen, ist die Feststellung, daß man ein Gebiet braucht, wo man immer recht hat. Sonne/Mars besitzt keine angeborene Fähigkeit zur kompromißbereiten oder losgelösten Wahrnehmung der Standpunkte der anderen. Mit anderen Worten: Es gibt normalerweise eine Spur von Intoleranz bei diesem Aspekt, was wir auch in geringerem Maß bei Sonne in Widder sehen können. Nun, der Glaube, daß man die ganze Zeit recht hat, ist nicht notwendigerweise etwas Schlechtes; wir müssen bereit sein, ein wenig selbstzentriert zu sein, um ein kreatives Projekt bis zum Ende durchzuziehen. Sonst werden alle stichhaltigen Argumente – daß die Arbeit der anderen genauso gut ist, daß es viele Wege gibt, um Dinge zu tun, daß man auf die Gefühle der anderen Rücksicht nehmen muß und so weiter – unsere Energie zerfressen und in uns das Gefühl zurücklassen, daß es sich nicht lohnt, sich damit zu befassen. Es hat noch niemand eine Schlacht gewonnen, indem er sich darüber Gedanken machte, ob der Feind nicht doch am Ende recht hat. Auch können Sie nichts durch eine Versammlung zuwege bringen, denn bis jeder zu Wort gekommen ist, sind die ganze Originalität und die Geistesblitze schon längst passé. Sie kennen den Witz über das Kamel, das durch ein Komitee zu einem Pferd umgestaltet wurde?

TEILNEHMER: Gibt es ein ähnliches Gefühl bei Mars im 5. Haus?

LIZ: Ja, es ist eine andere Form der gleichen Signatur. Sonne/Mars, Sonne in Widder, Mars in Löwe, Sonne im 1. Haus und Mars im 5. Haus sind alles verschiedene Ausdrucksformen dieser Energiekombination von Sonne und Mars. Ich würde einer Person mit Mars im 5. Haus den gleichen Vorschlag machen – finden Sie einen Bereich, in dem Sie strahlen können und der erste sind –, obwohl es ein weitaus machtvolleres und tieferes Thema ist, wenn die beiden Planeten in einem Aspekt zueinander stehen. Ich habe ein paar Horoskope von Leuten mit Mars im 5. Haus gesehen, die »schwierige« Kinder haben. Ich finde es immer interessant, wenn ein Kind einen Planeten im elterlichen 5. Haus ausagiert – als ob dieser Planet irgendwie durch ein »inneres« Kind zum Ausdruck gebracht werden müßte, die Seite in uns, die spielerisch, kreativ, spontan und besonders ist. Wenn wir sie blockieren, könnten wir diese Eigenschaften unbewußt auf unsere Kinder projizieren, die sich dann verpflichtet fühlen, das zu werden, wozu wir nicht fähig waren. Das gleiche könnte von jedem Planeten im 5. Haus gesagt werden; obwohl manchmal das Schicksal an der Arbeit zu sein scheint, wenn es um ein behindertes oder krankes Kind geht, so gibt es im allgemeinen auch eine innere Komponente dabei, die – wenn wir uns mit ihr konfrontieren und daran arbeiten – die Last unserer Projektionen von unserem Kind nimmt und es ihm gestattet, sein eigenes Schicksal zu erfüllen.

TEILNEHMER: Ich habe Fälle von Mars/Saturn im Horoskop einer Frau gesehen, wo diese Kombination einen wütenden oder gewalttätigen Vater widerspiegelt.

LIZ: Ja, das habe ich auch. Jeder Aspekt zur Sonne beschreibt zum Teil das psychische Erbe vom Vater, genau wie die Aspekte zum Mond zum Teil das Erbe von seiten der Mutter beschreiben. Aber ich habe das Gefühl, daß wir diese Situation in ihrem richtigen Rahmen betrachten müssen, anstatt einfach anzunehmen, der Aspekt »bedeute«, daß der Vater gewalttätig ist. Die Wut bei einem Elternteil spiegelt generell ein Problem im ganzen Familiengewebe wider und könnte Mars' Schwierigkeiten nicht nur in der elterlichen Ehe reflektieren, sondern im Familienerbe über viele Generationen hinweg. Der gewalttätige Elternteil agiert normalerweise etwas für eine ganze Menge Leute aus. Das entschuldigt es nicht, aber es kann dazu beitragen, ein tieferes Verständnis von Gewalt in der Familie zu fördern, was sogar als Gegenmittel gegen die Wiederholung dieses Problems dienen kann. Ich glaube nicht, daß solche Themen, die in einem Kollektiv hervorbrechen, allein der Fehler einer einzigen fürchterlichen Person sind. Der gewalttätige Vater, der durch den Sonne/Mars-Aspekt des Kindes beschrieben sein könnte, wird normalerweise seine Gefühle der Ohnmacht und Frustration von seinem eigenen Vater geerbt haben und so weiter – durch die Generationen hindurch. Aufgrund dieses Komplexes wird er wahrscheinlich eine Frau gewählt haben, die den gleichen Komplex mit sich herumträgt und die selbst an einem Mars-Dilemma leidet.

Der Ansatz der Familientherapie, der die Familie als Organismus mit eigenen Gesetzen und unbewußten Mechanismen behandelt, ist weitaus produktiver, als wenn nur eine Person für alle Krankheiten zur Rechenschaft gezogen würde. Aus diesem Grund werde ich versuchen, wenn mir ein Klient mit Sonne/Mars erzählt, daß er oder sie einen gewalttätigen Vater hatte, ein wenig über das Problem von Aggression in Familien zu sprechen (die von Natur aus der Selbstdurchsetzung von Mars feindlich gesinnt ist), denn so ein Klient wird unvermeidlich mit dem gleichen inneren Thema in seiner eigenen Psyche ringen müssen. Oft erkennen die Leute nicht, daß ein Mann, der gewalttätig ist, normalerweise an den gleichen Gefühlen der Unfähigkeit leidet, unter denen auch ein passiverer, zum Opfer gemachter Typus leidet. Sie sind Spiegelbilder füreinander, sie leiden an der gleichen Wunde. Man hat es nicht nötig, andere Menschen niederzuknüppeln, wenn man sich in seiner eigenen Potenz sicher fühlt, und gewalttätige Wut ist generell eine Reaktion auf das Gefühl, behindert und kastriert zu sein. Ich denke, ich habe zu diesem Thema bereits einiges gesagt.

Ares ist im Mythos ein Gott, der leicht angestachelt werden kann; er kann durch ein bißchen Stichelei zu einer schäumenden Raserei gebracht werden, die Hermes oder Apollon höchstens dazu bewegen könnte, amüsiert die Augenbrauen zu heben. Mars kann auf diese Weise durch die unsichtbaren Pfeile unbewußter emotionaler Manipulation aufgebracht werden, und unglücklicherweise wird ein Kind mit einem starken Mars oft dasjenige sein, das die Wutunterströmungen der Familie oder Gruppe ausagiert. Jeder Planet, der eine dominante Charakteristik in uns reflektiert, ist wie ein Blitzstrahl, der die Projektionen der Menschen in unserer Umgebung auf uns zieht. In der gleichen Weise wird eine plutonische Person oft den Familien-Pluto ausagieren. Oder das Ausagieren einer gewalttätigen Wut könnte ein marsisches Kind dazu bringen, daß es sich von seiner eigenen natürlichen Aggression abspaltet. Beide Situationen sind typisch und könnten auf den gewalttätigen Vater genauso wie auf das Kind zutreffen.

TEILNEHMER: Mein Vater war gewalttätig, und ich war derjenige in der Familie, der versuchte, den Frieden aufrechtzuerhalten. Vielleicht habe ich meinen eigenen Mars hinuntergeschluckt?

LIZ: Sicher haben Sie das, obwohl Sie höchstwahrscheinlich zu dieser Zeit nichts anderes hätten machen können. Aber Sie mußten erforschen, ob diese Rolle des Friedenstifters dazu geführt hat, daß Sie ihre eigene gesunde Wut und Aggression in Ihrem Erwachsenendasein verdrängt haben, aus Furcht, weitere Gewalt von seiten anderer heraufzubeschwören. In diesem Seminar übernehmen Howard und ich in gewisser Weise die »Partei« der inneren Planeten, indem wir ihren Wert und ihren Beitrag zu einem gesunden Funktionieren der Persönlichkeit betonen. Wie Sonne, Mond, Merkur und Venus benötigt Mars innere Loyalität und Unterstützung, damit wir unsere Werte gegen Widerstand effektiv verteidigen und nach dem, was wir im Leben wollen, streben können. Viele Dinge, ein gewalttätiger Elternteil eingeschlossen, könnten uns gegen unsere eigenen marsischen Bedürfnisse aufbringen. Aber der Preis, den wir zahlen, wenn wir Mars verdrängen, besteht in Unfähigkeit und in der Opferrolle. Der Gott Ares mag ein wenig hart aussehen, aber er ist es nichtsdestotrotz wert, gepflegt zu werden.

Der Handlanger der Sonne

Mars im Horoskop

Howard Sasportas

Eines meiner Hauptanliegen heute ist, daß Sie sich mit Mars anfreunden. Liz hat sowohl den Wert als auch die richtige Anwendung des Mars-Prinzips betont; dies ist wichtig, um der schlechten Presse, die dieser Planet in vielen astrologischen Texten erhalten hat, entgegenzuwirken. Der Grund, warum dieser Planet so verleumdet wurde, rührt wahrscheinlich daher, daß er mit zwei Dingen verbunden ist, die vielen Leuten ziemlich unangenehm sind – mit Sexualität und Aggression. Aber es gibt keine Chance, der Tatsache aus dem Weg zu gehen, daß wir alle irgendwo einen Mars im Horoskop haben, was bedeutet, daß wir alle mit Aggressionen und sexuellen Trieben geboren sind. Es ist also besser, sich direkt mit Mars auseinanderzusetzen und die positive Bedeutung dieser instinktiven Triebe zu verstehen, anstatt sie in uns zu verleugnen oder zu verdammen. Während manche Psychologen behaupten, Aggressionen seien nicht angeboren und entstünden nur aufgrund von Frustrationen in unserer Kindheit, wenn unsere Bedürfnisse nicht erfüllt werden, glaube ich, daß sie angeboren sind – wir alle sind von Geburt an mit einem bestimmten Maß an Aggression ausgestattet. Manche Menschen kommen mit stärkeren aggressiven Trieben zur Welt als andere (dies hängt wahrscheinlich von ererbten und konstitutionellen Faktoren ab und ist vielleicht mit dem Karma und früheren Leben verbunden, falls Sie an Reinkarnation glauben), aber wir alle besitzen ein gewisses Ausmaß an Aggression. Die Themen, die mit Aggression zusammenhängen, werden unter anderem durch Mars in Ihrem Horoskop angezeigt.

Der sexuelle Trieb ist angeboren und dient einem lebenswichtigen Zweck – wir wären ohne ihn nicht hier. Wenn daher Aggression ebenfalls ein angeborener Bestandteil unserer biologischen Ausstattung ist, muß auch sie einem Zweck dienen. Nach Clara Thompson sind wir mit einer gesunden Grundaggression geboren, die uns antreibt, zu wachsen und das Leben zu meistern. Sie fügt richtigerweise hinzu, daß, wenn diese Grundaggression blockiert oder unterdrückt ist, sie möglicherweise negativ oder unangenehm werden kann.*

Das Reich des Mars ist voller Paradoxien: Mars stattet uns mit einer natürlichen Aggression aus, die wir achten und nutzen sollten, und doch kann der gleiche Trieb falsch funktionieren oder außer Kontrolle geraten und zu beklagenswerten Handlungen führen, zu einer Unzahl psychosomatischer Erkrankungen und sogar zu selbstzerstörerischem Verhalten. Der ungesunde Ausdruck von Aggression ist unglücklicherweise viel zu weit verbreitet – Sie brauchen nur die Nachrichten im Fernsehen anzusehen, um zu erleben, wie Leute jeden Tag getötet, gefoltert und verstümmelt werden. Ich glaube, wenn wir konstruktive Kanäle für aggressive Energie finden und sie zu unser Selbstverwirklichung nützen können, um mehr von unseren Potentialen und Fähigkeiten zu entfalten und das Leben im allgemeinen zu meistern, ist es weniger wahrscheinlich, daß sie sich negativ manifestiert. Wenn wir positive Abflußbahnen für unsere aggressiven Triebe haben und achtsam mit der Wut und Feindschaft, die wir vielleicht empfinden, umgehen, tragen wir unseren Teil dazu bei, um mitzuhelfen, daß die negativen Formen der Aggression in der Atmosphäre reduziert werden. Wir dürften wohl nicht diejenigen sein, die einen Mord und Greueltaten begehen, aber wenn wir auf unserem Ärger sitzen bleiben und unsere inneren Aggressionen nicht in konstruktive Bahnen lenken, machen wir uns schuldig, indem wir noch mehr Gewalt und Feindschaft, als ohnehin schon in der Atmosphäre vorhanden ist, aufhäufen.

Ich denke nun im Jungschen Sinn – wenn wir etwas in uns selbst verleugnen oder unterdrücken, werden es andere Leute für uns zum Ausdruck bringen. Es gibt eine Menge scheußlicher Dinge, die da draußen in der Welt geschehen, woraus ich schließe, daß viele von uns keine gute Beziehung zu ihren eigenen aggressiven Trieben haben. Wie ich schon sagte: Auch wenn wir nicht da draußen vergewaltigen und plündern, ist es möglich, daß unsere eigene unberechenbare Feindschaft und Aggression und unsere eigene unkanalisierte Grundaggression noch das Maß an Verbrechen,

* Clara Thompson, Interpersonal Psychoanalysis. New York 1964, S. 179.

Mord und was weiß ich noch alles in der Welt vermehrt. Wir sehen fern oder lesen die Zeitung und verdammen diese fortgesetzten Akte der Gewalt zu Recht, wir sind angesichts der Grausamkeit und Brutalität entsetzt und wollen uns naturgemäß von solchen Leuten fernhalten. Doch nach der Jungschen Theorie tragen sie unsere Wut für uns aus und agieren als psychische Staubsauger, die das, was in der Atmosphäre herumschwirrt, aufnehmen und ausleben. Und was in der Atmosphäre herumschwirrt, ist die Gesamtsumme all unserer unbewußten oder unbeachteten Gefühle und Emotionen. Ich glaube, daß dies der Grund ist, warum so viele Leute von Gewalt fasziniert sind, so scheußlich sie ist – mit Gewalt lassen sich natürlich Filme verkaufen, und Gewalt erhöht die Einschaltquoten beim Fernsehen.

Jung wiederum vertritt die Theorie, daß wir vom Inhalt unseres eigenen Schattens sowohl zurückgestoßen werden als auch fasziniert sind. So mögen die Leute John McEnroe für seine kindischen Wutanfälle auf dem Tennisplatz zwar tadeln, aber sie schalten den Fernseher ein, nur um zu sehen, ob er heute wieder einen Ausbruch hat. Wenn wir also unseren Ärger unterdrücken oder keinen konstruktiven Ausdruck für unsere Grundaggression finden, wird sich diese Energie im Unbewußten ansammeln, bis sie schließlich in unkontrollierter, explosiver Wut ausbricht. D. W. Winnicott, ein englischer Psychoanalytiker und profunder psychologischer Denker, schrieb einst: »Wenn die Gesellschaft in Gefahr ist, so nicht aufgrund der Aggressivität der Menschen, sondern aufgrund der Unterdrückung der persönlichen Aggressivität in den Individuen.«*

Krankheit ist eine zweite Folge ungenutzter gesunder Aggression und unterdrückten Ärgers. Wenn wir uns durchsetzen müssen, uns aber zurückhalten, wendet sich die Energie, die da ist, um äußere Handlungen zu nähren, nach innen und kann den Körper angreifen. Typische Krankheiten, die mit unausgedrückten positiven oder negativen Aggressionen verbunden sind, können Hautprobleme, Magenbeschwerden, Magengeschwüre, sexuelle Störungen, Herzkrankheiten und Migräne sein. Auch Depression steht oft

* D. W. Winnicott, »Aggression in Relation to Emotional Development«, in: Collected Papers. London 1958, S. 204.

mit blockierter Wut oder verbotener Durchsetzung in Zusammenhang. Psychologen sprechen von »zwei Hs und einem F«: Hoffnungslosigkeit, Hilflosigkeit und Feindschaft im allgemeinen. Mangelnde Selbstbehauptung und nicht akzeptierte Ablehnung stauen sich im Innern auf. Viel Energie fließt also in das Zurückhalten und in die Beschränkung von Gefühlen oder Handlungen, so daß man entleert zurückbleibt, lustlos und ohne Begeisterung für das Leben. Wenn der Gestalttherapeut Fritz Perls mit depressiven Menschen arbeitete, fragte er sie immer: »Auf wen sind Sie depressiv?«

Wenn Sie chronisch krank oder depressiv sind, würde ich Sie dazu ermutigen, das Haus, in dem Mars in Ihrem Horoskop plaziert ist, genau zu untersuchen. Wir denken normalerweise nicht an Mars als einen Anzeiger für Krankheit und Depression, aber diese Zustände können von einem »unbenutzten« Mars verursacht werden. Vielleicht wird es Ihre Blockierung aufheben, Ihre Gesundheit und Vitalität verbessern und Sie wieder »in Gang« setzen, wenn Sie in diesem Bereich aktiver, expressiver oder durchsetzungsfähiger werden. Zum Beispiel sollten Sie mit Mars im 2. Haus im Hinblick auf die Entwicklung Ihrer Talente und Fähigkeiten ziemlich durchsetzungsfähig sein, oder Sie sollten größere Sicherheit und wertvolle Besitztümer gewinnen. Mit Mars im 3. Haus sollten Sie sich fragen, ob Sie genügend mit anderen kommunizieren, denn es könnte hilfreich sein, den Menschen in Ihrer Umgebung Ihre Vorstellungen und Gefühle offener mitzuteilen; vielleicht ein neues Studium angehen, mehr Briefe schreiben oder es sich selbst mit gelegentlichen Wochenendpausen gut gehen lassen – das könnte das Tonikum sein, das Ihre Stimmung hebt. Diejenigen von Ihnen, die Mars im 7. Haus haben, könnten es nötig haben, sich in der Beziehungsarena mehr durchzusetzen. Dasselbe gilt auch für Häuser, die an der Spitze von Widder oder Skorpion stehen – wir müssen uns in diesen Bereichen fordern, und wenn wir das nicht tun, werden wir schlaff und damit (bewußt oder unbewußt) wütend und frustriert. Und da wir gerade dabei sind, sehen Sie nach, welches Haus Mars gerade in Ihrem Horoskop durchläuft. Dies könnte ein Lebensbereich sein, der augenblicklich nach verstärkter Selbstbehauptung verlangt, nach »Sexappeal« und Selbstausdruck.

1. Gesunde Aggression dient dem Schutz gegen räuberische Angriffe.
2. Gesunde Aggression ist ein positiver Impuls, um die äußere Welt zu verstehen und zu meistern. Sie ist eine Kraft tief in unserem Innern, die den Antrieb liefert, neue Fertigkeiten zu erlernen.
3. Gesunde Aggression ist die Grundlage, um Unabhängigkeit zu erlangen und uns von denjenigen, die uns beherrschen oder übermäßig beschützen wollen, loszulösen.
4. Gesunde Aggression stattet uns mit dem Willen aus, mehr von dem zu entfalten, was wir sind, und zu dem zu werden, was wir werden sollen.

Tabelle 3: Gesunde Aggression

In dem Kapitel über Aggression in »Dimensionen des Unbewußten« habe ich vier positive Zwecke unserer natürlichen oder Grundaggression aufgeführt.* Sie kennen das Buch vielleicht, aber ich möchte mit Ihnen rasch noch einmal auf diese Punkte als Einleitung zur Diskussion der spezifischen Mars-Aspekte und Plazierungen im Horoskop zurückkommen (siehe Tabelle 3 auf Seite 284). Punkt 1 stellt fest, daß gesunde Aggression dem Schutz gegen räuberische Angriffe dient – das ist ganz klar. Wenn jemand in Ihr Territorium eindringt oder jemand Ihre Weiterentwicklung bedroht oder behindert, ist es ziemlich angemessen, Aggression zu empfinden oder zum Ausdruck zu bringen. Erinnern Sie sich an die Geschichte von der Schlange und dem Guru. Eine gesunde Schlange lauscht der Lehre eines Weisen, der gerade in der Stadt ist. Der Weise preist die Tugenden der Liebe und des Friedens und die Philosophie des *ahimsa* (das Sanskritwort für Gewaltlosigkeit). Beeindruckt erlebt die Schlange eine Art Transformation und beschließt, keinen Menschen mehr zu beißen oder zu belästigen. Zwei Monate später ist der weise Lehrer wieder in der Stadt. Die Schlange jedoch ist jetzt in einem jämmerlichen Zustand, getreten, umhergestoßen, halbtot.

* Liz Greene/Howard Sasportas, Dimensionen des Unbewußten in der psychologischen Astrologie. München 1993.

Deshalb schleppt sie sich zum Weisen und spricht: »Ich will mein Geld zurück; ich habe versucht, das zu machen, was du gepredigt hast, und es hat mich beinahe umgebracht.« Der Weise antwortet: »Ich habe dir nicht gesagt, daß du nicht drohend zischen sollst! Wenn du dich von anderen angegriffen oder behindert fühlst, oder wenn Leute um dich sind, die versuchen, dich zu manipulieren oder zu beherrschen, ist es völlig in Ordnung, zu zischen und ihnen freundlich, aber bestimmt zu sagen, sie sollen verschwinden.«*

Punkt 2 besagt, daß uns unsere natürliche Grundaggression den Antrieb liefert, die äußere Welt zu meistern und neue Fertigkeiten zu erlernen, Dinge, die für unser Selbstwertgefühl und Wohlgefühl lebenswichtig sind.** Bestimmte deutsche Redewendungen beschreiben treffend, wie Aggression benötigt wird, um im Leben zurechtzukommen: Wir *greifen* ein Problem an, wir *kämpfen* mit einem Thema, wir *ringen* mit oder *besiegen* eine Schwierigkeit und so weiter. Wenn wir nicht ein wenig Kampfgeist in uns hätten, würden wir einfach aufgeben, wenn etwas zu herausfordernd wird; wir könnten keine Fertigkeit bis zur Meisterschaft bringen oder unsere angeborenen Fähigkeiten nicht voll entwickeln. Es ist Mars, der uns innerlich antreibt, eine Fähigkeit aufzugreifen und die Anstrengung zu unternehmen, die benötigt wird, um sie in konkrete Wirklichkeit zu verwandeln. Wir sind mit einem grundlegenden Bedürfnis oder Drang geboren, unseren Mars zu benutzen, um neue Fertigkeiten zu erlangen und unsere Potentiale zu verwirklichen. Wenn wir dies nicht tun, fühlen wir uns frustriert, wütend und unerfüllt. Diese Frustration muß sich eine Bahn schaffen, und sie führt dazu, daß wir andere streitlustig provozieren, damit sie die Wut für uns ausleben. Heutzutage gibt es so viele Menschen in den westlichen Gesellschaften, die entweder aufgrund von mangelnden Arbeitsplätzen oder einem allgemeinen Mangel an Richtung oder Sinn im Leben an einem negativen Mars leiden. Jede Möglichkeit, die aufgestaute Aggression abzulassen, ist recht – alte Damen überfallen, betrunken Angehörige von Minderheiten schlagen oder beim Fußball randalieren. Dieses Verhalten herrscht in England zur

* Piero Ferrucci, Werde was du bist. Reinbek 1986.

** Viele der psychologischen Vorstellungen in dieser Lektion sind aus Anthony Storr, Human Aggression. London 1982 entnommen.

Zeit vor. Wie schon gesagt – wenn wir keine gesunde Bahn für Mars oder unsere natürliche Grundaggression haben, wendet sich diese Energie ins Negative. Manche jungen Missetäter konnten durch Aktivitäten in freier Natur »umgekrempelt« werden: durch Überlebenstraining in wilder Natur und Expeditionen, bei denen sie die Chance hatten, ihren Mars im Kampf mit der Natur und den Elementen in neue Bahnen zu lenken – den Mut zu finden, steile Felswände zu erklimmen, und andere derartige Herausforderungen.

Punkt 3 stellt fest, daß eine gesunde Aggression die Basis dafür ist, Unabhängigkeit zu gewinnen und sich von denjenigen lösen zu können, die uns beherrschen oder übermäßig beschützen wollen. Ich habe mich auf Mond und Neptun bezogen, die Verschmelzungsbedürfnisse repräsentieren, den Wunsch, sich mit anderen zu vermischen und zu vereinigen. Mars gibt uns jedoch den Mut und die Kraft, uns von unserer Mutter zu trennen und einen Sinn für Unabhängigkeit und Autonomie zu entwickeln. Mars hilft uns, uns von einer zu intensiven Bindung an eine Bezugsperson lösen zu können – von einer geliebten Person, vom Ehepartner oder von einer klammernden Familie. In diesem Sinne dient Mars der Sonne als Handlanger, er verleiht dem Streben nach Individualität Kraft. Hier kommt einem die Geschichte von Hänsel und Gretel in den Sinn. In einer Version dieses Märchens schickt die Mutter ihre Kinder fort, einfach weil sie sie nicht versorgen kann. Sie begegnen schließlich der Hexe im Lebkuchenhäuschen, die offensichtlich alles hat, was Hänsel und Gretel begehren. Und doch ist der Bösewicht dieses Stücks nicht die Mutter, die die Kinder in die Welt hinausschickt, sondern die Hexe mit all ihren Süßigkeiten. Die Hexe ist die eigentliche Gefahr, diejenige, von der die größte Bedrohung ausgeht, die Kinder zu vernichten. Die Person, die einen übermäßig schützt, die einen mit allem versorgt, was man braucht, und alles für einen tut, ist die Person, die für die eigene Entwicklung als selbständiges Individuum die größte Bedrohung darstellt.*

Ich habe vorher über die Beziehung zwischen Nähe, Unabhängigkeit und Wut gesprochen. Sie bilden ein Trio. Ein allgemeiner Grund hierfür besteht darin, daß, wenn wir jemandem nahe stehen

* Anthony Storr, Human Aggression, a. a. O., S. 63.

und aufs engste mit ihm verbunden sind, es wahrscheinlicher ist, daß wir unsere ungelösten kindlichen Komplexe auf diese Person projizieren. In der Tat habe ich einmal von einer Studie gehört – ich weiß nicht, ob es wahr ist –, die statistisch ergeben habe, daß die Person, bei der die größte Wahrscheinlichkeit besteht, daß sie einen ermorden könnte, die Person ist, der man am nächsten steht, und der wahrscheinlichste Ort, an dem es passieren würde, sei das Schlafzimmer! (In meinem Fall wäre es die Küche. Denken Sie nicht daran, mit mir in einer kleinen Küche ein Essen zuzubereiten, wenn Sie sich nicht sicher sind, daß Ihr Mars nichts in meinem Horoskop tangiert.) Abhängigkeit erzeugt auch Wut. Wenn Sie von jemandem abhängig sind, um glücklich sein zu können, wenn Sie von jemandem abhängen, um sich liebenswert und wertvoll zu fühlen, wenn Sie von jemandem finanziell abhängig sind oder seine Sicherheit brauchen, ist es wahrscheinlich, daß Sie sich mehr ärgern und wütend sind, wenn diese Person Sie aus irgendwelchen Gründen abweist. Ich habe vorher schon gesagt, daß die besten Beziehungen diejenigen sind, die die Wut und den Haß eindämmen, die unvermeidlich von Zeit zu Zeit aufgrund der Liebe und Nähe, die Sie mit der anderen Person teilen, aufkommen werden.

Der Psychologe Winnicott sprach von der »guten Mutter« als von der Mutter, die die Liebe, die ihr Kind für sie empfindet, annehmen kann, die aber auch die Wut, die das Kind von Zeit zu Zeit für sie empfindet, akzeptieren oder mäßigen kann.* Eine Mutter ist bereits gut, wenn sie akzeptiert, daß es, obwohl sie ihr Kind liebt, Zeiten geben wird, in denen sie es am liebsten umbringen würde. Ein Therapeut ist dann gut, wenn er immer noch für einen da ist, nachdem man ihn in der Sitzung angegriffen hat, daß er nicht gut genug sei. Wir alle müssen lernen, daß wir auf einen Freund oder einen geliebten Menschen wütend sein und negative Gefühle haben dürfen, ohne daß wir deshalb diese Person notwendigerweise hassen oder die Verbindung abbrechen müssen; und wenn es einmal eine Zeit gibt, in der jemand, den wir lieben, Wut oder Haß auf uns hat, so muß das nicht das Ende aller Dinge sein. Aber natürlich könnte ein Tag kommen, an dem eine Beziehung so zerstörerisch wird, daß es am besten ist, seine Sachen zu packen.

* D. W. Winnicott, Playing and Reality. New York 1982, S. 11.

Punkt 4, der eine Erweiterung von Punkt 2 darstellt, behandelt einen anderen essentiell wichtigen Zweck unserer natürlichen Grundaggression. Er stellt einfach fest, daß uns eine gesunde Aggression mit dem Willen ausstattet, mehr von dem, was wir sind, zu entfalten, und daß wir zu dem werden, was wir werden sollen. Genauso wie ein Apfelsame »weiß«, daß er zu einem Apfel heranwachsen soll und nicht zu einer Orange, gibt es einen Teil in uns – unser inneres oder höheres Selbst –, der weiß, zu wem wir heranwachsen oder was wir werden sollen. Das innere Selbst führt, reguliert und überblickt unsere Entfaltung. Manche Leute sprechen in bezug auf das innere oder höhere Selbst vom transpersonalen Selbst, denn wenn man im Einklang mit seinem inneren oder höheren Selbst handelt, verhält man sich automatisch richtig und tut Dinge, die nicht nur richtig und gut für einen selbst sind, sondern die auch für das größere Ganze, von dem man ein Teil ist, von Nutzen sind – in diesem Sinne ist man jenseits des Persönlichen gelangt, mit anderen Worten ins Reich des Transpersonalen. Ich glaube, daß das innere Selbst eine aktive Komponente ist: Wir brauchen ein gewisses Maß an Aggression, Streben und Selbstbehauptung, um das Versprechen des Samens unserer Identität zu erfüllen. Der Existentialphilosoph Paul Tillich bringt eine ähnliche Glaubensvorstellung zum Ausdruck: »Das Wesen des Menschen ist diesem nicht nur gegeben, sondern wird von ihm auch verlangt. Er ist für es verantwortlich... Vom Menschen wird verlangt, aus sich zu machen, was er werden soll: seine Bestimmung zu erfüllen.«* Tillich sagt damit, daß wir heraustreten und zu dem werden müssen, wie wir gemeint sind, statt nur herumzusitzen und darauf zu warten, daß es von selbst passiert.

Ich habe über Mars gesprochen in seinem konstruktivsten Sinne – als Wille des heldenhaften Ego und als Fähigkeit, mit beiden Beinen auf dem Boden zu stehen und für sich selbst einzutreten; nach dem, was das Ego braucht, zu streben, das zu ehren, an was man glaubt und was man schätzt, und es anderen Leuten nicht zu erlauben, einem im Weg zu stehen. Nach Jung gibt es jedoch höhere Dinge als den Willen des Ego, denen wir uns beugen müssen. Es scheint, daß es zwei Ebenen des Willens gibt: den persönlichen

* Paul Tillich, Der Mut zum Sein, Berlin 1991.

Willen des Ego und das, was der Wille des höheren Selbst oder der Wille des transpersonalen Selbst genannt werden könnte. Mars symbolisiert den Willen des Ego, aber es ist nicht immer so, daß das, was unser Ego möchte, in Übereinstimmung mit dem ist, was das höhere Selbst mit uns vorhat. Was ist, wenn Ihr inneres Selbst ein Apfelsame ist, aber Ihr Ego darauf besteht, daß es lieber eine Orange wäre? Sie sehen das Problem. Mars trifft eine Wahl, um den Willen des Ego durchzusetzen, aber die große Frage lautet, ob dies in Einklang mit dem Willen des höheren Selbst steht oder nicht. Was geschieht, wenn Mars versucht, das Ganze allein durchzuziehen und den Plan des inneren Selbst zu ignorieren?

Isabel Hickey sagte immer: Wenn man versucht, ein kosmisches Gesetz zu brechen (ebenso wie die Absicht des inneren Selbst), man sich bei diesem Prozeß das Genick breche. Wenn Sie etwas begehren, das nicht in Übereinstimmung mit dem ist, was das höhere Selbst mit Ihnen vorhat, ist es das höhere Selbst, das schließlich auf die eine oder andere Weise siegen wird. Mars wird auf Aufdringlichkeit und Unbarmherzigkeit zurückgreifen, um das zu erreichen, was Ihr persönliches Ego begehrt; aber wenn das nicht in Einklang mit den Zielen des höheren oder transpersonalen Selbst steht, führt es schließlich dazu, daß Sie entdecken, daß das, wonach Sie so gierig gesucht haben, nicht befriedigend ist oder Sie nicht so erfüllt, wie Sie gehofft hatten. Kurz gesagt: Es wäre alles in allem besser, wenn wir den persönlichen Willen mit dem Willen unseres inneren Selbst in Übereinstimmung bringen könnten. Das dürfte für den selbstbezogenen Mars nicht leicht sein, aber ich glaube, daß dies die letzte Prüfung oder Herausforderung für ihn darstellt. Manche Menschen versuchen, durch Gebete oder Meditation ihren Mars (den Willen des Ego) mit dem Willen Gottes oder dem Willen des höheren, transpersonalen Selbst in Übereinstimmung zu bringen. Andere müssen erst auf die Knie gezwungen werden, bevor sie das tun; mit anderen Worten: Mars könnte gezwungen werden, sich dem Willen des höheren Selbst zu unterwerfen, ob ihm das gefällt oder nicht. In seinem Buch »Ego and Archetype« schreibt der Jungsche Analytiker Edward Edinger, daß die Erfahrung des Selbst »am wahrscheinlichsten dann stattfindet, wenn das Ego seine eigenen Kapazitäten erschöpft hat und sich seiner wesentlichen Unfähigkeit selbst bewußt wird«. Er fügt noch hinzu: »Des Menschen höchste Not ist die Gelegenheit für Gott.«* Es gibt ein anderes Sprichwort, obwohl ich Ihnen, ehrlich gesagt, nicht sagen kann, woher es stammt: »Du wirst die Wahrheit erkennen, und die Wahrheit wird dich zu dem machen, der du bist.«

Soweit ich es sehe, bestimmen die Prinzipien sowohl von Sonne als auch von Mars die ersten Stadien des Prozesses, durch den wir ein gesundes, funktionierendes Ego ausbilden können – ein Ego, das ausgestattet ist, um in der Welt so zu funktionieren, daß die persönlichen Ziele und Wünsche erreicht werden. Im Hinblick auf unser größtmögliches Wachstum und unsere Entfaltung wird es jedoch zu einem Punkt kommen, an dem unser persönliches Ego aufgefordert ist, etwas, das höher steht als es selbst, anzuerkennen und zu ehren, und seine Rolle als Kanal zu erkennen, durch den sich der Wille des transpersonalen Selbst zum Ausdruck bringen kann. Ich habe dies kurz in meinem Seminar über die Sonne berührt, aber ich wiederhole es noch einmal. Während die Sonne den Prozeß der Bestimmung unserer Individualität und das Gefühl für ein getrenntes Selbst repräsentiert, stellt sie auch unsere Verbindung zu unserem transpersonalen oder universalen Selbst dar – zu dem Teil von uns, der unser Einssein und unsere Verbindung zum Rest der Schöpfung fühlt. Die Glyphe für die Sonne zeigt den Kreis der Ganzheit, der den Punkt der Individualität umschließt, und sie beschreibt daher das, was die Jungianer als die Achse zwischen dem Ego und dem Selbst bezeichen. Fast paradox werden wir, indem wir unsere wahre Individualität zum Ausdruck bringen, zur Teilnahme an einem größeren Entwurf oder Plan herangezogen, durch den die Ganzheit des Lebens offensichtlich wird. In seinem Buch »Die Schulung des Willens« hat Roberto Assagioli, der Begründer der Psychosynthese, dazu folgendes zu sagen: »Genauso, wie es einen persönlichen Willen gibt, gibt es einen transpersonalen Willen, der ein Ausdruck des transpersonalen Selbst ist (wovon ich auch als inneres Selbst oder höheres Selbst spreche), das von der überbewußten Ebene der Psyche aus agiert. Es ist ein Vorgang, der vom persönlichen Selbst oder dem Ich als eine Zugkraft oder ein Ruf empfunden wird.«**

* Edward Edinger, Ego and Archetype. Baltimore 1973, London 1980, S. 50.
** Roberto Assagioli, Die Schulung des Willens. Paderborn 1983.

Einige Astrologen glauben, daß Uranus eine höhere Oktave von Merkur ist und Neptun eine höhere Oktave von Venus. Desgleichen wurde auch von Pluto gesagt, er sei eine höhere Oktave von Mars. Das ist eine interessante Idee, die zu dieser Diskussion dazugehört. Wir können Mars mit dem persönlichen Willen gleichsetzen und Pluto mit dem Willen des höheren Selbst. Pluto ist eine unerbittliche Kraft, die sowohl die persönliche als auch die kollektive Geschichte antreibt, und aus diesem Grund gibt es nicht viel, was Sie tun können, um den Wünschen Plutos entgegenzuwirken. Die Pubertät gehört ins Reich Plutos – sie ist eine wichtige Transformation, deren Eintreten man nicht verhindern kann. Man mag vielleicht keine Pubertät durchmachen wollen – man mag vielleicht nicht, daß man als Kind stirbt, um als Jugendlicher wiedergeboren zu werden –, aber außer sich umzubringen gibt es nicht viel, was man dagegen tun kann. Der körperliche Tod fällt auch unter Plutos Bereich, und es gibt nicht viel, was irgendeiner von uns tun kann, wenn die Zeit zum Sterben gekommen ist. Harte Aspekte zwischen Mars und Pluto im Horoskop weisen auf einen Kampf zwischen dem persönlichen Willen und dem Willen des höheren Selbst hin. Mars als Ihr persönlicher Wille mag wirklich einen bestimmten Beruf oder eine Beziehung haben wollen, aber Pluto – der Wille unseres höheren Selbst – mag denken, daß es in Wirklichkeit gut für Sie ist, diesen Beruf oder diese Beziehung nicht zu haben. Daher könnte es rühren, daß Mars unbarmherzig werden kann, um seine Ziele zu erreichen (und Mars/Pluto-Aspekte sind häufig mit Unbarmherzigkeit verbunden); aber, wie ich vorher erwähnt habe: Selbst wenn Sie damit erfolgreich sind, die Ambitionen Ihres persönlichen Willens zu verwirklichen, werden Sie in diesem Fall wahrscheinlich entdecken, daß dieser Beruf oder diese Beziehung keineswegs das »Richtige« war. Später werde ich noch mehr zu Mars/Pluto-Kontakten zu sagen haben.

Ich würde jetzt gern lieber einigen von den ziemlich »luftigen« Erklärungsansätzen, die ich gerade über den Zweck Ihrer gesunden Grundaggression gegeben habe, genauer auf den Grund gehen, indem wir uns näher ansehen, wie Mars im Horoskop vorgeht. Wir werden mit einem Überblick über die Mars-Aspekte beginnen (siehe Tabelle 4 auf Seite 293 f.). Liz sprach von Mars als kämpfendes Prinzip der Sonne und der anderen inneren Planeten. Das Mars-

Trigon oder -Sextil zu einem anderen Planeten erhöht die Ausdruckskraft dieses Planeten und sorgt dafür daß man diese Macht weise und vernünftig verwendet. Mars im Trigon oder Sextil zur Sonne bedeutet, daß Mars ein natürlicher Verbündeter oder wahrer Freund der Sonne ist. Diese günstigen Sonne/Mars-Aspekte helfen einem, sich durchzusetzen und seine Individualität auf eine Weise zu verteidigen, die nicht zu anstößig und überwältigend ist (obwohl man, wenn sie ein Trigon in Feuerzeichen bilden, immer noch geneigt sein könnte, es zu weit zu treiben). Sonne im Trigon oder Sextil zu Mars weist auch auf einen machtvollen Geist und eine starke Persönlichkeit hin. Bei fließenden Sonne/Mars-Aspekten ist Mars besser in der Lage, aus sich herauszugehen und für das zu kämpfen, was die Sonne braucht, um ihr Potential zu erfüllen. Wenn man Mars im Sextil oder Trigon zu Mond hat, neigt man naturgemäß dazu, für die eigenen Gefühle einzustehen; diese Aspekte verleihen emotionale Überzeugungskraft sowie den Glauben, daß man mit seinen Bedürfnissen und Gefühlen im Recht ist, und es sollte einem daher – wenn andere Aspekte dem nicht widersprechen, und verglichen mit jemandem, der schwierige Aspekte zum Mond aufweist – leichter fallen, seine emotionalen Bedürfnisse und Erfordernisse zu erfüllen. Ein fließender Mond/Mars-Kontakt weist auch darauf hin, daß man sich auf eine Weise durchsetzen kann, die mit der Umgebung in Übereinstimmung ist.

Mars im Trigon oder Sextil zu Merkur verstärkt die Fähigkeit, zu kommunizieren, und belebt den Geist. Man wird die Fähigkeit haben, andere durch Worte und Ideen zu stimulieren. Mars im Trigon oder Sextil zu Venus erhöht das natürliche Charisma, die Attraktivität und die Fähigkeit, Freude zu erfahren und zu genießen. Der Aspekt deutet auch an, daß man ein gutes Gleichgewicht zwischen Selbstbehauptung und Kooperation in Beziehungen herstellen kann. Fließende Mars/Venus-Kontakte können das Talent verleihen, sich selbst über kreative oder künstlerische Bahnen zum Ausdruck zu bringen. Mars im Trigon oder Sextil zu Jupiter verstärkt die Fähigkeit, nach den Lebenszielen des Jupiter zu streben und sie zu erreichen, und eine natürliche Fähigkeit, andere zu stimulieren und anzuregen, wenn man ihnen seine Begeisterung und Glaubensvorstellungen mitteilt. Wie bei Sonne im Trigon zu Mars, kann Mars im Trigon zu Jupiter in einem Feuerzeichen sich jedoch leicht von sich selbst davontragen lassen oder andere ein wenig zu begeistert drängen – was in England eine sichere Methode ist, um jemanden abzustoßen. Ich werde Mars im Trigon oder Sextil zu Saturn etwas später besprechen, wenn wir Mars/Saturn-Aspekte im allgemeinen behandeln. Das gleiche gilt für Mars im Aspekt zu äußeren Planeten.

Mars in den Zeichen
1. Das Zeichen, in dem Mars steht, zeigt die Art und Weise, wie man sich durchsetzt, wie man es anstellt, das zu bekommen, was man möchte. 2. Die Natur des Zeichens, in dem Mars steht, zeigt die Wege, durch die man individuelle Identität, Fähigkeit und Macht zum Ausdruck bringen kann. Mars in Zwillinge könnte das zum Beispiel über Worte und Kommunikation tun. 3. Das Zeichen, in dem Mars steht, ist ein Hinweis darauf, wie die Sexualenergie zum Ausdruck kommt und durchgesetzt wird. 4. Das Zeichen, in dem Mars steht, wird das Animus-Bild färben: das innere Bild des Männlichen. Man könnte dieses Bild selbst ausleben oder es projizieren, indem man es bei jemand anderem sucht.

Mars in den Häusern
1. Man kann seine individuelle Identität bestätigen, indem man seine Fähigkeiten und seine Macht in dem Lebensbereich zum Ausdruck bringt, der von der Hausplazierung von Mars (und den Häusern, die von den Zeichen Widder oder Skorpion eingeschlossen sind) bezeichnet wird. Das Haus, in dem Mars steht, ist der Bereich, in dem wir unser Leben und die äußere Welt entwickeln oder meistern müssen.

2. Das Haus, in dem Mars plaziert ist, zeigt einen Lebensbereich an, in dem man sich aggressiv oder ungeduldig fühlen kann und in dem man leicht wütend wird. Wenn man mit seiner Mars-Energie nicht in Berührung ist oder sie nicht zum Ausdruck bringt, könnte die Hausposition von Mars einen Bereich anzeigen, der depressiv oder krank macht.
3. Das Haus von Mars wird ein Lebensgebiet aufzeigen, durch das man oft versucht, andere damit zu beeindrucken, wie sexy, machohaft oder machtvoll man ist.

Mars-Aspekte
1. Jeder Planet, der Mars aspektiert, wird die Art, wie wir uns durchsetzen, beeinflussen und färben. Mars in Aspekt zu Uranus beispielsweise wird unsere Selbstbehauptung und unseren Selbstausdruck erhöhen und intensivieren, während Mars/Saturn-Aspekte die Selbstbehauptung eindämmen oder lächerlich machen. Allgemein gesagt weisen Planeten in harten Aspekten zu Mars auf schwierige Situationen hin, auf Kämpfe oder Probleme, denen wir begegnen, wenn wir versuchen, unsere Autonomie und Individualität zum Ausdruck zu bringen.
2. Die Natur eines Planeten, der Mars aspektiert, könnte einen Lebensbereich anzeigen, in dem wir uns stark fühlen oder unsere Identität bestätigen. Zum Beispiel könnte Mars im Aspekt zu Neptun darauf hinweisen, daß wir ein Gefühl der Stärke und Identität dadurch gewinnen, daß wir uns mit Themen Neptuns beschäftigen, zum Beispiel mit Musik oder mit Heilen.
3. Planeten, die Mars aspektieren, werden auch das Animus-Bild färben. Eine Frau könnte dies projizieren und es in einem Mann suchen. Ein Mann könnte versuchen, sein männliches Ego zu bestätigen, indem er sich auf eine Art und Weise verhält, die die Natur des Planeten, der Mars aspektiert, widerspiegelt.

Tabelle 4: Richtlinien zur Interpretation von Mars

Ich komme in Kürze zu den Mars-Konjunktionen, aber zuerst möchte ich die leichten Mars-Aspekte den Mars-Quadraten gegenüberstellen. Wenn man Mars im Quadrat zu einem Planeten hat, muß man einige Lektionen lernen in bezug auf die Verwendung oder den Ausdruck des Planeten, der Mars quadriert. Mars wird jedem Planeten, der zu ihm ein Quadrat bildet, Kraft und Nachdruck verleihen, aber es besteht die Gefahr, daß man zu waghalsig, ungestüm oder ungeschickt vorgeht in der Art und Weise, wie man diesen Planeten nutzt oder zum Ausdruck bringt – ein wenig wie Ares, der griechische Kriegsgott, der als ziemlich manisch, roh, blutrünstig und linkisch betrachtet wurde. Es ist weniger bekannt, daß Ares nicht nur ein Krieger war, sondern ursprünglich von einem seiner Lehrer, dem phallischen Gott Priapus, als Tänzer ausgebildet worden war. Das Tanzen vereint die Gefühle mit dem Körper. Wie ich vorher schon sagte, hilft uns ein fließender Mars-Aspekt, unseren Trieben oder Gefühlen Luft zu machen oder sie durch den Körper in Form irgendeiner Aktion zum Ausdruck zu bringen. Mars-Quadrate beinhalten jedoch verschiedene Probleme mit der Selbstbehauptung und einem ausgeglichenen oder harmonischen Selbstausdruck.

Wir beginnen mit dem Sonne/Mars-Quadrat. Ich erinnere mich, daß ich schon früh in meinem Studium der Astrologie ein Buch gelesen habe, das den Rat gab, daß jeder mit Sonne/Mars-Quadrat niemals mit Pistolen spielen sollte, weil ein Schuß versehentlich gegen einen selbst losgehen könnte. Ich weiß nicht – es könnte passieren. Während ich denke, daß der Autor des Buches vielleicht ein wenig zu buchstäblich oder speziell (oder paranoid) vorgegangen ist, hat er diese Deutung wahrscheinlich auf die Tatsache gegründet, daß ein Sonne/Mars-Quadrat einen hohen Grad an Spannungen in der Persönlichkeit erzeugen kann. Sonne und Mars sind beide »männliche« oder Animus-Prinzipien; wenn man sie im Quadrat hat, könnte man sich zu sehr durchsetzen wollen, man könnte zu ungeduldig oder impulsiv sein, zu aggressiv, aufdringlich, selbstbezogen, autokratisch oder sogar gewalttätig – alles Eigenschaften, die mit einem »negativen Animus« assoziiert werden. Daher wird es notwendig sein, zu lernen, die eigene Selbstbehauptung und den eigenen Selbstausdruck zu zügeln – sonst wird man den meisten Menschen einfach zuviel und behindert den eigenen

Weg des Fortschritts im Laufe des Prozesses. Es ist möglich, zu versuchen, diese Tendenzen zu kompensieren, indem man sein Bestes gibt, um lieb und nett zu sein und oberflächlich betrachtet fügsam zu erscheinen. Wenn dies der Fall ist, treibt es Sonne/Mars in den Untergrund, wo der Aspekt in Form passiver Aggression, Manipulation oder unbewußt kontrollierenden Verhaltens zum Vorschein kommt; oder das Verdrängen von Sonne und Mars bedeutet, daß man seinen negativen Animus projiziert und Menschen in seinem Leben anzieht, die dominierend, aufdringlich und ungeduldig sind oder besonders zu Wutausbrüchen oder Gewalt neigen, wenn sie in Ihrer Nähe sind. Ich habe bereits einiges davon mit Ihnen in meinem Seminar über die Sonne besprochen, weil alles, was die Sonne aspektiert, normalerweise zuerst über den Vater erfahren wird. Es könnte interessant sein, einige wenige Zeichenbeispiele von Sonne/Mars-Quadraten herauszugreifen, einfach um auszuführen, wie diese Aspekte sich manifestieren können. Machen Sie mir einen Vorschlag.

TEILNEHMER: Wie steht es mit Sonne in Widder in Quadrat zu Mars in Krebs?

HOWARD: Ja, das ist ein saftiger Aspekt. Sonne in Widder verleiht naturgemäß einen starken Drang, sich selbst zum Ausdruck zu bringen, und weist auf den Wunsch, zu führen und zu initiieren, hin und auf das feurige Bedürfnis, abenteuerlich zu sein und Risiken einzugehen, um die eigenen Potentiale zu erfüllen. Wie hilfreich wird Mars in Krebs dabei sein? Wahrscheinlich ist er kein großer Freund für die Sonne, weil man die Sonne in einem Feuerzeichen und Mars – der ein Verbündeter der Sonne sein soll – in einem Wasserzeichen stehen hat. Der Widder-Drang, zu führen, Risiken einzugehen oder den Weg für etwas Neues zu ebnen, könnte durch die Indirektheit und das Zögern, die Mars in Krebs oft empfindet – ein Zeichen, das das vorzieht, was sicher und bekannt ist –, behindert werden. Sie können sehen, wie Sonne in Widder im Trigon zu Mars in Löwe oder in Schütze in dieser Hinsicht weitaus besser funktionieren würde. Es ist jedoch falsch, anzunehmen, daß Mars in Krebs ein Schlappschwanz sei. Ich habe viele Menschen mit dieser Plazierung gekannt, die extrem scharfsinnig sind, weil sie sich mit Krebs-Empfindsamkeit durchsetzen: Sie »erspüren« den besten Weg, um jemanden zu erreichen oder jemandem nahe zu kommen, und das hilft ihnen, ihre angestrebten Ziele und Ambitionen zu erreichen. Aus diesem Grund sollte Mars in Krebs ein guter Geschäftsmann sein. Mars in Krebs wird auch dann munter, wenn Gefühle hochkommen und stimuliert werden, daher können Personen mit dieser Plazierung oft in bezug auf Prozesse, Kreuzzüge oder Menschen, die sie entweder mögen oder nicht mögen, ziemlich leidenschaftlich sein. Wenn man Sonne in Widder im Quadrat zu Mars in Krebs hat, intensiviert die feurige Natur von Sonne, Widder und Mars die Gefühle, die mit dem wäßrigen Krebs verbunden sind, und man könnte Zeiten erleben, in denen man emotional überwältigt ist und von seinen Leidenschaften fortgetragen wird – was anderen Leuten Angst machen und sie davonjagen könnte. Man könnte eine ähnliche emotionale Intensität bei Sonne in Löwe in Quadrat zu Mars in Skorpion finden, oder sogar bei Sonne in Schütze im Quadrat zu Mars in Fische, obwohl letzteres dazu neigt, sich etwas mehr zu zerstreuen. Schlagen Sie ein anderes Paar vor? Etwas in Erde und Luft würde einen netten Gegensatz darstellen.

TEILNEHMER: Was ist mit Sonne in Waage im Quadrat zu Mars in Steinbock?

HOWARD: Wie wäre es, wenn Sie mir zur Abwechslung etwas dazu sagen? (Stille.) Niemand hat etwas dazu zu sagen? In Ordnung, dann bin ich dran. Der Weg der Individuation und Selbstentwicklung beinhaltet für diejenigen mit Sonne in Waage, daß sie größeres Gleichgewicht in ihrem Leben und ihrer Persönlichkeit gewinnen. Es gibt ein paar offensichtliche Polaritäten, die die Waage-Menschen ins Gleichgewicht bringen müssen: den Kopf und das Herz (Gedanken und Gefühle), Realismus, praktische Veranlagung, Idealismus, Spiritualität und die Durchsetzung ihrer Bedürfnisse und Ansichten gegenüber der Diplomatie und Zusammenarbeit mit anderen. Mars im erdhaften Steinbock kann dogmatisch und starrsinnig in bezug auf seine Glaubensvorstellungen sein und in bezug darauf, wie eine Handlung ausgeführt werden sollte, und er hat nicht notwendigerweise die intellektuelle Objektivität und den Scharfblick, die der Waage auf ihrer solaren Suche nach Objektivität und Ausgleich helfen würden. Der Waage-Mensch ist ein Idealist mit einer luftigen Vision, wie die Dinge laufen oder organisiert werden sollten, und Mars in Steinbock kann ein Eiferer sein im

Hinblick darauf, wie Dinge vollendet werden sollten. Ich habe bemerkt, daß Leute mit diesem Quadrat ziemlich häufig besessene Perfektionisten sind und starre Rezepte haben, was richtig und falsch ist, anständig und nicht anständig. Sie können extrem geschäftig sein, höchst kritisch und verurteilend in bezug auf sich selbst und auf andere. Auf der Plusseite ist diese Kombination von Planeten und Zeichen ein Rezept für große Ausdauer und verleiht die Entschlossenheit, seine Sache gut zu machen. Wenn ich etwas auf hohem Niveau gemacht haben wollte, würde ich es mir ernsthaft überlegen, eine Person mit diesem Quadrat einzustellen – obwohl ich von ihr nicht erwarten würde, daß sie es in einer Nacht zustande bringt. Es wird Zeit (Steinbock) benötigt, um die Dinge genau richtig (Waage) zu machen.

Ich hoffe, daß Ihnen das eine Vorstellung davon gibt, warum ein Quadrat von Sonne zu Mars ein ziemlich herausfordernder Aspekt sein kann. Während Mond im Quadrat zu Mars die gleiche Art emotionaler Überzeugungskraft verleihen kann, die mit einem Trigon oder Sextil verbunden ist, weist das Quadrat normalerweise auf oft unkontrollierte emotionale Reaktionen hin – man explodiert schnell und kommt leicht auf hundertachtzig. Leute mit diesem Aspekt wollen, was sie wollen, immer sofort; wenn sie zu lange warten müssen, werden sie schnell frustriert und wütend, als ob der Körper seine Gefühle nicht sehr gut für sich behalten könnte. Achten Sie darauf, wann dieses Quadrat durch einen Transit oder eine Progression aktiviert wird – es ist wahrscheinlich, daß der Mutterkomplex bei diesen Menschen ausgelöst wird, und sie könnten bei der geringsten Provokation in die Luft gehen. Diejenigen, die diesen Aspekt haben, müssen lernen, geduldig zu sein, und Wege finden, um ihre emotionalen Reaktionen und ihre Gefühlsnatur zu regulieren und zu meistern.

Mars im Quadrat zu Merkur energetisiert den Geist, aber der Aspekt kann einem eine scharfe Zunge geben und eine Person zu Unfällen neigen lassen, sie streitsüchtig wie auch ruhelos und zappelig machen. Ideen und Gedanken könnten schneller auftauchen, als sie verarbeitet werden können, und es könnten Dinge hinausposaunt werden, die man später bedauert. Dieses Quadrat bedarf größerer Meisterung und Kontrolle des Geistes und der Rede.

Mars im Quadrat zu Venus kann das gleiche künstlerische Flair und das gleiche persönliche Charisma verleihen wie ein Trigon oder Sextil, aber er verweist oft auf eine intensive, leidenschaftliche Natur, die im eigenen Leben Verwüstungen anrichten kann. Ich habe eine Reihe von Leuten mit diesem Quadrat gesehen, die entweder Gewalt in Beziehungen ausleben oder provozieren. Marquis de Sade hatte Mars in Widder im Quadrat zu Venus in Krebs, und Sie wissen, wie weit er gegangen ist – das Wort Sadismus kommt von seinen Taten. Die zugrundeliegende Spannung hängt sich normalerweise an Machtangelegenheiten auf, und obwohl man die andere Person für alle Schwierigkeiten, die entstehen, verantwortlich machen möchte, ist der Konflikt ein innerer: Der Wunsch, mit einem Partner in Harmonie zu sein und es ihm recht zu machen, steht im Widerstreit mit dem starken Drang, daß alles nach dem eigenen Kopf gehen soll.

In extremen Fällen sind manche Leute mit Mars im Quadrat zu Jupiter fanatisch: Der Enthusiasmus geht über Bord und verwandelt sich in Raserei und Manie; sie mögen wohlmeinend sein, aber sie denken oft, daß sie ein Monopol auf die Wahrheit haben – das, an was sie glauben, sollte das sein, an was auch alle glauben. Häufig entstehen philosophische oder politische Streitereien und können ziemlich erbittert werden. In milderen Fällen ist es der »Ich will kein Nein als Antwort«-Vertreter, der es schafft, einen Fuß in die Tür zu bekommen, bevor man überhaupt geöffnet hat, oder Overkill-Künstler mit einem echten Talent, einem gerade die Dinge zu verleiden, über die sie sich so aufregen. Wir werden die anderen Mars-Quadrate etwas später behandeln.

Mars-Konjunktionen sind dem Quadrat nicht unähnlich – Mars wird die Potenz und den Geltungsdrang jedes Planeten, mit dem er in Konjunktion steht, erhöhen. Mars in Konjunktion zur Sonne erhöht den Drang nach Autorität, Macht und Selbstausdruck. Mars in Konjunktion zu Mond verstärkt Gefühle und emotionale Reaktionen und so weiter. Offensichtlich muß man, wie bei jeder Konjunktion, die Wirkungen des Zeichens, in dem sie plaziert ist, in Betracht ziehen und sie auch in bezug auf den Rest des Horoskops analysieren, mit besonderem Augenmerk auf die Art der Aspekte, die die Konjunktion selbst betreffen. Ein Quadrat oder eine Opposition zu irgendeiner Mars-Konjunktion wird zweifellos die Dinge verschärfen, und kann eine äußerst herausfordernde Konstellation sein, mit der gearbeitet und umgegangen werden muß – aber es wird für die eigene Freude, den Erfolg oder das Wohlergehen lebenswichtig sein, daß man es tut.

Mars-Oppositionen gehen oft sonderbar vor. Viele Menschen mit diesen Oppositionen scheinen durch Kämpfe und Konflikte mit anderen Menschen etwas über den Erfahrungsbereich zu lernen, der mit dem Planeten verbunden ist, welcher in Opposition zu Mars steht. Wenn man zum Beispiel Sonne in Opposition zu Mars hat, muß man mit einer anderen Person die Kräfte messen oder sich gegen sie erheben, um herauszufinden, welche die eigenen Normen sind. Wahrscheinlich manifestiert dies sich zum ersten Mal als Kampf mit dem Vater, der seinen Willen gegen den eigenen durchsetzen möchte und der will, daß man so zu sein hat, wie er es möchte, nicht so, wie man wirklich ist; daher ist man gezwungen, für das Recht, man selbst zu sein, zu kämpfen, indem man im Laufe des Prozesses klarer definiert, wer man ist. Später wird der Kampf weitergeführt, indem man auf Vaterfiguren oder Autoritätspersonen wütend ist. Man könnte denken, daß die andere Person halsstarrig und eigensinnig ist, aber ich versichere Ihnen, daß man, wenn man Sonne in Opposition zu Mars hat, selbst auch kein Weichling ist. Jede Opposition zu Mars erinnert mich an politische Systeme, in denen die Oppositionspartei dazu beiträgt, die Politik der Regierungspartei zu definieren und umgekehrt. Diejenigen mit Mond in Opposition zu Mars kämpfen schließlich mit allem oder um alles, was mit dem Mond-Prinzip verbunden ist – Konflikte mit der Mutter oder mit dem Weiblichen im allgemeinen, häusliche Streitigkeiten, Rangeleien um Territorialrechte und natürlich Streitigkeiten in bezug auf emotionale Bedürfnisse und Ansprüche. Im Zuge des Kampfes um Anerkennung ihrer emotionalen Bedürfnisse definieren sie diese klarer und lernen, sich für sich selbst einzusetzen. Menschen mit Merkur in Opposition zu Mars finden sich häufig in Streitigkeiten mit anderen verwickelt, und auf diese Weise klären und differenzieren sie ihre Gedanken und Vorstellungen. Venus in Opposition zu Mars erzeugt Kämpfe mit Partnern, besonders jene Konflikte, bei denen die eigenen Werte oder Wünsche, die einem lieb und teuer sind, im Widerspruch zu dem stehen, was die andere Person möchte und schätzt. Und doch ist das die Art und Weise, auf die man sein Wertesystem definiert und die einem

Freude bereitet. Menschen mit Mars in Oppostion zu Jupiter streiten mit anderen über Philosophie, Religion oder Politik und lernen dabei, für sich selbst einzutreten und ihren Glaubensvorstellungen im Laufe dieses Prozesses Form zu verleihen. Mahatma Gandhi, der Befreier Indiens, hatte diesen Aspekt und nahm den gesamten British Raj auf sich. John McEnroe war mit einer Mond/Mars-Konjunktion in Opposition zu Jupiter gesegnet, der ein großes Kreuz mit Sonne/Merkur in Opposition zu Pluto bildete. Es ist kein Wunder, daß er für seine Wutausbrüche und Streitereien mit den Ansichten und Perspektiven (Jupiter) von Schiedsrichtern und ganz allgemein mit dem professionellen Tennisestablishment berühmt ist. Ich bin nicht scharf darauf, Sie zu einem zweiten McEnroe zu machen, aber eigentlich denke ich nicht, daß Sie sich zu schlecht fühlen sollten, wenn Sie Mars-Oppositionen in Ihrem Horoskop haben und sich in Kämpfe und Konflikte mit anderen Personen verwickelt finden, denn das ist genau die Art und Weise, wie Sie besser verstehen lernen, wer Sie sind und wo Sie stehen. Löwen sind dazu geschaffen, zu brüllen, nicht zu summen. Wie viele Leute hier mit einer Mars-Opposition würden sagen, daß sie dazu neigen, häufig mit anderen ihre Kräfte zu messen?

TEILNEHMER: Ich habe Sonne in Opposition zu Mars und kämpfte mit meinem Vater, und nun werde ich oft in Streitigkeiten mit Autoritätspersonen verwickelt.

TEILNEHMER: Ich habe Mars in Opposition zu Venus, und ich zog Gewalt in Beziehungen an. Als Ergebnis habe ich gelernt, mich für mich selbst stark zu machen.

TEILNEHMER: Ich habe Mars in Opposition zu Uranus, und mir passiert viel.

HOWARD: Ja, darauf wette ich. Ich werde in Kürze von Mars/Uranus-Aspekten sprechen, aber lassen Sie uns mit Variationen von Mars/Saturn beginnen.

Mit Mars im Trigon oder Sextil zu Saturn neigt man dazu, zu wissen, wieviel Energie oder Anstrengung man in eine Sache zu stecken hat. Saturn stabilisiert und organisiert Mars und agiert als Fokus für ihn, hilft ihm, eine Strategie zu entwerfen und verleiht Mars gleichzeitig die Geduld und das Stehvermögen, um den Plan auszuführen. Selbst bei den harmonischen Aspekten zwischen diesen beiden Planeten könnte es sein, daß man nicht in der Lage ist, sie auf positive Weise zu verbinden, bis man ein gewisses Maß an Lebenserfahrung gesammelt und ein paar Lektionen gelernt hat – auf die harte Weise, indem man erst Fehler macht. Das Trigon und Sextil deutet an, daß man seinen Saturn meistern wird, daß man seine Handlungen gut »timen« kann und daß man nicht auf ewig zuviel oder zuwenig tun wird, wie es bei einer Konjunktion oder harten Winkeln zwischen diesen beiden Planeten der Fall sein könnte (obwohl das Trigon oder Sextil immer noch dazu tendieren könnte, Mars langsamer und vorsichtiger zu machen, nicht gehetzt und impulsiv). Anders betrachtet wird Mars Saturn Energie zuführen, daher könnte man jemand sein, der für Gesetz und Ordnung eintritt, der fähig ist, Chaos in Ordnung zu verwandeln, und der eintritt für den Wert von Disziplin und harter Arbeit, um im Leben voranzukommen.

Die Konjunktion und das Quadrat bereiten weitaus mehr Probleme. Zum einen könnte Saturn Mars abschrecken und blockieren. Man denkt darüber nach, eine Handlung auszuführen, und dann platzt Saturn dazwischen und sagt: »Warte mal, Mars, bist du bereit, ist es die richtige Zeit, bist du gut genug, um das zu tun?« Damit haben wir, was als »einen Wagen mit angezogener Handbremse fahren« bezeichnet wurde.* Das ist die antriebsgehemmte Seite des Mars/Saturn-Dilemmas. Dilemma ist ein gutes Wort, um die Kombination dieser beiden Planeten zu beschreiben: Sie sind von Natur aus derart gegensätzlich, daß sie, wenn sie durch eine Konjunktion oder einen harten Winkel zusammengebracht werden, Spannungen und Konflikte in der Psyche erzeugen müssen. In der Situation, die ich gerade beschrieben habe, könnte Mars von Saturn zu sehr zurückgehalten werden. Aber das Umgekehrte ist ebenso möglich: Man könnte versuchen, sich durchzusetzen (Mars), indem man keine Grenzen oder Gesetze in Betracht zieht (Saturn) und hinter Gittern oder mit gebrochenem Genick endet oder einfach mit Eiern im Gesicht – was möglicherweise dem ganzen Komplex gut tut, nicht aber dem Ego und dem Selbstwertgefühl, obwohl es die Schmach wert wäre, wenn man etwas aus der Erfahrung lernte. Das ist der andere Pol des Dilemmas, bei dem

* Alan Oken, The Horoscope, the Road and Its Travelers. New York 1974, S. 248.

Mars Saturn nicht genügend Respekt erweist; und es gibt keinen Zweifel, daß Mars von dem Gespür für die rechte Zeit, von der Vorsicht und der Planung, die Saturn ihm zu bieten hat, profitieren würde.

Die Opposition von Mars und Saturn hat viele Ähnlichkeiten mit dem Quadrat. Doch wie bei jeder Opposition (und sehr oft auch bei Konjunktionen und Quadraten) könnte man sich mit dem einen Ende der Opposition identifizieren und dieses favorisieren. Als Folge davon wird man das verdrängte Ende erfahren, als ob es von außen auf einen zukommt. Das kann bei Mars in Opposition zu Saturn von beiden Seiten her funktionieren. Lassen Sie uns annehmen, Sie stellen sich auf die Seite von Mars und glauben, daß Sie mit Waghalsigkeit und übermäßig aggressivem, impulsivem Verhalten über die Runden kommen. Sie werden wahrscheinlich keinen Erfolg haben, weil Sie Saturn im Außen begegnen werden – jemand oder etwas wird versuchen, Sie zu stoppen. Oder Sie können es andersherum durchspielen: Sie stehen auf der Seite von Saturn, halten sich zurück, zögern Handlungen aufgrund von Übervorsichtigkeit, der Furcht zu versagen oder unfähig zu sein, hinaus. In diesem Fall werden Sie Mars von außen anziehen, wahrscheinlich in Form von Menschen, die Sie anstacheln und Sie dazu drängen, das zu tun, weswegen Sie so unsicher oder zögernd sind. Der Punkt, auf den ich wirklich hinaus will, ist der, daß – egal, wie sehr der Konflikt als einer zwischen Ihnen und der äußeren Welt erscheinen mag – ein inneres Dilemma besteht zwischen Aktion (Mars) und Stagnation (Saturn), das Sie mit sich herumtragen. Nur indem Sie den inneren Zusammenprall dieser Archetypen lösen, nur indem Sie einen Weg finden, um zwischen Mars und Saturn in Ihrem Innern Frieden zu schließen, werden Sie sich von den Problemen, die durch Projektion verursacht wurden, befreien. Es könnte Sie ermutigen, daß Jung nicht glaubte, Projektion sei total pathologisch. Er betonte, daß ein projiziertes Bild ein Potential sei, das im eigenen Innern eingesperrt sei, und daß, wenn dieser Teil von einem selbst das Bedürfnis habe, erkannt zu werden, man ihm begegnen werde, durch wen oder was auch immer, aber eben gerade über die Person oder Situation, auf die man das Problem projiziert hat. Wenn Sie Ihre Karten richtig ausspielen und die Projektion als Ihre eigene anerkennen, sind Sie einen großen Schritt bei der Wiederan-

eignung und Reintegration dessen, was Sie auf andere abgeschoben haben, vorangekommen. In dem Fall, in dem Sie sich auf Mars' Seite stellen und Saturn projizieren, könnte es hilfreich sein, sich zu fragen: »Warum ziehe ich soviel Behinderung und Beschränkung an – ist es deswegen, weil es etwas in mir gibt, das mich zurückhalten oder bis zu einem gewissen Grad abkühlen will?« Oder in dem Fall, in dem Sie sich auf Saturns Seite stellen und Mars verleugnen, sollten Sie sich fragen: »Warum drängen mich die Leute so; gibt es etwas in mir, das handeln will, und ich erkenne es nicht?«
TEILNEHMER: Wie sieht es bei der Quincunx zwischen Mars und Saturn aus? Funktioniert das auf gleiche Weise? Wird auch hier Projektion eine Rolle spielen?
HOWARD: Aufgrund der inhärenten Spannung zwischen der gegensätzlichen Wesensart von Mars und Saturn würde ich eine Quincunx zwischen diesen beiden Planeten als wichtigen, herausfordernden Winkel einordnen, was bedeutet, daß Projektion wahrscheinlich ist (wie bei jedem schwierigen Aspekt), zumindest, bis man sich eines Besseren belehren läßt. In bezug auf die Interpretation von Quincunx-Winkeln treten immer Fragen auf, und es lohnt sich daher, etwas Zeit darauf zu verwenden, um sie ganz allgemein zu besprechen. In den meisten Fällen konnte ich feststellen, daß die Quincunx ein machtvoller Aspekt ist, den man in einem Horoskop nie unbeachtet lassen sollte. Bevor Sie fragen – ich bin, was den Orbis angeht, ziemlich großzügig: Ich gebe ihr um die 5 Grad. Ich weiß, daß, wenn man sie so weit ausdehnt, sie sich mit einigen unbedeutenderen Aspekten überlappen wird, aber aus meiner Erfahrung, Horoskope für Leute zu erstellen und zu hören, was sie aus ihrem Leben zu erzählen haben, bin ich fast sicher, daß eine Quincunx innerhalb dieses Orbis wirkt. Wenn Sie sie also auf 2 oder 3 Grad begrenzt haben, sollten Sie sich Ihr Horoskop vielleicht noch einmal anschauen, um zu sehen, ob Sie nun mit diesem Orbis noch weitere Quincunx-Winkel erhalten haben – Sie könnten einen neuen Weg entdecken, um zu verstehen, was in Ihrer Psyche oder Ihrem Leben vor sich geht.

Quincunx-Winkel sind als »neurotische Aspekte« beschrieben worden – nicht, weil sie neurotisch machen (obwohl sie das können), sondern weil sie unberechenbar und sehr oft in widersprüchlicher Art und Weise agieren. Alan Oken bestätigt dies, indem er die

Quincunx als eine Art »Seegang«-Aspekt beschreibt, der manchmal mit einem harmonisch zusammenarbeitet und einem manchmal ziemlich viel Ärger macht.* Das scheint sinnvoll, da eine Quincunx in der Mitte zwischen einem Trigon und einer Opposition angesiedelt ist – daher kommt der Wechsel zwischen dem trigonartigen positiven Ausdruck und den stärker herausfordernden oppositionsartigen Auswirkungen. Wenn die beiden Planeten durch eine Quincunx zusammengebracht werden, scheinen sie sich manchmal in einer wechselseitig vorteilhaften Art und Weise zu verbinden und zusammen zu agieren. Wenn Sie zum Beispiel Mars in Quincunx zu Saturn haben, wird es Zeiten geben, in denen der Aspekt wie ein Trigon wirkt – Sie finden instinktiv das richtige Gleichgewicht oder die richtige Mischung zwischen beharrlicher Selbstbehauptung und allgemeiner Anpassungsfähigkeit. Doch wird es auch andere Zeiten geben, in denen die gleiche Quincunx mehr wie eine Opposition wirken und Themen und Spannungen erzeugen wird, die eher jenen Problemen ähneln, die ich vor ein paar Minuten erwähnt habe.

Wenn eine Saturn/Mars-Quincunx sich durch Schwierigkeiten zum Ausdruck bringt, besteht Ihre Aufgabe darin, sich anzupassen und auszutüfteln, wie Sie diese beiden Planeten verbinden oder ausgleichen können, bis es richtig ist. Eine Quincunx verlangt, daß man tut, was man kann, um die beiden Enden auf eine konstruktive Weise zu verbinden. Wie ich gesagt habe, wird es Zeiten geben, in denen das beinahe automatisch geschieht, als ob es sich um ein Trigon handeln würde; und es wird Zeiten geben, in denen man wirklich ein Chaos verursacht, wenn es darum geht, die beiden beteiligten Planeten zusammenzubringen. Venus Quincunx Jupiter beispielsweise kann sich mischen, um Ihrem Wesen einen sehr positiven, kreativen und offenen Zug zu verleihen, aber der Aspekt kann sich auch als zu große Nachgiebigkeit manifestieren oder aus Ihnen die Art von Person machen, die in einer Beziehung von einem Extrem ins andere verfällt – an einem Tag himmelhoch jauchzend und am nächsten Tag zu Tode betrübt, wenn es dem Partner nicht gelungen ist, sich entsprechend Ihren übersteigerten Erwartungen zu verhalten. Viele Astrologen gründen ihre Deutung der Quin-

* Alan Oken, The Horoscope, the Road and Its Travelers, a.a.O., S. 206.

cunx auf den natürlichen Tierkreis, bei dem dem Quincunx-Winkel ein Widder-Jungfrau-Flair (und 1./6. Haus) oder ein Widder-Skorpion-Flair (1./8. Haus) zugeschrieben wird – da Jungfrau und Skorpion die beiden Zeichen sind, die 150 Grad von Widder entfernt liegen, und das 6. und 8. Haus die beiden Häuser sind, die 150 Grad vom ersten Haus entfernt liegen. Jungfrau und das 6. Haus und Skorpion und das 8. Haus fordern innerlich zur Anpassung auf, zur Verfeinerung oder Verwandlung. Sie können das alles in Ihrer Freizeit durchkauen, aber wir tun besser daran, uns jetzt den Mars/Uranus-Aspekten zuzuwenden.

Mars im Trigon oder Sextil zu Uranus ist ein guter Aspekt im Horoskop. Wie früher schon festgestellt, fügt ein harmonischer Mars-Kontakt dem Ausdruck des planetarischen Prinzips, das er berührt, Macht und Dynamik hinzu. Eine positive Verbindung zwischen Mars und Uranus verstärkt die Fähigkeit, Veränderungen im Leben vorzunehmen oder ein Agent oder Katalysator für den Wandel im Kollektiv zu sein. Sie verleiht einem die Fähigkeit, aufgrund eigener Vorstellungen oder Inspirationen nach Art des Uranus zu handeln, ohne es zu weit zu treiben, und zeigt normalerweise einen hohen Grad von Individualität und Originalität an – und den Dreh, wie man auf diese Weise vorankommt. Irgendwie ist das eigene »Anderssein« akzeptabel. Fließende Mars/Uranus-Aspekte erhöhen die magnetische Anziehungskraft und das Charisma und verleihen einem eine ganze Menge unterschwelliger Stärke und Spannkraft. Wenn man auf Widerstand und Blockaden stößt oder sich niedergedrückt oder deprimiert fühlt, wird es wahrscheinlich nicht allzu lange dauern, bis man einen Weg zum Durchbruch findet und wieder ins Leben zurückschnellt.

Eine Konjunktion, ein Quadrat oder eine Opposition zwischen diesen beiden Planeten können den gleichen Grad an Originalität und Intensität verleihen wie ein Trigon oder ein Sextil, aber man könnte mehr Probleme haben im Hinblick darauf, daß die anderen die eigene Andersartigkeit akzeptieren. Uranus intensiviert und elektrifiziert jeden Planeten, mit dem er in Kontakt kommt. Verbinden Sie ihn mit Mars – und Sie haben einen Aspekt von extrem hoher Voltzahl. Es ist klar, daß diese große Energie und Kraft nicht 24 Stunden am Tag wirksam ist – Sie würden sehr schnell ausbrennen, wenn dies der Fall wäre. Aber es wird Zeiten geben, in denen ein Mars/Uranus-Quadrat, eine Opposition oder eine Konjunktion (sogar eine gut aspektierte Konjunktion) solch einen machtvollen Energiestrom durch Ihr System schickt, daß Sie Probleme bekommen könnten, mit ihm fertigzuwerden. Die Gefahr besteht darin, zu explodieren oder einer Kurzschlußreaktion zum Opfer zu fallen. Leute mit einer Konjunktion oder einem harten Winkel zwischen diesen beiden Planeten müssen ihr Nervensystem in irgendeiner Weise stärken und stabilisieren – vielleicht durch Yoga, Meditation oder regelmäßige Körperübungen –, damit sie einen solideren Behälter für die blitzartige elektrische Kraft, die durch diese Aspekte erzeugt wird, erhalten. Harte Mars/Uranus-Kontakte (und ich zähle die Konjunktion auch zu dieser Kategorie) verweisen auf Menschen mit unglaublich starken Selbstbehauptungskräften und einem ebensolchen Bedürfnis, sich selbst durchzusetzen. Das ist in Ordnung, vorausgesetzt, sie haben eine konstruktive Leitbahn, ein Projekt, ein Thema oder eine Kampagne, worin sie ihre durchsetzungsfähige oder aggressive Energie kanalisieren können. Aber wenn ihr Bedürfnis, sich durchzusetzen, blokkiert ist, kein echtes Interesse gegeben ist oder auf nichts Aufregendes gelenkt werden kann, können sie über alle Maßen wütend, ruhelos oder deprimiert werden. Mars und Uranus sind beide Typen des Animus-Prinzips; wenn sie zusammenfallen, entsteht ein doppelter Effekt an »männlicher« Kraft und Macht. Die harten Winkel werden Arbeit erfordern und bewußte Anstrengung, um sie richtig und in gesunden Maßen zu nutzen; ansonsten könnte man Charakterzüge an den Tag legen, die mit einem »negativen Animus« assoziiert werden – wie zum Beispiel Gewalttätigkeit oder tyrannische, fanatische und herrschsüchtige Neigungen.

Mars in Opposition zu Uranus ist ein interessanter Aspekt. Wie bei jedem Mars/Uranus-Kontakt besitzen die Menschen mit einer Opposition ein mächtiges Bedürfnis, sich durchzusetzen. Sie scheinen aufzublühen, wenn sie Menschen finden, die einen gleichermaßen machtvollen Selbstbehauptungsdrang haben wie sie selbst und mit denen sie dann ihre Kräfte messen und kämpfen können. Sie haben kein Interesse daran, mit Schwächlingen zu konkurrieren; sie suchen sich instinktiv andere uranische Menschen – oder werden von diesen angezogen –, mit denen sie dann kämpfen. Stellen Sie sich einfach zwei starke uranische Individuen vor, die sich gegenseitig gesucht und gefunden haben: ein Feuerwerk. Und doch, wie vorher besprochen – durch diesen erbitterten Willenskampf behaupten diese Leute ihre Fähigkeiten, ihre Glaubensvorstellungen und ihre Identität und erfahren mehr darüber, wer sie eigentlich sind.

Mars/Neptun-Aspekte schmecken im Vergleich dazu ganz anders. Isabel Hickey bezeichnete Mars im Trigon oder Sextil zu Neptun als »den praktischen Idealisten«. Bei den fließenden Aspekten arbeitet Mars (der Planet der Aktion) in Einklang mit Neptun (dem Idealisten, dem Heiler, dem Visionär oder dem Künstler) und macht dadurch die Verwirklichung der Ideale und Träume, der Heilkräfte und der kreativen Inspiration durch Aktionen möglich. Die Konjunktion (sogar eine gut aspektierte), das Quadrat und die Opposition sind weitaus vertrackter. Die Durchsetzungskraft wird mit Neptun verbunden, aber auf schwierige Art und Weise. Anfängern kann Neptun sehr nebelhaft erscheinen, daher könnte man unsicher oder verwirrt sein, wie man in einer bestimmten Situation handeln sollte. Oder aufgrund der das Ego auflösenden Eigenschaften von Neptun und seiner Neigung zur Selbstaufopferung könnte man sich schuldig fühlen, wenn man seinen persönlichen Willen durchsetzt, und vielleicht glauben, daß es von einem höheren Entwicklungsstand zeugt, wenn man »mit dem Kosmos fließt« oder sich dem, was die anderen um einen herum wollen, anpaßt, statt auf die eigene Art und Weise Dinge zu fordern. Es besteht ein archetypischer Konflikt zwischen den Prinzipien, die diese beiden Planeten repräsentieren. Mars möchte verzweifelt die Ego-Identität durch die Demonstration von Macht und Fähigkeiten als Individuum und durch die Anstrengungen, die Welt zu meistern und etwas aus dem eigenen Leben zu machen, bestätigen. Neptun dagegen drängt nach Vermischung, Verbindung oder Verschmelzung mit anderen, um zu transzendieren oder sich über die gespaltene Perspektive des Ego von der Wirklichkeit, über das »Ich hier drinnen gegen dich da draußen«, hinauszuschwingen. Sehen Sie das Problem?

Ich glaube, daß es einen Ausweg aus diesem Dilemma gibt. Menschen mit Mars im Aspekt zu Neptun haben im allgemeinen mehr Erfolg beim Erreichen ihrer Ziele und Ambitionen, wenn dies nicht ausschließlich zur Befriedigung des persönlichen »Ichs« geschieht. Bis zu einem gewissen Grad müssen sie dem Wunsch

Neptuns, die Getrenntheit des Egos zu transzendieren, nachkommen. Lassen Sie uns zum Beispiel annehmen, ich hätte Mars im Quadrat zu Neptun und wäre gerade dabei, ein wirklich feines Restaurant zu eröffnen. Wenn nun mein vorrangiges Ziel darin besteht, eine Menge Geld für mich selbst damit zu verdienen, oder wenn ich es tue, um meiner Mutter oder meinem Vater oder der Welt zu beweisen, daß ich eine fähige und talentierte Person bin, oder wenn ich den Ruhm anstrebe, den ich erlangen würde, wenn ich ein nobles Erste-Klasse-Restaurant führen würde, dann wird Neptun (von Natur aus Anti-Ego) meinen Erfolg irgendwie untergraben. Wenn jedoch einer meiner Hauptgründe, warum ich ein Restaurant eröffne, darin besteht, daß ich für andere einen Service einrichten will, werde ich größere Chancen haben, daß es ein Erfolg wird. Mit Mars in Konjunktion oder in harten Winkeln zu Neptun könnte eine wesentliche Veränderung in der Einstellung notwendig sein. Um es noch einmal zu wiederholen: Ich werde besser fahren, wenn ich im Hinterkopf behalte, daß das Restaurant die Leute mit einem qualitativ guten Essen versorgt – dann zumindest bin ich nicht ausschließlich im Geschäft, um mein Ego zu hätscheln, und Neptun wäre über das ganze Unternehmen glücklicher. Wahrscheinlich ist nichts hundertprozentig altruistisch, also müßte ich meine persönlichen egozentrischen Motive eingestehen, aber es ist hilfreich, wenn diese zweitrangig gegenüber der Vorstellung sind, daß ich ein Kanal bin, durch den die Leute etwas Wertvolles erhalten. Als allgemeine Regel gilt: Wenn Sie einen Mars/Neptun-Kontakt in Ihrem Horoskop haben und Sie etwas tun, bloß um Ihr eigenes Ego aufzublähen, wird Neptun schließlich einen Weg finden, Ihr Vorhaben zu untergraben. Ich habe oft bemerkt, daß Mars/Neptun-Menschen sich geschickter anstellen, wenn sie etwas für andere Menschen tun, als wenn sie nur für sich selbst agieren. Sie können sehr stark sein, wenn sie für die Rechte eines Mitarbeiters kämpfen oder für eine Tierschutzkampagne arbeiten, aber wenn sie etwas nur für ihr eigenes Wohlergehen tun, gelingt es ihnen oft nicht, das Projekt zum Laufen zu bringen, oder sie versagen am Ende. Ein Mars/Neptun-Aspekt verlangt, daß die eigene Identität und Fähigkeit dadurch bestätigt wird, daß man anderen dient oder indem man als Kanal agiert, durch den sich etwas Größeres als man selbst manifestieren kann.

Dieser letzte Punkt bedarf einer näheren Erläuterung. Mars/Neptun-Kontakte können konstruktiv genutzt werden, wenn man als Kanal fungiert, durch den sich die transpersonale oder überbewußte Dimension des Lebens offenbaren kann. Ein wahrer Künstler ist beispielsweise empfänglich für das, was das »Reich der Imagination« oder das »mythische Reich« genannt wird – diejenige Ebene der Existenz, auf der die archetypischen und universellen Bilder, Vorstellungen und Gefühle zirkulieren. Menschen mit weichen oder harten Winkeln zwischen Mars und Neptun könnten über kreative Bahnen als Medien agieren, durch die sie anderen das Reich der Vorstellung vermitteln. Naturgemäß sind wahre Medien, Mystiker und Heiler für die Energien jenseits der Grenzen des persönlichen Ego offen, und auf diese Weise fungieren sie als Kanal, damit etwas, das höher oder größer ist als sie selbst, durchkommen kann. Neptun bejaht die Selbst-Transzendenz und wäre angetan, wenn Mars auf sensible Art und Weise dieses Ziel förderte.

Menschen mit Mars/Neptun-Opposition werden oft mit Erfahrungen konfrontiert, die sie glauben machen, die Welt hätte es darauf angelegt, ihre Ambitionen zu durchkreuzen. Sie versuchen sich durchzusetzen (Mars), geraten aber dann in »Umstände«, die ihre Anstrengungen zunichte machen, und sie bekommen schließlich das Gefühl, daß sie ein Opfer des Lebens sind. Die Welt für das eigene Versagen anzuklagen ist Drückebergerei. Es ist wahrscheinlicher, daß sie sich auf Kosten Neptuns mit ihrem Mars (dem Drang, die Ego-Identität zu bestätigen) identifiziert oder seine auf seine Seite gestellt haben. Daher sind sie dazu verurteilt, Neptun im Außen zu begegnen, in Form von Situationen, die die Ziele des persönlichen »Ich« untergraben, um die allumfassende Egozentriertheit durch den Wunsch zu ersetzen, etwas Höherem zu dienen, das größer als sie selbst ist.

Wir haben bereits die Manifestation von Mars/Pluto-Kontakten besprochen, als wir den persönlichen Willen (Mars) mit dem Willen des inneren Selbst (Pluto) verglichen. Im Gegensatz zu Menschen mit einer Konjunktion oder einem harten Winkel zwischen Mars und Pluto wird jemand mit Mars im Trigon oder Sextil zu Pluto es wahrscheinlich leichter haben, seinen persönlichen Willen nach den Absichten seines höheren Selbst auszurichten und letztendlich weniger Widerstand gegen das, was das Selbst vorhat, leisten. Mars und Pluto kennzeichnen auch zwei verschiedene Typen von Wut. Mars kann mit »Ego-Wut« gleichgesetzt werden, während sich Pluto durch das, was als »Es-Wut« bezeichnet werden könnte, ausdrückt. In der frühen Kindheit, bevor wir fünf, sechs Monate alt sind, sind wir uns unserer selbst nicht als vom Universum getrenntes »Ich« bewußt – ein Stadium, das Psychologen als »primären Narzißmus« bezeichnen. Jede Frustration oder Wut, die wir während dieser egolosen Phase empfinden, wird als global und undifferenziert erfahren – das heißt, es ist nicht nur man selbst, der mißgestimmt und wütend ist, sondern die ganze Welt empfindet so. Aus dem Kapitel über Aggression in »Dimensionen des Unbewußten in der psychologischen Astrologie« zitiere ich die Kleinsche Analytikerin Hanna Segal zu diesem Gegenstand:

> »Ähnlich wird ein hungriges, wütendes Baby, das schreit und strampelt, phantasieren, daß es die Brust wirklich angreift, sie zerreißt und zerstört; es wird sein eigenes Geschrei, mit dem es sich selbst zerreißt und verletzt, als die zerrissene Brust erfahren, die den Säugling in seinem Inneren angreift.«*

Eine ziemlich komplizierte Angelegenheit: Wir sind durch die Welt da draußen frustriert, aber da wir bis jetzt ein »Ich« noch nicht von allem anderen als getrennt unterschieden haben, ist unsere Wut auch gegen das Selbst gerichtet. Das ist mit Es-Wut gemeint: Man befindet sich an einem sehr düsteren Ort, voll intensiver Wut und völlig von Licht und Hoffnung verlassen. Weil dieser Zustand so schmerzhaft und unerträglich ist, schneiden wir uns normalerweise davon ab. Diese frühe Unterdrückung der Es-Wut kann einen willfähriger machen, aber sie kann manche Menschen auch vom Genick abwärts kaltstellen. Ich glaube, daß die meisten von uns unbewußt unterschiedliche Grade ungelöster kindlicher Wut beherbergen, die wieder an der Oberfläche auftaucht, wenn sie durch einen geeigneten Auslöser im späteren Leben aktiviert wird.

Mit der Zeit bilden wir allmählich ein Ego oder ein Gefühl für ein getrenntes Selbst aus. Sobald wir einmal ein persönliches »Ich« etabliert haben, können wir unsere Wut als unsere eigene erfahren –

* Hanna Segal, Melanie Klein: Eine Einführung in ihr Werk. München 1974, S. 30.

sie ist nicht länger global oder undifferenziert. Dies ist mit »Ego-Wut« gemeint – die Wut, die wir empfinden, sobald ein »Ich« gebildet ist. Die Ego-Wut kommt hoch, wenn uns Menschen unfair behandeln oder den Weg, von dem wir glauben, daß wir ihm folgen müssen, zu blockieren versuchen. Mars repräsentiert also Ego-Wut, dagegen ist Pluto mehr mit Es-Wut verwandt. Wenn man einen schwierigen Mars/Pluto-Kontakt hat, könnte man in einer Situation sein, in der man anfängt, eine gerechtfertigte Ego-Wut zum Ausdruck zu bringen, aber dann verwandelt sie sich irgendwie in Es-Wut. Lassen Sie uns annehmen, Sie haben Mars im Quadrat zu Pluto im Horoskop. Eines Morgens, gerade als sich ein Transit auf diesen Aspekt bildet, kaufen Sie sich ein neues T-Shirt in einem Laden. Im Laufe des Tages entdecken Sie, daß es ein wenig verfärbt ist und gehen in den Laden zurück, um es zurückzugeben. Sie haben Ihr Durchsetzungsvermögen trainiert und haben es sogar geschafft, die Verkäuferin mit Ihrem Wunsch zu konfrontieren. Wenn sie sich weigert, könnte Ihre Mars-Wut in die Es-Wut Plutos umschlagen oder entarten, und bevor Sie wissen, wie Ihnen geschieht, brechen Sie in einen Wutanfall aus, weil sie das T-Shirt nicht umtauschen oder Ihnen Ihr Geld nicht zurückgeben will. McEnroe hat den Mond in Konjunktion zu Mars in Zwillinge im Quadrat zu Pluto in Jungfrau, und wir haben gesehen, wie er auf dem Tennisplatz in Es-Wut hineingeschlittert ist. (Nebenbei gesagt: Wenn Sie Mars im Quadrat zu Pluto haben, haben Sie den Bogen raus, wie Sie Es-Wut in anderen auslösen können – was wirklich eine Methode ist, um andere Leute dazu zu bringen, diesen Teil Ihrer selbst für Sie auszuagieren.)

Teilnehmer: Was kann man machen, wenn man einen Mars/Pluto-Aspekt hat und diese Situation erlebt, von der Sie gerade gesprochen haben?

Howard: Sie wollen ein Rezept – ich werde Ihnen ein Rezept geben. Zunächst dürfen Sie nicht glauben, daß Sie eine schreckliche Person sind, weil Sie so böse Dinge wie Wut empfinden. Wir sind Menschen, und weil wir menschlich sind, haben wir alle einen gewissen Grad von Lüsternheit, Wut, Neid, Gier und so weiter in uns. Viele Menschen sind mehr als bereit, das zu leugnen, was sie für primitive oder unzivilisierte Instinkte und Gefühle halten, aber wie kann man etwas ändern, wenn man leugnet, daß es überhaupt existiert? Akzeptieren Sie diese Zustände als Teil Ihres menschlichen Erbes und hören Sie damit auf, zu denken, daß Sie abscheulich sind, weil Sie solche Gefühle hegen. Es ist psychologisch ungeschickt, zu versuchen, irgend etwas zu ändern, das man verdammt. Wenn Sie anfangen, das Vorhandensein dieser Zustände in Ihrem Innern anzuerkennen und zu akzeptieren, ist die Basis gelegt, um mit ihnen umzugehen. Es ist jedoch nicht ratsam, direkt Ihre Mars/Pluto-Wut rauszulassen oder zum Ausdruck zu bringen – Sie könnten im Gefängnis landen oder noch schlimmer. Als Sie als Kind intensive Frustration oder Wut erlebten und davon phantasierten, Ihre Mutter oder wen auch immer umzubringen, hatten Sie nicht die biologische Reife, diesen Impulsen nachzugehen. Aber wenn diese infantilen Gefühle und Komplexe wieder an die Oberfläche gelangen, wenn Sie erwachsen sind (wie es von Zeit zu Zeit geschehen wird), sind Sie körperlich fähig, den nächsten Bus zum Waffengeschäft zu nehmen oder sich einen Weg auszudenken, wie Sie Gift in irgend jemandes Nachmittagstee schütten können. Die Gefängnisse sind voll von Leuten, die von ihrer frühen, globalen Es-Wut überwältigt wurden. Sie werden als Psychopathen oder Asoziale gebrandmarkt.

Wenn man über alle Maßen wütend ist, ist es gut, einen Weg zu finden, diese Wut durch Muskelkraft zu entladen – um sie auf eine Weise aus dem eigenen System zu entlassen, die für einen selbst und für andere ungefährlich ist. Man könnte also auf ein Kissen einschlagen, ein paarmal um den Block laufen, schwimmen gehen, das Haus putzen, den Garten umgraben, Wettkampfsport treiben und so weiter. Dies wird manchmal emotionale Hygiene genannt; durch sie kann die Energie, die in der Wut enthalten ist, kathartisch abgearbeitet werden. In seinem Buch »Werde was du bist« hat Piero Ferrucci ein Kapitel »Tiger des Zorns« genannt, in dem er Möglichkeiten diskutiert, wie man negative Aggressionen verwandeln kann.* Man kann versuchen, einen wütenden Brief zu schreiben und ihn nicht abzuschicken. Man könnte ein paar Stifte nehmen und zeichnen, was man empfindet, was eine gute Methode ist, um den emotionalen Zustand, in dem man sich befindet, zu verändern. Man könnte auch versuchen, die emotionale Energie, die in der Wut

* Piero Ferrucci, Werde was du bist, a. a. O., Kapitel 7.

enthalten ist, in konstruktive Bahnen umzulenken. Man sollte dies tun, indem man sich zunächst ein Projekt herausgreift, dem man mehr Dampf machen will. Dann muß man mit der Vitalität und dem Vibrieren der eigenen aggressiven Gefühle Kontakt aufnehmen. Dabei wird man wahrnehmen, daß diese Gefühle eine große Menge Energie erzeugen – Energie, die in die Aufgabe, die man vollenden will, umgelenkt werden kann. Der nächste Schritt besteht darin, daß man sich bildhaft vorstellt, wie man das ausgewählte Projekt mit dem gleichen Maß an Energie, die die aggressiven Gefühle in einem hervorgerufen haben, durchführt. Schließlich beendet man die Übung und unternimmt die praktischen Schritte, die notwendig sind, um die Aufgabe in Angriff zu nehmen. Dies ist gemeint, wenn vom Umlenken der in der Aggression enthaltenen Energie in eine andere Bahn gesprochen wird. Man kann seine Wut auch als Startpunkt für eine psychologische Selbsterforschung benutzen. Warum ruft eine bestimmte Person oder Situation Wut hervor? Hängt es mit einer früheren Erfahrung mit Vater, Mutter oder Geschwistern zusammen? Mit anderen Worten: Wut kann uns besser mit uns vertraut machen.

Ich könnte den ganzen Tag lang über Mars/Pluto-Aspekte sprechen, aber es gibt heute noch einen weiteren Punkt, den ich ansprechen möchte. Ich habe beobachtet, daß manche Menschen mit diesen Aspekten sich sehr hart antreiben, als ob sie gezwungen wären, ihrem Mars auf eine intensive, Pluto entsprechende Art zu benutzen. Sie testen ihre Macht, ihren Mut und ihre Tapferkeit, indem sie sich risikoreiche und herausfordernde Leistungen abverlangen – Bergsteigen, allein in einem Zelt in den Wäldern campen –, um zu sehen, wie gut sie überleben, oder indem sie gefährliche, lebensbedrohende Sportarten betreiben. Mars verleiht dem Wunsch Plutos, niederzureißen und umzuwandeln, Energie, und jeder Mars/Pluto-Kontakt könnte umgelenkt werden, um einen notwendigen gesellschaftlichen und politischen Wandel zu unterstützen.

TEILNEHMER: Wie würden Mars/Pluto-Aspekte die Sexualität beeinflussen?

HOWARD: Ja, das ist eine gute Frage. Ich habe so viel über Mars in bezug auf Aggression gesprochen, daß ich noch nichts über seine Beziehung zur Sexualität gesagt habe. Mars/Pluto-Aspekte intensivieren gewiß das sexuelle Verlangen und die sexuellen Gefühle. Manche Menschen könnten dies nüchtern oder auch zwanghaft ausagieren. Andere könnten sich vor der Intensität ihrer Sexualität fürchten, und um die Probleme, die sie dadurch bekommen könnten, zu vermeiden, könnten sie ihre Existenz verleugnen oder unterdrücken. Ich denke nicht, daß das sehr gesund ist, weil das Thema einfach nur zugestöpselt wird und dann auf subversiven Wegen wieder zum Vorschein kommt. Ich bin nicht dagegen, libidinöse Triebe mit kreativen Mitteln in andere Aktivitäten, die spirituellen Suche oder den Dienst am anderen, zu transformieren oder zu sublimieren; aber ich denke, man sollte das tun, weil man sich dafür entschieden hat, nicht weil man vor seinem eigenen Innern davonläuft.

TEILNEHMER: Können Sie etwas zum rückläufigen Mars sagen?

HOWARD: Der rückläufige Mars könnte den äußeren Ausdruck des eigenen Selbstbehauptungsdrangs verbieten. Man hat den Impuls, sich durchzusetzen, aber dann hält man sich selbst zurück, vielleicht um noch einmal zu überprüfen, ob man den richtigen Weg eingeschlagen hat. Erinnern Sie sich an den Falkland-Krieg zwischen England und Argentinien? Der Krieg wurde offiziell erklärt, als Mars rückläufig war, aber eine ganze Zeitlang geschah nicht viel mehr, weil die britischen Kriegsschiffe erst zu den Falkland-Inseln fahren mußten. Ich glaube, das dauerte zehn Tage. Erin Sullivan, eine Astrologin, die in London lebt und in unserem Zentrum unterrichtet, schrieb ein sehr wichtiges Buch über Rückläufigkeit.* Sie glaubt, daß ein rückläufiger Mars das untergräbt oder gegen das arbeitet, was das Ego zu verwirklichen sucht, oder gegen den Weg der Individuation, der durch die Plazierung der Sonne im Geburtshoroskop angedeutet wird. Ihre Begründung ist interessant: Astronomisch gesehen kann man nur dann einen rückläufigen Mars haben, wenn sich die Sonne in der Zone, die als Oppositionszone von Mars bekannt ist, befindet – das heißt, wenn die Sonne zwischen den Zeichen steht, in denen sie ein Trigon zu Mars bilden würde. Also könnte ein rückläufiger Mars zur Sonne in einem Quincunx-Winkel oder in einer Opposition und daher im Widerstreit zum Sonnenprinzip stehen. Irgendwie muß man einen Weg

* Erin Sullivan, Rückläufige Planeten. Edition Astrodata 1992.

finden, um Mars in Richtung Sonne auszurichten, so daß die eigenen Handlungen oder deren Fehlen nicht die Ursache dafür sind, daß alles wieder aufgelöst wird, was man gerade anstrebt.

Ich habe Ihnen noch mehr zu sagen, aber ich denke, es wäre gut, wenn wir jetzt das Thema wechseln und ich Ihnen eine Übung in bezug auf Mars gebe, ähnlich derjenigen, die wir mit Venus probiert haben. (Ich habe gehört, daß Liz Ihnen von einer Mars-Übung, die ich im Kopf hatte, erzählte, die darin besteht, daß Sie sich der Person, die neben Ihnen steht, zuwenden und ihm oder ihr ins Gesicht schlagen. Vielleicht wären einige von Ihnen darauf erpicht, das zu versuchen, aber ich bin nicht sicher, ob jeder damit umgehen könnte – schließlich sind wir hier in der Schweiz.) Schließen Sie also Ihre Augen, machen Sie ein paar tiefe Atemzüge, entspannen Sie Geist und Körper und ziehen Sie sich in einen stillen inneren Raum zurück. Visualisieren Sie zunächst die Glyphe für den Planeten Mars und meditieren Sie darüber eine Minute lang. Lassen Sie sie dann gehen und schauen Sie, ob Ihnen irgendwelche Vorstellungen oder Bilder in den Sinn kommen, die den Zustand Ihres eigenen Mars beschreiben. Tun Sie das, als ob Sie eine Kinoleinwand ansähen und nicht wüßten, welches Bild als nächstes auf der Leinwand erscheinen wird. Mars könnte sich als Mann, als Frau, als Tier oder als etwas Abstraktes manifestieren – gestatten Sie einfach allem, was hochkommen möchte, vor Ihrem geistigen Auge zu erscheinen. Sobald Sie ein geistiges Bild von Mars haben, verwenden Sie einige Zeit darauf, mit diesem Bild in Dialog zu treten. Finden Sie heraus, wie es Mars geht, ob er das, was er braucht, bekommt oder nicht. Schauen Sie, ob es irgend etwas gibt, was Sie tun können, damit sich Mars besser oder glücklicher fühlt. Sie können Ihr Bild von Mars auch fragen, was es in bezug auf Sie empfindet. Sie haben ungefähr drei Minuten für diese Unterredung.

In Ordnung, verabschieden Sie sich nun von Ihrem Mars, öffnen Sie langsam die Augen, und wenn Sie bereit sind, nehmen Sie sich ein paar Minuten, um niederzuschreiben, was Sie erfahren haben. Wenden Sie sich dann der Person neben sich zu und schlagen Sie ihr ins Gesicht. Nein, ich scherze! Was ich wirklich will, ist, daß Sie sich einen Partner suchen, mit dem Sie besprechen können, was in der Übung geschehen ist. Ich bin neugierig, etwas von Ihren Mars-Bildern zu erfahren. Wer ist bereit, von ihnen zu erzählen?

TEILNEHMER: Mars war ich, und ich versuchte, Feinde mit meinen Fäusten in die Flucht zu schlagen. Es waren so viele, daß ich nicht glaubte, es zu schaffen, deshalb gab ich mich geschlagen, und plötzlich – wie von einer Welle – wurden meine Feinde über meinen Kopf hinweggespült, verschwanden im Meer und ertranken.
HOWARD: Wo steht Ihr Mars in Ihrem Horoskop?
TEILNEHMER: Er steht im 1. Haus im Quadrat zu Neptun.
HOWARD: Ja, das wäre ein Neptun-Aspekt, nicht wahr? Es ist lustig – Sie mußten sich beinahe ergeben, um zu siegen. Die Art, wie Sie sich niedergekniet haben, erinnert mich an Herakles, der sich im Morast niederkniete, bevor er die Hydra bezwang. Als Sie aufhörten, mit erhobenem Kopf zu kämpfen, wandten sich die Dinge zum Besseren. Überlegen Sie, ob Sie das in Ihrem augenblicklichen Leben in irgendeiner Weise anwenden können.
TEILNEHMER: Ich hatte einen deutschen Schäferhund. Er war hinter einem Zaun eingesperrt, und als ich ihn fragte, was er wolle, rief er: »Ich will meine Freiheit, ich möchte hier raus!« Ich habe Mars in Skorpion in Quadrat zu Neptun.
HOWARD: Das klingt wie eine wichtige Botschaft aus Ihrem Unbewußten. Dieser Hund wird noch viel wütender werden, wenn Sie ihn nicht befreien. Es gibt einen Reservetank in der Psyche, der nur eine gewisse Menge aufnehmen kann, bevor er explodiert. Vielleicht könnten Sie den Hund eine Zeitlang an einer Leine herausholen, bis er sich daran gewöhnt hat, frei zu sein. Sonst könnte er zunächst wild herumlaufen. Liz hat immer gesagt, daß, wenn man etwas lange Zeit im Keller einsperrt, es nicht sehr nett oder zivilisiert sein wird, wenn man es zum ersten Mal herausläßt. Noch ein Bild?
TEILNEHMER: Ich habe Mars in Fische in Opposition zu Neptun in Jungfrau. Ich habe Mars unter Wasser gesehen, aber er beschwerte sich, weil er an Land sein wollte. Also segelten wir auf einem Schiff zu einer Insel, auf der Neptun lebte. Als sie sich begegneten, mochten sie sich nicht besonders. Sie waren aufeinander wütend.
HOWARD: Ist es ein Zufall, daß alle, die bisher über die Übung gesprochen haben, Mars/Neptun-Kontakte haben? Ich vermute, daß es, wenn man eine geführte Imaginationsübung zu Mars macht, gut paßt, wenn Neptun einen Aspekt zu ihm aufweist. Die Tatsache, daß Ihr Mars und Ihr Neptun wütend aufeinander sind,

deutet an, daß noch mehr Arbeit notwendig ist, um diese Prinzipien in Ihrer Psyche zu integrieren. Wenn Sie zwei Archetypen haben, die im Konflikt zueinander stehen, lohnt es sich manchmal, einen Unterhändler herbeizurufen. Sie könnten versuchen, sich vorzustellen, daß Venus bei einem Treffen von Mars und Neptun den Vorsitz hat, und sehen, ob sie in der Lage ist, ihnen zu helfen, ihre Meinungsverschiedenheiten beizulegen. Danke für diese Mitteilungen. Bevor wir fortfahren, muß ich Ihnen erzählen, was ich mir als Mars vorgestellt habe – einen Gorilla. Ich arbeite seit Jahren an meinem Mars und kriege immer noch King Kong als Bild.

Ich bin gerade zum Spielen aufgelegt und würde gern noch ein anderes kleines Mars-Spiel mit Ihnen spielen, aber zuerst müssen wir das vorbereiten. Mars hat viel damit zu tun, wie wir etwas oder jemanden angehen oder wie wir uns körperlich einer anderen Person oder einer Situation nähern. Stellen Sie sich einen Augenblick bildlich vor: Ich habe gerade meinen Unterricht beendet und bin noch auf dem Podium, um meine Sachen zusammenzupacken, und da ist ein Mann mit Mars in Krebs in der Gruppe, der mir gern eine persönliche Frage stellen würde zu dem, was wir besprochen haben. Nachdem Krebs nicht gerade für seine Direktheit bekannt ist, könnte er Angst davor haben, direkt auf mich zuzukommen. Er könnte auf seinem Stuhl herumrutschen, nachdem die anderen gegangen sind, aufstehen, mich aus einiger Entfernung umkreisen und dann langsam von der Seite auf mich zukommen. Hätte ich ihm einen Blick zugeworfen, der besagte: »Hau ab!«, so hätte er dem wahrscheinlich Folge geleistet, und das wäre es dann gewesen. Vergleichen Sie das nun mit einer Frau mit einem stark plazierten Mars in Widder, die auch nach der Stunde ein Wort mit mir wechseln wollte. Sie würde wahrscheinlich ohne Zögern ans Podium treten und gleich zum Punkt kommen. Das meine ich, wenn ich sage, daß Mars zeigt, wie wir uns einer Sache nähern oder etwas verfolgen.

TEILNEHMER: Benutzen Frauen ihren Mars auf die gleiche Weise wie Männer?

HOWARD: In älteren traditionellen Fachbüchern liest man oft, daß sich ein Mann mit seinem Mars identifiziert und ihn auslebt, während er seine Venus durch eine Frau sucht; und eine Frau würde sich mit ihrer Venus identifizieren und nach Männern suchen, die einen passenden »Aufhänger« für ihren Mars darstellen. Es gibt immer noch Menschen, die so sind. Gewisse Männer könnten das Gefühl haben, daß es nur in Ordnung ist, Mars zu sein, aber nicht, sich wie Venus zu verhalten. Daher werden sie Venus verdrängen und sie in ihr Leben durch eine Frau, die sie anziehend finden und die ihnen gefällt, wieder einführen. Das Umgekehrte gilt für eine Frau. Aber ich denke nicht, daß es heutzutage tatsächlich so einfach ist. Immer mehr Männer fühlen sich wohl damit, beides, sowohl Mars als auch Venus, selbst zum Ausdruck zu bringen, und viel mehr Frauen integrieren ihren Animus, statt ihn auf Männer zu projizieren, was bedeutet, daß diese Frauen sich relativ wohl dabei fühlen, sowohl Mars als auch Venus auszuagieren. Ich finde diese Entwicklungen wirklich gut, weil es bedeutet, daß die Leute in höherem Grad ihre Ganzheit leben. Um die Angelegenheit noch weiter zu komplizieren, könnten Sie einer animus-dominierten Frau begegnen, die ihre Venus zugunsten ihres Mars projiziert hat; wenn das der Fall ist, wird sie versuchen, die Venus über ihren Partner wieder einzuführen, egal, ob das ein männlicher oder ein weiblicher Partner ist; und Sie können anima-dominierte Männer finden, die den Mars in sich zurückgewiesen haben, und die daher eine andere Person suchen – möglicherweise eine andere männliche Person, möglicherweise eine weibliche –, die ihr Mars »ist«. Manche homosexuelle Männer identifizieren sich stereotyp mit ihrer Venus und suchen Mars in ihrem Freund, aber andere homosexuelle Männer identifizieren sich mit ihrem Mars (dem »Macho-Look«) und bringen ihre Venus über ihre männlichen Partner ein. Eine lesbische Frau, die ihren Mars aufmöbelt und superhart auftritt, wird wahrscheinlich von Frauen angezogen werden, die ihr ungelebtes Venus-Bild reflektieren; aber es gibt lesbische Frauen, die sich mit ihrer Venus höchst wohl fühlen und deshalb eine Freundin suchen, die zu ihrem Mars-Bild paßt. Es ist auch möglich, homosexuelle Menschen zu finden, die sich sowohl mit ihrem Mars als auch mit ihrer Venus wohl fühlen. Aus diesen Gründen – vorausgesetzt, Sie haben keinen Ausverkauf betrieben mit dem stereotypen Bild von Männern als Mars und Frauen als Venus – ist Ihre Geschlechtszugehörigkeit nicht das Wesentliche. Egal, was für ein Geschlecht oder welche Orientierung Sie haben – wenn Sie hauptsächlich von Ihrer Mars-Seite herkommen, werden Sie Venus in einem Partner suchen. Wenn Sie vorwiegend auf der Seite der Venus stehen, dann werden Sie nach Mars Ausschau halten.

Um Ihre Gedanken über Mars in den verschiedenen Zeichen anzuregen, stellen Sie sich eine Szene in einer New Yorker Bar für Singles vor – und nur um sicherzugehen, lassen Sie uns das Ganze in einer Zeit ansiedeln, bevor AIDS zu einem weitverbreiteten Problem wurde, zum Beispiel 1980. Neben der Tatsache, daß Mars die Art und Weise anzeigt, wie man etwas angeht oder sich jemandem nähert, deutet Mars auch darauf hin, wie wir andere Leute zu beeindrucken versuchen mit Eigenschaften, von denen wir denken, daß sie uns machtvoll, sexy, attraktiv oder potent erscheinen lassen. Um es deutlich und einfach zu machen: Lassen Sie uns annehmen, daß die Bar gemischt besetzt ist und voller Männer, die versuchen, Frauen entsprechend den Vorstellungen ihres Mars-Zeichens zu beeindrucken. (Vergessen Sie nicht, daß auch eine Frau versuchen könnte, andere durch ihre Fähigkeiten und Macht entsprechend ihrem Mars-Zeichen zu beeindrucken, obwohl ich mir vorstellen kann, daß die Mehrheit der Frauen in dieser Situation wahrscheinlich ihre Venus benutzen würde, um sich attraktiv und begehrenswert zu machen.) Doch jetzt konzentrieren wir uns auf die Annäherung eines Mannes, obwohl es auf Frauen ebenso zutreffen kann. So trifft also ein Mann mit Mars in Zwillinge eine Frau in dieser Bar und will sie beeindrucken. Wie wird seine Taktik aussehen?

TEILNEHMER: Er wird reden, er wird ihr zeigen, wie clever er ist.

HOWARD: Ja, er könnte versuchen, in der Unterhaltung durch sein Fachwissen und sein breites Allgemeinwissen in bezug auf eine Vielfalt von Gebieten zu beeindrucken. Er könnte ein Buch erwähnen, das er gerade gelesen hat, oder einen Film, den er vor kurzem gesehen hat, und einem seine wohldurchdachte Meinung dazu erläutern. Wie würde es jemand mit Mars in Wassermann machen?

TEILNEHMER: Er erzählt von dem allerneuesten elektronischen Apparat, den er zu Hause hat.

HOWARD: Das klingt leicht obszön. Ich dachte eher an den Versuch, mit seinen Visionen zu beeindrucken, mit seinen Idealen oder seiner Originalität. Wie steht es mit Mars in Skorpion?

TEILNEHMER: Diese Leute geben sich geheimnisvoll.

HOWARD: Ja, geheimnisvoll zu erscheinen könnte ihre Art und Weise sein, jemanden anzuziehen, oder sie könnten demonstrieren wollen, wie tiefgründig sie sind, vielleicht indem sie Ihnen sofort Ihre wahre Natur, psychoanalytisch durchleuchtet, offenbaren. Oder sie versuchen einen damit zu beeindrucken, wie gut sie im Bett sind – »Verbring mit mir eine Nacht, an die wirst du dich erinnern« oder subtiler: »Komm mit mir, ich habe eine große Überraschung«. Manche von ihnen lassen Signale los, die besagen: »Ich mag gefährlich oder kompliziert sein, aber ich bin niemand, den du leicht vergessen wirst.«

TEILNEHMER: Wie steht es mit Mars in einem Erdzeichen – würden diese Leute versuchen, einen damit zu beeindrucken, wie reich und erfolgreich sie sind?

HOWARD: Nun ja, Mars in Stier könnte denken, er hat eine Chance, wenn er zeigen kann, was für ein solider, verläßlicher und entschlossener Kerl er ist. Ja, und daß er solvent ist. Er wird wahrscheinlich wollen, daß Sie ihn als einen erdhaften Typ und als sexuell gleichwertig mit dem Skorpion-Typ betrachten, der auch auf Sie einquatscht. Oder er könnte einfach einen bestimmten Besitz erwähnen, von dem Sie beeindruckt sein könnten – sein neues Auto oder seine Stereoanlage oder ähnliches.

TEILNEHMER: Mars in Steinbock würde auch gern als kompetent, fähig und erfolgreich erscheinen wollen, als jemand, der weise und reif ist und mit dem man sich sehen lassen kann.

TEILNEHMER: Mars in Jungfrau könnte einem anbieten, den tropfenden Wasserhahn zu reparieren oder Regale für einen aufzustellen!

HOWARD: Oder diese Leute könnten einen mit ihrem scharfen kritischen Urteil und ihrer Urteilsfähigkeit beeindrucken wollen – indem sie einem empfehlen, welches der beste Schnaps in dieser Bar ist und ähnliches. Es wird langsam kindisch, aber Sie bekommen allmählich eine Vorstellung. Mars in einem Luftzeichen wird intelligent und clever erscheinen wollen, während Mars in einem Erdzeichen gern als praktisch und hilfsbereit und an die materielle Welt gut angepaßt gesehen wird. Wie steht es mit Mars in Löwe?

TEILNEHMER: Würden sie versuchen, einem zu zeigen, wie wichtig sie sind?

HOWARD: Ich denke, sie würden wollen, daß Sie bemerken, wie besonders und einzigartig sie sind, nicht wie jeder andere an diesem Ort. Sie könnten ein bißchen mit ihren Erfolgen prahlen oder mit den wichtigen Leuten, die sie kennen, oder versuchen, Ihre Aufmerksamkeit zu fesseln, indem sie lustige oder dramatische Geschichten erzählen. Wie steht es mit Mars in Schütze?

TEILNEHMER: Sie könnten einen beeindrucken wollen, indem sie einem alle Orte aufzählen, an die sie schon gereist sind, oder indem sie einen übers Wochenende nach Paris einladen. Oder sie wollen, daß man sieht, wie sportlich und schick sie sind. Einige von ihnen werden ihre Philosophie oder ihre Glaubenssysteme zum besten geben, um einen zu inspirieren und für sich zu gewinnen.

HOWARD: Gut. Wie sieht es bei Mars in Krebs oder in Fische aus?

TEILNEHMER: Männer mit Mars in Krebs oder Fische könnten einen zu beeindrucken versuchen, indem sie zeigen, wie sensibel und gefühlvoll sie sind. Mars in Krebs könnte einem vielleicht anbieten, einem ein Essen zu kochen, sich um einen zu kümmern oder in irgendeiner Weise zu helfen.

HOWARD: Ja, das ist möglich. Oder sie könnten denken, daß, wenn sie ein wenig traurig oder verloren wirken, Sie nicht widerstehen könnten, sie zu bemuttern. Mars in Fische wäre ähnlich – sie wollen demonstrieren, wie einfühlsam sie sind; daß, wenn Sie sich mit ihnen zusammentun, Sie eine Schulter haben werden, an der Sie sich ausweinen können, und jemanden, der Ihnen in Schwierigkeiten beisteht. Umgekehrt könnten sie das Opfer spielen, das gerettet werden muß. Manche Menschen finden das unwiderstehlich.

Sie können sich die anderen Mars-Plazierungen selbst ausmalen. Ich habe ein Horoskop, das wir in bezug auf Mars betrachten können, aber wir haben jetzt wirklich nicht genügend Zeit. Liz und ich werden es heute abend in unserer gemeinsamen Sitzung besprechen. Wir haben nur noch fünf Minuten, und ich wollte noch eines mit Ihnen machen. In ihrem Buch »Frau sein« listet Anne Dickson eine Reihe von Grundrechten auf, von denen sie glaubt, daß wir sie alle verdienen.* Ich habe eine überarbeitete Version dieser Liste auf den Overhead-Projektor gelegt, und während ich Ihnen diese Rechte vorlese, möchte ich, daß Sie sie sich selbst vorsagen oder laut mit mir lesen. Dies ist ein Mars-Seminar, daher ist es angemessen, daß wir mit einer entschlossenen Aussage über unsere eigenen Rechte als Individuen abschließen.

* Anne Dickson, Frau sein. München 1985, Kapitel 5.

1. Ich habe das Recht, meine eigenen Bedürfnisse und meine eigenen Prioritäten festzulegen. (Sagen Sie das jetzt.)
2. Ich habe das Recht, mit Respekt als intelligentes, fähiges und gleichberechtigtes menschliches Wesen behandelt zu werden. (Sagen Sie das laut oder innerlich.)
3. Ich habe das Recht, meine Gefühle zum Ausdruck zu bringen. (Das ist das Recht, das Ihrem Mond gebührt.)
4. Ich habe das Recht, meine Meinungen und Wertvorstellungen zum Ausdruck zu bringen. (Das ist das Recht, das Ihrem Merkur und Ihrer Venus zusteht.)
5. Ich habe das Recht, für mich selbst ja oder nein zu sagen.
6. Ich habe das Recht, zu fordern, was ich möchte.
7. Ich habe das Recht, meine Meinung zu ändern. (Ich mag dieses Recht – nur für den Fall, daß Sie das Falsche fordern.)
8. Ich habe das Recht, Fehler zu machen. (Manche Menschen gestehen sich dieses Recht nicht zu, sie machen einen Fehler und denken sofort, daß sie deshalb schreckliche Menschen sind. Was soll's – wir sind nur Menschen, wir müssen nicht vollkommen sein.)
9. Ich habe das Recht, die Verantwortung für Probleme anderer Leute zurückzuweisen. (Es gibt Zeiten, in denen Sie anderen Menschen gern helfen würden, aber es gibt Zeiten, in denen Sie lieber zu Hause wären und fernsehen würden – Sie haben das Recht, nein zu sagen.)
10. Ich habe das Recht, mit anderen umzugehen, ohne auf deren Bestätigung angewiesen zu sein. (Das kann schwer sein, denn als Kinder glauben wir, daß wir von anderen bestätigt werden müssen, um Liebe zu erhalten und unser Überleben zu sichern.)

In Ordnung, das reicht im Augenblick. Lassen Sie uns unserem Freund Mars einen ordentlichen Applaus spendieren.

Teil 4
Horoskopdeutung

Venus und Mars in der Horoskopdeutung

Eine Besprechung mit Beispielen

Liz Greene und Howard Sasportas

LIZ: Wir müssen heute abend einen doppelten Akt vollbringen und dachten, wir könnten anfangen, indem wir »Blue Moon« singen. Howard wird Tenor sein, und ich singe Alt.
HOWARD: Ich dachte, ich singe Alt.
LIZ: Ich kann dich nirgendwohin mitnehmen, oder? Mach dir keine Sorgen – anstatt »Blue Moon« zu singen, fahren wir mit den Horoskopen von Charles und Diana fort, und ich werde mir die Synastrie vornehmen. (Siehe Horoskop 5 und 6 auf Seite 327 und 328.) Dies ist eine sehr interessante Vorgehensweise, um Venus und Mars zu studieren – zu sehen, wie sie miteinander und mit anderen Planeten der beiden Horoskope umgehen. Vielleicht sollten wir damit beginnen, indem wir uns Charles' Venus/Neptun-Konjunktion betrachten. Howard, ich denke, du hast bereits über Venus/Neptun gesprochen, weil ich in meiner Sitzung über Venus-Aspekte keine Zeit dazu hatte.
HOWARD: Ja, ich habe darüber in der Fallgeschichte, die ich für die Venus-Lektion verwendet habe, gesprochen.
LIZ: Ich würde jetzt gern ein wenig ausführlicher darüber sprechen, da der Aspekt in Charles' Horoskop im 4. Haus plaziert ist. Diese versteckte Konjunktion deutet einige sehr interessante Dinge über seinen Charakter an, obwohl es eine Seite an ihm ist, die von der Öffentlichkeit wahrscheinlich auf den ersten Blick nicht erkannt wird. Wie wir gesehen haben, spiegelt Neptun unsere innere Sehnsucht wider, unser Getrenntsein zu überwinden und mit einem größeren Ganzen zu verschmelzen. Es ist die Suche nach dem Paradiesgarten, die Rückkehr zum entschwundenen Zauber des Mutterschoßes, der Quelle des Lebens. Hier verbindet er sich mit Venus in ihrem eigenen Zeichen, also spiegeln auch Charles' Werte – was er schön und lohnenswert in seinem Leben findet – diese

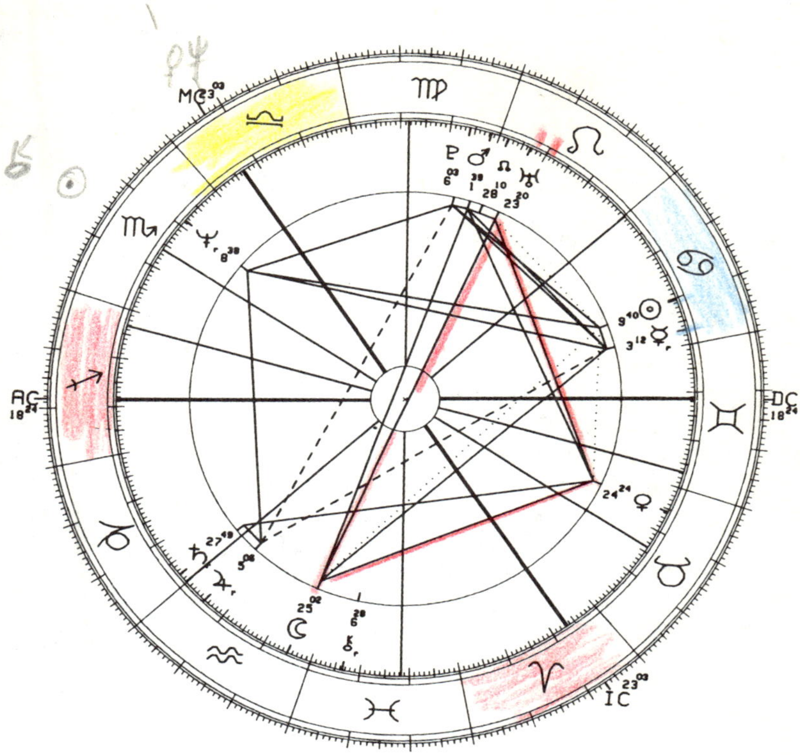

Horoskop 5: Diana, Prinzessin von Wales, geboren in Sandringham, England, 1. Juli 1961, um 19.45 Uhr britischer Sommerzeit (52N50,0O30). Geburtsdatenquelle: Buckingham Palace. Das Horoskop wurde vom Astrodienst Zürich erstellt, Häuser nach Placidus.

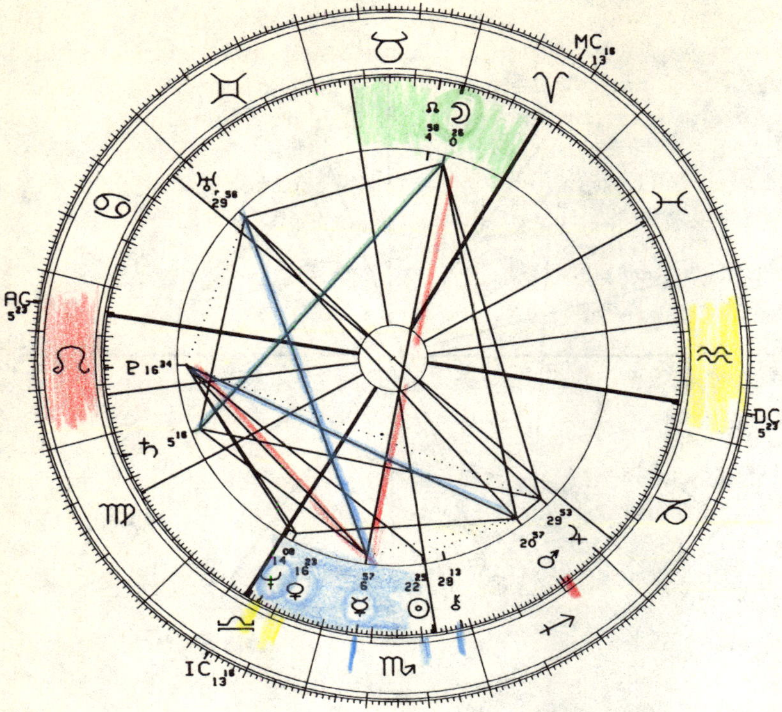

Horoskop 6: Charles, Prinz von Wales, geboren in London, England, 14. November 1948, um 21.14 Uhr mittlerer Zeit Greenwich (51N32,0W08). Geburtsdatenquelle: Buckingham Palace. Das Horoskop wurde vom Astrodienst Zürich erstellt, Häuser nach Placidus.

Vision einer idealen Welt, eines Goldenen Zeitalters vor dem Fall Saturns wider. Einer der Punkte, an denen die Öffentlichkeit vielleicht diese machtvolle Konjunktion erkennen kann, ist die Liebe des Prinzen zur entschwundenen Vergangenheit, wie sie in den Hirtenlandschaften und in der Harmonie klassischer Architektur widergespiegelt ist. Er ist auf der Suche nach Schönheit und prallt vor der Seelenlosigkeit vieler moderner Bauwerke zurück. Dies hat ihm einige Feindschaft von seiten der Architekten eingebracht, aber trotz öffentlicher Kritik und sogar Spottes bleibt er diesen klar zum Ausdruck gebrachten Venus/Neptun-Werten treu, was auch sein Interesse an der eher mystischen Psychologie Jungs einschließt.

Venus/Neptun wurde von verschiedenen Astrologen als der romantischste aller Aspekte beschrieben. Die Suche nach dem Paradies beeinflußt Charles' Sichtweise von Beziehungen; es ist daher wahrscheinlich, daß er – besonders als junger Mann – die Liebe und die Hoffnung auf eine Geliebte idealisiert, die all seine Wunden heilen, alle Einsamkeit lindern und all die Krankheiten des Lebens verschwinden lassen werde. Bei Venus/Neptun-Aspekten gibt es einen unvermeidlichen Desillusionierungsprozeß, der einsetzt, weil kein menschlicher Partner diesen vollkommenen Zustand der Verschmelzung herstellen kann. Neptuns Magie hängt von der Phantasie und der Unerreichbarkeit ab. Der einzige vollkommene Partner ist der, dem man niemals begegnet. Es scheint mir also, daß es einen Zug von Traurigkeit und Melancholie bei Charles geben muß, weil er immer einen Traum von Liebe haben wird, den zu erfüllen keiner einzelnen Frau möglich wäre.

HOWARD: Viele Architekten denken, daß seine Vorstellungen unrealistisch und zu idealistisch sind.

LIZ: Bis zu einem gewissen Punkt sind sie es wahrscheinlich auch, obwohl ich große Sympathie für seinen Protest gegen das, was er »Karfunkeln« in der Landschaft nennt, hege. Aber es ist nicht wirklich möglich, seine neptunischen Visionen jetzt in die Tat umzusetzen. Man müßte halb London niederreißen und die andere Hälfte mit dem Sandstrahler bearbeiten. Die Architektur, die Charles favorisiert, gehört immer einer vergangenen Ära an – georgianisch, viktorianisch, edwardianisch –, und es ist für einen Bauunternehmer ökonomisch nicht machbar, solche Gebäude hochzuziehen, ohne die billigen Arbeitskräfte der vergangenen Jahrhunderte.

Es ist allgemein bekannt, daß Charles eine Art »Mentor« in Sir Laurens van der Post gefunden hat, jemandem, der tief mit Jungs Vorstellungen vertraut ist – ein Schriftsteller, Visionär und Forscher. Van der Post ist Schütze, und ich glaube, daß er enormen Einfluß auf Charles' Denken ausgeübt hat. Ich finde es interessant, daß die Venus/Neptun-Konjunktion im 4. Haus steht, was die Beziehung zum Vater und den Wurzeln widerspiegelt. Ich glaube, daß Charles in gewisser Weise etwas jenseits seines persönlichen Vaters, Prinz Philip, suchte und in van der Post eine Art spirituellen Vater und die innere Welt der Ideale und Visionen von Neptun fand.

HOWARD: Sein Cousin, Lord Mountbatten, war auch eine Art Vater für ihn. Sie können das astrologisch an Merkur im 4. Haus sehen, der im 3. Haus herrscht, was das Haus des Vaters mit dem Planeten und dem Haus der Verwandten in Verbindung bringt. Ich bin ziemlich sicher, daß Mountbattens Tod Charles sehr schwer getroffen hat. Wie du gesagt hast: Venus/Neptun kann Menschen idealisieren und dann verlieren, oder man wird fallengelassen und ist dann enttäuscht.

LIZ: Sie sehen, wieviel diese Venus/Neptun-Konjunktion uns über den Prinzen erzählen kann. Nun müssen wir uns Dianas Horoskop anschauen und sehen, ob die Konjunktion sich dort mit irgend etwas verbindet. Hoffentlich finden wir eine Verbindung, denn das würde andeuten, daß Diana zumindest manche der Eigenschaften, die Charles so hoch bewertet, reflektieren kann. Können Sie hier nur Quadrat-Aspekte sehen?

TEILNEHMER: Dianas MC ist in Waage und in Konjunktion zu Charles' Venus/Neptun.

LIZ: Ja, das ist die Hauptverbindung. Der Venus/Neptun-Aspekt steht außerdem im Sextil zu Dianas Schütze-Aszendent. Aber der Kontakt mit dem MC ist der machtvollere Aspekt. Was, glauben Sie, bedeutet das?

TEILNEHMER: Etwas über ihr Auftreten in der Welt.

LIZ: Das MC spiegelt das Image einer Person wider, ihre Darstellung in der äußeren Welt. Es kann auch ein sehr wichtiger Faktor im körperlichen Erscheinungsbild sein, dem Körpertyp – sogar noch mehr als der Aszendent. Wir können also vermuten, daß Charles in Diana eine Verkörperung der idealen Schönheit sucht – in der Art, wie sie sich kleidet und sich vor den Augen der Öffentlichkeit darstellt, und in ihren körperlichen Eigenschaften.

HOWARD: Ja, seine Venus/Neptun-Konjuktion wird in den nächsten paar Jahren durch Neptun quadriert werden.

LIZ: Und unmittelbar darauf folgt ihm dann Uranus. Nun ja, das könnte emotional gesehen eine schwierige Phase für ihn werden, in der sein Beziehungsleben verwirrt und emotional unstabil aussieht. Die Presse agiert wie eine Horde lüsterner Bluthunde, die andauernd auf Charles und Diana einhacken, wenn sie unabhängig voneinander irgendwohin reisen; und wie jedes andere Paar haben sie zweifellos ihre Schwierigkeiten und Bereiche, in denen sie sich nicht vertragen. Es ist möglich, daß Charles eine Zeit durchmachen wird, in der er sich desillusioniert fühlt – es hat sich herausgestellt, daß sein Vollkommenheitsideal nur eine sterbliche Frau ist –, aber der Uranustransit könnte auch einen Einstellungswandel widerspiegeln, eine Befreiung von manch übermäßigem Idealismus von Neptun. Und natürlich könnten beide Transite Verwirrung und Veränderung in anderen Gebieten reflektieren – in seiner Beziehung zu seinem Vater und auch in seinen Werten und den äußeren Formen, durch die er sie zum Ausdruck bringt.

Nun, wie denken Sie, reagiert Diana auf den Venus/Neptun-Aspekt ihres Mannes an ihrem MC?

TEILNEHMER: Sie wird sich bewundert fühlen.

LIZ: Ja, das ist eine mögliche Reaktion. Sie könnte sich schöner und strahlender in seinen Augen fühlen, und ihr Selbstbild könnte wachsen und gedeihen. Tatsächlich war es so; sie hat von der naiven Lady Diana Spencer in bezug auf Image und Stil einen langen Weg zurückgelegt, und ich glaube nicht, daß das nur der Arbeit der Palastfriseure zuzuschreiben ist. Sie ist, was ihre öffentliche Persona angeht, zu Neptun/Venus geworden, als ob er ihr durch die Projektion seines eigenen Schönheitsbilds Gestalt verliehen hätte.

HOWARD: Diana hat in ihrem Geburtshoroskop ein Venus/Uranus-Quadrat, was mich vermuten läßt, daß sie sich manchmal in der Beziehung eingesperrt fühlen könnte.

LIZ: Ich bin sicher, daß es ihr so geht. Nicht wahr: Es ist wirklich das Leben in einem Aquarium, unabhängig davon, mit welchen wie auch immer gearteten Themen die beiden sich auseinanderzusetzen haben.

Nun, wie steht es mit ihrer Venus und ihrem Quadrat zu Charles' Horoskop? Die Venus steht in ziemlich enger Opposition zu Sonne und Chiron. Ihre Venus steht auf 24 Grad Stier, seine Sonne auf 22 Grad Skorpion und Chiron auf 28 Grad Skorpion: Also steht Dianas Venus genau in der Mitte zwischen seiner Sonne und seinem Chiron und bildet gleichzeitig eine Opposition zu beiden. Das ist ein sehr machtvoller Quadrat-Aspekt, besonders weil er auch den Mittelpunkt einschließt.

TEILNEHMER: Ist das nicht in gewisser Weise ein guter Aspekt?

LIZ: Alles ist in irgendeiner Weise ein guter Aspekt. Aber Sie haben recht, Venus in Opposition zur Sonne in der Synastrie wird normalerweise als sehr positiv betrachtet, weil es eine magnetische Anziehung erzeugt.

Was Diana am meisten schätzt, was sie schön und lohnenswert im Leben findet, ist in Charles verkörpert. In allen Oppositionen gibt es eine Spannung, aber es ist eher eine Spannung von Ergänzungen als eine von Gegensätzen, wie es bei Quadraten der Fall ist. Oppositionszeichen sind in vieler Hinsicht insgeheim gleich, und Stier und Skorpion haben ihre Sinnlichkeit, eine große Intensität und Gefühlstreue gemeinsam. Aber Dianas Venus in Opposition zu Charles' Chiron ist eine schwierigere Konstellation. Seine Sonne in Konjunktion zu Chiron sagt etwas über die Komplexität seines Charakters aus – dieser Aspekt läßt mich vemuten, daß er eine ziemlich einsame, äußerst ernste Person ist, die im Hinblick auf ihre Fähigkeit, sich zum Ausdruck zu bringen, das Gefühl hat, verwundet worden zu sein. Dies wird dadurch noch betont, daß die Konjunktion in Skorpion plaziert ist. Vielleicht sagt es auch etwas über seinen Vater aus und verweist auf eine Art der Isolation und des Verletztseins, die sie beide gemeinsam haben oder die zwischen ihnen besteht. Das könnte der Grund sein, warum Charles nach »spirituellen Vätern« in Gestalten wie Laurens van der Post und Lord Mountbatten gesucht hat. Die Eigenschaft des »verwundeten Heilers« in Charles – die Traurigkeit und Isolation, die seine tiefe Nachdenklichkeit und philosophische Neigung erzeugt haben – ist für Diana attraktiv und vielleicht auch störend und schmerzhaft. Sie könnte Schwierigkeiten haben, seine Ernsthaftigkeit und seine Neigung sich zurückzuziehen zu verstehen, obwohl sie sie wahrscheinlich auch respektieren und bewundern wird.

Howard: Es gibt noch mehr. Sie hat ein enges, fixes T-Kreuz, das den Mond auf 25 Grad Wassermann, Uranus auf 23 Grad Löwe, beide im Quadrat zu Venus auf 24 Grad Stier, einschließt. Charles' Sonne auf 22 Grad Skorpion ergänzt also das leere Standbein ihres T-Kreuzes; seine Sonne steht nicht nur zu ihrer Venus in Opposition, sondern auch im Quadrat zu ihrem Mond und ihrem Uranus. Jeder, der Planeten hat, die das leere Standbein des eigenen T-Kreuzes ergänzen, wird einem wichtige Prüfungen und Herausforderungen auf den Weg geben. Wenn man den Mond heranzieht, um ihre instinktiven Bedürfnisse zu definieren, könnte die Tatsache, daß seine Sonne dazu im Quadrat steht, ein Problem für sie darstellen – sie könnte instinktiv für das, was er braucht, um seinen Sinn für Identität zu erfüllen, nicht empfänglich sein oder nicht darauf reagieren. Was denken Sie, ist die Bedeutung ihres Uranus in Quadrat auf seine Sonne?

Teilnehmer: Es könnte zu einem Bruch oder einer größeren Störung führen.

Howard: Ein Bruch ist unwahrscheinlich. Aber ihr legitimes Bedürfnis nach Raum, Individualität und Freiheit (Uranus in Löwe in Konjunktion zu ihrem nördlichen Mondknoten) könnte mit gewissen Aspekten seiner Natur im Widerstreit stehen. Sie hat Uranus auch im 8. Haus, was wahrscheinlich anzeigt, daß sie ihre Ruhelosigkeit etwas verborgen im Untergrund halten muß.

Liz: Ich denke, Dianas rebellische Art, die bei ihr eine angeborene Eigenschaft ist – durch das T-Kreuz, auf das du dich beziehst, reflektiert –, wird sicher durch die Erfordernisse ihrer Situation ausgelöst und wahrscheinlich auch durch Charles' Neigung, seine wirklichen Gefühle und Wünsche nicht nach außen zu zeigen (Sonne in Skorpion in Konjunktion zu Chiron). Eine Skorpion-Sonne neigt dazu, im Stillen, intuitiv vorzugehen und anzunehmen, daß andere die gleichen subtilen Wahrnehmungen haben, und Skorpion kann kaum eine »Ich-lasse-alles-raushängen«-Haltung einzunehmen, also alles besprechen. Das könnte für Diana ziemlich schwierig sein, deren Wassermann-Mond mehr zu den luftigen Dingen neigt und dazu, sie vernünftig zu besprechen. Ich muß immer an diesen blöden Glühbirnenwitz denken – »Wie viele Kalifornier braucht man, um eine Glühbirne auszuwechseln? Einen, um die Glühbirne auszuwechseln, und fünf, um an dem Erlebnis teilzunehmen.« Das schien mir immer ein archetypisch amerikanischer Witz zu sein, der die extreme Seite von Amerikas Mond in Wassermann widerspiegelt. Ich will damit nicht andeuten, daß Diana so ist – schließlich ist sie Engländerin –, aber es gibt einen sehr aufrichtigen, offenen Zug bei Mond in Wassermann, der die stillen Tiefen des Skorpion ziemlich frustrierend finden kann.

Weil Dianas Uranus im 8. Haus steht, würde ich erwarten, daß ihre Rebellion in einer ziemlich unberechenbaren Weise hervorbrechen könnte, unvorhersehbar und auf unbewußte Art und Weise. Sie könnte absolut ruhig und zufrieden und zurückgenommen sein, und dann plötzlich – peng! – kann sie es nicht eine Minute länger ertragen. Eine Person mit Uranus im 8. Haus läuft nicht herum und betrachtet andauernd ihre Gefühle; die Gefühle steigen plötzlich an die Oberfläche und brechen auf höchst störende Art durch, als ob unter dem Haus eine Bombe explodiert wäre. Planeten im 8. Haus tendieren dazu, auf diese vulkanische Art und Weise vorzugehen. Weil Uranus im Quadrat zu ihrem Mond und ihrer Venus steht, ist es wahrscheinlich, daß diese emotionalen Ausbrüche ihr Sicherheitsbedürfnis stören und ihre Stier-Werte bedrohen. Ich würde wetten, daß sie sich manchmal fragt, wie um alles in der Welt sie das, was sie gerade gesagt oder getan hat, sagen oder tun konnte.

TEILNEHMER: Jeder spricht von Chiron, aber ich weiß immer noch nicht, was er bedeutet.

LIZ: Ich würde empfehlen, daß Sie mit Melanie Reinharts Buch »Chiron: Der verwundete Heiler« anfangen.* Das ist eine exzellente Analyse des Planeten oder, genauer gesagt, des Planetoiden.

TEILNEHMER: Ich habe es gekauft, hatte aber noch keine Gelegenheit, es zu lesen.

HOWARD: Vielleicht waren Sie nicht hier, als Liz über Chiron in einer ihrer Venus-Lektionen gesprochen hat. Kurz gesagt, in der Mythologie war Chiron als verwundeter Heiler bekannt: Er hatte eine Wunde, die unheilbar war, und doch war er fähig, andere von ihren Wunden und Schmerzen zu heilen. Im Horoskop zeigt Chiron, wo wir verwundet sind oder wo ein Schaden vorliegt, eine Lücke oder ein Loch in uns, die extrem schwer zu füllen sind. Obwohl es sein mag, daß die Wunde niemals heilt, können wir

* Melanie Reinhart, Chiron: Der verwundete Heiler, a. a. O.

durch sie eine ganze Menge über das Leben und über uns selbst lernen. Liz hat hervorgehoben, daß Charles mit Sonne in Konjunktion zu Chiron im 5. Haus geboren wurde, was Verwundung und Schmerz im Bereich des Selbstausdrucks andeutet.
TEILNEHMER: Aber was ist Chiron? Wo ist er?
HOWARD: Chiron wird als Planetoid bezeichnet und wurde 1977 von dem Astronomen Charles Kowal entdeckt. Man findet ihn zwischen Saturn und Uranus im Himmel, und er hat, glaube ich, eine Umlaufzeit von 52 Jahren.
LIZ: Der Zyklus ist unregelmäßig, wie der von Pluto, er folgt einer ähnlich elliptischen Umlaufbahn. Er verbringt in manchen Zeichen viel mehr Zeit als in anderen.
HOWARD: Manchmal kommt er in seiner Bahn nahe an Saturn heran, und zu anderen Zeiten steht er näher bei Uranus.
LIZ: Astrologen haben ihn nun seit 13 Jahren beobachtet. Einiges spekulative Material wurde in früheren Jahren veröffentlicht, aber seit damals wurde eine Menge Information durch die Beobachtung seiner Aktivitäten in den Horoskopen der Leute gesammelt. Melanies Buch ist das allerneueste und spiegelt diese eher empirische Beobachtung wider.
HOWARD: Es funktioniert wirklich in der Interpretation. Wenn Sie ihn bei Ihren Deutungen nicht miteinbezogen haben, sollten Sie sich Ephemeriden besorgen, in denen seine Positionen vermerkt sind. In der Synastrie treten häufig Chiron-Aspekte auf, nicht nur in den Horoskopen von Geliebten und Ehepartnern, sondern auch zwischen den Horoskopen von Eltern und Kindern und oft zwischen den Horoskopen enger Freunde. In mancher Hinsicht ist Chiron wie Saturn; er kennzeichnet, wo wir uns fürchten, wo wir verletzt sind oder Schmerzen empfinden, aber wenn er richtig verarbeitet und verstanden wird, können wir viel lernen. Er sagt auch etwas über die Heilfähigkeiten oder -kräfte aus, und er ist in den Horoskopen von Menschen, die an Gesundheit und Heilen interessiert sind, besonders an alternativen oder ergänzenden Ansätzen zur konventionellen Medizin, stark plaziert.
LIZ: Ich habe auch das Gefühl, daß Chiron wie Saturn ist, obwohl die Natur der Wunde verschieden ist – sie ist weniger offensichtlich persönlicher Natur und stammt nicht von den Eltern – und es auch eine andere Art und Weise gibt, mit ihr umzugehen. Saturn kom-

pensiert und arbeitet sich durch das Gefühl des Verletztseins hindurch, indem er sich verteidigt und verbissene praktische Anstrengungen macht. Aber Chiron geht mit ihr um, indem er Wissen erwirbt, das schließlich zu Weisheit werden kann.

HOWARD: Weil Chiron auf eine Wunde verweist, die nicht geheilt werden kann, lehrt er uns auch Akzeptanz und Hingabe an etwas, das jenseits der Kontrolle des Ego steht; und diese Art der Hingabe oder Akzeptanz kann die Tür zu einem höheren Verständnis und einer höheren Einsicht in die Bedeutung und den Zweck des eigenen Lebens und des Lebens im allgemeinen öffnen. Nebenbei: Wir haben gesehen, daß Prinz Charles die Sonne in Konjunktion zu Chiron in Skorpion im 5. Haus hat. Wußten Sie, daß er einmal in einer Ansprache an eine medizinische Organisation gesagt hat, daß, wenn er nicht seine Pflichten als Prinz zu erfüllen hätte, er sich entschieden hätte, ein Arzt oder Heiler zu werden?

LIZ: Er hielt vor einigen Jahren vor der British Medical Association eine Rede, in der er seine Ansichten zu Krankheit darlegte. Er sagte, daß es viele Menschen gäbe, die ihre Ärzte aufsuchten mit einer Krankheit der Seele, die als Krankheit des Körpers getarnt sei. Dies ist eine wunderbare Beschreibung der Art von Weltsicht von Sonne/Chiron in Skorpion. Ich bin sicher, daß er nicht ein orthodoxer praktischer Arzt geblieben wäre; er hätte zweifellos eine psychiatrische Ausbildung gemacht und sich dann am Jung-Institut ausbilden lassen.

HOWARD: In der Mythologie war Chiron der erste holistische Heiler und Ausbilder und diente als eine Art Pflegevater für die halbgöttlichen Kinder der Götter. Er lehrte Jason, wie man segelt, er lehrte Herakles die Astrologie; Asklepios und Achilles gingen auch bei ihm in die Lehre. Er hatte Erfolg, indem er seinen Schülern eine allumfassende holistische Ausbildung gab, sie zu kämpfen lehrte, sie aber auch anleitete, wie die Verwundungen, die in den Schlachten entstanden, zu heilen waren. Chiron symbolisiert eine sehr zeitgemäße Energie oder ein Prinzip, und da er in Konjunktion zu Charles' Sonne steht, befindet er sich mit einigen der neuesten oder letzten Trends und Strömungen, die ins Kollektiv einsickern, in Übereinstimmung.

LIZ: In der Synastrie von Charles und Diana haben wir gesehen, daß ihre Venus in Opposition zu seinem Chiron steht und daß es wahrscheinlich ist, daß sie diese Seite in ihm ziemlich störend, aber auch faszinierend finden wird. Venus steht in Stier und damit erhöht, und sie ist hier sehr stimmig und unkompliziert plaziert. Man kann das in Dianas Beziehung zu Kindern sehen; sie hat gute, solide, erdhafte Instinkte, und Kinder vertrauen ihr intuitiv. Da alle Synastrie-Aspekte einen zweigleisigen Kanal bilden – jede Person beeinflußt die andere –, ist es auch möglich, daß Diana auch Charles stört, weil ihm diese stimmige, gesunde, erdhafte Seite von ihr seine eigene, komplizierte und vielseitige Natur bewußt machen wird. Wahrscheinlich beneidet er sie um ihre Fähigkeit, sich an sich selbst zu erfreuen und das Leben so zu nehmen, wie es ist – eines der Geschenke von Venus in Stier –, wogegen er ständig graben und prüfen muß und nach der tieferen Bedeutung und den verborgenen Motiven unter der Oberfläche der Dinge suchen muß. Venus in Stier könnte gern tanzen, auf Parties gehen und gutes Essen und Trinken genießen, während Chiron in Skorpion dasitzt und Jung und Paracelsus liest und über den Grund des menschlichen Leidens nachsinnt.

Sie können also sehen, daß diese Kreuz-Aspekte sehr kompliziert und machtvoll sind. Chiron verletzt und wird verletzt durch die Person, deren Planet er in der Synastrie berührt; und er heilt auch und wird geheilt. Aber ich würde wetten, daß es für Dianas Uranus manchmal einfach zuviel ist, was da regelmäßig ausbrechen könnte, und er sie losschickt, um all dieser Intensität zu entkommen.

TEILNEHMER: Charles' Saturn steht in Konjunktion zu Dianas Mars und Pluto.

LIZ: Ja, wir kommen allmählich zu diesem Aspekt.

TEILNEHMER: Ich habe eine Frage zur königlichen Familie, ihren Werten und wofür sie steht. Denken Sie nicht, daß sie überflüssig sind? Prinz Charles ist durch seine Rolle gefangen und wäre vielleicht glücklicher ohne sie.

LIZ: Ich fürchte, ich kann Ihnen nicht zustimmen. Aber Sie leben in der Schweiz, die immer eine Demokratie war und als Kollektiv ganz andere psychische Bedürfnisse hat. Wenn irgendwer ernsthaft vorschlagen würde, daß die Schweiz eine königliche Familie haben sollte, würden Sie alle das bestenfalls absurd finden, schlechtestenfalls würde es Sie wütend machen, und Sie würden es bedrohlich finden. England ist auch eine Demokratie. Aber das Symbol des

Königtums als Ideal des Göttlichen im Menschen ist tief in der englischen Psyche eingebettet, wie auch in vielen anderen Ländern. Es ist weder dumm noch überflüssig, weil es archetypisch ist; und es ist ein Teil des Gewebes der Individualität einer Nation. Mit wenigen lauten Ausnahmen lieben und brauchen die Engländer ihre königliche Familie, weil sie etwas absolut Stabiles und Beständiges inmitten des Chaos personifiziert, und auch jedes menschliche Drama, dunkel und hell, wird durch sie widergespiegelt und liefert einen mythischen Erlaß einer essentiell religiösen Art. Ich denke, es ist vielleicht ein wenig zu einfach zu glauben, daß der arme Charles in einem falschen Wertesystem steckengeblieben ist und daß es ihm besser ginge, wenn er da herauskäme. Seine Rolle ist weitaus subtiler und wichtiger, und ich bin sicher, daß er das weiß. Die Werte, die er hochhält, haben auf viele Menschen ungeheuren Einfluß, und er, wie auch seine Mutter, die Königin, versuchen, ihre Verantwortung mit soviel Integrität wie möglich auf sich zu nehmen. Offensichtlich stolpern sie von Zeit zu Zeit alle einmal, weil sie gewöhnliche menschliche Wesen sind. Aber obwohl sie nicht regieren, sind sie für das englische Volk enorm wichtig.

Die anscheinend exzentrischen und überindividualistischen Ansichten, die Charles vertritt, gehen in eine andere Richtung als die Werte, die die Königin vertritt, obwohl sie nicht in Widerstreit liegen. Ich denke, daß dies eine sehr interessante Entwicklung ist, da die beiden ein weites Spektrum von Einstellungen in relativer Harmonie zusammenzuhalten scheinen. Charles ist naturgemäß auch sehr vorsichtig, weitsichtig und intelligent bei der Verkündung seiner Ansichten, zum Teil wegen seines Mondes im 10. Haus in Stier im Trigon zu Saturn, was ihm, Venus/Neptun ungeachtet, genug Realismus verleiht, um zu wissen, daß man das Denken der Menschen nicht erweitert, indem man losstürmt und sich wie ein Verrückter gebärdet.

Howard: Der Mond im 10. Haus bedeutet auch, daß er vorsichtig sein muß, nicht zu weit von dem abzuweichen, was die Königin und die Öffentlichkeit billigen oder verzeihen würden. Wie Sie wissen, ist das 10. Haus mit Karriere verbunden, mit dem Stehen im Licht der Öffentlichkeit, und sehr oft mit der Beziehung zur Mutter. Ich kann nicht glauben, wie treffend es ist, daß Charles' Mond auf 0 Grad Stier im 10. Haus steht; seine Mutter, Königin Elizabeth, hat ihre Sonne auf 0 Grad Stier stehen. Das sagt alles. Letztendlich hat er seinen Titel und seine »Berufung« von ihr geerbt; und mit dem Mond in Konjunktion zu seinem Mondknoten im 10. Haus ist es absolut richtig, daß er die Tradition seiner Mutter fortführen sollte.

TEILNEHMER: Denken Sie, daß er König werden wird?

HOWARD: Ich weiß nicht. Ich frage mich manchmal, was passieren wird, wenn in einigen Jahren Pluto im Transit auf seine Sonne treffen wird – was mit Angelegenheiten zusammenhängen könnte, die mit Macht zu tun haben; und doch würde es der Königin als zu früh erscheinen zurückzutreten. Ich ändere jetzt meinen Blickwinkel leicht und wende mein Augenmerk dieser exakten Jupiter/Uranus-Opposition auf der 5. bis 11. Haus-Achse zu. Diese Opposition wird allgemein mit leicht abgehobenen Vorstellungen oder einer Philosophie in Verbindung gebracht, die von den regierenden Kreisen als etwas unkonventionell betrachtet wird. Ich vermute, daß dies auf gleicher Linie mit seinem chironhaften Wesen liegt, aber ich frage mich, ob diese Philosophie und dieses Glaubenssystem seine Mutter gelegentlich ärgern könnte – obwohl die Tatsache, daß sein Uranus im Sextil zu seinem Mond und im Trigon zu seinem Jupiter steht, die Dinge in dieser Hinsicht erleichtern könnten.

LIZ: Mit Uranus im 11. Haus sammelt er einige eher seltsame Gestalten um sich. Hier könnte er ein paar Schocks verursachen. Aber bevor wir all dies vertiefen, lassen Sie uns noch zu dem Synastrie-Kontakt von Charles' Sonne und Dianas Mars/Pluto übergehen. Welche Auswirkung könnte das haben?

TEILNEHMER: Er versucht, sie zu formen, ihr Leben zu strukturieren.

LIZ: Ja, ich denke, das ist eine Facette davon. Struktur und Stabilität sind für ihn mit Saturn in Jungfrau im 2. Haus furchtbar wichtig, und er ist wahrscheinlich auch ein Gewohnheitsmensch; Jungfrau ist von Natur aus ritualistisch und verabscheut Chaos. Zweifellos versucht er, einen soliden Behälter für Dianas sehr machtvolle, eigenwillige Seite (Mars/Pluto) zur Verfügung zu stellen. Manchmal dürfte sie sich sehr eingeschränkt und frustriert fühlen, weil Mars/Pluto sehr stark auf jedes Durchkreuzen des eigenen Willens reagiert, egal wie delikat die Gründe sind; und ich würde vermuten, daß sie sehr böse auf ihn werden kann. Aber zur gleichen Zeit hält er sie »auf der richtigen Linie« auf sehr positive Art und Weise und kann ihr helfen zu lernen, ihre enorme Energie zu bändigen und für kreative Ziele zu verwenden. Er könnte sich umgekehrt manchmal von ihrer emotionalen Kraft überwältigt fühlen, besonders von ihrer Wut, und könnte reagieren, indem er sich körperlich zurückzieht (Saturn im 2. Haus) und sich eine Zeitlang aufs Land begibt. Diese Aspekte deuten an, daß sie manchmal auseinandergehen müssen, wenn sie feststellen, daß sie etwas Unterschiedliches wollen, weil beide sehr dickköpfige Menschen sind.

HOWARD: Ich sage einfach, was mir so in den Sinn kommt, aber er scheint besser auszusehen und sich besser zu kleiden, seit sie zusammen sind. In diesem Sinne könnte ihr Mars/Pluto in Jungfrau ihm helfen, sein Selbstbild oder seine Beziehung zu seinem physischen Körper zu verändern, wie es von seinem 2. Haus-Saturn in Jungfrau, der in Steinbock an der Spitze des 6. Hauses regiert, angezeigt wird.

LIZ: Du hast recht, er sieht besser aus.

HOWARD: Das ist einfach meine Phantasie, aber ich habe das Bild von Charles, daß er sich anzieht, um auszugehen, und Diana schlägt ihm vor, was am besten aussehen würde.

LIZ: Ja, und mit seiner Sonne an ihrem Mars/Pluto würde er bockig werden und ihrer Wahl nicht zustimmen, einfach nur, weil sie es zu energisch vorgeschlagen hat, und dann würde sie wütend werden, weil er so störrisch wäre, und er würde verletzt sein, weil sie versucht, ihn zu verändern. Und so weiter. Schreiben wir eine Seifenoper?

HOWARD: Nein, eine Mills- und Boon-Novelle.*

LIZ: Wir sind auf der falschen Veranstaltung. Macht nichts, Astrologie ist saftvoller. Wie auch immer, Saturn reagiert auf Mars mit einer Mischung aus großer Bewunderung und Neid, die durch kritische Mißbilligung verkleidet ist. Mars ist in jenen Bereichen potent, in denen sich Saturn scheu und unbeholfen fühlt. Hier spielen sicherlich Themen wie körperliche Zufriedenheit und Erscheinung eine Rolle. Es gibt auch eine starke sexuelle Anziehung bei Mars/Saturn-Synastrie-Aspekten, obwohl Saturn oft zu scheu

* Das ist das britische Äquivalent für Liebesgeschichten, wie sie bei Harlequin veröffentlicht werden.

ist, um zu riskieren, offen verletzlich zu sein; er könnte sich zurückziehen und kühl erscheinen, aus seiner Verteidigungshaltung heraus, nicht aus Mangel an Leidenschaft.
HOWARD: Ja, ich verstehe das auch so. Mars ist da, wo wir uns naturgemäß durchsetzen wollen, wo wir uns natürlicherweise selbst zum Ausdruck bringen wollen; doch Saturn ist da, wo wir uns blockiert und unwohl fühlen. Was zu ihr auf natürliche Weise kommt (Mars in Jungfrau), korreliert irgendwie mit dem, was sein Saturn in Jungfrau schwierig oder unangenehm findet. Eine ähnliche Dynamik tritt bei Venus/Saturn-Kontakten in der Synastrie auf. Jemand mit Venus in Zwillinge weist ein natürliches Talent für Unterhaltung und Small talk auf, aber jemand mit Saturn in Zwillinge könnte sich schwertun, mit anderen auf diese Weise zu kommunizieren. Daher könnte sich die Person mit Saturn in Zwillinge, um sich gegen die Leichtigkeit der Person mit Venus in Zwillinge zu verteidigen, kritisch oder abwertend verhalten.
LIZ: Saturn könnte von der Begabung der anderen Person zutiefst angezogen sein und das Verlangen haben, sie zu unterstützen und zu formen, aber gleichzeitig könnte er die scheinbare Oberflächlichkeit des anderen kritisieren. Dieser Vorwurf der Oberflächlichkeit und Flachheit wird oft von der Saturn-Person zum Ausdruck gebracht, weil Saturn an den Themen, die durch dieses Zeichen widergespiegelt werden, so hart arbeiten muß und er sie so ungeheuer ernst nimmt; und es kann ziemlich schmerzvoll sein, wie auch nervtötend, jemanden zu beobachten, der sich selbst so locker zur Schau stellt, ohne sich dessen im geringsten bewußt zu sein, während man selbst so hart dafür kämpfen mußte, um sich dessen bewußt zu werden.

Charles' Saturn steht auch in Opposition zu Dianas Chiron, mit einer Winkelabweichung von nur einem Grad. Umgekehrt ist ihr Chiron im 2. Haus, daher gibt es bei beiden ein ähnliches Thema, das durch den Synastrie-Aspekt ausgelöst wird. Weil Dianas Chiron in Fische steht, könnte sich ihr Gefühl des Verletztseins um ein Gefühl emotionaler Unsicherheit und Einsamkeit drehen, was vielleicht die Instabilität ihres früheren Familienlebens widerspiegelt. Ich wage hier nur eine Vermutung, aber sie könnte sich hilflos gefühlt haben und leicht zum Opfer gemacht worden sein bei allen möglichen Schwierigkeiten, die zwischen ihren Eltern aufgetreten sind; und ich denke, es ist interessant, daß sie so eine tiefgehende Sympathie und Fürsorge für alle Kranken und Behinderten wie auch für Kinder entwickelt hat. Sie reagiert sofort auf die Hilflosen und auf die Opfer des Lebens, und dies, denke ich, spiegelt die Plazierung von Chiron in Fische im 2. Haus wider.

TEILNEHMER: Würde ihm das ein unangenehmes Gefühl geben, weil er in Opposition zu seinem Saturn steht?

LIZ: Das könnte der Fall sein; aber weil sein Saturn ins gleiche Haus fällt, würde ich auch denken, daß es ihnen potentiell ein starkes Band wechselseitiger Sympathie gibt, wenn sie diese Verletzlichkeit und Unsicherheit gegenseitig zum Ausdruck bringen könnten.

Nun, was gibt es zu dem Synastrie-Aspekt zwischen Charles' Mars und Dianas Horoskop zu sagen?

TEILNEHMER: Sein Mars steht direkt an ihrem Aszendenten.

LIZ: Ja, das ist ein enger Kontakt, mit einem Orbis von nur 2 Grad. Sein Mars steht auch im Trigon zu Dianas Uranus und außerdem im Sextil zu seinem Mond. Es scheint also von Dianas Horoskop aus gesehen eine sehr positive Erwiderung auf Charles' Mars zu geben. Der Aszendent ist kein Planet und ist eher der Empfänger von Energie statt ein Energieerzeuger; ein Aspekt von jemandes Planeten auf den eigenen Aszendenten beeinflußt das Gefühl, das man in bezug auf sich selbst hat, und wie man sich in der äußeren Welt zum Ausdruck bringt. So hat Charles also durch seine Vitalität und Energie und romantische Forschernatur (Mars in Schütze im 5. Haus) großen Einfluß auf Diana, indem er ihre eigene Vision und ihr Bedürfnis, sich jenseits konventioneller Schranken zu begeben, erweitert.

HOWARD: Ich denke, daß es fair ist zu sagen, er habe ihr die Welt eröffnet. Diana hat die Sonne im 7. Haus, eine Plazierung, die andeutet, daß sie durch Ehe und Partnerschaft zu sich kommt. Wir denken oft an eine Ehe, als ob ein »Ich« stirbt, um als »Wir« wiedergeboren zu werden, aber in ihrem Fall ist sie durch die Ehe zu einer berühmten Persönlichkeit geworden – sie ist durch die Heirat zu sich selbst gekommen. Sie wurde immer die »scheue Di« genannt, aber ich glaube nicht, daß diese Bezeichnung noch immer zu ihr paßt. Nun scheint sie ihre Macht als eine eigenständige Person entdeckt zu haben, und paradoxerweise ist das durch ihre Heirat mit Charles geschehen. Die Öffentlichkeit liebt sie überwiegend, was zu ihrer Sonne im 7. Haus passen würde, die im Trigon zu Neptun im 10. Haus steht. Tatsächlich bildet dieses Trigon ein großes Trigon zu Chiron in Fische im 2. Haus – so öffentlich geliebt und bewundert zu werden, muß sie irgendwie geheilt haben. Charles' Mars und Jupiter um ihren Aszendenten könnte auch etwas damit zu tun haben, daß sie ihre Macht durch ihn gefunden und daß sich die Welt für sie durch ihre Beziehung geöffnet hat.

LIZ: Ich glaube, daß er ihr die Welt sowohl auf geistiger als auch auf konkreter Ebene geöffnet hat. Wahrscheinlich hat er ihr Denken ungeheuer erweitert, selbst wenn sie nicht seine Ansichten vertritt, denn seine Bandbreite an Interessen ist so viel größer als das, was Diana zu Beginn ihrer Ehe an Interessen aufwies. Jupiter in Schütze, besonders in Opposition zu Uranus, ist in seinen Problemstellungen und in seiner Philosophie wirklich global ausgerichtet, und bei Schütze ist eine große Liebe zum Wissen angeboren. Dieses Potential war in Diana immer schon durch ihren Aszendenten angelegt, aber wir alle entwickeln den Aszendenten langsam und mit Schwierigkeiten, und sie brauchte Charles als Katalysator, um ihn in Gang zu setzen. Ich denke auch, daß Charles ihre Bereitwilligkeit schätzt und anregt, wegen des Trigons zwischen seinem Mars und ihrem Uranus. Wo seine mehr introvertierte, sensitive Seite (Sonne in Skorpion) es schwierig findet, mit Dianas rebellischen Eigenschaften umzugehen, kommt der eher feurige, abenteuerlustige Geist in ihm damit sehr gut zurecht. Wenn er aus jenen tiefen Wassern des Skorpions heraussteigen kann und all die melancholische Nachdenklichkeit von Sonne/Chiron hinter sich läßt, kann er einfach Spaß mit ihr haben. Wahrscheinlich kämen sie allerbestens miteinander aus, wenn sie reisen oder skifahren oder an großen Projekten zusammenarbeiten würden.

HOWARD: Ja, ich stelle mir vor, daß es Zeiten gibt, in denen sie gut zusammenspielen. Um auf seine Mars/Jupiter-Konjunktion in Opposition zu Uranus zurückzukommen – dies ist eine Konstellation, die oft mit Unfällen assoziiert wird. Er scheint leicht zu Unfällen zu neigen, von Polo-Pferden zu fallen und ähnlichem.

LIZ: Ja, und er war auch in den tragischen Skiunfall verwickelt, bei dem sein Freund ums Leben kam. Der Unfall passierte in seiner Umgebung, und er betraf auch ihn. Es gibt ein sehr spannungsreiches und leicht unberechenbares Element bei Mars/Jupiter/Uranus, das den Grenzen Saturns nicht immer Beachtung schenkt. Diese Art Neigung zu Unfällen stammt nicht aus einem tiefsitzenden selbstzerstörerischen Impuls; das Ergebnis ist, daß man buchstäblich nicht beobachtet, wohin man geht. Die physische Koordination (Mars) kann manchmal einen sprungartigen, nervösen Zug haben (Uranus), und wenn man im kritischen Moment (Jupiter) seine Gedanken in den Äther abschweifen läßt, dann fällt man vom Pferd.

HOWARD: Hast du von Dianas Hintergrund eines zerbrochenen Familienlebens gesprochen?

LIZ: Nur ganz nebenbei, in bezug zu ihrem Chiron im 2. Haus und dem Gefühl der Unsicherheit, das hier widergespiegelt werden könnte.

HOWARD: Nun, das paßt zu dem Mond/Venus/Uranus-T-Quadrat, das andeutet, daß man in der Kindheit einen Bruch erlebt. In meiner Venus-Sitzung habe ich ein wenig über den inneren Konflikt zwischen Nähe- und Freiheitsbedürfnissen, zwischen Intimität und Autonomie, den wir alle haben, gesprochen. Mit dem raumliebenden Mond in Wassermann in Opposition zu Uranus und beide im Quadrat zur sicherheitsliebenden Venus in Stier ist mir klar, daß sie an diesem Dilemma einen ordentlichen Anteil hat. Die Scheidung ihrer Eltern und der Aufruhr, den das in ihr Leben gebracht haben muß, spiegelt diese Aspekte wider.

LIZ: Es gibt ein ziemlich schicksalhaftes Gefühl betreffend die Planeten, die in Dianas 8. Haus fallen, besonders die Uranus/Mondknoten-Konjunktion. Planeten im 8. Haus scheinen aus dem Nirgendwo hervorzubrechen, wie Schicksalsschläge, obwohl das »Nirgendwo« normalerweise das Unbewußte ist, sowohl das persönliche als auch das familiäre. Die Mondknoten-Achse über dem 2. und 8. Haus mit dem nördlichen Mondknoten im 8. Haus deutet auch an, daß sie etwas über die Tiefen des Lebens lernen müssen wird und über die Transformationsmacht von Situationen außerhalb ihrer Kontrolle. Das Leben folgt niemals einer sicheren Route, wenn das 8. Haus in einem Geburtshoroskop stark besetzt ist. Ich denke, daß die Mond- Konjunktion zum südlichen Mondknoten im 2. Haus dies bitter zurückweisen könnte. Selbst die guten und aufregenden Dinge – etwa sich plötzlich als Prinzessin von Wales wiederzufinden – haben die gleichen »Rad des Schicksals«-Qualitäten. Die verdeckte Seite des Lebens wird immer zum Vorschein kommen und Diana dazu nötigen, eine Dimension der Wirklichkeit zu akzeptieren, die ihren Mond im 2. Haus und ihre Stier-Venus herausfordert. Sie mag dies nicht freiwillig gewählt haben, aber sie wird lernen müssen, damit zu arbeiten.

Nun, gibt es irgendwelche weiteren Kommentare oder Fragen zu diesen beiden?

TEILNEHMER: Was ist mit seinem Merkur in Konjunktion zu ihrem Neptun?

LIZ: Einfach gesagt, ist es wahrscheinlich, daß Diana Charles' Intellekt idealisiert. Sie wird eine Art Erlösung in seinen Gedanken- und Reflexionskräften sehen. Wahrscheinlich bewundert sie seine Geistestiefe enorm, aber manchmal könnte sie sich auch überwältigt fühlen oder von ihm erwarten, daß er die ganze Zeit alle Antworten parat hat. Sie könnte eine Neigung zeigen, allem, was er sagt, zuzustimmen, weil seine Einsicht und sein Tiefgang ihr das Gefühl geben, sicher und geborgen zu sein – ein Hauch von Paradiesgarten. Auf der anderen, schwierigeren Seite könnte Charles ungeduldig mit ihr werden, weil sie ihm vage und ausweichend erscheinen könnte; und Diana könnte das Gefühl haben, daß er zu kritisch ist, was ihre Art angeht, sich zum Ausdruck zu bringen. Merkur/Neptun-Synastrie-Aspekte können extrem kreativ sein, weil Merkur Neptuns Gefühle und Phantasien aussprechen kann, während Neptun Merkurs Wahrnehmungen Farbe und Vorstellungskraft verleiht. Das Problem zwischen den beiden liegt in Merkurs Irritation bei den Abschweifungen Neptuns, und in Neptuns Verschlossenheit, wenn er mit Merkurs Genauigkeit konfrontiert wird. Aber im allgemeinen denke ich, daß es ein sehr produktiver Aspekt ist.

HOWARD: Ich denke, daß dies durch das Trigon zwischen ihrem Merkur in Krebs und seinem Merkur in Skorpion noch verstärkt wird.

TEILNEHMER: Vielleicht hat sie sich in seine Stimme verliebt. Ich liebe seine Stimme einfach.

LIZ: Wo steht Ihr Neptun?

HOWARD: Magst du meine Stimme? Mir ist gesagt worden, daß ich genau wie Prinz Charles spreche. Tatsächlich klingt Liz mehr wie Prinz Charles als ich.

LIZ: Gut, ich habe einen besseren englischen Akzent. Aber du würdest auf einem Pferd besser aussehen.
HOWARD: Ich kann nicht Polo spielen.
LIZ: Warum hast du mir das nicht gesagt?
TEILNEHMER: Wie würden Sie die ganze Synastrie beurteilen? Ich denke, sie haben ziemlich gute allgemeine Aspekte, beide mit aufsteigendem Feuerzeichen und mit der Sonne in Wasser.
LIZ: Ich stimme Ihnen zu. Ich denke, die Synastrie ist alles in allem sehr stark und allgemein zusammenpassend. Es gibt schwierige Punkte, wie beispielsweise den Aspekt zwischen Saturn und Mars/Pluto, wo ich mir sicher bin, daß er von Zeit zu Zeit einige ziemlich sprühende Funken schlägt; aber die positiven Kontakte sind stark genug, um sie zusammenzuhalten. Es ist immer wahrscheinlich, daß es mit Charles' Venus/Neptun ein Problem geben könnte, der Aspekt wird unvermeidlich immer eine romantische Vollkommenheit suchen, die unmöglich in irgendeiner Liebesbeziehung zu finden sein wird; und es wird wahrscheinlich immer ein Problem mit Diana's Venus/Mond/Uranus geben, einer Kombination, die unvermeidlich ihren Kuchen behalten und ihn gleichzeitig auch essen möchte – im Hinblick auf den Konflikt Nähe kontra Freiheit. Aber die unbeweglichen Strukturen ihrer Situation, wie auch das, was ich für die echte Liebe und Anziehung zwischen ihnen halte, wird einen Behälter für jene beiden kantigen Venus-Aspekte bereitsstellen. Sie müssen ihre eigenen Lösungen für diese Geburtsaspekte finden und würden es zweifellos viel besser zuwege bringen, wenn sich die Presse nicht so unglaublich sicher wäre, daß sie ein Recht hat, in die Privatsphäre anderer Leute einzudringen.
TEILNEHMER: Was, denken Sie, wird geschehen, wenn Pluto auf Charles' Sonne trifft?
LIZ: Viele von uns wüßten gern, was dann geschieht. Howard hat dies vorher erwähnt. Was immer es sein mag – es ist wahrscheinlich, daß es sich um etwas Bedeutendes handelt und unwiderruflich sein wird. Meine Vermutung ist, daß er König wird. Aber Pluto läuft sehr langsam vor und zurück, so daß die Zeitspanne sehr groß ist, in der das geschehen könnte.
HOWARD: Wenn Pluto auf Charles' Sonne trifft, wird er um die gleiche Zeit auf Dianas T-Quadrat treffen. Dann sind beide für größere Veränderungen bereit, weil Pluto nicht nur im Transit zu

seiner Sonne stehen wird, sondern auch im Quadrat zu ihrem Mond und ihrem Uranus und in Opposition zu ihrer Venus. An diesem Punkt möchte ich keine Deutung dieser Transite wagen.
LIZ: Er könnte zu dieser Zeit den Thron besteigen, aber das ist nicht sicher. Das könnte jedenfalls zu den Bewegungen in ihrem Horoskop passen, weil sich ein solcher Schritt auf ihre Lebensgrundlagen auswirken würde. Howard, weiß du, auf wieviel Grad Steinbock der Aszendent der Königin steht?
HOWARD: Königin Elizabeth hat ihre Sonne auf 0 Grad Stier und den Aszendenten auf 21 Grad Steinbock.
LIZ: Dann werden Uranus und Neptun an ihrem Aszendenten ungefähr zu der Zeit ankommen, wenn Pluto an Charles' Sonne ankommt.
HOWARD: Augenblicklich bewegt sich Saturn um ihren Aszendenten. Uranus und Neptun werden nicht vor 1993 dorthin kommen, und Pluto wird um diese Zeit immer noch bei 22 Grad Skorpion stehen.
LIZ: Es hat schon immer Spekulationen darüber gegeben, ob die Königin abdanken würde.
HOWARD: Aus welchen Gründen auch immer.
TEILNEHMER: Ich frage mich, was geschehen könnte, wenn Neptun im Quadrat zu Charles' Venus steht.
LIZ: Neptun steht bereits sehr nahe, innerhalb des Orbis dieses Quadrats. Was immer »geschehen« mag, es ist bereits im Entstehen. Ich will wirklich nicht weiter über diese zukünftigen Transite spekulieren, weil der Versuch, Ereignisse vorauszusagen, immer sehr fragwürdig und schwierig ist; dazu kommt, daß wir nicht immer in der Lage sein dürften, zu »wissen«, was Prinz Charles »geschieht«, da sehr viel von seinem Leben notwendigerweise nicht an die Öffentlichkeit dringt. Sollen wir weitergehen? Howard, du hast einige Horoskope, über die du in dieser Sitzung sprechen wolltest.
HOWARD: Ja, ich habe die Horoskope von Lou und Mark, einem weiteren Vater-Sohn-Duo. (Siehe Horoskope 7 und 8, Seite 348 und Seite 349). Ich habe nur für Lou (Marks Vater) ein Solarhoroskop, aber ich würde gern beginnen, indem ich die Plazierung der Sonne in seinem Horoskop in Augenschein nehme. Lou hat die Sonne im Quadrat zu Neptun und in einem sehr weiten Quadrat zu Uranus, außerdem steht seine Sonne im Trigon zu Jupiter und im

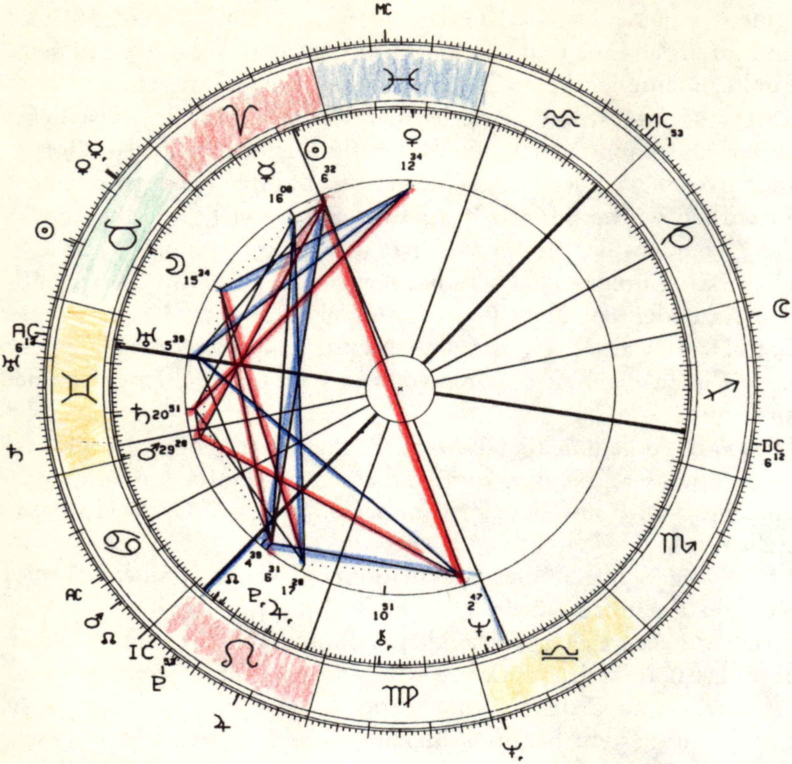

Horoskop 7: Mark. Die Geburtsdaten wurden aus Gründen der Vertraulichkeit nicht veröffentlicht. Berechnung vom Astrodienst Zürich, Häuser nach Placidus.

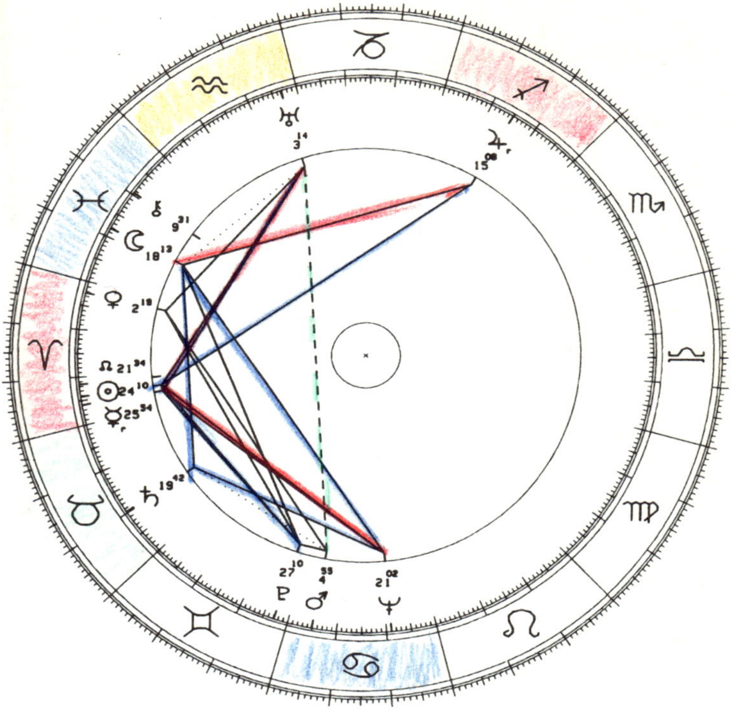

Horoskop 8: Lou, Marks Vater. Die Geburtsdaten wurden aus Gründen der Vertraulichkeit nicht veröffentlicht. Da die genaue Geburtszeit unbekannt ist, berechnete der Astrodienst Zürich ein Horoskop, Häuser nach Placidus.

Sextil zu Pluto. Mich interessiert besonders das Sonne/Neptun-Quadrat. Aspekte zur Sonne weisen darauf hin, wem oder was man begegnet, wenn man sich im Prozeß der Loslösung von der Mutter dem Vater annähert. Was denken Sie also – auf was traf Lou durch seinen Vater?

TEILNEHMER: Das Trigon zu Jupiter würde andeuten, daß er seinen Vater als Helden sah, oder daß etwas Aufregendes um ihn war. Aber das Quadrat zu Neptun und das weite Quadrat zu Uranus ergeben dazu ein ganz anderes Gefühl.

HOWARD: Richtig. Was Mark in dieser Angelegenheit weiß, ist, daß Lou sich als sehr kleiner Junge zu seinem Vater hingezogen fühlte (Sonne im Trigon zu Jupiter), aber unglücklicherweise kam der Vater im Ersten Weltkrieg ums Leben. Dieser Verlust wird durch das Quadrat von Neptun und das weitere Quadrat zu Uranus angezeigt, und, wie ich vermute, auch durch das Sextil durch Pluto. Als er erst vier oder fünf Jahre alt war, verlor Lou seinen Vater, einen Mann, bei dem man sich vorstellen kann, daß sein Sohn zu ihm aufgesehen und ihn bewundert hat. Wie könnte das Lou als Vater beeinflußt haben?

TEILNEHMER: Lous Fähigkeit, Vater zu sein, könnte durch den Tod seines Vaters in irgendeiner Weise Schaden genommen haben.

HOWARD: Ja, Lous geliebter Vater ging eines Tag fort und kam nie wieder. Dies muß ein Gefühl gewesen sein, als ob ihm das Herz breche, und eine Enttäuschung für Lou, und es führte vielleicht dazu, daß er sehr vorsichtig wurde, wenn es darum ging, sich emotional zu öffnen. Infolgedessen war es für ihn nicht leicht, Vater zu sein. Nun betrachten Sie Marks Horoskop. Wie sein Vater hat auch er einen Sonne/Neptun-Aspekt, und er ist mit dem 4. Haus verbunden, weil Mark Löwe an der Spitze des 4. Hauses hat, dem Haus des Vaters. Es ist, als ob Lous Themen, seinen eigenen Vater betreffend, an Mark weitergegeben worden wären. Mark war in seinem Leben ziemlich erfolgreich, und doch fühlt er sich immer noch nicht wohl und ist sich seines eigenen Werts immer noch unsicher. Ich würde das mit der schwierigen Beziehung in Verbindung bringen, die er zu Lou hatte, der durch seine eigene Erfahrung mit seinem Vater Schaden davongetragen hatte.

LIZ: Ich finde es interessant, daß beide auch die Sonne in Widder haben. Eines der wichtigsten mythischen Themen, die mit Widder verbunden sind, ist der Wettstreit zwischen Vater und Sohn, und psychologisch gesehen reflektiert dies die Bedürfnisse des Widder, einen starken Vater zu haben, gegen den man antreten kann, um seine eigene Potenz zu entdecken. Vater-Sohn-Angelegenheiten sind für einen Widder bedeutsam, der in seiner Kindheit einen Vater sucht, welcher genügend phallische Macht verkörpert, so daß er sich mit seinem Ideal identifizieren kann. Hier sind zwei Widder-Männer, von denen keiner den potenten Vater, den er suchte, auch gefunden hat.

HOWARD: Opfer ist ein Schlüsselwort für Neptun, und wenn er die Sonne aspektiert, müssen im Hinblick auf den Vater Opfer gebracht werden. Lou mußte seinen Vater dem Krieg opfern, und Mark litt dann an mangelnder Vaterliebe, aufgrund Lous frühen Verletzungen und Schmerzen, die mit seinem Vater zusammenhingen. Mark sagte, daß sein Vater immer sehr distanziert und verschlossen war und es noch immer ist, und der einzig wirkliche Kontakt, den sie in Marks Jugendjahren hatten, bestand darin, daß Lou ihn mit einem Rohrstock schlug, wenn er sich danebenbenommen oder nicht das getan hatte, was der Vater wollte.

LIZ: Lous Venus in Widder steht in Konjunktion zu Marks Sonne, und ich denke, dies ist eine Vater-Sohn-Beziehung, in der eine Menge Liebe unter der Oberfläche der Probleme in der Kommunikation und im Ausdruck von Gefühlen verborgen liegt. Lous Bild von dem, was am schönsten ist und am meisten Wert besitzt, ist in seinem Sohn verkörpert, der die Widder-Eigenschaften geballt in sich trägt. Doch Lou kann seine Liebe und Bewunderung aufgrund seiner eigenen emotionalen Blockade nicht zum Ausdruck bringen.

HOWARD: Ja, wir sind wieder bei einem allgemeinen Thema angelangt: ein Vater und ein Sohn, die sich lieben, aber komplexe Probleme stellen sich in den Weg, diese Liebe zum Ausdruck zu bringen. Als ich Mark fragte, was er von seinem Vater wolle, sagte er: »Ich will einfach, daß er mich umarmt.«

LIZ: Das klingt, als ob Marks Venus in Fische spricht – und schau, wo sie in Lous Horoskop landet.

HOWARD: Genau auf Lous Mond/Chiron-Konjunktion.

LIZ: Der Venus/Mond-Synastrie-Aspekt ist sehr angenehm, voller Sympathie und Zärtlichkeit. Mark wünscht sich diese Wärme und Nähe von Fische, die er zutiefst wertschätzt und die sein Vater gewiß erwidert, wenn auch auf einer unbewußten Ebene, weil sein Mond in Fische steht. Aber weil Lou Chiron neben dem Mond stehen hat, fühlt er sich auf dem Gebiet seiner instinktiven Bedürfnisse und seines Gefühls emotionaler Sicherheit zutiefst verletzt. Wir haben beide vorher gesagt, daß sich Chiron manchmal wie Saturn verhält, und wenn Mark mit seiner naturgemäß liebevollen Venus in Fische ankommt, kriegt er eine eiskalte Erwiderung. Lou erfährt seinen eigenen frühen emotionalen Schaden und fühlt sich wahrscheinlich unbeholfen und untauglich und reagiert auf Mark, als ob es ihm überhaupt nichts ausmacht.

HOWARD: Ich möchte mich dem noch von einem etwas anderen Blickwinkel nähern. Mark hat ein T-Kreuz, das die Sonne auf 6 Grad Widder, Neptun auf 2 Grad Waage und Mars auf 29 Grad Zwillinge einschließt. Wir haben heute nachmittag das Mars/Neptun-Quadrat besprochen, was sich manchmal als verzweifeltes Bedürfnis oder Begehren manifestiert, das unerreichbar erscheint und das man nicht ganz zur eigenen Befriedigung erfüllen kann. In Marks Fall ist das Mars/Neptun-Problem mit seiner Sonne, dem Vater, verbunden. Sein ganzes Leben lang hat sich Mark nach der Liebe und Bestätigung seines Vaters gesehnt, und Lou kann das einfach nicht geben. Mark hat wieder und wieder versucht, seinen Vater dazu zu bringen, ihm auf die Schulter zu klopfen und zu sagen: »Gut gemacht, Sohn!« – bis heute ist das nie geschehen. Lassen Sie mich mehr über Marks frühes Leben und wie er aufgewachsen ist, erzählen. Schon von einem ganz jungen Alter an erinnert sich Mark, daß sein Vater immer kalt und abweisend war. Dann, als Mark zwölf Jahre alt war, verließ seine Mutter die Familie – sie machte sich einfach auf und davon, ging nach Neuseeland und ließ Mark mit Lou allein. Mark erzählte mir, daß, als seine Mutter fortging, er es übernahm, sich um seinen Vater zu kümmern, er kochte für ihn, machte die Hausarbeit und so weiter. Mark beschrieb mir diese Phase mit den Worten: »Nachdem meine Mutter verschwunden war, dachte ich, jetzt habe ich die Chance, die Liebe meines Vaters zu gewinnen. Ich bemuttere ihn, sorge für ihn und sehe nach ihm – ich werde hart arbeiten, um ihm zu gefallen.« Und doch, trotz aller Anstrengungen, fühlte sich Mark immer noch ungeliebt und nicht geschätzt von Lou. Dann, im Alter von 14 Jahren, ging Mark weg zu einer Marine-Handelsausbildung. Er hatte bei dieser Ausbildung glänzenden Erfolg und wurde im Alter von 16 oder 17 zum »Schiffsjungen des Kapitäns« ernannt, ein heiß begehrter Posten als persönlicher Adjutant des Kapitäns. Mark versucht also immer noch, dem Vater zu gefallen, diesmal in der Verkleidung als Schiffsjunge des Kapitäns. Mark war auf seine Position in der Marine-Handels- schule sehr stolz und erzählte mir: »Ich wollte, daß mein Vater mich für den Erfolg lobte; ich wollte verzweifelt, daß er mir gratulierte, daß ich der Schiffsjunge des Kapitäns geworden war. Ich wartete darauf, daß er mich in der Schule besuchte, und hoffte, er würde an dem, was ich erreicht hatte, Interesse zeigen, aber er tat es nie. Als ich Geburtstag hatte, schickte er mir einfach Geld. Ich wollte mehr als nur Geld – er kaufte mir nie ein Geschenk.« In der Zwischenzeit hatte Lou ein blühendes Geschäft aufgebaut, und Mark kehrte schließlich zu ihm zurück, um für ihn zu arbeiten, aber bis zum heutigen Tag fühlt er sich immer noch durch seinen Vater frustriert: »Selbst jetzt, nachdem ich seit zwanzig Jahren für meinen Vater arbeite, hat er mich niemals für irgend etwas, das ich getan habe, gelobt.« Ich kann nicht sicher sagen, ob das wirklich der Fall ist oder ob es Marks Wahrnehmung der Ereignisse ist, aber es gibt keinen Zweifel, daß Mark diese klaffende Wunde in bezug auf seinen Vater hat, die bis jetzt nicht geheilt oder gelindert ist: »Alles, was ich von meinem Vater wollte, war die Anerkennung, daß ich okay bin, aber er ist die Art von Mann, der eine halbvolle Flasche als halbleer statt als halbvoll betrachtet.«

LIZ: Ich würde vermuten, daß Marks Beschreibung objektiv sehr zutreffend ist. Auf der einen Seite hat er mit Jupiter und Pluto im 4. Haus solch ein idealisiertes machtvolles Vaterbild, daß Mark immer das Gefühl haben müßte, daß er nicht gut genug ist für solch einen strahlenden, fähigen Vater. Mit dieser Konjunktion im Haus des Vaters, hat Mark die Tendenz, seine eigene löwehafte Macht auf seinen Vater zu projizieren, und dann fühlt er sich von ihm unterdrückt und gedemütigt. Marks Sonne/Neptun macht ihn anfällig für unrealistische Erwartungen und nachfolgende Desillusionierung. Wenn Planeten im 4. oder 10. Haus stehen, betrachten wir unsere Eltern eher als Archetypen denn als Menschen, und unsere Wahrnehmung wird durch unsere psychischen Notwendigkeiten verzerrt.

Doch auf der anderen Seite, wenn ich mir die Venus/Chiron-Synastrie-Konjunktion und auch die Saturn/Mond-Synastrie-Konjunktion ansehe, denke ich, daß Lou wirklich ganz schön gemein war, was sein Verhalten gegenüber Mark angeht. Saturn kann gegenüber dem Mond extrem verletzend sein, wenn die Saturn-Person sich ihres Neids und ihrer Verteidigungshaltung nicht bewußt ist, und der Mond, der so empfänglich und verletzlich ist, besitzt tatsächlich keine Verteidigungsmöglichkeit und könnte ein langsam anwachsendes Gefühl der Depression und des Versagens in Gegenwart dieser Person entwickeln. Ich würde das gleiche über den Chiron/Venus-Kontakt sagen, der sich, da Lou sich seiner eigenen emotionalen Komplexität anscheinend so wenig bewußt ist, wahrscheinlich in einer abrupten Zurückweisung von Marks Wert als Individuum manifestiert.

HOWARD: Marks Mars steht nicht nur im Quadrat zu seiner Sonne und seinem Neptun, sondern auch in Konjunktion zu Saturn – er hat unglaublich hart gearbeitet, um die Liebe seines Vaters zu erringen, aber bisher waren alle Bemühungen vergeblich. Mark hat sich finanziell etabliert, er hat eine liebevolle Frau, zwei süße Kinder, ein schönes Haus in England und ein anderes in Übersee, und doch tief im Innern, gibt er zu, daß er sich immer noch unerfüllt und unbefriedigt fühlt.

LIZ: Das ist der Stempel, den ein unverdauter Neptun einem aufdrückt – das ewige unerfüllte Sehnen. Aber Mark wird weiterhin unbefriedigt bleiben, solange er seinen Traum, daß sein Vater ihn irgendwie durch Akzeptanz erlösen wird, nicht aufgeben kann. Ich denke, Mark wird, um seine eigene Potenz zu finden, die Liebe seines Vaters »opfern« müssen und seinen Glauben, daß sein Vater den Schlüssel zu seinem Heil in Händen hält. Ich glaube, daß dies die tiefere Bedeutung des Opfers von Neptun ist – das Auslöschen einer unrealistischen Erlösungsphantasie durch jemanden oder etwas, das außerhalb von einem selbst liegt. Wenn man die eigene Erlösung in die Hände eines anderen legt, wie Mark das bei seinem Vater getan hat, dann wird man für immer vor den Toren von Eden ausgesperrt umherirren und das Leben in einer Orgie der Frustration und des Selbstmitleids an sich vorübergehen lassen.

HOWARD: Als ich Mark befragte, stand der transitierende Uranus im Quadrat zu seiner Sonne, und er machte eine besonders unangenehme Phase mit seinem Vater durch, als ob all seine Gefühle rund um seinen Vater ihm durch den Kopf gingen.

LIZ: Vielleicht ist dies die Zeit eines möglichen Durchbruchs. Der transitierende Pluto stand auch in Opposition zu seinem Mond. Ich wundere mich auch, wie sehr Mark Bedürfnisse, die eigentlich an seine Mutter gerichtet werden müßten – an diese Mutter, die »aufstand und nach Neuseeland ging« –, fälschlicherweise an seinen Vater richtete, der allein die ganzen elterlichen Lasten zu tragen hatte. Es ist der Pluto-Transit über Marks Mond, der mich fragen läßt, ob er einen Weg finden könnte, diese Themen zu erforschen und sich seinen tieferen, unbewußten Gefühlen in bezug auf seine Kindheit stellen könnte. Und Uranus im Quadrat zur Sonne könnte die Entdeckung seiner eigenen Identität widerspiegeln, ein Freiwerden von Energie und eine innere Trennung vom Vater, auf den er so viel projiziert hat.

HOWARD: Als Mark schilderte, wie traurig er über die ganze Situation mit seinem Vater war, wurde ich sehr wütend auf Lou, weshalb ich überlegte, wo Marks Wut im Hinblick auf all das geblieben ist. Ich fragte ihn also, ob er seinen Vater jemals mit seiner Wut, daß er niemals das von ihm bekommen hatte, was er brauchte, konfrontiert habe. Marks Antwort ist bezeichnend für die typischen Ängste eines Mars/Neptun-Aspekts: »Wenn ich ihm meine Wut offen zeige, habe ich Angst, sie könnte mich unkontrollierbar überfluten. Ich habe Angst, daß ich ihn verletze, wenn ich ihm meine Wut zeige, und dann würde ich jede Chance, daß er zu dem Vater wird, den ich gern hätte, verlieren. Ich hoffe immer noch, daß er sich verändern wird, daß er mir mehr Liebe zeigen wird. Jeder, der so brutal und mißtraurisch wie mein Vater ist, muß eine weiche und freundliche Seite unter der Oberfläche haben. Vielleicht hat er einfach Angst, sie zu zeigen – wie Scrooge. Aber er ist jetzt 77 und hat sich bisher nicht verändert. Vielleicht bin ich zu fordernd, vielleicht stößt ihn das ab.« Dann fragte er mich: »Denken Sie, daß noch Zeit bleibt?«

LIZ: Es gibt etwas bei Marks Fixierung auf seinen Vater, das sehr störend ist. Ich stelle seine Empfindung, daß sein Vater ihn tatsächlich sehr schlecht behandelt hat, nicht in Frage; aber es gibt da noch mehr, und das geht immer weiter, Jahr um Jahr. Marks Sonne im Quadrat zu Mars ist in diesem Zusammenhang ein vielsagender

Aspekt, genau wie sein Sonne/Neptun-Aspekt. Ich denke, daß Mark jede Menge Probleme hat, seine eigene Potenz zu verinnerlichen und zum Ausdruck zu bringen, was ich mir mit diesem Quadrat erkläre. Es gibt etwas in ihm, das kein marshafter Mann sein möchte – das Wesen des Quadrats gibt einem das Gefühl, daß man zwischen zwei unvereinbaren Eigenschaften wählen muß, und wenn man die Sonne wählt, dann werden die »roheren«, primitiveren Eigenschaften des Mars aus dem eigenen bewußten Ausdruck verbannt.

Als Ergebnis dieser Schwierigkeit, Mars zu verinnerlichen, bleibt Mars in bezug auf seinen Vater passiv. Lou, nicht Mark, hat die Macht, die Beziehung zu retten oder zu zerstören, und Mark ist das hilflose Opfer von Lous Verhalten. Solange sein Vater diese Position der Macht innehat, muß Mark nicht wirklich die Verantwortung für sein eigenes Leben übernehmen. Er kann seinem Vater vorwerfen, ein negativer Mars zu sein – herzlos, hart, herrschsüchtig, unbarmherzig und ein brutaler Kerl (um sein eigenes Wort zu gebrauchen) –, und er kann deshalb behaupten, daß sein Vater sein Leben zerstört hat. Aber dadurch bleibt es Mark erspart, seinen eigenen Mars entwickeln und in seiner eigenen Persönlichkeit verkörpern zu müssen. Ich bezweifle, daß Lou sich jemals verändern wird; das wäre zu viel verlangt von einem Mann seines Alters, der ein Leben lang seine Verteidigungsmuster mit sich herumgetragen hat. Wie könnte er sich jetzt ändern, ausgenommen auf der anderen Seite des Todes, wo Mark nicht in der Lage sein wird, etwas davon zu merken?

Obwohl ich Marks Schmerzen wegens seines Vaters nachfühlen kann, habe ich auch das Gefühl, daß er etwas vermeidet – er geht seinem eigenen Mars aus dem Weg, der schließlich der Herrscher seines Sonnenzeichens ist, die vorherrschende Gottheit, deren »Kind« er ist. Um seine wahre Widder-Identität auszufüllen, muß er bereit sein, jene Mars-Qualitäten, die er auf seinen Vater projiziert, selbst zu besitzen. Projektion ist für Quadrate charakteristisch, und eine der typischen Manifestationen von Sonne im Quadrat zu Mars ist, daß jemand oder etwas »von außen« einen kleiner macht, so daß man sich unfähig fühlt. Ich glaube, daß sich Mark schließlich gegen seinen Vater erheben, seine gerechtfertigte Wut zum Ausdruck bringen und vielleicht sogar das Geschäft seines

Vaters und das Leben des alten Mannes hinter sich lassen muß. Er wird das Risiko eingehen müssen, die Hoffnung aufzugeben, daß sich sein Vater ändert, weil er sich selbst niemals achten wird, bevor er das nicht tut.

TEILNEHMER: Das könnte auch seinen Vater befreien.

LIZ: Das könnte es in der Tat. Manchmal geschieht das, weil der unbewußte Komplex beide Menschen im Griff hat – und wenn sich einer frei macht, wird der andere auch befreit. Aber natürlich kann man darauf nicht hoffen; man muß annehmen, daß man, aller Wahrscheinlichkeit nach, alles verlieren wird. Das geschieht auch manchmal, und ein Opfer ist kein Opfer, wenn es geheime Klauseln gibt, die besagen, daß man schließlich doch nichts zu zahlen hat, wenn man clever ist. Die emotionale Reinigung und Erneuerung, die von dieser positiven Seite Neptuns kommt, kann nicht eintreten, wenn es kein wirkliches inneres Loslassen gibt, das man ganz kühl als Erwachsenwerden bezeichnen würde. Beide, sowohl Lou als auch Mark, sind in gewisser Weise Kinder, die Machtspiele spielen; und es gibt eine Menge Bosheit zwischen ihnen. Sie sind durch ihren Komplex aneinandergebunden; jeder benimmt sich wie ein kleiner Junge auf einem Spielplatz, der schreit: »Du stinkst!« »Nein, du stinkst!« »Nein, du!« Ihr ineinander verhaktes Problem wird durch Lou's Mars widergespiegelt, der sich bei Marks Sonne/Mars/Neptun einhakt. Die beiden Marsplazierungen sind tatsächlich in Konjunktion. Lous Mars beeinflußt Marks Sonne/Neptun auf die gleiche Weise, wie Marks Mars seinen Sonne/Neptun-Aspekt beeinflußt. Es ist also sehr einfach für Mark, seinen Mars auf Lou zu projizieren – alles, was er zu tun hat, ist den Mars seines Vaters zu betrachten und sich zu sagen: »Ah, es ist alles *sein* Fehler.«

HOWARD: Es ist auch bedeutsam, daß Lous Pluto auf Marks Mars/Saturn-Konjunktion sitzt: Lou rührt Marks Unsicherheit, Unentschlossenheit, das Gefühl der Schwäche und die Furcht vor Versagen auf. Jahrelang hat Mark gezaudert, ob er das Unternehmen seines Vaters verlassen und sich aus der ganzen Szene zurückziehen sollte, aber er arbeitet weiterhin dort, an einem toten Punkt, in der Situation festgefahren. Sein Sonne/Mars/Neptun-T-Quadrat scheint den Versuch immer noch nicht aufgeben zu können, das, was er haben möchte, von seinem Vater zu bekommen. Er hat alles mögliche getan, in der Hoffnung, Lou zu gefallen: »Ich dachte, ich könnte meinen Vater beeindrucken, indem ich Flieger werde. Nach meinem ersten Alleinflug rief ich ihn an, um ihm meinen Erfolg zu erzählen, und da war Stille.« Mark berichtete auch von einem anderen Vorfall: »Meine Frau und ich arbeiteten unglaublich hart, um dieses alte große Haus zu renovieren. Es sah großartig aus, als wir fertig waren, und ich brannte darauf, meinem Vater zu zeigen, was wir vollbracht hatten. Als er uns besuchen kam, war sein einziger Kommentar, daß ich bei den Säulen an der Frontseite keine sehr gute Arbeit geleistet hätte.« Mark hat sich nie um den idealen Vater, den er nie hatte, gegrämt; statt dessen versucht er weiterhin, Lou in dieses Ideal zu verwandeln.

LIZ: Aber das, was Mark nie getan hat, ist, sich selbst zu gefallen. Alles wird mit dem Vater in seinem Kopf entschieden. Das meine ich, wenn ich sage, daß er seinen Mars aufgibt. Er *bittet* buchstäblich darum, ins Gesicht geschlagen zu werden und eins über den Kopf zu bekommen, und geht jedesmal wieder zurück, um noch mehr Schläge einzukassieren. Es gibt oft einen subtilen Masochismus bei Mars/Neptun, was sich in dieser Weigerung, einen hoffnungslosen Traum aufzugeben, manifestiert. Dies ist der Stoff von Märtyrern.

Du hast auch die Mond/Saturn-Synastrie-Konjunktion beschrieben. Saturn verhält sich gegenüber dem Mond oft kühl und kritisch, der daraufhin wegkriecht und sich verletzt und zurückgewiesen fühlt. Aber ich habe das Gefühl, daß der Schlüssel zu all dem darin liegt, daß Mark seinen Traum, daß sein Vater sich verändern wird, so daß er das bekommt, was er möchte, aufgeben muß. Auch das ist Mars/Neptun – man möchte etwas unbedingt (Mars), aber man wird die Verantwortung, daß man es selbst inszeniert, nicht übernehmen (Neptun), weil das erfordert, daß man zu abgenabelt, zu individuell ist.

HOWARD: Ja, Mark ist derjenige, der sich ändern muß. Vielleicht wird ihm Uranus helfen, das in die Wege zu leiten.

Teil 5
Schlussbemerkung

Gruppendiskussion

Fragen und Antworten

Liz Greene und Howard Sasportas

HOWARD: Wir haben diese Sitzung für Fragen und eine Gruppendiskussion reserviert. Fühlen Sie sich eingeladen, unser Gehirn zu benutzen, wie immer Sie wollen. Fragen Sie, und Sie werden Antworten bekommen – vielleicht.
TEILNEHMER: Ich habe eine Frage in bezug auf ein Horoskop, in dem alle Planeten auf der linken Seite der MC-IC-Achse stehen; ich habe gehört, daß das besagt, daß die Person selbstzentriert ist. Stimmt das?
LIZ: Ein derartiges Übergewicht der Planeten auf dem östlichen Halbkreis in einem Horoskop ist sicher erstaunlich, aber ich würde es nicht als selbstzentriert im üblichen Sinne von »selbstsüchtig« definieren. Die Häuser auf dieser Seite des Horoskops richten ihren Fokus auf den Aszendenten, was eine Betonung der Selbstentwicklung und Selbstmotivation statt der Beziehungen zu anderen einschließt (was die Belange des Deszendetn betrifft und den westlichen Halbkreis des Horoskops). Das Individuum mit einer Aszendentenbetonung neigt dazu, im allgemeinen selbstsicher zu sein, und wird oft durch Umstände gezwungen, diese Haltung einzunehmen (obwohl die »Umstände« normalerweise zuverlässig die eigenen unbewußten Bedürfnisse widerspiegeln). Wenn alle Planeten im westlichen Teil liegen, gibt es eher eine Tendenz, sich nach den anderen zu richten und die eigene Motivation durch Beziehungen ausfindig zu machen. Ich denke nicht, daß dies ein Kriterium von »Selbstzentriertheit« ist, weil man gegenüber anderen sehr großzügig und empfindsam sein und doch immer noch das Gefühl haben kann, daß man den eigenen Lebensstil finden muß; und gleichermaßen kann man sehr von anderen abhängig sein und doch äußerst unsensibel gegenüber deren Realität als andersartige Individuen sein. Wir müssen mit Wörtern wie »selbstzentriert« sehr sorgsam umgehen. Ich mochte immer Ambrose Bierces Definition eines Egoisten in »Aus dem Wörterbuch des Teufels«: »Ein Egoist

ist eine Person, die die Frechheit besitzt, zu denken, sie sei wichtiger als ich.«

HOWARD: Allgemein ausgedrückt könnte man sagen, daß der Osten mehr ursächlich und der Westen mehr reaktiv ist. Mit einem Übergewicht der Planeten im östlichen Halbkreis könnten Sie innerlich mehr Kraft haben, in Ihrem Leben ursächlich zu wirken – das heißt, zu bestimmen, was geschieht, um Ihr Leben so einzurichten, wie Sie es gern haben wollen. Mit einem Übergewicht der Planeten im westlichen Halbkreis könnten Sie sich mehr an das Gegebene anpassen und mit ihm umgehen müssen; deshalb wird der entscheidende und bestimmende Faktor, wie Sie Ihr Leben gestalten, darin liegen, wie Sie auf Ereignisse und Menschen in Ihrem Leben reagieren und was Sie mit den Dingen, die Ihnen über den Weg laufen, machen. Jemand sagte einmal, daß der Osten einem eine Auswahl an Menüs vorlegt, während der Westen ein festgesetztes Menü vorsetzt.

LIZ: Eintopf, Coq au Vin, Pommes frites und Crème Caramel, und alles für nur 48 Franken. Das ist wunderbar, außer Sie mögen kein Coq au Vin.

HOWARD: Sie dürfen kein passives Blatt sein, das vom Wind herumgewirbelt wird, wenn Sie viele Planeten im Westen haben. Sie haben eine Wahl in bezug darauf, wie Sie auf das Gegebene reagieren. Aber ich stelle nicht gern feste und vorschnelle Regeln über die östlichen und westlichen Halbkreise auf. Was ist, wenn Sie eine Menge Planeten im Osten haben und mit einem Fische-Aszendenten oder mit Neptun im 1. Haus geboren sind? Das könnte das Ausmaß verändern, in dem Sie Ihr Leben bestimmen können. Oder Sie könnten alle Planeten im westlichen Halbkreis, aber die Sonne in Konjunktion zu Mars und Jupiter in Löwe im 5. Haus stehen haben, und ich zweifle, ob Sie mit dieser Konstellation allzu passiv sein und sich anderen übermäßig anpassen werden.

LIZ: Das bedeutet, daß, wenn du das Coq au Vin nicht magst und nichts anderes auf der Speisekarte steht, du es zurückschicken kannst, damit es so gekocht wird, wie du es magst, mit einem frischen Huhn und einer anderen Mischung von Wein und Kräutern. Mir widerstrebt es ebenfalls, feste und voreilige Regeln in bezug auf die Horoskopseiten aufzustellen, teilweise wegen dem, was du gesagt hast, Howard, und auch weil die Planeten in Progression und im Transit neue Elemente in die Winkel einführen, während sie in neue Abschnitte des Horoskops eintreten. Obwohl das das Geburtshoroskop nicht »ändern« wird, kann es größere Flexibilität ins Leben bringen.

HOWARD: Die Leute sagen auch, daß, wenn man eine extrovertierte, im öffentlichen Leben stehende Person ist, die an den Aktivitäten der Gesellschaft teilnehmen soll, man alles in der oberen Horoskophälfte hat (was tatsächlich die südliche Halbkugel um das MC ist); auf der anderen Seite könnte alles in der unteren Hälfte oder um den IC introvertiert machen – eine Privatperson, die im Leben nach innen schauen muß statt nach außen. Das könnte wahr sein, aber im Namen der Ganzheit müssen wir jedes Zeichen und jedes Haus in unserem Horoskop entwickeln, nicht nur diejenigen, in denen die Planeten stehen.

LIZ: Es besteht auch ein Unterschied zwischen »Extrovertiertheit« im Sinne eines grundlegenden Charakterzugs, der die eigene Realität mit den äußeren Dingen identifiziert (Jungs Definition), und Extrovertiertheit als Bedürfnis, in der Gesellschaft seine Spuren zu hinterlassen. Das erstere könnte zum Teil durch die Zeichen und Aspekte im Geburtshoroskop dargestellt werden, und das letztere zum Teil durch die Häuserplazierungen. Jemand kann psychisch extrovertiert sein (Sonne in Konjunktion zu Jupiter in Zwillinge) und doch sehr persönliche Ziele haben, wie beispielsweise ein Haus aus dem 17. Jahrhundert zu restaurieren, das man von der eigenen Familie geerbt hat (Sonne im 4. Haus). Ebenso kann man psychisch introvertiert sein (Sonne in Konjunktion zu Saturn in Skorpion), doch gezwungenermaßen vor die Augen der Öffentlichkeit treten – was bei vielen Schauspielern der Fall ist –, aufgrund eines Drucks in der Kindheit oder aus einem Gefühl der Verpflichtung gegenüber der Gesellschaft heraus (Sonne im 10. Haus).

TEILNEHMER: Wenn ein Planet am Ende eines Hauses steht, deuten Sie es, als ob er schon im nachfolgenden Haus stünde?

HOWARD: Wenn ein Planet vier oder fünf Grad vor der Spitze eines Hauses steht, würde ich damit spielen im Hinblick auf das Haus, in dem er steht, und das Haus, dem er nahesteht. Wenn Sie zum Beispiel die Sonne im 2. Haus haben, aber nur wenige Grad vom 3. Haus entfernt, könnte die Art und Weise, wie Sie zu sich finden

(Sonne), durch die Kommunikation oder die Lehre (3. Haus) dessen, was Sie wertschätzen (2. Haus), stattfinden. Oder wenn Sie die Venus im 6. Haus haben, aber nahe am 7. Haus, könnten Sie sich in einen Mitarbeiter verlieben. Oder wenn Sie Jupiter im 10. Haus haben, aber nahe am 11. Haus, könnte sich Ihr Freundeskreis durch Ihre Karriere erweitern. Gehen Sie phantasievoll damit um.

LIZ: Ich habe die Vorstellung, daß Planeten, die in einem Haus plaziert sind, aber nahe an der Spitze des nächsten Hauses stehen, wie Menschen sind, die auf der Türschwelle zwischen zwei Räumen stehen. Sie stehen zum Beispiel im 9. Haus (was andeutet, daß die Grundlage ihres Selbstgefühls die Suche nach Antworten auf die großen Fragen des Lebens ist), aber sie widmen ihre Aufmerksamkeit bereits dem Raum, den sie gerade betreten, dem 10. Haus (was andeutet, daß sie Ihre Weltsicht und Ihre Lebensphilosophie nehmen und in einen konkreten Beitrag zur Gesellschaft umwandeln müssen). Ich denke, wir sind hier einer Meinung.

TEILNEHMER: Können Sie etwas dazu sagen, welches das beste Häusersystem ist?

HOWARD: Entschuldigen Sie mich, ich fange jetzt an einzuschlafen. Wecken Sie mich in ein paar Jahren wieder.

LIZ: Nun, ich fürchte, ich werden bei diesem Thema auch einschlafen, wir sollten also besser den Wecker stellen. Warum machen Sie nicht alle eine Gruppendiskussion unter sich und wecken uns, wenn Sie die richtige Antwort gefunden haben?

HOWARD: Die Hauseinteilungsfrage ist eine endlose Kontroverse in der Astrologie und wird es immer sein. Ich erinnere mich an Zipporah Dobyns, die auf die Frage antwortete, welches Häusersystem sie benutze; sie sagte, daß man ein Bild von einem Baum aus vielen verschiedenen Winkeln aufnehmen könne und keine Ansicht weniger wahr sei als irgendeine andere der Ansichten. Es gibt kein richtiges oder falsches Häusersystem. Es könnte sein, daß eine Methode besser ist, um Ereignisse vorauszusagen, während eine andere zur psychologischen Deutung des Wesens eines Menschen vorzuziehen wäre. Es ist sinnvoll, ein paar Methoden auszuprobieren, bis Sie diejenige finden, mit der Sie am besten arbeiten können.

LIZ: Ich denke, es gibt eine Menge Rätsel wie dieses in der Astrologie, wo man schließlich ein System auswählen muß, mit dem man gut zurechtkommt. Aber wenn Sie nach einer absoluten Wahrheit in bezug auf das Häusersystem suchen, ist keiner von uns geneigt, sie Ihnen zu präsentieren. Wir sind beide ziemlich merkurisch und geneigt, verschiedene Brillen auszuprobieren, um eine Angelegenheit zu betrachten. Die Astrologie und die Menschen sind auf diese Art und Weise sehr viel interessanter.

Howard: Ich ziehe es vor, MC und IC an einer Häuserspitze zu haben, und aus diesem Grund bin ich nicht so scharf auf ein ausgeglichenes, gleichverteiltes Häusersystem. Ich mag einfach nicht sehen, wie der MC im 9., 10. oder 11. Haus herumschwimmt, und ich denke, daß mir Liz in diesem Punkt zustimmt.

Liz: Ja, das tue ich. Wenn man eine sehr genaue Geburtszeit hat und mit verschiedenen Systemen herumexperimentiert, wie man die Progressionen für das Horoskop erstellen kann (sekundäre Progressionen, »Naibod«-Progressionen und so weiter), werden Sie einige sehr erstaunliche Dinge sehen, wenn die Spitze eines Hauses von einem Progressions-Horoskop in Konjunktion zu einem Planeten steht. Dies hat mich überzeugt, daß das »Quadrantensystem« der Häusereinteilung, bei dem die MC-IC-Achse die Spitzen des 10./4. Hauses bildet, große Einsichten bietet, die ein gleichverteiltes Häusersystem übersieht – ob das Quadrantensystem Placidus, Koch, topozentrisch oder was auch immer sein soll, könnte davon abhängen, nach welcher Art von Horoskopdeutung man sucht.

Ich habe wie Howard das Gefühl, daß Sie diese verschiedenen Systeme für sich selbst ausprobieren müssen. In England haben wir sowieso ein großes Problem mit Geburtszeiten, was zum Experimentieren verleitet. In der Schweiz, wie in Schottland und Amerika, ist es selbstverständlich, daß die Geburtszeiten aufgeschrieben werden, und obwohl sie ein paar Minuten verspätet sein könnten (weil der Arzt die Nabelschnur durchschneidet, das Baby wäscht und sich dann erinnert, daß er auf die Uhr schauen sollte), sind sie genau genug, um bloß zu Streitigkeiten über Unterschiede von einem Grad zwischen Placidus- und Koch-Häuserspitzen zu führen. Aber in England werden uns Geburtszeiten mitgeteilt, die da lauten: »Oh, es war um die Teezeit, ich erinnere mich, dein Vater war gerade dabei, ein Gurkensandwich zu essen, als die Wehen losgingen« oder: »Es muß irgendwann am Morgen gewesen sein, weil ich mich erinnere, daß ich zu deiner Großmutter gesagt habe, daß der Milchmann nur einen statt zwei Liter dagelassen hat.« Man muß also entweder in bezug auf das Quadrantensystem, das man benutzt, schön tolerant sein, oder man muß kleine Schritte gehen und versuchen, die Horoskope durch exotische Progressionssysteme zu berichtigen. Können wir jetzt über etwas anderes sprechen?

TEILNEHMER: Was würde in einem Horoskop eine narzißtische Persönlichkeitsstörung anzeigen?

LIZ: Gewöhnlich habe ich extrem schwierige Probleme im Zusammenhang mit dem Mond gefunden. Narzißmus im klinischen Sinne spiegelt eine tiefgreifende Störung in der frühen Mutter-Kind-Bindung wider. Das Baby wurde nie ermutigt, ein wirkliches Gefühl einer unabhängigen psychischen Existenz zu entwickeln. D. W. Winnicott beschreibt eine Reihe von typischen Problemen zwischen Mutter und Kind, die zu dieser Art von Verwundung führen könnten – die Mutter, die zwischen Überaufmerksamkeit und abruptem Liebesentzug hin- und herpendelt, oder die Mutter, die es aufgrund ihrer eigenen Abhängigkeitsbedürfnisse ihrem Kind nicht gestatten kann, sich zu trennen, oder die Mutter, die so mit äußeren Spannungen und Problemen vorbelastet ist, daß sie überhaupt keine Bindung zu ihrem Kind aufbauen kann. Solche Dilemmata sind vielleicht durch sehr banale äußere Faktoren verursacht, wie zum Beispiel finanzielle Krisen, die Trennung vom Ehemann oder eine störende Veränderung in der Umgebung; man kann nicht immer mit dem moralischen Zeigefinger auf die »schlechte« Mutter weisen, weil sie nicht »liebevoll« genug ist. Aber es besteht allgemein eine radikale Störung im Spiegelungsprozeß, den jedes Kind braucht, um sich in der Ausbildung eines Gefühls für das Selbst sicher zu fühlen.

Astrologisch wird diese Art von Störung zum Teil durch den Mond in harten Aspekten zu schweren Planeten widergespiegelt – besonders zu Saturn, Chiron, Uranus, Neptun und Pluto. Da sehr viele Menschen solche Aspekte haben, deutet dies an, daß die meisten von uns, wie ich früher erwähnt habe, narzißtische Bereiche in ihrer Persönlichkeit aufweisen. Es ist wichtig, nicht zu vergessen, daß Narzißmus das natürliche Stadium der frühen Kindheit ist; wir können von einer »Störung« nur sprechen, wenn jemand darin so festgefahren ist, daß die eigene Wahrnehmung des

Lebens hauptsächlich infantil ist. Schwierige Mond-Aspekte können andeuten, daß jemand steckengeblieben ist. Auch machtvolle Planeten wie Uranus oder Pluto im 10. Haus könnten ein ähnliches Dilemma widerspiegeln, wenn auch der Mond in Schwierigkeiten steckt. Ich denke, daß es häufig auch einen angeborenen Konflikt gibt im Hinblick auf die Ausbildung einer individuellen Identität im Kind, was oft durch einen starken Neptun reflektiert wird; oder einen kraftvollen Widerstand gegen die Grenzen der Wirklichkeit, was oft durch einen übermächtigen, aber schlecht aspektierten Saturn widergespiegelt wird. Aber so etwas wie das Horoskop einer »narzißtischen Persönlichkeitsstörung« gibt es genausowenig wie ein Horoskop, das besagt: »Weltdiktator« oder »musikalisches Genie«. Es gibt Hinweise, die, wenn sie addiert werden, auf ein mögliches Gesamtbild deuten.

Howard: Ich möchte gern etwas über Narzißmus im allgemeinen sagen. Wir neigen dazu, dieses Wort zu verwenden, um ein übertriebenes Interesse am Selbst, eine Art Selbstbeweihräucherung, die oft als pathologisch abgestempelt wird, zu beschreiben. Psychologisch gesprochen gibt es jedoch etwas, das primärer Narzißmus genannt wird: das Gefühl, das wir in den ersten sechs Monaten des Lebens haben, daß alles um uns herum eine Erweiterung dessen ist, was wir sind. Nach neuestem psychologischen Gedankengut muß ein neugeborenes Baby diese Erfahrung, das Zentrum von allem zu sein, machen. In der Gebärmutter fühlten wir uns, als seien wir eins mit der Mutter, und wir brauchen nach der Geburt Zeit, um uns an die Tatsache zu gewöhnen, daß sie eine getrennte Person ist. Es ist wichtig, daß wir diese Gewöhnungsphase haben, damit wir uns nicht zu schnell aus der Einheit in die Getrenntheit geworfen fühlen. Während der frühen Lebensmonate können wir gar nicht genug geliebt und genährt werden. Wenn uns die Mutter hätschelt und sich um unsere Bedürfnisse kümmert, erhält dies das Gefühl aufrecht, daß sich alles um uns dreht, und gibt uns Zeit, uns daran zu gewöhnen, daß wir draußen in der Welt sind.

Dann, im natürlichen Lauf der Dinge, sind wir bereit, die Illusion, das Zentrum des Universums zu sein, aufzugeben und unsere Getrenntheit anzuerkennen. Viele Bücher über Kindererziehung, die in den vierziger und fünfziger Jahren erschienen sind (wie die von Dr. Benjamin Spock und Truby King), vertraten etwas ganz anderes: Sie sagten, daß das Baby von Anfang an der Routine der Mutter angepaßt werden müßte, daß das Baby nur nach einem strengen Zeitplan gefüttert werden sollte und nicht einfach nur, weil es hungrig war und schrie, damit es gefüttert würde. Wenn wir in den ersten paar Lebensmonaten gezwungen werden, uns ständig der Mutter anzupassen statt umgekehrt, werden wir diese Erfahrung eines gesunden primären Narzißmus nicht machen, und es wird ein Loch oder eine Lücke in uns zurückbleiben, eine andauernde Sehnsucht nach dieser verlorenen Ganzheit und diesem paradiesischen Gefühl von Einheit mit dem Leben, aus dem wir zu rasch vertrieben wurden. Später laufen wir dann also herum, auf der Suche nach Menschen, die sich um uns zentrieren, oder wir werden zwanghaft nach Wegen suchen, um dieses Gefühl der Einheit wiederzugewinnen, das wir einst in der Gebärmutter hatten und zu früh nach der Geburt verloren haben.

Umgekehrt entwickelt sich ein Krankheitsbild, wenn die Phase des primären Narzißmus zu lange anhält, wenn sich die Mutter uns andauernd übermäßig anpaßt, selbst wenn wir zwei oder drei Jahre alt sind. Wenn das der Fall ist, lernen wir nie, unsere Getrenntheit anzuerkennen, und wir entwickeln nie jene Mechanismen, die gebraucht werden, um mit dem Leben zurechtzukommen, das nicht genau so ist, wie wir es haben möchten. Wir erwarten die sofortige Erfüllung all unserer Wünsche und können mit Frustration und damit, daß andere Menschen verschieden und getrennt von uns sind, nicht umgehen. Ein gesunder primärer Narzißmus ist auch die Grundlage für das Selbstwertgefühl. Wenn uns unsere Mutter zu Beginn unseres Lebens anbetet und uns zum Mittelpunkt macht, erfahren wir, daß wir liebenswert sind, und dies ist eine stimmige Basis, von der aus wir starten können, um in unser Leben hineinzuwachsen. Es ist der Verlust dieses primären Narzißmus, der zu einem sekundären Narzißmus führen kann, der krankhaft ist – nämlich der Versuch, einen Mangel an gesundem Selbstwertgefühl durch eine übermäßige Beschäftigung mit einem selbst zu kompensieren, beinahe so, als ob wir versuchen würden, die Aufmerksamkeit, die wir in den ersten sechs bis neun Monaten nicht bekommen haben, nachzuholen.

Liz: Weil es bei der Babyerziehung Modeerscheinungen gibt, wie du sie von Dr. Spock und Truby King erwähnt hast, müßte man wahrscheinlich gerechtigkeitshalber andeuten, daß ganze Generationen an diesem Problem – einem durch falsche Kompensation bedingten narzißtischen Streben nach einem »wirklichen« Selbst – leiden können. Der sogenannten »mir«-Generation (die Nachkriegsbabys) wurde Narzißmus vorgeworfen, und bis zu einem gewissen Punkt ist dies wahrscheinlich eine richtige Annahme – nicht nur Dr. Spock und Truby King waren in Mode, sondern die Familien litten immer noch unter den Nachwirkungen des Zweiten Weltkriegs; und ein Klima globaler Instabilität führt bei einer Mutter nicht dazu, sich selbst sicher zu fühlen, ganz zu schweigen davon, daß sie ihrem Baby ein Gefühl der Sicherheit vermitteln könnte.

Es gibt ein sehr interessantes Buch von Alexander Lowen mit dem einfachen Titel »Narzißmus«. Er geht wie viele andere davon aus, daß das eher krankhafte Ende des narzißtischen Spektrums aus einem tiefen Mangel an dem inneren Gefühl, wirklich und getrennt zu sein, entspringt; daher muß der Rest der Welt als Teil-Objekt existieren, nicht vom Selbst getrennt, damit man sich sicher fühlen kann. Wenn irgend jemand diese Phantasie stört – beispielsweise eine andere Person, die Grenzen setzt und »nein!« sagt –, kommt große Angst auf und beträchtliche Wut, die dazu dient, mit der Panik fertigzuwerden. Die narzißtische Wut, die normalerweise destruktiv kritisch ist und die beleidigende Partei als insgesamt schlecht oder herzlos »abserviert«, ist in Wirklichkeit die Verdekkung einer grundlegenden Angst, der Panik, ganz und gar in dieser angsterregenden Leere unterzugehen und zu verschwinden, in der sich die wirkliche narzißtische Wunde befindet.

Lowen weist auch darauf hin, daß die moderne Lebensweise dazu tendiert, narzißtische Probleme in Familien zu erzeugen, und somit auch in der Gesellschaft. Mit anderen Worten: Narzißmus im krankhaften Sinne hat sich endemisch ausgebreitet, weil er von einer Generation zur nächsten weitergegeben wird (wir können unseren Kindern nicht geben, was uns selbst fehlt), und spiegelt eine wachsende Abspaltung von ehrlichen emotionalen Beziehungen. Es ist ein ziemlich störendes Bild – eine Gemeinschaft, die psychisch gesehen aus Kindern besteht, die alle herumtasten und verzweifelt versuchen, eine Identität durch Verschmelzung mit jemandem oder mit etwas zu finden – aber ich denke, daß Lowen in vieler Hinsicht wahrscheinlich recht hat. Wir leben in einer Kultur, die innerhalb ihrer Familien an diesem Problem leidet, und es hilft nicht, voreilig andere Leute narzißtisch zu nennen, wenn wir alle in größerem oder geringerem Maße an einer kollektiven Wunde leiden.

HOWARD: In ihrem Buch »Eifersucht« spricht die Schriftstellerin und Journalistin Nancy Friday von einem Artikel aus der New York Times, der die Symptome einer narzißtischen Persönlichkeitsstörung aufgelistet hat.* Sie sollten die Liste durchlesen und jene Punkte ankreuzen, von denen Sie glauben, sie könnten auf Sie zutreffen. Die Fragen, die gestellt wurden, drehten sich um Dinge wie: Haben Sie manchmal ein grandioses Gefühl von Wichtigkeit und Einzigartigkeit? Haben Sie jemals Phantasien, ungeheuer erfolgreich, machtvoll und glänzend zu sein? Gieren Sie nach viel Aufmerksamkeit und Bewunderung? Haben Sie angesichts von Niederlagen und Kritik Gefühle der Wut und Demütigung? Es gibt noch weitere, die mir jetzt nicht einfallen. Aber ehrlich gesagt, ich habe diese Liste durchgelesen und dachte: ja, ja, ja, ja ... Ich meine, ich habe einfach auf die Männer in weißen Kitteln gewartet, die mich geradewegs vom Platz weg ins Irrenhaus karren würden. Es war, als ob man über eine Krankheit in einem medizinischen Fachbuch liest und dann sicher ist, daß man die Krankheit hat. Aber wer trägt heutzutage in unserer wettbewerbsorientierten Gesellschaft mit ihrem wahnsinnigen Streben nach Erfolg, Vergnügen und persönlicher Erfüllung nicht einige dieser Zeichen von Narzißmus?

LIZ: Narzißmus ist ein Handelsbegriff, der als »Borderline«-Zustand definiert wird, eine weitgefaßte Definition von Problemen, die schlimm genug sind, um ernste Schwierigkeiten zu verursachen, aber nicht schlimm genug, um einen gänzlich außer Gefecht zu setzen. Die Männer in den weißen Kitteln suchen keine Narzißten, nur Astrologen. Der »Borderline«-Konflikt könnte sich einem in ganz spezifischen Lebensbereichen zeigen, beispielsweise in der Ehe, während man bei der Arbeit vollkommen kompetent und verläßlich ist. Dies ermöglicht es, mit vielem zurechtzukommen, da die häufigen Koller und Hysterien, die die Ausbrüche narzißtischer Wut widerspiegeln, nur hinter geschlossenen Türen zu Hause auf-

* Nancy Friday, Eifersucht: Die dunkle Seite der Liebe. München 1993.

treten könnten, und niemand glaubt dem Ehepartner, Partner oder Kind, daß sie Objekt solcher Ausbrüche sind.

Eine andere Autorin, die Sie zum Thema Narzißmus lesen sollten, ist Alice Miller, die von jedermann in den helfenden Berufen gelesen werden sollte.* Ihre Prämisse lautet, grob ausgedrückt, daß jede Person, die sich gezwungen fühlt, mit den Problemen anderer Menschen zu arbeiten, eine narzißtische Wunde hat; und ich denke, sie hat mit dieser ziemlich kontroversen Behauptung völlig recht. Der emotionale Streß und die Spannung, andere Menschen zu beraten, sind zu groß, um sie allein mit Mitgefühl oder Altruismus zu rechtfertigen; obwohl letztere normalerweise mit dabei sind, haben wir unser eigenes unbewußtes Investment bei solch einer Arbeit hineingelegt, und nach Miller beginnt unsere Ausbildung im Alter von ungefähr zwei Tagen, wenn wir aufgefordert sind, unsere Mütter zu spiegeln, statt die Spiegelung zu erhalten, die wir so dringend brauchen. Dies erzeugt die zweischneidige Begabung, beinahe telepathisch sensibel auf die emotionalen Forderungen der anderen einzugehen, mit der unbewußten Erwartung, daß wir nur dann geliebt und anerkannt werden, wenn wir fortfahren, den Bedürfnissen den anderen zu dienen, wie wir einst denjenigen der Mutter dienten. Wie der Schauspieler, der Arzt und der Psychotherapeut (und der beratende Astrologe), die oft ein seltenes Talent haben, das anzubieten, was ihre Klientel zutiefst benötigt.

HOWARD: Und man hat noch den sekundären Gewinn, jemanden zu haben, der von einem abhängig ist.

LIZ: Ja, und das stellt erneut die ursprüngliche frühe Anordnung her, in der die kindhafte Mutter von ihrem Kind verlangt, daß es sie bemuttert. Es kompensiert die eigenen machtvollen Abhängigkeitsbedürfnisse, die unterdrückt werden mußten, um sich um die Mutter kümmern zu können. All das bekommt man – und man wird auch noch bezahlt dafür. Das ist ein Angebot, das kein Narzißt, der sich selbst achtet, ablehnen kann.

HOWARD: Grandiosität steht auch im Zusammenhang mit Narzißmus. Es ist eine Form übertriebener Selbstzentriertheit, bei der man

* Siehe hierzu zwei gute Bücher von Alice Miller: Das Drama des begabten Kindes, a. a. O. und For Your Own Good: Hidden Cruelty in Child Rearing & the Roots of Violence. New York 1983.

sich von seinem eigenen Gefühl der Wichtigkeit davontragen läßt. Man will das beste Haus oder das beste Auto, man läßt gern Namen fallen von wichtigen Menschen, die man kennt, und man erwartet, im Mittelpunkt der Aufmerksamkeit zu stehen, wo immer man hingeht. Grandiosität ist wie Narzißmus eine Kompensation für den Mangel an gesundem Selbstwertgefühl. Meiner Erfahrung nach neigen besonders Feuerzeichen zu Grandiosität, ein aus dem Ruder gelaufener Widder, Löwe oder Schütze, obwohl ich Grandiosität auch bei anderen Zeichen gesehen habe.

LIZ: Dies ist der charakteristische Verteidigungsmechanismus der Feuerzeichen gegen Gefühle der Hilflosigkeit und Minderwertigkeit. Jedes Element und jedes Zeichen innerhalb dieses Elements besitzt sein eigenes, typisches Spektrum von verschiedenen Arten und Weisen, sich dem Leben anzupassen. Es gibt eine Bandbreite von Stärken, Begabungen und Fähigkeiten, die zum Ausdruck gebracht werden können, wenn man sich auf der Höhe fühlt; und es gibt eine Bandbreite zwanghafter Verteidigungstechniken, wenn einen das Leben hart ankommt. Wenn man irgendeine Kreatur bedroht, wird sie entsprechend ihrer eigenen Natur reagieren. Heb einen Grashüpfer auf, und in seiner Angst wird er eine übelriechende Flüssigkeit über deine ganze Hand spritzen. Mach einem Pufferfisch angst, und er wird sich bis zum Vierfachen seiner Größe aufblasen. Tritt auf eine Viper, und sie wird dich mit einem tödlichen Gift in den Fuß beißen. Schreck ein Opossum auf, und es wird vorgeben, tot zu sein. Bedroh ein Feuerzeichen, und es wird mit einer Zurschaustellung von Grandiosität reagieren.

HOWARD: Ja, für Feuerzeichen ist das Aufblasen eine Verteidigung dagegen, sich menschlich und gewöhnlich zu fühlen.

TEILNEHMER: Wie ist das bei den anderen Elementen?

LIZ: Ich habe bemerkt, daß die Erdzeichen besessen ritualistisch werden. Wenn sich erdhafte Menschen bedroht fühlen, fangen sie an alles festzunageln, und sie machen Listen und schließen Versicherungen ab. Weil das Erdelement mit dem materiellen Reich befaßt ist, geht es mit Angst um, indem es versucht, Kontrolle über dieses Reich zu gewinnen, genauso, wie Feuer versucht, über das Reich der Einbildung durch Phantasien und Überlegenheit Kontrolle zu gewinnen: Feuer fühlt sich am meisten in der Welt der Mythen zu Hause, und wenn es bedroht ist, fliegt es gezwungenermaßen in dieses Reich hinauf. Erde fühlt sich am meisten in der praktischen Welt zu Hause, und hieraus ergibt sich das zwanghafte besitzergreifende Muster. Und es lohnt sich, daß wir uns daran erinnern, daß unsere Verteidigungsmechanismen auch zu unseren Begabungen werden können, weil sie aus starken inneren Bedürfnissen entstanden sind.

Das Wasserelement ist am meisten mit der Welt der Gefühle beschäftigt, mit der emotionalen Verschmelzung – eine Rückkehr ins Paradies, entweder durch eine andere Person oder durch Drogen und Alkohol, ist die natürlichste Verteidigung, wenn Wasserzeichen bedroht sind. Zustände extremer Abhängigkeit und Manipulierbarkeit sind charakteristisch für verängstigte Wasserzeichen. Luft dagegen verschwindet in den Kopf, da die typischste Verteidigungslinie für Luftzeichen Hyperrationalität und emotionale Distanz sind.

HOWARD: Das erinnert mich an etwas. Vor einigen Jahren nahm ich an einer psychotherapeutischen Ausbildungsgruppe teil, in der wir eine Übung gemacht haben, die mir nicht mehr aus dem Sinn gegangen ist. Wir bildeten Paare; eine Person war »A« und die andere »B«. Person A mußte »bitte, bitte, bitte« sagen, und Person B mußte mit »nein, nein, nein« antworten. Das ging so zwanzig Minuten lang, und die Übung sollte einen in eine Zeit zurückversetzen, in der man wirklich Hilfe brauchte und man das, was man brauchte, nicht bekam. Ich kannte die Horoskope von vielen der Gruppenmitglieder, und es war interessant, Zeichen miteinander zu vergleichen in bezug auf die Art und Weise, wie die unterschiedlichen Menschen reagierten, wenn ihre Bitten zurückgewiesen wurden. Ich verallgemeinere leicht, aber die Feuerzeichen, denen »nein, nein, nein« gesagt wurde, machten ungefähr drei Minuten lang mit und sagten dann: »Vergiß es, du bist nicht so großartig, ich brauche dich nicht. Wenn du mir nicht geben kannst, was ich will, werde ich es irgendwo anders von jemand Besserem bekommen.« Die Erdzeichen, denen »nein, nein, nein« gesagt wurde, fuhren einfach fort, zu bitten: »Bitte, bitte, bitte« – die ganze Zeit lang.

LIZ: Ja, Erde würde auch noch drei Jahre später dabei sein in dem Versuch, die andere Person durch die blanke Kraft der Wiederholung zu ermüden.

HOWARD: Es war interessant, die verschiedenen Verteidigungsmethoden, die als Antwort auf die Verleugnung und Zurückweisung hochkamen, zu beobachten. Die Verteidigung der Feuerzeichen bestand also darin, zu sagen: »Ich brauche dich sowieso nicht«, und die Erdzeichen blieben einfach bei ihrem Versuch, zu bekommen, was sie wollten, statt die Zurückweisung zu akzeptieren und die Gefühle durchzumachen, die das hervorrufen würde. Die Luftzeichen, denen »nein« erwidert wurde, begannen, mit der anderen Person zu streiten, indem sie ihr sagten, warum sie es für sie tun sollte, und fingen ein Gequassel darüber an, daß wir alle uns diesen Planeten miteinander teilen sollten, also uns gegenseitig helfen sollten, oder sie sagten Dinge wie: »Ich habe das einmal für dich getan, also solltest du mir jetzt auch einen Gefallen tun.« Mit anderen Worten: Als sie abgewiesen wurden, versuchten sie, das vernünftig mit der anderen Person zu besprechen und überzeugende Argumente zu finden, um das »Nein« in ein »Ja« zu verwandeln. Die Wasserzeichen ...

LIZ: ... brachen einfach in Tränen aus.

HOWARD: Nun, ja. Sie knieten sich nieder und bettelten wirklich, weißt du, sie hängten sich an die Beine der anderen Person und sagten: »Ich bring' mich um, wenn du es nicht tust.« Oder sie drehten den Spieß um und sagten etwas wie: »Na gut. Ich kann damit fertigwerden, daß ich es nicht kriege, aber gibt es irgend etwas, das ich für dich tun kann?« Es ist offensichtlich, daß ich übertreibe, aber es war eine Lektion über die verschiedenen Arten von Verteidigungsstrategien, die unterschiedliche Leute benutzen, um zu vermeiden, Schmerz und Zurückweisung fühlen zu müssen. Und wie Liz gesagt hat – manche dieser Verteidigungsstrategien können sich auch zu kreativen Begabungen entwickeln.

TEILNEHMER: Was betrachten Sie als stärker, einen Mond in Progression in Konjunktion zu einer Geburtssonne oder einen Mond in Progression in Konjunktion zu einer Sonne in Progression?

LIZ: Haben wir das nicht schon besprochen? Ich denke nicht, daß eines »stärker« oder wichtiger ist. Aber sie haben eine etwas andere Ebene der Bedeutung. Wenn die Geburtssonne ausgelöst wird, betrifft das den wesentlichen Charakter, die Essenz der Person. Die Kernbedeutung der Reise des Helden, das wichtigste mythische Thema im Leben, wird in einer bestimmten Weise konstelliert, wenn irgendein Planet, einschließlich der Mond in Progression, bei der Geburtssonne ankommt. Es verleiht oft ein grundlegendes Gefühl der Verbundenheit zu »mir« und ein Gefühl, wirklicher und voller Potentiale zu sein. Im Gegensatz dazu ist die Sonne in Progression ein Schnappschuß des Helden an einem bestimmten Punkt auf seiner Reise; es ist der Ort, wo wir in diesem Zeitmoment auf unserer Reise angekommen sind. Wenn der Mond in Progression dies auslöst, spiegelt das einen bestimmten Zustand auf der Reise wider. Daher denke ich, daß es wahrscheinlicher ist, daß sich Ereignisse eher bei einer Konjunktion von einem Mond in Progression mit einer Sonne in Progression manifestieren als bei einer Konjunktion von einem Mond in Progression und einer Geburtssonne. Dem Potential der Geburtssonne wird durch ihre Bewegungen in der Progression Fleisch gegeben; damit kann die Konjunktion zwischen einem Mond und einer Sonne in Progression im Hinblick auf wichtige Lebenserfahrungen tatsächlich sehr machtvoll sein.

HOWARD: Was meine Erfahrungen mit Horoskopen angeht, so habe ich immer gefunden, daß der Neumond in Progression – da, wo der Mond in Progression die Sonne in Progression einholt – eine extrem machtvolle Progression ist. Wenn es sich zum Beispiel im 11. Haus ereignet, wird die Person eine tiefgreifende Erfahrung machen, in die Freunde, Ziele, Gruppen oder Organisationen verwickelt sind, entweder in dem Monat, in dem es stattfindet, oder etwas vorher. Wenn man einen Neumond in Progression im 7. Haus hat, wird etwas sehr Wichtiges im Beziehungsbereich geschehen, als ob eine neue Phase markiert würde. Wie schon gesagt – ich habe nie gesehen, daß es bei einem Zeichen oder Haus nicht gestimmt hat. Wenn Sie sich Ihr eigenes Horoskop ansehen, können Sie überprüfen, wann es Ihnen passiert ist, und Sie werden sehen, was ich meine.

LIZ: Ich würde auch jeden Planeten, den der Progressions-Neumond aspektiert, in Betracht ziehen. Wenn er einen Geburts-Planeten auslöst, insbesondere bei harten Aspekten, wird normalerweise nicht nur eine neue Lebensphase markiert, sondern es tritt auch eine neue Beziehung in unser Leben, die durch den aspektierten Planeten charakterisiert ist. Ich denke an das Beispiel von jemandem, den ich kenne, bei dem der Progressions-Neumond nicht nur direkt auf seinem Aszendenten, sondern auch auf seinem Geburts-Neptun gelandet war. Dies beschleunigte das Ende seiner Ehe, das Auseinanderbrechen seiner mühsam zusammengehaltenen Familie, eine neue Beziehung, eine radikale Veränderung in der Arbeit und einen völlig neuen Fokus – in bezug auf sich selbst, seine Bedürfnisse und Potentiale – im Laufe des folgenden Jahres.

TEILNEHMER: Ich ging zu einem Astrologen, als ich das erstemal in die Schweiz kam, und ich machte mit diesem Mann eine sehr sonderbare Erfahrung. Er sagte: »Nun ja, da Ihr So-und-so hier steht, werden Sie sich auf eine bestimmte Weise verhalten, und Sie werden das und das erleben wegen dieser Plazierung.« Und so weiter. Er gab mir ein paar Brocken Information, die für sich genommen objektiv und wahrscheinlich richtig waren, aber am Ende der Deutung war ich frustriert und verwirrt, und ich konnte nicht wirklich irgend etwas mitnehmen, was mir geholfen hätte. Durch diese Erfahrung hatte ich eine ganze Zeitlang von der Astrologie die Nase voll. Ich möchte insbesondere Sie, Liz, fragen, wie Sie bei der psychologischen Horoskopdeutung vorgehen. Was sind für Sie die wichtigsten Dinge, die Sie jemandem vermitteln, vor allem, wenn die Person, die zu Ihnen kommt, sehr, sehr verstört ist?

LIZ: Mir kamen zwei Dinge in den Sinn, während Sie gesprochen haben. Ich frage meine Klienten immer, warum sie gekommen sind, bevor ich irgendeine Deutung mache, weil mein eigener Ansatz darin besteht, daß ich versuche, das Horoskop zu benutzen, um den Leuten das mitzuteilen, was sie zu diesem Zeitpunkt wirklich wissen wollen, statt das, wovon ich glaube, daß sie es wissen sollten entsprechend der astrologischen Theorie. Aus diesem gleichen Grund habe ich immer das Progressions-Horoskop und die augenblicklichen Transite vor mir liegen, selbst wenn sie nicht darum gebeten haben; ich habe das Gefühl, daß es zuallererst wichtig ist, zu verstehen, was sie zu mir gebracht hat. Ich mache fast nie einen »Rundgang« durch das Horoskop, indem ich eine grundlegende Deutung gebe – nicht weil ich denke, daß das wertlos sei, sondern weil ich mehr an dem, was im Augenblick geschieht, interessiert bin, mit dem Geburtshoroskop als Quelle der Einsicht. Manchen Menschen fällt es sehr schwer, zu sagen oder sich dessen auch nur bewußt zu sein, warum sie eine Horoskopdeutung haben wollen, und sie erwidern dann: »Ach, ich frage ohne besonderen Grund, ich war einfach neugierig« oder: »Ich wollte nur sehen, ob es wirklich funktioniert«. Diese Art von »Neugier« ist normalerweise ein Deckmantel der Angst (manche Klienten erwarten, daß ihnen gesagt wird, daß sie innerhalb der nächsten zwei Wochen sterben werden oder daß sie wirklich schreckliche Menschen sind). Ich kann vollkommen klar sehen, daß der transitierende Pluto auf ihrem Dingsbums sitzt und sie unter großer Anspannung stehen, aber es könnte sein, daß sie nicht wollen, daß ich weiß, was sie durchmachen, bis sie etwas Vertrauen in mich und in die Deutung gefaßt haben.

Ein Teil der Antwort lautet also, daß ich versuche, Einblick in das Dilemma zu gewinnen, mit dem die Klienten an diesem Punkt ihres Lebens konfrontiert sind, was immer es auch sein mag. In diesem Sinne gehe ich davon aus, daß meine analytische Ausbildung in meine astrologische Arbeit Eingang findet, weil es eine Art konzentrierter Psychotherapie ist. Menschen sprechen verschiedene Sprachen, und ich habe auch das Gefühl, daß es wichtig ist, die Themen in der Sprache anzusprechen, die der Klient spricht. Wenn ich also einen dickköpfigen, pragmatischen Geschäftsmann vor mir habe, der eine ungewohnte Gefühlskrise durchmacht, werde ich nicht über Reinkarnation und Seelenevolution sprechen; das ist nicht seine Sprache. Die meisten Leute suchen eine Führung, weil sie in einer Krise sind oder an einem Kreuzweg stehen und sie ihr Gefühl inneren Vertrauens verloren haben – falls sie jemals eines gehabt haben sollten. Ich habe herausgefunden, daß eines der machtvollsten Heilswerkzeuge in den Händen des Astrologen die objektive Bestätigung des Horoskops ist, daß es in Ordnung ist, man selbst zu sein, daß man dem, was man ist, vertrauen kann, und daß man nicht verpflichtet ist, jemand anderer zu sein, um anderen zu gefallen. Das astrologische Horoskop beinhaltet kein inneres moralisches Urteil, und ich versuche, so gut ich kann, seine Ganzheit und Neutralität den Klienten widerzuspiegeln.

Bei jenen, die in einem klinischen Sinn sehr verwirrt sind, werde ich versuchen, extrem vorsichtig darin zu sein, wie ich die Dinge angehe, und ich werde die Anstrengung unternehmen, die belasteten Bereiche weitschweifig zu umkreisen, statt die Angst zu vergrößern. Manchmal muß man mit einer Art chirurgischem Messer hineingehen, weil die Wahrheit über Kindheitsthemen und elterliche Komplexe auch sehr heilend sein kann; aber das kann nach hinten losgehen, und man muß sehr vorsichtig sein. Ich habe herausgefunden, daß tief gestörte Klienten einen unverkennbaren Geruch der Angst verbreiten, selbst wenn sie oberflächlich gesehen sehr kontrolliert und artikuliert sind. Ich neige dazu, diese Atmosphäre aufzugreifen, und werde normalerweise versuchen, irgendwie eine Tür in diese Angst hinein zu finden, die ihnen helfen kann, ihrer Angst mit größerem Pragmatismus und Objektivität gegenüberzutreten. Kein Rat ist von irgendeinem praktischen Nutzen, wenn die Zuhörer in einem Zustand schrecklicher Angst sind und nicht hören können. Offensichtlich kann das Arbeiten mit höchst aufgeregten Menschen äußerst schwierig sein, und ich habe im Laufe der Jahre meiner astrologischen Arbeit ein paar böse Fehler gemacht – aber gewöhnlich keinen Fehler zweimal. Manchmal habe ich das Gefühl, daß eine astrologische Deutung *per se* relativ nutzlos ist, weil manche Menschen zu sehr am Rande stehen; dann werde ich die Unterstützung eines Ratgebers anbieten und den Klienten ermutigen, so schnell wie möglich eine Therapie zu machen. (Ich habe zu diesem Zweck eine gründlich geprüfte Empfehlungsliste.)

Es wäre sehr schwierig, meine Gefühle in bezug auf das, um was es bei meiner astrologischen Arbeit geht, zusammenzufassen, aber ich vermute, ich betrachte sie eher als ein Werkzeug denn als Selbstzweck; und ich habe festgestellt, daß die meisten Leute leiden, weil sie keinerlei Perspektive oder Vertrauen haben in bezug darauf, wer sie im Innern eigentlich sind. Ein Horoskop entfaltet sich im Laufe des Lebens, genau wie ein Schauspiel, und man könnte ziemlich schockiert sein, wenn ein Charakter die Bühne betritt, von dem man nichts wußte. Deshalb sind astrologische Einsichten für mich nützlich, um den Klienten zu helfen, die Straße, auf der sie sowieso reisen, anzuerkennen und sich sicherer zu fühlen. Die beste Methode, um ein Gefühl für diese Art und Weise astrologischer Arbeit zu entwickeln, ist, sich selbst einer Psychotherapie zu unterziehen, deshalb verlangen Howard und ich sie als Teil des Diplomkurses an unserem Zentrum in London. Es ist schwierig, die Art und Weise zu erklären, wie dies die eigene astrologische Beratung beeinflußt, aber wir können uns nicht vorstellen, wie sich andere fühlen, wenn wir keine Ahnung haben, was in uns selbst vorgeht.

Jede gute tiefenpsychologische Ausbildung macht die Individualpsychologie zum Kern ihrer Vermittlung, weil die Erfahrung, daß einem zugehört wird und erlaubt wird, man selbst zu sein, der einzige Weg ist, wie man irgend jemand anderem zuhören kann. Ich habe mich unter bestimmten astrologischen Kreisen ziemlich unbeliebt gemacht, indem ich rundheraus behauptet habe, daß jeder beratende Astrologe, der selbst keine Psychotherapie gemacht hat, schlecht praktiziert. Aber ich werde zu dieser Feststellung stehen, weil wir ohne diese lebenswichtige Erfahrung die Wirklichkeit der Psyche, des Wesens und der Wurzeln des Leidens anderer Menschen sowie deren potentielle Heilungsmöglichkeit nicht erfassen können. Dann laufen wir Gefahr abzuurteilen – als spirituell überlegene Moralisten, die besser als der Klient wissen, was »gut« oder »schlecht« in ihrem Horoskop ist. Genauso wissen wir auch nicht wirklich, wie ein wahrer Wandel aussehen und wie er vollzogen werden könnte und was er letztendlich kosten würde, wenn wir diesen Prozeß in den Tiefen unserer selbst nicht durchgemacht haben.

HOWARD: Es ist so wichtig, Klienten nicht abzuurteilen, was manchmal leichter gesagt als getan ist, weil ein Teil von uns nicht mögen könnte, woher sie kommen oder wie sie sich entschieden haben. Und doch – jemanden zu verurteilen wird niemandem helfen, und Klienten bemerken es normalerweise, wenn man urteilt. Leute, die zu einer Deutung kommen, könnten auch Dinge thematisieren, die starke Gefühle in uns selbst aufwühlen oder unsere eigenen ungelösten Konflikte oder Spannungen auslösen. Es gibt einfach zwei Gründe, warum psychologische Astrologen einen Therapeuten brauchen, einen Supervisor, einen Kollegen oder einen guten Freund, mit dem sie ihre Probleme und Fragen besprechen können, welche eine Deutung mit sich bringen kann (während man das Vertrauen des Klienten wahrt) – besonders eine Deutung, die in einem aus irgendeinem Grund ein unangenehmes Gefühl hinterlassen hat. Es ist, als ob die Themen, die hochkommen, wenn Sie Horoskope der verschiedensten Leute deuten, der Brennstoff und das Futter für die eigene weitere psychologische Selbsterforschung sind. Das ist ein fortlaufender Prozeß – man hört niemals wirklich auf, an sich selbst zu arbeiten, genauso wie man niemals aufhört zu lernen, ein besserer Astrologe zu sein.

LIZ: Es geht in der Tat immer weiter. Ich habe die folgende Geschichte in anderen Seminaren erzählt, und einige von Ihnen mögen sie schon gehört haben, aber sie lehrte mich ungeheuer viel über die Themen, von denen Howard spricht. Vor einigen Jahren kam eine Frau mit ihrem Horoskop zu mir. Von dem Moment an, als sie hereinkam, fühlte ich mich durch sie unerklärlich irritiert. Es war etwas in ihrer Art, wie sie fünf Sekunden lang auf die Türklingel drückte, daß ich die Zähne zusammenbeißen mußte. Meine Irritation wurde noch größer, als sie anfing, mir zu erzählen, warum sie eine Deutung haben wollte – weil es schien, daß alles immer falsch für sie lief und daß es immer der Fehler von jemand anderem war. Sie war eine wahre Winslerin, ein professionelles Opfer. Wann immer ich versuchte, einen positiven oder konstruktiven Vorschlag zu machen, untergrub sie ihn oder wies ihn mit einem »Ja, aber« zurück, wodurch ich mich nach einer halben Stunde wütend und unfähig fühlte. Ich begann zu denken, daß ich mich wirklich nicht mit dem Versuch abzugeben brauchte, ihr zu helfen, da sie offensichtlich in ihr Leiden verliebt war und es nicht aufgeben würde, egal wie sehr sie behauptete, daß sie Hilfe wollte.

Nach einer Stunde mit dieser Masche verlor ich schließlich die Geduld – etwas, was mir bei Klienten tatsächlich sehr selten passiert. Ich sagte zu ihr: »Oh, um Gottes willen, hören Sie zu heulen und zu jammern auf. Es gibt eine ganze Menge positiver Entscheidungen, die Sie treffen könnten, aber Sie wollen sie einfach nicht treffen, weil es leichter ist, alle anderen zu beschuldigen. Ich habe es satt, Ihren endlosen Klagen zuzuhören, wie schrecklich die Leute sind und wie schlecht Sie das Leben behandelt hat. Ich bin nicht überrascht, daß die Leute Sie zurückweisen – Sie sind die negativste, unangenehmste Person, der ich seit Wochen begegnet bin.« Das war natürlich genau das, worauf sie gewartet hatte – gab es nun doch ein weiteres furchtbares, unsympathisches Individuum, das kein Mitleid für ihr Leiden hatte. Sie fing zu schluchzen und zu weinen an und jammerte dann: »Sie klingen genau wie meine Mutter«. An diesem Punkt schnauzte ich kalt zurück: »Und Sie klingen genau wie meine!«

Ich lauschte dem Nachhall dessen, was hier erklungen war, und dachte: »Oje, ich denke, ich habe hier ein Problem, das ich mir besser ansehen sollte.« Ich denke, Sie wissen was ich sagen will. In der Fachsprache nennen wir das »Übertragung und Gegenübertragung«, und es kann in einer astrologischen Sitzung genauso leicht passieren wie in einer fortlaufenden Psychotherapie. Manche Astrologen weigern sich entschieden, selbst in eine Psychotherapie zu gehen, mit der Begründung, daß sie sie nicht »brauchen«. Vielleicht brauchen sie sie nicht in dem Sinne, daß sie einigermaßen stabil sind und mit dem Leben zurechtkommen, aber wir alle haben blinde Flecken und Gebiete, in denen wir unsere eigenen Probleme auf andere projizieren. Vielleicht hängt der Widerstand vieler Astrologen gegen Therapie mit dem ganzen Thema Narzißmus zusammen, von dem Howard und ich vorher gesprochen haben, denn diese narzißtische Wunde ist unter Astrologen genauso weit verbreitet wie unter den Ratgebern. Als Astrologe besitzt man beträchtliche Macht und Einfluß auf andere, die bewußt oder unbewußt kommen, um nicht nur Antworten zu erhalten, sondern die endgültige Erlösung. Es tut weh, in sich selbst mit denselben Schmerzen konfrontiert zu werden, die die eigenen Klienten mitgebracht haben; es ist viel netter, sich aufzublasen und sich ungeheuer überlegen zu fühlen, weil wir Zugang zu Wissen haben, das die anderen nicht erlangt haben. Eine narzißtische Wunde kann uns das Gefühl geben, durch diese Art von Macht stark zu sein, wogegen, wenn wir selbst in Therapie sind, unser gewöhnliches Menschsein offenbart wird, von dem ein Wissen über Astrologie uns nicht entbindet.

Das ist genug hierzu. Gib es weitere Fragen?

TEILNEHMER: Können Sie etwas über die Yod- oder Schicksalsfinger-Konstellation sagen?

HOWARD: Haben Sie jemals alte Cowboyfilme gesehen, in denen zwei Farmer in einiger Entfernung voneinander stehen und ein kleines Kälbchen zwischen sich mit dem Lasso einfangen? Der Planet, der an der Spitze des Yod steht, ist wie das Stierkalb – es ist von den anderen beiden Planeten, die in Quincunx mit ihm stehen, gefangen und kann nicht agieren, ohne das in Betracht ziehen zu müssen, was die beiden anderen Planeten repräsentieren. Im allgemeinen kann das Yod in Ihrem Leben ein ziemliches Maß an Reibung und Spannung erzeugen, und Sie können das Gefühl haben, vom Schicksal geschlagen zu sein. Ich denke an eine Frau mit Venus in Fische, die einen Schicksalsfinger mit Pluto in Löwe und

Neptun in Waage bildete. Sie hatte wirklich ein schweres Los in bezug auf Beziehungen und schien sich immer mit Leuten einzulassen, die nicht ganz zu ihr paßten oder nicht richtig für sie waren. Trotz der vielen Kämpfe und Probleme erschien es ihr beinahe unmöglich, irgendeine Beziehung zu beenden, als ob irgendeine Art von Schicksal oder Zwang sie bei einem Partner hielt. Sehr oft war es die andere Person, die die Beziehung beendete, und diese Frau blieb immer wütend und verletzt zurück, weil sie das Gefühl hatte, daß sie soviel in die Partnerschaft investiert hatte, ohne daß es geschätzt worden wäre oder daß es etwas gebracht hätte. Der Planet an der Spitze, in diesem Fall Venus, scheint die Hauptlast des Yod zu tragen. Wie bei einer einzelnen Quincunx können jedoch die drei Energien, die durch den Schicksalsfinger zusammengebracht werden, sich manchmal glänzend miteinander verbinden; aber Sie müssen auch ertragen, daß die drei Energien sich manchmal so verbinden, daß sie auch bedeutende Probleme und Spannungen hervorbringen.

Weil sie am Himmel nun schon so lange ein Sextil zueinander bilden, ist es sehr üblich, ein Yod zu haben, das Pluto und Neptun einschließt. Wenn zum Beispiel Pluto in Löwe im Sextil zu Neptun in Waage stand, wurden Planeten in Fische oft durch ein Yod gefangen. Dann gab es auch Pluto in Jungfrau im Sextil zu Neptun in Skorpion, so daß Planeten in Widder eingeschlossen werden konnten. Mit Pluto in Waage im Sextil zu Neptun in Schütze standen Stier-Planeten unter Beschuß. Und nun, mit Pluto in Skorpion im Sextil zu Neptun in Steinbock, können jene Menschen, die mit Planeten in Zwillinge geboren wurden, ein Yod in ihrem Horoskop haben. Wenn ein persönlicher Planet sowohl von Neptun als auch von Pluto – zwei Göttern der Unterwelt – eingefangen ist, können Sie sicher sein, daß es mächtige, unbewußte Komplexe und Zwänge geben wird, die den Ausdruck dieses persönlichen Planeten beeinflussen, zum Besseren *und* zum Schlechteren. Oder wenn Sie an Reinkarnation glauben, könnten Sie sagen, daß es eine ganze Menge Karma zu lösen gibt in bezug auf den Planeten an der Spitze des Yod, das Neptun und Pluto einschließt. Nebenbei, psychologisch gesprochen – ein Komplex ist ein halbautonomer Teil der Psyche, der überhand nimmt und unabhängig von der objektiven Wirklichkeit einer Situation agiert. Ein Mann kann also von seinem

Mutterkomplex überwältigt werden, was seine Wahrnehmung der Frauen, mit denen er zu tun hat, verzerren wird. Oder Sie können von einem Minderwertigkeitskomplex überwältigt werden, selbst wenn es für Sie in diesem Augenblick unangemessen oder unnötig ist, sich minderwertig zu fühlen. Der erste Schritt, einen tiefsitzenden Komplex zu lösen, besteht darin, seine Existenz anzuerkennen. Das gibt Ihnen etwas mehr Raum und Abstand von dem Komplex, weil es bedeutet, daß Sie ein »Ich« (einen Zeugen oder Beobachter) haben, der den Komplex prüfen und mit ihm arbeiten kann, um herauszufinden, von wo er ursprünglich stammt oder um was es sich dabei handelt. Lady Diana Whitmore, die Begründerin der Psychosynthese- und Erziehungs-Stiftung in London, sagte: Immer, wenn du einen Hund hast, der beißt, beißt du. Aber wenn du einen Teil von dir finden kannst, der fähig ist, sich von einem Komplex oder einer Sub-Persönlichkeit in dir zu distanzieren, ein Teil, der sagen kann: »Ich bin nicht ein Hund, der beißt, sondern ich *habe* einen Hund, der beißt«, dann kannst du den Prozeß beginnen, der dich aus dem Griff des Komplexes löst oder befreit – vielleicht wirst du schließlich fähig sein, dem Hund beizubringen, nicht zu beißen, obwohl es nicht immer so einfach ist, einem alten Komplex neue Tricks beizubringen.

LIZ: Ich würde gern etwas zur Natur der Quincunx sagen, weil dieser merkwürdige Aspekt im Kern der Auswirkungen des Yod steht. Die Quincunx produziert eine höchst ambivalente Beziehung zwischen zwei Planeten. Es gibt dabei genügend Anziehung, um manchmal ein Gefühl tiefer Harmonie zu erzeugen, und jeder Planet holt das Beste aus dem anderen heraus. Doch dann bricht die Harmonie plötzlich auseinander – fast wie eine Beziehung, die sich manchmal absolut richtig und schön anfühlt, die dann aber ohne ersichtlichen Grund in Streitigkeiten und Konflikte entartet. Dann kommt eine Phase der Sorgen und Spannungen, in der die beiden Menschen scheinbar nicht vermeiden können, sich gegenseitig Kopfzerbrechen zu bereiten; aber genau dann, wenn man denkt, daß die ganze Sache zu schwierig wird, verändert sie sich wieder, und alles ist bestens. Zeichen, die naturgemäß in der Quincunx zueinander stehen, wie Löwe-Fische, Widder-Jungfrau oder Krebs-Wassermann, üben eine natürliche Faszination aufeinander aus, weil jeder Eigenschaften hat, die dem anderen vollständig fehlen; aber sie sind immer verschiedene Qualitäten (anders als Zeichen, die in Quadrat oder Opposition stehen, die immer beide kardinal, fest oder beweglich sind). Diese angeborene Verschiedenheit kann sehr irritierend sein.

HOWARD: Ja, ich habe in meinem Mars-Seminar über die Quincunx gesprochen. Die zwei Planeten, die daran beteiligt sind, mischen sich oft glänzend. Wenn Sie beispielsweise Venus in Quincunx mit Pluto haben, wird es Zeiten geben, in denen Sie Tiefe und Weisheit an den Tag legen werden, wenn es darum geht, Ihre Beziehungen zu verstehen und zu handhaben. Zu anderen Zeiten jedoch wird die Quincunx zwischen Venus und Pluto intensiven Neid, Eifersucht und zerstörerische Gefühle anderen Menschen gegenüber hervorrufen. Wie Liz sagt, scheinen die Quincunx-Aspekte zwischen einem positiven Selbstausdruck und einer ziemlichen Problemquelle hin- und herzuschwanken.

LIZ: Ein anderes Merkmal dieses Aspekts ist, daß die Quincunx nicht wirklich stark genug ist, um die Art entschlossener Aktion zu erzeugen, wie es ein Quadrat tut (bei dem Sie es keine Minute länger aushalten können); aber sie erzeugt zuviel Reibung, um die reflektierende Mischung einer Opposition zu ermöglichen (bei der die Entscheidungslosigkeit dich zwingt, schließlich einen Kompromiß zu finden). Es gibt sowohl zu viel als auch zu wenig Konflikt. Ich denke, das ist der Grund, warum die Quincunx oft mit schlechter Gesundheit assoziiert wird. Sie symbolisiert Spannungen, die nicht stark genug sind, um direkte Handlungen zu provozieren, aber stark genug, um Ihr Gleichgewicht zu stören.

HOWARD: Ich erinnere mich, daß du es einmal mit Rückenschmerzen verglichen hast, die nicht so schlimm waren, daß du im Bett oder zu Hause bleiben mußtest, die dich aber immer noch störten und dir Unbehagen bereiteten, wenn du außer Haus warst. Doch ich glaube, wenn es sich um eine sehr enge Quincunx beziehungsweise einen engen Orbis handelt, wirst du ihre Auswirkungen auf dein Leben ziemlich stark spüren.

LIZ: Die Quincunx tritt auch sehr häufig in der Synastrie auf, was ihre Anziehungs-Abstoßungs-Qualität widerspiegelt.

HOWARD: Ich würde auch auf Planeten am Himmel achten, die beim Transit eine Quincunx auf Ihr Horoskop werfen. Wer unter uns hat Planeten um 15 Grad Zwillinge? Gerade erleben Sie ein transitierendes Yod, das von Pluto in Skorpion und Neptun in Steinbock, beide in Quincunx zu Ihrem Zwillinge-Planeten, gebildet wird. Zwillinge sind normalerweise sehr clever, wenn es darum geht, Probleme zu umgehen, und wie Hermes sind sie es gewohnt, sich aus verzwickten Situationen herauszumanövrieren. Aber jetzt, mit Neptun und Pluto in Quincunx zu Zwillinge, könnten Leute mit Planeten in diesem Zeichen entdecken, daß ihre normale Art, auszuweichen oder sich aus einer problematischen Situation herauszuwinden, nicht mehr funktioniert, und sie wären gezwungen, sich einer Sache zu stellen oder darin verhaftet zu bleiben, die zu vermeiden sie vorziehen würden. Mit anderen Worten: Der transitierende Pluto und Neptun haben das Prinzip, das von den Zwillinge-Planeten repräsentiert wird und das sie beide eingefangen haben, in die Falle getrieben.

TEILNEHMER: Wenn es keine Fragen mehr gibt, würde ich gern eine Geschichte über etwas, das mir passiert ist, erzählen. Vor 13 Jahren hatte ich einen sehr schweren Unfall mit einem Pferd. Ich starb beinahe, aber ich konnte keinen harten Transit finden, der mein Horoskop zu dieser Zeit beeinflußte. Ich habe in meinem Geburtshoroskop ein Mars/Uranus-Quadrat, aber nichts hatte es berührt, als der Unfall geschah. Das einzige, was ich bemerkte, war, daß mein Aszendent in Progression im Quadrat zu Saturn stand, aber ich dachte nicht, das das ausreichte als Übereinstimmung zu dem, was passiert war. Daß ich nicht in der Lage war, einen Transit zu finden, um dieses wichtige Ereignis zu erklären, machte mich unsicher in bezug auf die Verläßlichkeit der Astrologie.

HOWARD: Haben Sie das Horoskop des Pferdes überprüft?

TEILNEHMER: Aber das Pferd war nicht verletzt; ich war es.

LIZ: Vielleicht hat das Pferd etwas projiziert.

TEILNEHMER: Was ich Ihnen sagen wollte, war, daß ich Melanie Reinharts Buch über Chiron gekauft und jetzt erkannt habe, daß Chiron in Opposition zu meinem Saturn stand und im Quadrat zu meinem Progressions-Aszendenten, so daß ich ein besseres Bild von dem Unfall bekam.

HOWARD: Ja, das gefällt mir, weil Chiron mit Pferden in Verbindung gebracht wird – oder zumindest mit dem Zentaur – halb Mensch, halb Pferd. Ich wette, es gab ein paar Mittlere Punkte, die auch aktiviert wurden, die Sie aber nicht gesehen haben.

LIZ: Ich wollte gerade zu den Mittleren Punkten etwas sagen. Dies ist ein anderes Gebiet, das zu betrachten sich lohnt, wenn es um die zeitliche Auslösung von inneren oder äußeren Ereignissen geht. Ich habe nicht das Gefühl – wie viele Schüler der Ebertin-Schule –, daß, wenn man einmal die Bilder der Mittleren Punkte erfaßt hast, man sich um nichts weiter zu kümmern braucht. Mittlere Punkte sind eher eine Verfeinerung als ein Ersatz für die astrologischen Prinzipien. Aber einige der machtvolleren Mittleren Punkte, wie beispielsweise Sonne/Mond oder Venus/Mars, reagieren gegenüber Transiten oder Progressions-Planeten höchst sensibel. Wenn ein Geburtsplanet auf einem Mittleren Punkt sitzt (innerhalb 1½ Grad), dann ist dieser Mittlere Punkt besonders wichtig, und alle drei planetarischen Energien werden gleichzeitig ausgelöst werden. Mittlere Punkte sind besonders potent, wenn sich zwei Planeten auch im Geburtshoroskop aspektieren. Zum Beispiel, wenn Uranus auf 15 Grad Widder steht im Quadrat zu Saturn auf 9 Grad Steinbock, ist der Mittlere Punkt – um 27 Grad Wassermann – besonders sensitiv, weil ein Transit über diesen Punkt den Saturn/Uranus-Aspekt auslösen wird, indem er zu beiden ein Halbquadrat bildet. Wenn Sie also die Transite zur Zeit Ihrer Verletzung betrachten und auch Chiron in Betracht ziehen, sollten Sie prüfen, ob irgend etwas – ein Transit oder ein Progressions-Planet, besonders der Progressions-Mond – über einen wichtigen Mittleren Punkt lief, vielleicht über einen Mittleren Punkt von Mars/Uranus, was oft mit Unfällen verbunden ist.
TEILNEHMER: Wir sprachen über innere Planeten in harten Aspekten zu äußeren Planeten, also zum Beispiel von Venus im Quadrat zu Neptun, und wir sagten, daß eine mögliche Manifestation Verwirrung oder Desillusionierung in der Liebe sein könnte. Wenn in einer Synastrie der äußere Planet von jemandem – beispielsweise Neptun – die Venus des anderen harmonisch kontaktiert, würde es das ein wenig erleichtern?
LIZ: Nein, ich denke nicht, daß ein harmonischer Synastrie-Aspekt Ihnen den Prozeß eines transitierenden Quadrats in Ihrem eigenen Horoskop ersparen kann. Ein Trigon vom Neptun eines anderen Menschen zu Ihrer Venus würde ein Gefühl beinahe mystischen Zusammenseins in der Beziehung erzeugen, da Neptun Venus idealisieren und extrem auf ihre Bedürfnisse eingehen wird, während

Venus Neptuns Verletzlichkeit und Romantik schätzen wird. Das könnte bedeuten, daß Ihr Partner Ihre Gefühle schätzen und Ihnen während eines schwierigen Transits emotionale Unterstützung geben könnte. Aber das Quadrat des transitierenden Neptun zu Ihrer Venus ist Ihre eigene Angelegenheit, und Sie werden immer noch mit Schwierigkeiten, die Ihre eigenen Werte und Ihr Selbstwertgefühl betreffen, konfrontiert werden. Natürlich ist es leichter, etwas durchzumachen, wenn Sie von seiten Ihres Partners Mitgefühl erhalten. Aber auf der anderen Seite könnte Ihr Partner den transitierenden Neptun ausagieren, und der harmonische Aspekt in der Synastrie könnte die Atmosphäre der Verwirrung und Hilflosigkeit, die so oft mit Neptun-Transiten einhergeht, noch verschärfen statt vermindern.

HOWARD: Ja, das war es, was ich gemeint habe. Sie haben eine bessere Chance, Ihre Venus/Neptun-Probleme mit Leuten herauszuarbeiten, die Planeten haben, welche einen harmonischen Winkel zu Ihrer Venus bilden, verglichen mit jemandem, dessen Planeten harte Aspekte dazu bilden. Sie werden Sie besser verstehen oder Ihnen eine neue Perspektive im Hinblick auf Ihre Venus aufzeigen, obwohl, wie Liz sagt, das nicht dazu führt, daß Ihre Venus-Probleme auf magische Weise verschwinden.

LIZ: Manche Leute verstärken Ihr Selbstvertrauen, und manche zermürben es. Dies wird durch die Natur der Synastrie-Aspekte zwischen den Horoskopen widergespiegelt. Es dürfte dabei nicht darum gehen, ob sich zwei Menschen lieben, sondern darum, was sie gegenseitig beim anderen hervorrufen; und wenn der Saturn von jemandem beispielsweise in Opposition zu Ihrem Mond steht, könnte er oder sie Sie zutiefst lieben, aber gerade dann irgendwie kühl und kritisch bleiben, wenn Sie am meisten Rückversicherung brauchen. Natürlich lösen sich solche Dilemmata, wenn die Leute gewillt sind, sie zu betrachten und daran zu arbeiten. Und Synastrie-Aspekte dürften nicht direkt relevant sein in bezug auf einen besonderen Transit, der sich auf Ihr Horoskop auswirkt, sondern die grundlegende Harmonie oder den Konflikt zwischen zwei Persönlichkeiten anzeigen. Aber mit engen Synastrie-Aspekten zwischen zwei Horoskopen wird der gleiche Transit normalerweise beide auslösen, und die persönliche Herausforderung wird dann zu einer Herausforderung innerhalb der Beziehung. Wenn Ihre Venus beispielsweise auf 16 Grad Stier im Trigon zum Neptun auf 16 Grad Jungfrau einer anderen Person steht, dann wird der transitierende Neptun auf 16 Grad Wassermann eine Quincunx zu seinem oder ihrem Neptun bilden und gleichzeitig Ihre Venus quadrieren.

HOWARD: Im Laufe der Jahre habe ich etwas bemerkt: Wenn man einen schwierigen Aspekt hat, wie Mars im Quadrat zu Jupiter oder Venus im Quadrat zu Neptun, kann man einiges von Leuten lernen, die die gleichen Planeten im Trigon oder Sextil haben. Eine Person mit Mars/Jupiter-Trigon, die naturgemäß das richtige Maß an Bestätigung durch etwas findet, kann ein Vorbild oder ein Lehrer sein für jemanden mit einem Quadrat zwischen diesen beiden Planeten. Umgekehrt können diejenigen von Ihnen mit einem Trigon oder Sextil eine größere Wertschätzung für das, was diese Aspekte in Ihnen repräsentieren, entwickeln, nachdem Sie jemanden getroffen haben, der mit den gleichen Planeten im Quadrat oder in Opposition zu kämpfen hat.

LIZ: Ich denke, wir neigen dazu, von Menschen angezogen zu werden, die die gleiche oder ähnliche Färbung um einen bestimmten Planeten haben. Wenn man Venus/Neptun hat, wird man naturgemäß eine Affinität zu jemandem empfinden, der Venus/Neptun oder Venus in Fische oder Venus im 12. Haus hat. Dies ist ein übliches Muster in der Synastrie, selbst wenn die beiden Geburtsplaneten sich gegenseitig in den beiden Horoskopen nicht aspektieren. Wenn man Sonne/Saturn hat, wird man sich sehr wahrscheinlich zu anderen Menschen hingezogen fühlen, die diesen Aspekt oder Sonne in Steinbock haben, weil es eine Art gegenseitigen Erkennens gibt; beide schlagen sich mit den gleichen grundlegenden Lebensthemen herum und teilen die gleiche innere Landschaft.

TEILNEHMER: Wirkt sich der Progressions-Mond auf die Synastrie aus?

LIZ: Auf sehr eindrucksvolle Weise. Ich denke, Sie haben in den Horoskopen des Prinzen und der Prinzessin von Wales gesehen, daß der Progressions-Mond Dianas Sonne zur Zeit ihrer Hochzeit erreicht hat. Das ist ein typisches Beispiel. Wenn eine Beziehung entsteht, werden wir normalerweise entdecken, daß ein oder mehrere Progressions-Planeten und -Winkel in einem Horoskop entweder die Geburts- oder die Progressions-Planeten und -Winkel im anderen Horoskop berühren. Unser Gefühl, mit einer anderen

Person zusammenzupassen, hängt nicht nur von den Plazierungen im Geburtshoroskop ab, sondern auch von den Plazierungen der Progressions-Planeten, denn diese beschreiben, was wir im gegenwärtigen Augenblick sind. Oft bildet der Progressions-Mond kraftvolle Aspekte zum Horoskop der anderen Person.

Der Zustand einer Beziehung verändert sich die ganze Zeit, und das wird sowohl durch die Bewegungen im Komposit-Horoskop als auch durch die dauernd sich verändernden Beziehungen zwischen den Plazierungen der Geburts- und Progressions-Planeten der Menschen widergespiegelt. Wenn Sie jemandem begegnen und sich in ihn verlieben, während Ihr Progressions-Mond auf seiner Venus steht, könnten Sie sehr irritiert sein, wenn Ihr Progressions-Mond drei Monate später in Opposition zu seinem Saturn ankommt. Dann könnten Sie einen Monat lang herumirren und murmeln: »Er hat sich aber verändert! Er war immer so liebevoll, und nun ist er kalt und kritisch!« Wenn Sie stillhalten oder für einen Monat in Urlaub gehen können, werden Sie entdecken, daß diese flüchtigen emotionalen Zustände vorübergehen. Und die Bewegung Ihres Progressions-Mondes über das Horoskop der anderen Person ist eine Widerspiegelung dieses allmählichen Kennenlernens des anderen, das eine unvermeidiche Entwicklung in jeder Beziehung ist. Manchmal treffen diese Aspekte des Progressions-Mondes mit einer wirklichen Krisenzeit oder einem Bruch zusammen, aber es sind in solchen Zeiten neben dem Progressions-Mond gewöhnlich noch machtvollere Faktoren am Werk.

TEILNEHMER: Sie sagten, daß dies auch auf ein Komposit zutrifft. Gibt es hierzu auch Progressionen?

LIZ: Sicher. Sie können auch Transite, die sich darüber bewegen, untersuchen und sogar die Transite herausarbeiten, die über die Mittleren Punkte gehen, obwohl es ein wenig merkwürdig klingen mag, mit den Mittleren Punkten der Mittleren Punkte herumzuspielen. Nichtsdestotrotz funktioniert das. Die Progressionen eines Komposit-Horoskops ausfindig zu machen ist ermüdend (außer Sie benutzen einen Computer), aber im Prinzip einfach. Das Komposit ist eine Reihe von Mittleren Punkten zwischen einem Paar von Sonnen, Monden und so weiter, einschließlich Aszendenten und Häuserspitzen. Wenn Sie das gleiche für die Progressions-Horoskope zweier Individuen machen – siehe da; schon bekommen Sie ein Progressions-Komposit, das eine Reihe von Mittleren Punkten zwischen einem Paar von Progressions-Sonnen, Progressions-Monden und so weiter ist. Sie werden entdecken, daß der Progressions-Mond des Komposit ungefähr mit gleicher Geschwindigkeit wie die beiden individuellen Progressions-Monde voranschreitet. Wenn Sie genügend bessessen sind, können Sie nicht nur beobachten, was der Progressions-Mond des Komposit mit den Komposit-Planeten macht, sondern auch, wie er sich gegenüber den individuellen Geburts- und Progressions-Horoskopen verhält. Und Sie können beobachten, was Ihr Progressions-Mond in bezug auf das Komposit macht. Die Sache ist die, daß Ihnen keine Zeit für die Beziehung übrigbleiben wird. Aber es ist sehr nützlich dafür, um zu erforschen, ob die Beziehung an einem schwierigen Punkt angekommen ist, weil es sehr tiefe Einsichten ermöglicht, die einem helfen können, mit dem, was vor sich geht, besser fertigzuwerden.

HOWARD: Haben Sie gewußt, daß Liz vor kurzem ziemlich viel mit Kompositen gearbeitet hat, und daß sie ein Programm vorbereitet, das dem Computer beibringen soll, wie er Komposit-Horoskope zu lesen hat, so, wie sie es tun würde? Der Computer spielt verrückt.

LIZ: Besser der Computer als ich.

HOWARD: Du mußt eine ganze Menge über Komposite lernen, wenn du einem Computer beibringen willst, sie so wie du zu lesen. Ich finde, ich habe viel durch das Lehren gelernt, aber ich lerne noch mehr, wenn ich über ein Thema zu schreiben habe.

LIZ: Ich lerne eine ganze Menge darüber. Ich glaube, der beste Weg, einen Gegenstand tiefgehend zu erforschen, besteht darin, ihn mit der Vorstellung im Kopf zu studieren, man müsse das, was man lernt, anderen mitteilen. Es schärft die Gedanken und bringt einen dazu, die Dinge sorgfältiger zu formulieren.

HOWARD: Und wenn man dann darüber brütet, wird einem klar, was man alles nicht weiß.

TEILNEHMER: Liz, könnten Sie über die Integration von Sonne und Mond in bezug auf den Aszendenten sprechen?

LIZ: Ja, ich habe das Gefühl, daß der Aszendent ein sehr komplexer, grundlegender Punkt im Horoskop ist, und er ist direkt mit dem, was wir »Schicksal« nennen, verknüpft. Sokrates dachte, daß jedes menschliche Wesen einen *daimon* habe, eine Art Schicksalsgeist, der die Lebensaufgabe dieses Individuums personifiziere. Der Aszendent ist wie der *daimon*. Die Werte, die er repräsentiert, werden normalerweise nicht als »meine« empfunden, im Gegensatz zu denjenigen von Sonne und Mond. Doch scheint es, daß das Leben von uns fordern will, die Qualitäten des Aszendenten zu entwikkeln, indem es uns mit Angelegenheiten in der Umgebung konfrontiert, die charakteristisch für jene Qualitäten sind. Der östliche Punkt des Horoskops hat den Vorsitz über die körperliche Geburt und das archetypische Muster, das wir antreffen, wenn wir die Gebärmutter verlassen. Es ist unser erster Eindruck von dem, was sich »da draußen« abspielt, und wir müssen irgendwie lernen, diese Erfahrung zu verinnerlichen, weil wir ihr wieder und wieder begegnen werden, zunächst außerhalb von uns und schließlich auch in unserem Inneren.

Zum Beispiel habe ich herausgefunden, daß ein Steinbock-Aszendent oder Saturn in Konjunktion zum Aszendenten oft eine schwierige Geburt widerspiegelt, eine Art von Beschränkung oder Blockierung, die den Eintritt ins Leben schwer macht; häufig ist die erste Bindung an die Mutter schwierig und voller Begrenzungen, weil sie unter Drogen steht, krank oder depressiv ist; oder man selbst könnte krank und gezwungen sein, in einem Inkubator zu liegen. Das ist eine archetypische saturnische Erfahrung – die schmerzhafte Vertreibung aus dem Paradies in die kalte, harte, sterbliche Welt –, und sie reflektiert auf grundlegende Weise eine wesentliche Einstellung gegenüber der Umgebung, die die Person ihr ganzes Leben hindurch beibehält. In der Jugend hat dieses Individuum normalerweise das Gefühl, durch die äußere Welt behindert zu werden, und es vertraut den Menschen nicht besonders; jeder Versuch, sich selbst zum Ausdruck zu bringen, wird von der Erwartung begleitet, daß es ein harter Weg sein wird. Aber natürlich erschaffen wir unsere eigenen Wirklichkeit, und schließlich könnte der Steinbock-Aszendent erkennen, daß es die psychologische Dimension des saturnischen Archetyps ist – Selbstsicherheit, Zähigkeit, Realitätssinn und die Fähigkeit, allein zurechtzukommen –, die im Inneren entwickelt werden muß, so daß man nicht fortwährend dessen negativem, konkretem Angesicht in der äußeren Welt begegnen muß.

Der Prozeß, dem wir durch den Aszendenten unterworfen sind, mobilisiert jede Ressource in uns, als allerwichtigste die Sonne und den Mond. Auf sonderbare Weise kann er die Qualitäten der beiden Lichter vereinen, da wir sowohl ein Gefühl unserer eigenen Einzigartigkeit als auch ein gesundes Maß an Instinkten brauchen, um den Herausforderungen, die durch den Aszendenten repräsentiert werden, zu begegnen. Wir scheinen uns im Laufe eines Lebens auf den Aszendenten zuzubewegen, und wenn wir auf die archetypischen Qualitäten, die durch das Zeichen repräsentiert werden, ein wenig achten und bereit sind, sie in unser eigenes Wertesysten einzubeziehen, scheint es eine tiefgreifende integrierende Auswirkung auf die ganze Persönlichkeit zu haben. Ich habe entdeckt, daß viele Menschen mit etwas Kenntnis der Astrologie ihr Aszendenten-Zeichen nicht mögen und zu argumentieren versuchen, daß die Geburtszeit vielleicht falsch angegeben worden ist. »Oh, ich kann unmöglich einen Jungfrau-Aszendenten haben«, sagen sie und finden irgendeine Rechtfertigung, um daraus Löwe oder Waage zu machen. Das ist so gängig, daß ich zu dem Schluß gekommen bin, daß die tiefere Bedeutung des Aszendenten nicht einfach zu betrachten oder zu verdauen ist, außer vielleicht auf einer oberflächlichen Ebene.
Howard: Ich studiere Astrologie seit 20 Jahren, und ich brauchte rund 15 Jahre, bevor ich anfing, die Bedeutung des Aszendenten zu erfassen. Das Aszendenten-Zeichen ist das Zeichen, das aus der Dunkelheit ins Licht aufsteigt, so als ob man aus den dunklen, verborgenen und undifferenzierten Gewässern der Gebärmutter auftaucht. Umgekehrt zeigt der Deszendent, was außer Sicht gerät, wenn man geboren wird, und er beschreibt daher oft, was in einem verborgen ist – jene schattigen Charakterzüge, die man in sich verdrängt und in anderen sieht. Die Natur des aufsteigenden Zeichens sucht »Verkörperung« und Nährung durch das, was in diesem Augenblick geboren wird. Ich bin nun geneigt, den Aszendenten als Weg zu betrachten, der zur Sonne führt. Indem man die Qualitäten seines Aszendenten entwickelt, pflastert man den Weg, um in sein Sonnenzeichen hineinzuwachsen. Wenn Sie zum Beispiel ein Widder mit Steinbock-Aszendent sind, liegt der Schlüssel zur stärkeren Befreiung Ihrer Fähigkeiten und Ihrer Führungsqualitäten, die mit Widder verbunden sind, darin, Disziplin und Struktur zu erlernen. Wenn Sie ein Fisch mit einem Waage-Aszendenten

sind, wird Sie die Arbeit an Beziehungen und am Erreichen eines besseren Gleichgewichts zwischen den verschiedenen Facetten Ihrer Psyche fähig machen, Ihre Fische-Fähigkeit – zu heilen, zu glätten, zu trösten oder andere Menschen aufzubauen – zum Ausdruck zu bringen. Der Aszendent zeigt auch unsere Beziehung zum Archetyp der *Initiation* an. Das aufsteigende Zeichen sagt nicht nur etwas über Ihre tatsächliche Geburt aus, sondern es beschreibt auch, wie Sie Dinge in die Wege leiten oder wie Sie in eine neue Wachstumsphase eintreten. Wenn Sie beispielsweise einen Steinbock-Aszendenten oder Saturn am Aszendenten haben, könnten Sie eine lange, schwierige Geburt gehabt haben, und umfassender: Sie könnten bei jedem späteren Übergang oder Durchgang in eine neue Lebensphase zögern oder besorgt sein.

TEILNEHMER: Ich bin mit 0 Grad Schütze-Aszendent geboren, und ich habe immer das Gefühl gehabt, daß ich mich zurückgehalten habe, bis Skorpion vorübergegangen war. Ich verspäte mich auch immer, egal, wohin ich gehe.

LIZ: Viele Leute glauben, daß es eine intelligente Wahl in bezug auf die eigene Geburtszeit gibt (durch die Seele, oder wie immer man das nennen möchte). Ich bin im Hinblick auf solche Dinge eher pragmatisch. Vielleicht dachte Ihre Seele: »Oh mein Gott, nicht jetzt, ich verdiene einen Schütze-Aszendenten, weil ich in meiner letzten Inkarnation Skorpion durchgemacht habe, und ich hatte genug davon.« Ich habe Klienten gehabt, die mich fragten, ob die Tatsache, daß ihre Geburt eingeleitet wurde oder sie durch einen Kaiserschnitt auf die Welt kamen, bedeute, daß sie den »falschen« Aszendenten hätten, weil man sich in die »natürliche« Geburtszeit eingemischt hatte. Aber wenn wir glauben, daß die Seele intelligent und machtvoll genug ist, um eine genaue Geburtszeit auszuarbeiten und Mutters Niederkunft genau nach Zeitplan ablaufen zu lassen, dann kann sie sicherlich die Pläne eines einfachen Arztes, die Geburt einzuleiten, durchkreuzen.

Wenn man auf der anderen Seite nicht an Seelen glaubt, dann spielt es sowieso keine Rolle, da die Geburtszeit, die man hat, einfach die ist, die man bekommt. Es spielt keine Rolle, ob man herausgezerrt, herausgequetscht, herausgeschnitten wurde, oder ob einem erlaubt wurde, in der vorgesehenen Zeit herauszugleiten. Ich vertrete hierzu keine bestimmte Ansicht; beides könnte wahr

sein, aber letztendlich muß ich einfach mit dem Horoskop, das ich vor mir habe, arbeiten, wie immer auch die Person in diesem Leben angekommen sein mag. Jedoch habe ich bemerkt, daß jeweils bei 0 Grad eines Zeichens eine Art von »Gott-sei-Dank-ich-habe-es-geschafft!«-Gefühl auftritt, als ob man knapp dem vorhergehenden Zeichen entkommen wäre. Es reflektiert den allerersten Andrang der neuen Energie und übertreibt oft die Qualitäten des Zeichens. Genauso stellen 29 Grad eines Zeichens eine Art »letzter Wurf« dar, und das kennzeichnet oft stark eine Person mit charakteristischen Qualitäten des Zeichens. Deshalb habe ich gewisse Probleme mit der These, daß sich hier beide Zeichen auswirken, wie sie viele Leute vertreten, weil der typischste Ausdruck irgendeines Zeichens, den ich gesehen habe, bei 0 Grad und 29 Grad lag.
TEILNEHMER: Wenn Sie den ersten Grad eines aufsteigenden Zeichens haben oder den allerletzten Grad: Versuchen Sie das Horoskop zu berichtigen, einfach um sicher zu sein, daß der Aszendent stimmt?
LIZ: Ich nehme allgemein keine Berichtigung vor, es sei denn, ein bestimmtes Ereignis ist derart hervorstechend und offensichtlich durch einen Transit oder eine Progression, daß es nicht übersehen werden kann. Wie ich jedoch gerade angedeutet habe, sind die ersten und letzten Grade jedes Zeichens oft ganz offensichtlich, wenn der Klient zur Tür hereinkommt, und ich kann meinem Instinkt normalerweise trauen. Ich bin sicher, daß die Berichtigung eine zuverlässige Methode ist, um eine Geburtszeit zu bestätigen, wenn man genügend Einzelheiten aus dem Leben einer Person kennt, und manche Astrologen spezialisieren sich darauf; aber die Berichtigung kann uns auch üble Streiche spielen, weil so viele Transite und Progressionen auf ein gegebenes Ereignis zu passen scheinen. Es besteht auch oft eine Diskrepanz zwischen einem konkreten Ereigniszeitpunkt und der Zeit, in der es die Person persönlich betrifft; und der genaue Aspekt eines machtvollen Transits könnte sich auf das letztere statt auf das erstere beziehen. Und schließlich kommen wir zu der Frage des Orbis zurück; die Bewegung von langsamen Planeten über den Grad des Aszendenten ist nicht nur durch ihre Rückläufigkeit kompliziert, sondern auch aufgrund seiner Auslösung durch kleinere Transite (zum Beispiel durch Mars oder durch einen lunaren Transit). Wenn jemand sich

im Hinblick auf seine Geburtszeit wirklich sehr unsicher ist, würde ich lieber überhaupt nicht mit einem Aszendenten arbeiten und mich in den Grenzen eines »flachen« Horoskops bewegen, weil ich nicht gern über astrologische Faktoren, die hier gegeben sein könnten oder auch nicht, spekuliere.

TEILNEHMER: Ich würde gern eine Frage in bezug auf Zwillinge stellen. Oft werden Zwillinge nur wenige Minuten nacheinander geboren, aber sie scheinen charakterlich völlig verschieden zu sein.

LIZ: Ich denke, identische Zwillinge stellen eine große psychische Herausforderung dar, weil wir alle unsere Identität als Individuen definieren und zum Ausdruck bringen müssen, und das ist sehr schwierig, wenn man mit jemandem aufwächst, der im grundlegenden Temperament so ähnlich ist. Ich habe Zwillinge kennengelernt, die, um eine Selbst-Identität zu kreieren, dazu neigen, sich das Horoskop »aufzuteilen«. Einer der beiden stimmt unbewußt zu, Venus in Steinbock im Trigon zu Saturn in Stier zu sein und einen Jungfrau-Aszendenten zu haben, während der andere den Mars in Konjunktion zu Uranus in Widder spielt. Zwillinge leben oft den Schatten des anderen aus in dem Versuch, sich voneinander zu unterscheiden. Wenn sie als Erwachsene voneinander getrennt werden, fangen sie an, sich mehr abzurunden. Natürlich sind Menschen außerdem von einem großen Geheimnis umgeben, einer Essenz, die scheinbar nicht vollständig vom Geburtshoroskop beschrieben wird. Ihr astrologischer »Zwilling« könnte letztendlich auch ein Hühnchen sein, das im gleichen Augenblick wie Sie geboren ist, aber dieses Rätsel, das wir die Qualität des Bewußtseins nennen, benutzt die grundlegenden Faktoren im Horoskop und verwandelt sie in etwas sehr Individuelles. Es gibt offensichtlich einen Faktor »X« – nennen Sie ihn die Seele, das Selbst oder wie Sie wollen –, der *durch* das Horoskop arbeitet, statt durch das Horoskop *festgelegt* zu sein, und das würde auch bei identischen Zwillingen gelten.

HOWARD: Ja, es handelt sich um eine Art emotionaler Arbeitsteilung, die ich mit den Begriffen des Freiheit-Nähe-Dilemmas in der Venus-Sitzung besprochen habe. Es gibt eine Fotografin, Diane Arbus, die eine faszinierende fotografische Studie über Zwillinge gemacht hat, und es gelang ihr, genau das, was Liz gesagt hat, einzufangen – sehr oft erscheint einer der Zwillinge in ihren Bildern strahlend und lächelnd und der andere dunkel und nachdenklich.

Ich würde Ihnen empfehlen zu versuchen, eine Ausstellung ihrer Bilder zu sehen oder ein Buch ihrer gesammelten Arbeiten in die Hände zu bekommen.

LIZ: Ich habe oft gedacht, daß es keine gute Idee von Eltern ist, ihre identischen Zwillinge auch identisch anzuziehen. Das könnte den Eltern das Einkaufen erleichtern, aber für jeden der Zwillinge wird es noch schwieriger, das eigene Anderssein zu definieren.

HOWARD: In »The Case for Astrology« berichtet der Autor über einige Studien, die man über Menschen machte, welche zur gleichen Zeit geboren wurden – Menschen, die nichts miteinander zu tun hatten, aber zur gleichen Zeit am gleichen Ort geboren wurden –, und oft eindrucksvolle Ähnlichkeiten, sowohl im Aussehen als auch in bezug auf ihre Lebensgeschichte besitzen.* Es gab einen Mann namens Samuel Hemmings, der zur gleichen Zeit am gleichen Tag wie König George III. von England geboren war. Sie sahen sich sehr ähnlich, und ihr Leben verlief in vieler Hinsicht parallel trotz ihrer Klassenunterschiede. Am gleichen Tag, an dem George den Thron bestieg, eröffnete Hemmings sein Eisenwarengeschäft. Sie heirateten am gleichen Tag, hatten die gleiche Anzahl von Kindern gleichen Geschlechts, sie hatten ähnliche Krankheiten und Unfälle, und sie starben beide am gleichen Tag. Dann gibt es die Geschichte von König Umberto I. von Italien, der zufällig einen Gasthausbesitzer traf, von dem sich herausstellte, daß er sein »Zeit-Zwilling« war – am gleichen Tag zur gleichen Zeit in der gleichen Gegend geboren. Beide hatten Frauen mit dem gleichen Namen, und beide hatten einen Sohn mit dem gleichen Namen. Der Gasthausbesitzer erschoß sich aus Versehen, während er sein Gewehr putze, und am gleichen Tag wurde der König durch einen Attentäter erschossen. Es gibt noch viele weitere Fälle wie diese, die sicherlich nicht nur als Zufall abgetan werden können.

TEILNEHMER: Ich lebe in Zürich und würde gern Ihre Schule besuchen. Ist es möglich, hin- und herzufahren und es zu tun?

LIZ: Ich würde Ihnen empfehlen, Anteile bei Swissair zu kaufen. Die meisten Seminare, die wir im Zentrum für psychologische Astrologie geben, sind für die allgemeine Öffentlichkeit zugäng-

* John Anthony West/Jan Gerhard Toonder, The Case for Astrology. Baltimore 1970, Anhang 2, S. 282–284.

lich, und Sie könnten jedes der Seminare besuchen, das Sie besuchen wollen. Aber wir haben auch eine weiterreichende dreijährige professionelle Ausbildung, die sowohl ein Zertifikat als auch ein Diplom in psychologischer Astrologie verleiht. Das Problem für Studenten aus dem Ausland besteht darin, daß sie, obwohl sie von Zürich nach London hin- und herfliegen könnten, um die Erfordernisse der Sonntagsseminare zu erfüllen, auch eine bestimmte Anzahl an Stunden von Supervisionsgruppen mitmachen müßten. Diese Gruppen sind klein, nicht mehr als zehn Teilnehmer, und sie treffen sich normalerweise an einem Abend unter der Woche. Wenn Sie versuchen würden, zu pendeln, müßten Sie am Sonntag zum Seminar anwesend sein und dann noch für die Supervisionsgruppe dableiben, die vielleicht an einem Montagabend stattfindet, aber auch am Mittwoch oder Donnerstag stattfinden könnte (wir haben verschiedene Supervisoren, und ihre Zeitpläne variieren). Sie sehen also, daß das Hin- und Herpendeln unpraktikabel ist. Die Supervisionsgruppen und die jährlichen mündlichen Beurteilungen von Fallbeispielen unter Aufsicht (Supervisionen, die auch in kleinem Gruppenumfang stattfinden), sind in vieler Hinsicht die wichtigsten Teile des Kurses, da die Seminare theoretisch sind, die kleineren Gruppen sich aber darauf konzentrieren, die Theorie in die Praxis umzusetzen.

HOWARD: Sie bekommen ein Abschluß-Zertifikat verliehen, nachdem Sie alle erforderlichen Seminare und Supervisionsgruppen durchlaufen haben. Wenn Sie das Diplom der Schule erhalten möchten, müssen Sie eine Arbeit schreiben, normalerweise zwischen 40 und 80 Seiten.

TEILNEHMER: Da wir keine Zeit mehr haben, möchte ich Ihnen nur für den Kurs danken, er hat mir soviel gebracht.

HOWARD: Danke, es hat mir auch Spaß gemacht.

LIZ: Mir auch. Ich möchte Ihnen gern für Ihre Begeisterung und Ihr Interesse im Verlauf des Kurses in dieser Woche danken.

HOWARD: Liz und ich möchten auch den Organisatoren dieses Wochenseminars danken. Geeta, die für die Aufzeichnung verantwortlich und eine amüsante Chauffeurin war. Dann Vroni, der Astrodienst-Sekretärin, ohne die der Ablauf zusammengebrochen wäre. Und Alois Treindl, dem Gründer und Vorsitzenden des Astrodiensts, der all das so gut organisiert hat.

Über das Zentrum für psychologische Astrologie

Das Zentrum für psychologische Astrologie bietet einen einzigartigen Workshop und ein fachgerechtes Ausbildungsprogramm an, die beide so ausgelegt sind, daß ein gegenseitig befruchtender Austausch zwischen den Bereichen der Astrologie und Tiefenpsychologie sowie der humanistischen und transpersonalen Psychologie gefördert wird. Das Programm umfaßt zwei Ebenen. Zum einen bietet es eine Reihe von Seminaren und Lektionen an, die von Anfängerkursen in Astrologie bis zur psychologischen Deutung des Horoskops für Fortgeschrittene reichen. Die in diesem Band enthaltenen Seminare gehören zu letzteren, obwohl dasselbe Seminar niemals wortwörtlich wiederholt wird, weil sich der Inhalt entsprechend der teilnehmenden Gruppe und neuer Forschungen und Entwicklungen ändert, die im Bereich der psychologischen Astrologie ständig stattfinden. All diese Seminare und Kurse (für Anfänger und Fortgeschrittene) sind für jedermann zugänglich. Die zweite Ebene des Programms ist eine strukturierte, gründliche dreijährige Berufsausbildung, nach der bei erfolgreichem Abschluß der Kurse ein Diplom in psychologischer Astrologie verliehen wird. Die hauptsächlichen Ziele und der Zweck dieser dreijährigen Berufsausbildung sind:

- Den Studenten solide und umfassende Grundkenntnisse sowohl im Bereich der traditionellen astrologischen Symbolik und Techniken als auch im Bereich der Psychologie zu vermitteln, damit das Horoskop mit Einfühlungsvermögen verstanden und im Licht der modernen psychologischen Ideen interpretiert werden kann.
- Den Studenten psychologisch qualifizierte Fallstudien zusammen mit einer Ausbildung in den Fertigkeiten und Methoden der Beratung zugänglich zu machen, durch die das Niveau und die Wirksamkeit astrologischer Beratung erhöht werden können.
- Die Förderung von Untersuchungen und Forschung in bezug auf die Bindeglieder zwischen Astrologie, psychologischen Modellen und therapeutischen Techniken, um dadurch einen Beitrag zum bereits bestehenden astrologischen und psychologischen Wissen zu leisten und seine Weiterentwicklung zu unterstützen.

Die gründliche Berufsausbildung kann nicht über einen Fernkurs erfolgen, weil die beaufsichtigte Arbeit an Fallstudien ein wesentlicher Bestandteil des Kurses ist. Es sind normalerweise drei Jahre nötig, um sie zu beenden.

Der Auszubildendende kann aber diese Lehrzeit ausdehnen, wenn er es für nötig hält. Die Ausbildung umfaßt ungefähr fünfzig Seminare (entweder eintägige Kurse oder kurze, fortlaufende Abendkurse) sowie fünfzig Stunden beaufsichtigte Arbeit an Fallstudien. Die Kurse und Seminare teilen sich hauptsächlich in zwei Hauptkategorien auf: astrologische Symbolik und Techniken (Geschichte der Astrologie, psychologische Kenntnisse der Zeichen, Planeten, Häuser, Aspekte, Transite, Progressionen, Horoskopvergleiche usw.) und psychologische Theorie (Geschichte der Psychologie, psychologische Landkarten und Pathologie, mythologische und archetypische Symbolik usw.). Das beaufsichtigte Arbeiten an Fallstudien erfolgt wochentags an Abenden in Gruppen von maximal zwölf Personen. Die Gruppenleiter sind sowohl ausgebildete Psychotherapeuten als auch Astrologen. Jeder Student hat Gelegenheit, Material von Horoskopen zur Diskussion zu stellen, an denen er gerade arbeitet. Am Ende des dritten Jahres wird eine schriftliche Arbeit von 15 000 bis 20 000 Wörtern verlangt. Das Thema ist frei aus dem allgemeinen Bereich der psychologischen Astrologie zu wählen – Fallstudien, Forschungsarbeiten usw. Viele dieser Arbeiten können für die Veröffentlichung geeignet sein, und das Zentrum wird eine Verbreitung des Materials in astrologischen Kreisen unterstützen.

Nach Abschluß des umfassenden Berufsausbildungsprogramms und der parallelen Überwachungszeit erhält der Student eine Abschlußurkunde. Die Annahme der schriftlichen Arbeit berechtigt zum Diplom in psychologischer Astrologie des Zentrums und zur Führung des Titels »D. Psych. Astrol.«. Nach erfolgreichem Abschluß ist man fähig, die in den Kursen erlernten Prinzipien und Techniken beruflich anzuwenden, entweder als beratender Astrologe oder in Verbindung mit anderen Formen der psychologischen Beratung. Die Berufsaussichten sind gut, weil eine ständig zunehmende Nachfrage für fähige Astrologen und astrologisch ausgerichtete Therapeuten besteht. Um die Berufsausbildung abzuschließen, verlangt das Zentrum von allen Studenten, daß sie sich mindestens ein Jahr lang einer anerkannten Form von Psychotherapie bei einem Therapeuten, Analytiker oder Berater ihrer Wahl unterziehen. Der Grund für diese Vorbedingung ist, daß wir glauben, daß kein verantwortungsvoller Berater jedweder Richtung sich für fähig, einfühlsam und klug genug halten darf, mit der Psyche einer anderen Person umzugehen, ohne selbst einschlägige Erfahrungen gemacht zu haben.

Die Seminare in diesem Buch sind nur ein Teil von den ungefähr fünfzig Workshops, die das Zentrum anbietet. Die vorausgegangenen Bände zu den Seminaren in psychologischer Astrologie sind Band 1: »Entfaltung der Persönlichkeit in der psychologischen Astrologie«, Band 2: »Dimensionen des Unbewußten in der psychologischen Astrologie« und Band 3: »Sonne und Mond«. »Through the Looking Glass«, herausgegeben von

Howard Sasportas, wurde von Kursen Richard Idemons auf einer Konferenz, welche er zusammen mit Liz Greene in Vermont im August 1985 hielt, übertragen. Die Seminare des Zentrums werden nie auf genau dieselbe Art wiederholt, weil sich die Beiträge und das Material der Fallstudien mit jeder Gruppe ändern, und weil sich durch die fortlaufende Arbeit der Seminarleiter und anderer, die in diesem Bereich tätig sind, ständig neue Entwicklungen und Erkenntnisse ergeben.

Liz Greene gründete 1982 zusammen mit Howard Sasportas das Zentrum. Sie leiteten zusammen zehn Jahre lang erfolgreich das Programm. Der tragische Tod von Howard Sasportas im Mai 1992 war ein großer Schlag für die ganze astrologische Welt. Howards Arbeit und Anstrengung ist es zum großen Teil zu verdanken, daß die Struktur und der Zweck des Zentrums sich über das vergangene Jahrzehnt hinweg als stimmig erwiesen haben. Die Schule wird weiterhin ihren einzigartigen Beitrag zur modernen Astrologie anbieten, nun unter der gemeinsamen Leitung von Liz Greene, einer Jungschen Analytikerin, und Charles Harvey, einem beratenden Astrologen, der seit 1967 an der Fakultät für astrologische Studien lehrt und seit 1973 Präsident der Astrologischen Vereinigung Englands ist.

Sollte der Leser daran interessiert sein, mehr über öffentliche Seminare oder eine umfassende Berufsausbildung zu erfahren, kann er an *The Centre for Psychological Astrology, P.O. Box 890, London, NW5 2NE, England* schreiben. Ihrer Bitte um Information sollte ein Internationaler Antwortschein beiliegen, um die Versandkosten zu decken.

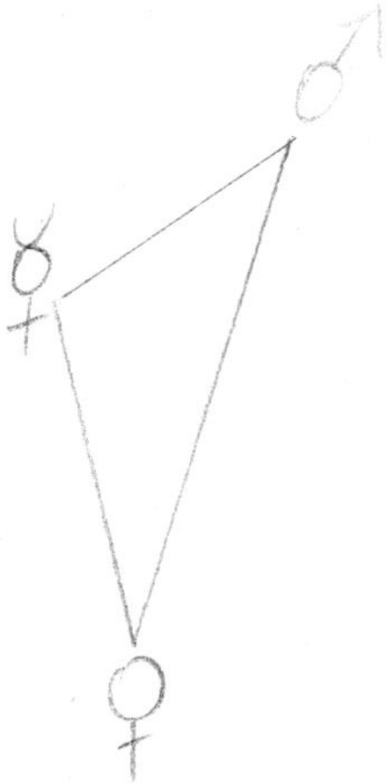